● 普通高等院校"十三五"规划教材

# 项目投资评估与管理（第二版）

XIANGMU TOUZI PINGGU YU GUANLI

主　编 ◎ 方　磊

副主编 ◎ 郭相春　郭丽丽　张　丽　刘金兰

西南财经大学出版社
Southwestern University of Finance & Economics Press
中国·成都

**图书在版编目(CIP)数据**

项目投资评估与管理/方磊主编;郭相春等副主编．—2 版.—成都:西南财经大学出版社,2022.6

ISBN 978-7-5504-5272-5

Ⅰ.①项… Ⅱ.①方…②郭… Ⅲ.①基本建设投资—经济管理—高等学校—教材 Ⅳ.①F283

中国版本图书馆 CIP 数据核字(2022)第 026793 号

**项目投资评估与管理(第二版)**

主　编　方　磊

副主编　郭相春　郭丽丽　张　丽　刘金兰

策划编辑:王　琳

责任编辑:王　琳

责任校对:冯　雪

封面设计:张姗姗

责任印制:朱曼丽

| | |
|---|---|
| 出版发行 | 西南财经大学出版社(四川省成都市光华村街 55 号) |
| 网　　址 | http://cbs. swufe. edu. cn |
| 电子邮件 | bookcj@ swufe. edu. cn |
| 邮政编码 | 610074 |
| 电　　话 | 028-87353785 |
| 照　　排 | 四川胜翔数码印务设计有限公司 |
| 印　　刷 | 郫县犀浦印刷厂 |
| 成品尺寸 | 185mm×260mm |
| 印　　张 | 21. 75 |
| 字　　数 | 499 千字 |
| 版　　次 | 2022 年 6 月第 2 版 |
| 印　　次 | 2022 年 6 月第 1 次印刷 |
| 印　　数 | 1— 2000 册 |
| 书　　号 | ISBN 978-7-5504-5272-5 |
| 定　　价 | 49. 80 元 |

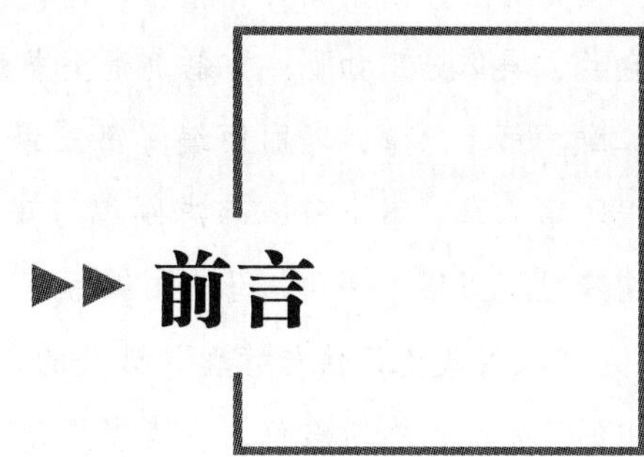

# 前言

本教材以满足现代经济发展的需要和科学投资决策的客观要求为目的，进而研究建设项目技术方案经济评价原理与方法。本教材以国家发展计划委员会和银行等部门颁布的建设项目经济评价方法和投资项目审批决策的重要程序为依据，结合当前我国最新的财税、金融、外汇、投资与管理的法律法规，系统全面地阐述投资项目评估与管理的理论与方法。

随着我国市场经济的发展，我国不断完善投资的市场化机制和投资运作方式，投资主体和投资渠道的多元化、银行及信贷机构的商业化的特点正不断凸显，外商投资和引进项目也在不断增加。在这种新形势下，把握好投资项目，获取收益的同时规避风险，优化资源配置，有效利用资源，提高投资决策水平和效益，是当前我国经济建设的重要方向。而对于金融专业的学生，学习“项目投资评估与管理”，不仅有助于将来以投资者的身份对实物投资资金的回报率和安全性进行事前、事中、事后的审查分析，还可以此作为衡量金融投资的重要手段，对项目前景进行基本预测。为了进一步提高投资决策的科学化水平和投资项目的经济效果，适应我国经济建设发展的需要，我们在普通高校金融类专业开设投资项目评估课程，让学生掌握有关的项目评估系统知识，具有重要的现实意义。

本教材各章按照投资项目评估的程序与类型进行分类和安排，前后逻辑紧密，以实用性、全面性、通俗性为基础，突出实践性的特点。本教材主要从相关政策解读入手，进而阐述相关概念、理论和方法，最后辅以案例分析，将理论与实践相结合，每章的最后还附有一定量的练习和能力训练题，能使学生在知识储备和能力上得到进一步提升。本教材既做到对项目评估的一般理论和方法进行介绍，又针对不同类型项目进行评估。

本教材结合“项目投资评估与管理”课程的理论教学与工作实践，精选十三章内容，从理论到实践，从局部到整体，概述投资项目评估与管理的理论与方法。本教材主编为方磊，副主编为郭相春（河南理工大学）、郭丽丽（四川农业大学）、张丽、刘金兰，具体分工如下：方磊负责全书的框架设计和统稿工作，郭相春编写第一章、第二章、第十三章，郭丽丽编写第三章，张丽编写第四章，乔谷阳编写第五章，刘金兰编写第六章、第七章，郭志刚编写第八章，张逸琪编写第九章，杨帅勇编写第十章，谢隆屾编写第十一章，马相图编写第十二章。

“项目投资评估与管理”涉及的专业知识内容多、范围广，加之作者水平有限，书中的不足之处在所难免，望读者提出宝贵意见。本教材在编写过程中参阅了大量的文献和资料，恕不能一一列举，在此表示衷心感谢！

**编者**

2022 年 3 月

# 目录

# 第一章　导论

## 第一节　项目与项目评估概述

### 一、项目

#### （一）项目的含义及其特征

1. 项目的含义

项目的一般概念是指在规定的时间和预算范围内，按照一定的质量要求实现预定目标的一项一次性任务。例如，建造一家工厂、一栋楼房、一座桥梁、一条道路，改建或扩建一个企业，设计制造一套新设备，开展一项科学研究等，都属于项目的范畴。通俗来讲，项目就好像是一颗经过精心选育的种子，我们把它栽植在适宜生长的土壤里，在阳光雨露滋润下，种子开始发芽，长出充满活力的根、茎、叶，经过浇水、施肥和修剪，最后开花结果。种子的生长史告诉我们，要达到开花、结果的目的，种子的选择是十分重要的，一颗干瘪的种子无论如何也不会生根发芽。但仅有良种还不行，我们还必须选择适宜生长的土地，必须有阳光、水肥、气候等保证；否则，仍然不会开花结果。种子的生长史是内在因素与外在因素相互作用的过程，项目的发展也不例外。

从经济角度看，项目是经济发展的基本组件，没选定很好的项目并实施，经济发展计划不过是一种愿望，国家经济发展将停滞不前甚至倒退。因此，世界银行把项目称作“经济发展的刀刃”。联合国称：“规划和项目在发展中国家的经济和发展中的作用不断增加，它们在发展计划的形成和实施方面是一个决定性要素。”项目构成国民经济发展的基石，项目的成败，直接影响经济发展计划的实现和国民生活水平的提高。

2. 投资项目

投资项目是项目的主要存在载体与表现形式，在项目中占非常大的比重。我们可以这样理解，所谓投资项目，是指同时具有投资属性与项目属性的活动与任务，即投入一定量的货币资金以获取预期效益的全部投资活动与任务。投资项目作为承担具体投资活动的主体，既符合项目的一般要求，也体现了投资固有的特点。本书中的“项目”若没有特别说明是指“投资项目”，主要是指偏重于以形成固定资产为主要目标的建设项目，即以建设投资形式投资兴建的工程建设项目，也就是必须按照规划、决策、设计施工、竣工验收及投产运营等一系列程序，在规定的建设期、投资预算限额及设定的质量标准等目标前提下完成的投资活动与任务。通常一个项目大致可以包括以下内容。

（1）具有对土建工程、设备或者二者均有的资金投入；

（2）具有为工程设计技术方案、监督施工、改善经营和维修等方面提供服务的能力；

（3）拥有一个负责实施各项活动的、高效精干的组织机构，并能协调有关各方的关系；

（4）能够改善有关的政府政策如价格、税收、补贴和成本回收等，使项目与所属部门和整个改建的发展目标保持一致，并提高项目自身的经济效益；

（5）具备明确的项目目标和具体的实施计划。

3. 项目的特征

（1）项目的唯一性。项目的唯一性是指从时间角度与空间范围来看，项目只出现一次或只有一项，不可能重复出现或被复制。

（2）项目的相对性。项目既然作为组织形式和单次性任务，那么就不是一个固定的目的物。例如，我们可以将正在建设中的某项道路的任务作为一个项目，而不能说已经建设好的某条道路是一个项目。项目总是相对于确定的主体而存在的，因此说项目具有相对性。

（3）项目的临时性。项目是一定的管理主体在一定时期里的组织形式，只在一段有限的、短暂的时间内存在，因此具有临时性，即在经过一定的生命周期之后，原来构成一个项目的各种要素就不再作为这个项目而存在。例如，建设某建筑物的任务可能构成一个项目，随着建设任务的开始而确立，随着建设任务的完成而终结。

（4）项目的目标性。项目既然作为一个任务，那么就有明确的目标。项目的目标就是项目的管理主体在完成项目的任务时所要实现的目的。一般而言，项目的最终统一目标是效益目标，而我们通常提到的项目的时间（或进度）、成本、质量目标应是服从于效益目标的项目的二级目标。

（5）项目的生命周期性。项目任务的单件性属性决定了项目有一个起始、实施和终结的过程，且在此过程中各阶段的任务、工作之间是按一定的顺序进行的，这就构成了项目的生命周期。对于一般项目来说，项目的生命周期可分为三个阶段：第一阶段是项目起始阶段，一般包括项目规划、策划，即要明确项目的任务、基本要求、所需投入要素、目标及成本效益分析论证；第二阶段是项目实施阶段，即具体组织项目的实施，以实现项目的目标；第三阶段是项目终结阶段，包括项目完成、总结、清理等。

（6）项目的约束性。项目是一件任务或活动，而任何任务都有其限定条件。项目有限定条件，构成了项目的约束性。项目的限定条件一般包括项目的投入要素（人、财、物）、时间和质量等。项目的约束性为项目任务的实施和完成提供了一个最低的参考标准。

（7）项目的系统性和整体性。一般地，项目的各种要素之间都存在某种联系，我们只有将它们有机地结合起来，才能确保项目目标有效实现，这在客观上形成了一个系统。同时，项目只有一个最终的统一的目标——效益目标，项目的其他要素及其他目标都应为它服务并满足它的要求。

**（二）项目分类**

根据不同的标准，投资项目可以分为不同的类型。我们可以根据项目的设计能力，将投资项目分为大型项目、中型项目和小型项目；根据项目的产业内容，将投资项目分为工业项目、农业项目、水利项目、交通项目、邮电项目、公用事业项目等；根据项目的投资管理形式，将投资项目分为政府投资项目和企业投资项目等。但作为投资项目评估，我们关注的分类是影响评估内容和侧重点的那些分类。这些分类主要有：

1. 根据项目的目标，投资项目分为经营性项目和非经营性项目

经营性项目的目标是通过投资实现所有者权益的市场价值最大化，以投资牟利为行为倾向。绝大多数生产或流通领域的投资项目都属于这类项目。非经营性项目不以追求利润为目标，其中既包括本身没有经营活动、没有收益的项目，如城市道路、公共绿化建设等，也包括本身有生产经营活动，但产品价格不由市场机制形成的为公众提供基本生活服务的项目。对于经营性项目，我们要分析项目的盈利能力、偿债能力和财务生存能力；对非经营性项目，我们主要分析项目的财务生存能力。

2. 根据项目的产出属性（产品或服务），投资项目分为公共项目和非公共项目

公共项目是指为满足社会公众需要，生产或者提供公共物品（包括服务）的项目，公共项目的特征是非排他性或者排他无效率。非公共项目是指除了公共项目以外的其他项目。公共项目的效益常常不能简单地使用经济效益衡量，而非公共项目的重要特征是供应商能够向那些想消费这种商品的人收费，从而得到利润，因而经济效益是重要评估依据。

3. 根据项目与企业原有资产的关系，投资项目分为新建项目和改扩建项目

新建项目就是建设一个与原有资产无关的完全独立的项目，改扩建项目则是在原有资产基础上对项目的改造。改扩建项目与新建项目的区别在于，前者是在原有资产基础上进行建设的，在不同程度上利用了原有企业的资源，以增量带动了存量，以较小的新增投入取得较大的新增效益，因而其分析的方法多采用增量分析法、有无比较法。

4. 根据项目的融资主体，投资项目分为新设法人项目和既有法人项目

新设法人项目以新组建的项目法人为项目主体进行融资，其特点是：项目投资由新设立法人筹集的资本金和债务资金构成，以新设项目法人承担融资责任和风险，从项目投产后的财务效益情况考察偿债能力。既有法人项目要以现有法人为项目主体进行融资，其特点是：拟建项目不组建新的项目法人，既有法人统一组织融资活动并承担责任和风险；拟建项目一般是在既有法人资产和信用的基础上进行的，并形成增量资产；从既有法人的财务整体状况考察融资后的偿债能力。

5. 根据项目的投资主体，投资项目分为政府投资项目、私人投资项目、国内投资项目、“三资”项目

政府投资项目资金来源于财政，私人投资项目资金来源于民间，因而评估的角度和内容都有差异。国内投资项目是指全部由国内投资者兴建的项目，其资金来源可以是投资者的自有资金，也可以是投资者在国内外筹集的资金。“三资”项目是外商独资项目、中外合资经营项目和中外合作经营项目的简称，它们的资金来源也是不同的。

根据资金来源的不同，项目的具体资产有所差异。例如，中方在中外合作投资项目中以土地、厂房、劳动力等作为资本，外方则以设备、资金和技术等作为资本，但作为一个完整的投资项目，投资项目评估需要考察的是共同兴建起的投资项目的整体效益，以及按契约规定的比例各方所能得到的收益和需要承担的风险。

## 二、项目评估

### （一）项目评估的含义

项目评估是在可行性研究的基础上，根据有关政策、法律法规、方法与参数，从项目（或企业）及国家的角度出发，由贷款银行或有关机构对拟建投资项目的规划方案进行全面的技术经济论证和再评价，以判断项目方案的优劣和可行性。项目评估的结论是投资决策的重要依据。

项目评估作为一门技术经济学科，起源于西方发达国家，并在世界范围内得到了广泛的应用，收到了显著的效果。

我国项目评估工作是在世界银行的帮助下开展起来的。1980 年，我国恢复在世界银行的合法席位以后，开始利用世界银行贷款获取资金。同时，为了适应我国经济发展和对外开放的需要，熟悉和吸收国际上经济管理方面的先进经验，我国政府与世界银行经济发展学院开始合作，在我国培训经济管理人员。

1981 年，我国投资银行率先开始开展项目评估工作。1984 年，《中国人民建设银行工业项目评估试行办法》规定，凡是利用建设银行信贷资金的贷款项目，未经建设银行评估，或者未经建设银行指定的咨询部门进行评估，建设银行有权拒绝贷款。由此，进行项目评估成为该类项目申请贷款的必要条件。1985 年，国务院决定，重大建设项目的可行性研究报告和大型工程的设计，都要由国家计委委托中国国际工程咨询公司进行评估，再由国家计委研究决定是否列入建设计划。1986 年以后，项目评估的理论与方法在我国进一步得到推广和运用，成为我国科学投资决策的重要手段。在我国的项目评估理论和方法的发展过程中，我国政府给予了高度重视，国家计委于 1987 年首次正式公布了《建设项目经济评价方法与参数》，并于 1990 年进行了修订。此后，我国项目评估的方法越来越成熟，并受到人们的重视，成为实现投资决策科学化、民主化和规范化的重要手段。

### （二）项目评估的原则

投资项目评估是一个由多人参与的系统工程，为搞好投资项目评估工作，项目评估人员必须遵循以下原则。

1. 系统性原则

任何一个投资项目，不论是大型和小型，还是外部环境和内部结构，都具有系统

性。这就要求我们在项目评估中必须树立系统观念，遵循系统分析的原则，在错综复杂的环境因素中，把项目建设的目的、功能、环境、费用、效益等联系起来进行综合分析和判断，从而保证投资项目方案选择的科学性。

2. 效益最大化原则

经济效益是人类从事经济活动的根本目的，投资项目评估也不例外。我们知道，一个投资项目在建厂规模、工作流程、原材料供应等方面客观上存在许多方案，为了达到以较小投入获得较大产出的目的，我们必须坚持效益最大化原则，要采用科学的比选方法，找出最优方案。

3. 指标统一性原则

指标统一性原则是指在投资项目评估中使用的国家参数、效益指标应该统一。如果采用的评估指标不统一，其结果必然不同。因此，在项目评估中，我们必须以国家权威性机关制定的统一参数和指标为标准，并针对不同性质的项目，参考不同行业的参数和指标。

4. 价格合理性原则

投资项目评估必然涉及大量的价格问题。要使评估科学，我们必须采用合理的价格，即采用既符合价值又反映供求关系的价格。目前，我国的价格体系仍然不尽合理，针对这一状况，对涉外项目的主要投入与产出，我们可采用国际市场价格；对产品主要是在国内市场销售的项目，我们可参照国际市场价格进行调价，以保证评估工作符合实际。

5. 方法科学性原则

进行项目评估，我们可采用多种方法。这些方法既有传统的经验判断方法，也有现代科学方法。为了保证评估的正确性，我们采用科学的方法，也就是说，评估时采用的方法必须符合客观实际，并能够揭示事物内在的规律。目前，投资项目评估中使用的方法，经实践证明是科学的，但我们还要进一步完善。

6. 立场公正性原则

公正性是指在项目评估中，要尊重客观实际，不带主观随意性，不受外界干扰，不屈服于任何压力。投资项目评估本身是一项公正性极强的技术经济论证过程，不但为各部门、各单位的经济利益负责，更重要的是为国家、社会的经济利益负责，没有公正性，也就失去了科学性和可靠性。

目前，不讲社会经济利益的一些争投资、争项目的现象依然存在，行政干预仍在投资项目决策中发挥作用，在这种状况下，坚持公正性原则就显得更为重要。

**（三）项目评估的程序**

投资项目的评估工作，要根据基本建设前期工作程序进行。我国基本建设前期工作的一般程序是：①项目建议书；②可行性研究和设计任务；③扩大初步设计；④施工图设计。为了使项目评估起到参与投资决策的作用，项目评估工作要抓住时机，分别在项目建议书、可行性研究和设计任务书阶段进行，要在任务书被批准之前完成。

一般来说，项目建议书相当于国外的机会研究，即对投资效益前景做粗略的预测和分析。①自企业提送项目建议书起，银行就开始着手项目评估工作，如选择备选贷款项目，建立备选贷款项目档案等。②在项目建议书得到批准，并进行可行性研究之时，银行就应搞好调查研究工作，广泛收集与项目有关的文件、数据资料和有关技术经济基础参数，为及时、准确编写项目评估报告做准备。③拿到项目的可行性研究报告后，银行应对可行性研究报告进行分析和评估。

项目评估一般分以下几个程序。

（1）组织评估小组。项目评估是在项目可行性研究基础上，主要依据项目的可行性研究报告进行的。因此，简单的项目，指定专人负责即可。重点项目或比较复杂的项目，则应组织评估小组，要有各方面专业人员参加，明确分工，并制订好评估工作计划。

（2）制订评估工作计划。项目评估工作计划一般应包括：①评估目的，即根据项目的性质、特点，提出需要解决的问题和要达到的目的；②评估方法，即为了达到评估目的，确定通过什么方法，采用什么资料，进行哪些调查及所要达到的基本要求；③评估进度，即按照调查、评估和审查分析的内容、范围，安排项目评估的时间进度。

（3）开展调查研究，收集资料数据。在项目评估工作中，开展调查研究和收集资料数据是一项难度、业务量都比较大的基础工作。尽管项目评估所需的大部分资料数据在企业报送的可行性研究报告中已经具备，但是，银行必须站在公正的立场上，一方面要根据项目的可行性研究报告中的资料和数据进行查证，以估计它们的真实性和准确性；另一方面，又必须从自身的角度出发，通过深入的调查研究，广泛收集、补充必要的文件、资料和有关的技术经济基础参数，力求各项数据资料的质和量不影响评估分析的准确性。对于收集所得的资料数据银行应进行加工整理和汇总归类，编制出各种调查表、测算表、分析表及简要的文字说明，以供正式开展审查分析和评估时选用。

（4）进行技术、经济审查分析和评估。在开展调查研究和收集资料数据的基础上，银行根据项目可行性研究报告，按照项目评估的内容和要求，对项目进行技术、经济审查分析和评估。在审查分析时银行要注意以下几点：①要根据所得资料的时间顺序、异常数字、突变情况、同业对比等找出疑点和问题。②对发现的疑点和问题进行调查，找出原因，加以证实。③针对原因，研究问题的实质，分清主次，分清内因与外因，判断问题是否可以克服等。④综合判断。首先是尊重已核实的各种资料和客观事实；其次要从长远观点预测各种因素的未来变化和发展趋势，以及这些变动和趋势对项目会产生何种影响；最后是考虑各种因素间的相互关系及其变化对项目的影响程度。

（5）编写评估报告。在完成各项审查分析和评估之后，银行便可根据审查分析和评估的结果编写项目评估报告。评估报告要对拟建项目进行多方案比较，确定最优方案，提出贷款项目的评估结论。

### （四）项目评估的基本内容

因为项目评估的对象是可行性研究报告，所以评估的内容与可行性研究的内容基本一致。为了使投资决策的依据较为充分，项目评估主要从建设必要性、生产建设条件、财务效益、国民经济效益和社会效益五个方面对项目进行全面的技术经济论证。

1. 项目建设必要性评估

项目建设必要性评估是分析项目是否能够设立的前提条件，只有当前提条件基本具备时，项目的设立才有真实的意义。建设必要性评估涉及以下具体内容：

（1）企业（或项目）概况及其发展目标。对于纯粹的新设项目，只需说明推出项目的背景；对于现有企业开发的项目，则需要同时说明企业的概况和提出项目的缘由。这类背景资料包括项目发起者的身份财务状况，企业的经营现状、组织机构及其运作模式，目前的技术水平、资信程度，项目的服务目标及其对企业的影响，项目大致的坐落位置、未来所在地的地理条件、基础设施条件、一般的人文社会条件等。

（2）与项目有关的政府政策、法律法规和规章制度。无论提出什么样的项目设想，我们都应注意与政府政策的协调统一。有关的政策包括政府的产业政策、国民经济发展的中长期规划和区域经济发展规划等，努力使项目的开发目标与政府的经济发展目标相吻合，这是项目成立的首要前提。此外，了解与项目有关的法律法规和规章制度，是明确项目存在的外界条件，任何违反现有法律体系和制度的项目，即使勉强成立也无法长久地存在下去。

（3）项目的市场需求分析和生产规模分析。项目提供的产品（或服务）是否为社会需要，这是项目建设的核心问题。项目的市场分析应在市场调查的基础上，就项目产品（或服务）供需双方的现状进行全面的描述，并在预测市场整体未来发展变化趋势的基础上，结合项目自身的竞争能力，确定项目合理的生产规模。

2. 项目生产建设条件评估

项目生产建设条件评估是分析项目的建设施工条件和生产经营条件能否满足项目实施的需要，一般包括以下内容。

（1）项目可利用资源的供应条件。这里仅指各类投入物，包括能源、原材料、公用设施和基础设施等，应说明资源的供应地、可能的供应商、可选择的供应方式、可持续的供应数量及供应价格、国内外可能的替代品等。

（2）项目的总体设计及生产技术的选择。在项目厂址选择的基础上，企业要说明项目的总体布局与施工范围、土建工程内容和工程量；结合国内外技术发展现状和国内经济发展水平，企业要选择适合项目要求的生产工艺和制造设备。

（3）实施项目的组织机构。组织机构的评估是项目实施的制度保障，不同性质的项目，其组织机构形式也不尽相同，企业应结合项目特点选择适合项目高效运行的组织机构形式。同时企业应说明与所选组织机构相适应的管理模式和管理制度。

3. 项目财务效益评估

项目财务效益评估是从项目（或企业）的角度出发，以现行价格为基础，根据收集、整理与估算的基础财务数据，分析比较项目在整个寿命期内的成本和收益，以此判断项目在财务方面的可行性。项目财务效益评估包括以下内容。

（1）基础财务数据资料的收集、分析整理和测算。根据相关项目或企业自身的经营历史，评估要测算项目建设和经营所需的投入及可能获得的产出，构建各类基本财务分析报表。

（2）基本经济指标的测算与评估。评估要根据预测的财务报表计算相关经济指标，就项目的盈利能力、偿债能力做出说明。

（3）不确定性分析。为了弥补主、客观因素造成的预测数据与实际情况的偏差，增强项目的抗风险能力，评估要找到合理的应变措施，对项目面临的不确定因素进行分析。

4. 项目国民经济效益评估

项目国民经济效益评估是从国民经济全局的角度出发，以影子价格为基础，分析比较国民经济为项目建设和经营付出的全部代价和项目为国民经济做出的全部贡献，以此判断项目建设对国民经济的合理性。

5. 项目社会效益评估

项目社会效益评估多从促进社会进步的角度出发，分析项目为实现国家和地方的各项社会发展目标所做的贡献和产生的影响，以及项目与社会的相互适应程度。

**（五）项目评估的作用**

项目评估在投资管理中的重要地位，是由其本身的科学性决定的。在项目管理全过程中，投资的前期尤为重要，而投资决策是前期管理的关键所在，决策中评估又是核心。这是多年来从投资项目管理中总结出来的一条基本规律。

项目评估的作用可归纳为以下几个方面。

（1）评估是减少或避免投资决策失误的关键。评估是最后的决策环节，工作人员之前做了大量的调查研究，通过调查掌握了大量的数据和资料，并进行周密的科学分析。企业只有在此基础上进行决策，才能减少或避免投资失误。

（2）评估是项目取得贷款的依据。按我国现行规定，未经评估的项目，银行不能发放贷款。凡是需要贷款的项目，银行都要进行项目评估。通过评估，银行可以把握贷款总额、支用时间，并确认风险和贷款回收期。

（3）评估是投资管理向两头延伸的需要。开展项目评估是投资管理的重要环节。随着经济体制改革的不断深入，投资银行对固定资产投资进行管理，将由过去侧重于项目实施阶段的监督，逐步向两头延伸。一头是向建设前期延伸，参与项目可行性研究和评估，参与投资决策；另一头是向生产领域延伸，参与贷款企业生产经营和财务管理，协助企业尽快掌握新增生产能力，提高盈利水平，增强企业的偿还能力。这样，风险将大大降低。

（4）评估是抓好重点建设项目的保证。重点项目，是国民经济建设的中枢。抓好重点规划项目决策前的评估工作，是重点建设项目成功的关键，同时也是投资银行做好重点建设项目投资管理工作的必要前提。贷款银行主动参与重点建设项目的建设前期工作，对每个项目都要做好全面深入细致的评估分析，为重点建设项目的投资决策和经营管理提供科学可靠的资料数据，从而保证重点建设项目能实现较高的经济效益。

（5）评估是统一宏观效益和微观效益的手段。在投资领域里，投资结构不合理是目前较为突出的问题。结构不合理是微观效益与宏观效益发生矛盾的根源。评估工作既要评估企业财务效益，又要评估国民经济效益，而且两者均要达到良好的程度，这才合乎项目的要求。例如，企业效益好，国民经济效益不好，则项目就不能通过，这样就把微观和宏观效益统一起来了。在实际工作中，微观和宏观的效益问题是相当复杂的。我们只有采用科学的方法才能克服主观判断上的失误，而评估恰好提供了较为科学的判断方法。

（6）评估是项目实施科学管理的基础。进行项目评估，要收集拟建项目所在地的自然的、社会的、经济的大量资料，要从类似企业及科研设计部门索取建设和生产方面的技术经济资料，还要从主管部门和各级国家机关那里获得大量的技术经济方面的方针政策及规划发展方面的数据资料等。评估人员要对这些原始资料和数据进行加工整理并进行分析研究，形成系统的档案、资料。这不仅是项目评估的必备工作，也是项目实施管理的依据和基础。在项目实施过程中，管理人员把实际发生的情况和数据与评估所掌握的资料进行对比分析，及时发现设计施工、项目进度、资本金使用、物资供应等方面的问题，采取措施，纠正偏差，促进项目顺利完成。在项目投产后，管理人员还可以将评估时预测的情况和实际发生的情况进行对比分析，找出生产方面存在的问题和差距，以总结经验，改进工作，提高项目管理水平。

## 第二节　项目的可行性研究

### 一、可行性研究的含义

可行性研究是指对拟建项目在政策上和经济上的可行性进行研究，为项目投资决策提供科学依据，即在国家产业政策允许下，对拟建项目的技术先进性和经济合理性进行全面分析与论证，以期达到最佳经济效益的一种科学工作方法，这也是必经的决策程序。目前，世界各国可行性研究的具体做法不完全相同，但均把它作为投资决策的重要程序。这种方法已被普遍认可，发达国家不仅如此，发展中国家也如此。

可行性研究要回答以下几个方面的问题：①市场上项目建设的必要性；②项目建设条件；③工艺、技术、设备是否先进适用；④经济上的盈利能力，以及投资见效时间；⑤项目进度安排；⑥项目获利能力的可靠性及风险性分析。

我国于20世纪70年代引进可行性研究，并于20世纪80年代开始实施。1983年，国家计委颁布了《关于建设项目进行可行性研究的试行管理方法》，并在全国试行。在此基础上，计委和建设部又组织国内专家结合我国国情和改革实际，对《建设项目经济评价方法与参数》进行了重大修正和补充，1993年，以计〔1993〕530号文颁布了第二版，2006年又以发改投资〔2006〕1325号文颁布了第三版，极大地提高了我国项目评估方法的科学性、实用性、完整性和可操作性，并使其逐步实现科学化、规范化、程序化、民主化和制度化。

### 二、可行性研究的内容

可行性研究的内容随着建设项目行业的不同而有所差别，不同的行业虽然各有侧重，但其内容大同小异。一个工业性投资项目的可行性研究应包括以下几个方面的内容。

**（一）总论**

（1）项目提出的背景和历史情况（企业的改、扩建项目要说明企业的现在概况），以及投资的必要性和经济意义。

（2）研究工作的依据和范围，以及项目发展概况及有关审批文件。目标选择是可行性研究的首要内容，项目的确定必须以符合我国经济发展需要为前提。

**（二）需求预测和拟建项目的规模**

（1）国内外市场供需情况的预测。这是确定项目建设规模和产品方案的先决条件和依据。

（2）国内现有工厂生产能力的估计。这部分要考虑现有企业技术改造后可能挖掘的潜力。

（3）销售预测、价格分析、产品竞争能力及进入国际市场的前景。这部分要求对销售前景的预测可靠，调查的数字准确，对预测和调查结果进行分析和判断，明确项目产品的发展前景。

（4）拟建项目的规模、产品方案和发展方向的技术经济分析。

**（三）资源、原材料、燃料及公用设施的情况**

（1）经过储量委员会正式批准的资源储量、品位、成分及开采、利用条约的评述。

（2）原料、材料、燃料的种类、数量、来源和供应的可能性。原料、材料、燃料供应的可能性、可靠性、经济性是确定项目技术路线和发挥经济效益的重要因素。

（3）所需公用设施的数量、供应方式和供应条件。公用设施包括供电、供水、供气和交通运输通信等设施，其协作、配套条件是项目建设的基本条件，是非常重要的部分。

**（四）建厂条件和厂址方案**

（1）建厂地区的地理位置、气象、水文、地质、地形条件，离原料产地、市场距离远近及社会经济状况等。

（2）交通、运输及水电气等的供应状况和发展趋势。

（3）厂址面积、征地范围、移民的搬迁与安置规划及其他建设条件选择方案的论述。

（4）厂址的比较与选择意见。

**（五）设计方案**

（1）项目的构成范围（主要单项工程）、技术来源和生产方法、主要技术工艺和设备选型方案的比较，以及引进技术、设备的来源、国别，设备的国内外分交或与外商合作制造的设想。

（2）全厂布置方案的初步选择和土建工程量估算。

（3）公用辅助设施和厂内外交通运输方式的比较和初步选择。

设计方案的制订、技术选择、设备选型、厂内平面布置等都是可行性研究的重要内容，直接影响项目的技术水平、基建投资、经营成本，对项目的综合技术经济指标起决定性的作用。

**（六）环境保护**

环境保护研究指调查环境现状，预测项目对环境的影响，提出环境保护和“三废”治理的初步方案，包括下列内容。

（1）分析拟建项目“三废”（废气、废水、废渣）的种类、成分、数量及对环境影响的程度。

（2）治理方案的选择和综合利用情况。

（3）对环境影响的评价。

**（七）企业组织、劳动定员和人员培训**

（1）全厂生产管理体制、机构设置的论述。

（2）劳动定员的配备方案。

（3）人员培训规划和费用估算。

**（八）实施进度的建议**

项目的实施进度直接影响资金周转和投资效益情况，因此，企业应当采用现代化管理技术——网络计划技术，合理组织施工。关于实施进度的内容如下。

（1）勘察设计、设备制造、工程施工、安装、试生产所需的时间和进度要求。

（2）整个工程项目的实施方案和进度的选择方案。

（3）论述最佳实施计划方案的选择，并用一般图表和网络表示。

**（九）投资、生产成本的估算和资金筹措**

（1）主体工程和辅助配套工程所需投资的估算（利用外资或引进技术项目包含项目用汇额的计算）。

（2）生产流动资金的估算（需进口的原材料和零配件的项目包含生产用汇额的计算）。

（3）生产成本、销售收入、税金和利润的分析和估算。

（4）资金的来源、筹措方式及贷款偿还方式。

**（十）企业经济和国民经济评价**

（1）企业经济效益的分析。

（2）国民经济效益的分析。

（3）不确定性分析。

**（十一）结论**

（1）运用各种指标数据，从技术、经济和财务各方面论述拟建项目的可行性。

（2）存在的问题。

（3）提出建议。

可行性研究的内容可以分为三个方面：第一是市场研究。这是建设项目能否存在的基础。如果产品没有市场，项目也就没有存在的必要了，而且项目的生产能力、建设规模都是根据市场的供需情况和销售预测情况确定的。因此市场研究是项目可行性研究的前提和基础，其主要任务是解决投资项目的必要性问题。第二是技术研究和资金的筹措，包括投入物、厂址、技术、设备、生产组织、资金来源等。这些问题主要是解决投资项目的可行性问题。第三是投资项目的经济效益研究。这是可行性研究的重点和核心，能有效解决投资项目的合理性问题。综上所述，可行性研究的主要任务是解决投资项目的必要性、可能性和合理性问题。它为项目如何进行建设提供了必要的手段和科学依据。

## 三、可行性研究的阶段划分及其主要内容

根据联合国工业发展组织（UNIDO）编写的《工业可行性研究手册》规定，投资前期的可行性研究工作可分为机会研究、初步可行性研究、可行性研究、项目评估与决策四个阶段。项目评估是对项目的可行性研究报告所做的再评价工作，故在此有必

要对项目可行性研究做简单的阐述。

由于基础资料的占有程度、研究深度及可靠程度要求不同，可行性研究各阶段的工作性质、工作内容、投资成本、估算精度、工作时间与费用各不相同。项目可行性研究的阶段划分及内容深度比较如表 1-1 所示。

**表 1-1　项目可行性研究的阶段划分及内容深度比较**

| 工作阶段 | 机会研究 | 初步可行性研究 | 可行性研究 | 评估与决策 |
| --- | --- | --- | --- | --- |
| 工作性质 | 项目设想 | 项目初选 | 项目拟定 | 项目评估 |
| 工作内容 | 鉴别投资方向，寻找投资机会，提出项目投资建议 | 对项目做专题辅助研究，广泛分析，筛选方案，确定项目的初步可行性 | 对项目进行深入细致的技术经济论证，重点分析财务效益和经济效益，做多方案比较，提出结论性建议，确定项目投资的可行性 | 综合分析各种效益，对可行性研究报告进行评估和审核，分析项目可行性研究的可靠性和真实性，对项目做出最终决策 |
| 工作成果及费用 | 提出项目建议，作为编制项目建议书的基础，为初步选择投资项目提供依据 | 编制初步可行性研究报告，确定是否有必要进行下一步的详细可行性研究，进一步说明建设项目的生命力 | 编制项目可行性研究报告，作为项目投资决策的基础和重要依据 | 提出项目评估报告，为投资决策提供最后的决策依据，决定项目取舍和选择最佳投资方案 |
| 估算精度 | ±30% | ±20% | ±10% | ±10% |
| 费用占总投资的百分比/% | 0. 20~1. 00 | 0. 25~1. 25 | 大项目：0. 80~1. 00<br>中小项目：1. 00~3. 00 | — |
| 需要时间/月 | 1~3 | 4~6 | 8~12 或更长 | — |

表 1-1 中的几个阶段的内容由浅入深，工作量由小到大，估算精度由粗到细，因而研究工作所需的时间和费用也逐渐增加。另外，在可行性研究的任何一个阶段，只要得出“不可行”的结论，就不需要再继续进行下一步的研究工作；可行性研究的工作阶段和内容也可以根据项目的规模性质、要求和复杂程度进行适当的调整。

**（一）机会研究**

机会研究是可行性研究的第一个阶段，其主要任务是寻找投资机会，为拟建投资项目的投资方向提出轮廓性的建议。它又可以分为一般机会研究和项目机会研究。

一般机会研究是以某个地区、某个行业或部门、某种资源为基础的投资机会研究。项目机会研究是在一般机会研究基础上以项目为对象进行的机会研究，项目机会研究将项目设想落实为项目投资建议，以引起投资者的注意和兴趣，并引导其做出投资意向。

这一阶段的工作内容相对比较粗略，一般根据类似项目的投资额及生产成本估算本项目的投资额与生产成本，初步分析投资效果。如果投资者对该项目感兴趣，则可转入下一步的可行性研究工作；否则，就停止研究工作。

**（二）初步可行性研究**

对于一般项目，我们仅靠机会研究尚不能进行取舍，还需要进行初步可行性研究，以进一步判断其生命力。初步可行性研究是介于机会研究和可行性研究的中间阶段，是在机会研究的基础上进一步厘清拟建项目的规模、厂址、工艺设备、资源、组织机构和建设进度等情况，以判断是否有可能和有必要进行下一步的可行性研究工作。其研究内容与可行性研究基本相同，只是在深度和广度上有一定差距。

这一阶段的主要工作是：分析投资机会研究的结论；对关键性问题进行专题的辅助性研究；论证项目的初步可行性，判定有无必要继续进行研究；编制初步可行性研究报告。

初步可行性研究对项目投资的估算，一般可采用生产能力指数法、因素法、比例法或类比法等估算方法。估算精度一般控制在±20%，所需时间为4~6个月，所需费用约占投资额的0.25%。

### （三）可行性研究

这一阶段的可行性研究亦称详细可行性研究，是对项目进行详细深入的技术经济论证的阶段，是项目决策研究的关键环节。其研究内容主要有以下几个方面（以工业项目为例）：第一，实施要点，简单说明研究的结论和建议。第二，项目背景和历史。第三，市场销量和项目的生产能力，列举市场预测的数据、估算的成本、价格、销售收入及利润等。第四，原材料投入。第五，项目实施的地点或厂址。第六，项目设计，说明生产工艺最优方案的选择、工厂的总体设计、建筑物的布置、建筑材料和劳动力的需要量、建筑物和工程设施的投资估算。第七，工厂的管理费用。第八，项目人员编制，根据工厂生产能力和工艺过程，得出所需劳动力的构成、数量及工资支出等。第九，项目实施设计，说明项目建设的期限和建设进度。第十，项目的财务情况和国民经济评价。

### （四）项目评估与决策

项目评估是在可行性研究报告的基础上进行的，其主要任务是对拟建项目的可行性研究报告提出评价意见，最终决定项目投资的可行程度并选择合适的投资方案。

## 四、可行性研究的作用

投资项目可行性研究的主要作用是为项目投资决策提供科学依据，减少决策失误造成的浪费，提高投资效果。经审批后的可行性研究，可产生以下几个方面的作用。

### （一）作为投资项目决策和编制可行性研究报告的依据

可行性研究就是项目投资建设的首要环节，项目投资决策者主要根据可行性研究的评价结果，决定一个投资项目是否应该投资和如何投资。因此，它是投资决策和编制可行性研究报告的主要依据，是项目建设的决策性法律文件。

### （二）作为筹集资金和向银行申请贷款的依据

现代市场经济条件下，项目作为企业（或其他法人单位）设立的必要条件，需要从各个渠道筹集资金，包括向银行或其他金融机构申请贷款，而能向债权人或投资者展示项目前景的就是可行性研究工作及可行性研究报告。

### （三）作为与投资项目有关的各部门签订协作条件协议、意向书或合同的依据

投资项目实施需要外部条件的支持，如供电、供水、供气等，可行性研究报告被批准后，投资项目建设单位或其主管部门就可以与有关各方签订协作的意向书等。

**（四）作为开展初步设计工作的基础**

可行性研究中对产品方案、建设规模、厂址、工艺、设备等的研究结果，可作为工程项目初步设计的依据，初步设计是可行性研究结果的具体化。

**（五）作为补充地形、地质工作和补充工业试验的依据**

对于项目设计，可根据可行性研究的要求，进行有关地形、地质资料的补充勘测、勘探工作，对有关技术进行补充工业试验，以增强技术工艺的成熟性。

**（六）作为从国外引进技术、引进设备的依据**

可行性研究报告被批准后，企业就可与国外厂商进行谈判，选择理想的合作伙伴，做好从国外引进技术和设备的前期工作。

**（七）作为环保部门审查项目对环境的影响的依据**

投资项目对环境的影响是可行性研究必备的一个研究项目，项目的建设需要环保部门的审批认可，因而，可行性研究报告成为环保部门审查项目的重要依据之一。

**（八）作为安排计划、开展各项建设前期准备工作的参考**

国家各级计划部门编制固定资产投资计划时，可行性研究可作为重要依据；投资项目编制实施计划时，可行性研究报告可作为重要参考；项目开展各种建设前期准备工作时，可行性研究报告可作为参考。

## 五、项目评估与可行性研究的关系

**（一）项目评估与可行性研究的共同点**

项目评估与可行性研究都是投资项目前期工作的重要内容，并且两者在出发点、基本原理等方面具有一致性，因此两者有很多的相似性。

1. 两者均处于项目投资周期的前期阶段

项目周期分为三个阶段，项目评估和项目可行性研究都是处于投资前期的工作，是决策前的技术经济分析论证工作。它们都是为了实现投资决策的科学化、规范化，减少投资风险和避免投资决策失误，在投资前期所进行的工作。这些工作的成效关系项目未来实施后的生命力、竞争力。因而它们都是决定项目投资成败的重要环节。

2. 两者的出发点一致

项目评估和项目可行性研究都是以企业和国家利益为出发点的，一般来说，市场是它们研究的基点，一切资源的配置都要考虑市场的需求变化，遵守国家的有关方针政策和产业政策规定。因而，它们在国家的宏观规划中、在企业（项目）的计划中，都扮演重要的、类似的作用。

3. 两者的基本原理一致

无论是项目评估还是项目可行性研究，它们的研究目的是一样的，都是要提高投资项目的科学决策水平，因而都需要进行深入细致的调查研究，运用规范化的评价方法和统一的参数、技术标准和定额资料，采用同一衡量尺度和标准，实事求是地对拟建项目进行技术经济分析论证，力求在资料来源可靠、数据准确的基础上，对项目未来的资源可能性、技术可行性和经济合理性进行评判，从而形成科学的决策意见。

项目评估和项目可行性研究的这种相似性，是由两者之间的密切关系所决定的。两者的关系主要是一种因果关系，即项目评估是对可行性研究报告的审查与鉴定，也就是说，项目评估是在可行性研究的基础上进行的，评估的对象是可行性研究报告。因此，没有可行性研究就不存在项目评估，项目评估是可行性研究的延伸；而项目评估的实质在于决策，不经过项目评估，可行性研究也不能最后成立。由此可以说，项目评估同可行性研究相比较，项目评估处于更高的阶段。

**（二）项目评估与可行性研究的不同点**

尽管有着上述的相似关系，项目评估和项目的可行性研究也存在着一些明显的差异，这些差异主要表现如下。

1. 研究的执行单位不同

为了保证投资项目决策的科学性和独立性，项目评估和项目的可行性研究分别是由不同的机构执行的。在我国，可行性研究通常是由项目的建设单位主持，由它们委托给具有资质的专业设计或咨询机构完成这项任务，这些机构的研究工作是对项目业主负责的；而项目评估是由决策机构或者贷款、出资机构组织的一项工作，它们可以自行进行评估，也可以委托给专业的设计和咨询机构完成此项工作，受托者要对决策机构和出资者负责。

2. 研究的角度不同

可行性研究主要是站在企业主的角度，从企业自身的利益去分析项目存在和运行的意义；而项目评估是决策者和出资者对项目的评估，因此它们的角度是国家的利益、出资者的利益。

3. 研究的侧重点不同

可行性研究的侧重点是项目建设的必要性、建设条件、技术可行性、财务的合理性等方面，主要是考察项目实施对企业盈利能力的影响程度。项目评估如果是由决策机构进行的，就要关注对国家宏观布局和宏观调控的影响，就会站在国家部门、地区和行业的角度审视项目；如果是由出资者进行的，则会侧重分析出资的安全性、项目的还款能力和财务效益。

4. 在项目管理中所起的作用不同

投资项目的前期工作包含项目规划、机会研究、编制项目建议书、可行性研究、项目评估等不同的阶段。可行性研究的环节（项目规划、机会研究、编制项目建议书、可行性研究等）都是从拟投资项目方案的整体科学性、经济合理性等方面所做的工作，其作用主要是为确定项目投资的价值提供必要的依据。而项目评估是项目的审批决策和出资者的审查决策工作，其基本工作是对可行性研究报告提出评审意见，以便最终决定是否选择该项目进行投资，其作用是为决策者提供直接的、最终的决策依据，因而具有决定性。

# 第三节　投资项目评估学

项目评估学是指在可行性研究的基础上，根据国家颁布的有关政策法规、方法和参数，对拟建项目进行全面的科学论证和评价分析，进而判断其可行性的技术经济学科，即在市场经济条件下，以经济资产和资源优化利用为目标，对拟建项目在政策上、经济上和技术上的可行性进行全面分析研究和论证的一门综合性的新兴科学。其结论是投资科学决策的重要依据。建立和运用科学的项目评估理论方法，是实现投资决策科学化、规范化和程序化，提高经济效益，有效配置资源的重要途径。本节从投资入手，从理论上阐明投资项目评估学的形成过程及理论基础。

## 一、投资概述

### （一）投资及其特征

投资（investment）有广义和狭义之分。

广义的投资是指投资者为某种目的而进行的一次资源投放活动。投资者包括政府、企业和个人等。资源分为无形资源和有形资源两大类。无形资源主要指知识产权、发明专利、专有技术和商标商誉等。有形资源主要指人、财、物，包括劳动力、资本金、房地产和物资设备。随着科学技术的进步，无形资产在经济发展中所起的作用越来越大，将成为知识经济的主要推动力，但我国的经济发展目前主要靠有形资源的投入。

狭义的投资是指经济主体为实现经济目的而进行的一次资本金的投放活动。经济主体主要指为实现经济目的而从事经济活动的个人和企业，并将成为市场经济的投资主体，政府机构将逐步撤出经济活动，专门从事市场经济赋予它们的本职工作。这也是计划经济和市场经济的分界线。经济目的是指投入资本金后以期将来能获取最佳增值。资本金（capital fund）是与国际经济接轨有关的一个新名词，把过去资本主义国家投入的资本（capital）和社会主义国家投入的资金（fund）统一起来，统称为资本金。

目前人们所理解的投资，多为狭义的常规项目的直接投资。因此，理解广义与狭义的投资要从三个方面进行考察（见表 1-2）。

表 1-2　广义投资与狭义投资的区别

| | 广义投资 | 狭义投资 |
|---|---|---|
| 主体 | 政府机构、企业（公司）、私人 | 企业、私人 |
| 目的 | 政治、经济及其他多种目的 | 资本金最大增值 |
| 对象 | 有形资源和无形资源 | 资本金 |

投资活动作为国民经济发展的重要促进因素，对一国的经济增长在数量和结构两方面都有显著的影响。投资数量的增加意味着积累现时国民财富，是保证未来经济发展的重要动力之一；投资数量的减少将延缓下一个经济周期的发展速度，使经济运行陷入低谷。投资不仅在数量上影响经济形势，在结构上也会对经济产生重要的引导作

用，一定时期内投入某个地区或某个行业的资金越多，相应地该地区或行业的发展速度就会加快；资金投入的方向如果不尽合理，一国经济的发展就会失衡，会诱发一定的社会问题。投资活动之所以会产生这些影响，是因为投资具有以下特征。

1. 投入资金多

投资是为了实现未来的收益而投入各种生产要素，以形成经营所需要的各类资产，因此对资金的需要量相当大。投资主体应在资金的筹措和运用方面采用科学的管理方法，以控制资金的投入数量、投入速度、投入质量和产出效益。否则，资金运用不当造成的损失将是巨大的。

2. 占用时间长

从资金的投入到最终效益的产出一般要经历相当长的时间，投资存在明显的时滞，现时投入资金的活动要持续很长时间，而且投入的资金在一段时期内不能为社会提供有效的产出。为了使投资能够发挥正常的扩大再生产能力，保证经济运行的连续性，投资主体需要合理安排每一个时期的投资活动。

3. 实施风险高

由于投资活动持续的时间较长，在其具体实施过程中受到外界诸多因素的影响，始终存在失败的潜在可能性，未来收益的实现就变得不那么可靠。投资实施过程中投资主体面临的主要风险有政策风险、技术风险、财务风险、市场风险及自然风险等，任何一项风险发生，都会对计划中的投资活动产生一定程度的冲击，因此投资活动通常要涉及风险的估计、防范和控制。

4. 影响不可逆

投资的过程是组合各种资源形成新的生产能力的过程，主要是资金的物化过程，一旦投入的资金得到了物化，也就被固化在某一场所，具有显著的固定性和不可分割性。投资产生的效果会对国民经济产生持续的影响，如果某项投资行为被证明是错误的，在短期内我们将难以消除其不良影响。同时，扭转错误的投资行为，也需要付出巨大的代价。从相当长的一段时期来说，投资的影响通常是不可逆的。投资的这一特点要求人们在投资活动中保持谨慎的态度，尽力提高投资的质量。

**（二）投资类型**

投资可以按其性质、运用形式和投入行为、期限、用途等进行分类。

1. 投资按其性质的不同，可分为固定资产投资、无形资产投资和流动资金

固定资产投资是指固定资产的再生产。固定资产是指在再生产过程中，能在较长时期里（一年以上或长于一个生产周期）反复使用，并在其使用过程中保持原有物质形态，其价值逐渐地、部分地转移到产品中去的劳动资料和其他物质资料，如房屋、建筑物、机器设备、运输设备等。它是国民财产的重要组成部分，是人们从事生产和生活消费的物质基础和基本条件。成为固定资产一般需要同时具备两个条件：一是使用期限在一年以上或长于一个生产周期，二是单位价值达到规定的标准。无形资产是指能长期地发挥作用但不具备实物形态的资产，如土地使用权、专利权、非专利技术、商标、商誉等。用于形成和购买无形资产的费用支出就称为无形资产投资。流动资金是指在生产过程中，垫支在流动资产上的资金；而流动资产是指不断地改变其物质形态，其价值一次性转移到产品中的资产，如原材料、燃料、在产品等。

2. 投资按其运用形式和投入行为的不同，可分为直接投资和间接投资

直接投资是指投资者直接将货币资金投入投资项目及资产，并拥有被投资对象的经营控制权的投资。它一般可形成新的资本，扩大生产能力和工程效益，并通过其生产活动，直接增加社会的物质财富，提供社会所必需的劳务或服务。直接投资的实质是资金所有者和使用者、资产所有权与经营权的统一。间接投资是指投资者以其货币资金购买金融资产即有价证券，以期获取一定收益的投资。这种投资一般也可称为证券投资。其实质是资金所有者与使用者、资产所有权与经营权的分离与解体。

3. 投资按其投资期限的长短，可分为长期投资和短期投资

长期投资是指投资者的投资回收期限在一年以上的投资，以及购入的在一年内不能变现或不准备变现的证券等投资。这类投资属于非流动资产类，其投资的目的主要有积累资金、经营获利、为将来扩大规模做准备、取得对被投资企业的控制权等。短期投资是指投资者以暂时闲余的资金购买能够随时变现、回收的有价证券及不超过一年的其他性质的投资。这类投资属于流动资产类。

4. 投资按其用途的不同，可分为生产性投资和非生产性投资

生产性投资是指投入生产、建设等领域中的投资，其直接成果是货币资金转化为生产性资产，而生产、建设活动必须同时具备生产性固定资产和流动资产。因此，生产性投资又可细分为固定资产投资和流动资金。非生产性投资是指投入非物质生产领域中的投资，其成果是转化为非生产性资产，主要用于满足人们的物质文化生活需要，如投入文化、教育、卫生、体育、政府设施等的投资。

**（三）投资的基础理论**

1. 马克思经济学关于投资理论的描述

马克思虽然没有直接就投资问题进行论述，但他关于资本积累、资本周转、扩大再生产、资本有机构成的基础理论都涉及投资问题。

马克思在《资本论》中讲：我们已经知道，货币怎样转化为资本，资本怎样产生剩余价值，剩余价值又怎样产生更多的资本。但是，资本积累以剩余价值为前提，剩余价值以资本主义生产为前提，而资本主义生产又以商品生产者握有较大量的资本和劳动为前提。因此，这整个运动好像是在一个恶性循环中兜圈子，要脱出这个循环，就只有假定在资本主义积累之前有一种“原始”积累，这种积累不是资本主义生产方式的结果，而是它的起点。因此，所谓原始积累只不过是生产者和生产资料分离的历史过程。这个过程之所以表现为“原始”的，是因为它是形成资本与之相适应的生产方式的前史。

有了资本的原始积累，便启动了资本主义的生产方式，于是便产生了剩余价值和更多的资本积累。有了资本积累，资本家在利润的驱动下，按照资本的有机构成的方式，扩大再生产，使资本主义生产方式在不断追加资本（投资）的前提下扩张。马克思从这个过程中得出两点结论：一是“积累是扩大再生产的唯一源泉”“扩大资本（投资）只能靠累进的积累”；二是随着资本的积累，资本的价值构成将在技术构成的基础上不断提高，于是，进行生产所需要的投资起点也随之提高。也就是说，各个生产者所需要的资本也就越来越多。

2. 西方经济学家关于投资的论述

古典经济学家的代表人物亚当·斯密，把经济增长与经济发展作为分析的主题，认为增长源于资本积累与资本的配置，他更注意资本积累。19 世纪 70 年代出现了边际革命后，西方经济思想出现了重大变化：从古典学派认为经济增长源于积累力量作用的看法，转而研究一定时期内资源的静态配置，以促进经济增长。此后，西方的经济学者提出了许多从投资出发的经济增长模型，如哈罗德和多马模型、技术进步条件下新古典经济增长模型、新剑桥经济增长模型等。总之，西方经济学家认为，经济的原动力是投资（资本），投资具有双重作用，既创造需求也创造生产能力。同时，劳动和技术也要以资本为前提。

3. 发展经济学家关于投资的理论

发展经济学是研究发展中国家如何发展的一门科学。发展经济学家认为，发展中国家经济发展受到多种因素的影响，不仅有经济因素，也有非经济因素，如国家政治、价值观念、传统方式、企业家的作用等，但他们一致认为：资本短缺是国民经济发展的主要障碍因素。与这一论断相关的理论主要有以下三种。

（1）纳克斯的“贫困恶性循环”理论。纳克斯认为，发展中国家普遍存在的特征是经济发展停滞不前，人均收入水平低，生活贫困。之所以长期贫困，不是因为国内资源不足，是因为国家经济中存在若干相互作用的“恶性循环系列”。其中最主要的是“贫困恶性循环”，其产生的主要原因是资本缺乏或资本形成不足。该循环在供给上表现为：低收入→低储蓄能力→低资本形成→低生产率→低产出→低收入。该循环在需求上表现为：低收入→低购买力→投资引诱力不足→低资本形成→低生产率→低产出→低收入。于是，纳克斯得出一个著名的命题“一国穷是因为它穷”。

（2）纳尔逊的“低水平均衡陷阱”理论。纳尔逊认为，发展中国家人口的过速增长是阻碍人均收入迅速提高的“陷阱”，必须进行大规模的资本投资，使投资和产出的增长速度超过人口增长速度，才能冲出“陷阱”，实现人均收入大幅度提高和经济增长。

（3）利本斯坦的“临界最小努力”理论。利本斯坦认为，要打破这种困境，就必须在经济发展的初级阶段实行大规模投资，使投资水平或投资率大到足以达到国民收入增长速度超过人口增长速度，人均收入大幅度提高，从而产生一个“临界最小努力”，以巨大的投资力量“大力推动”经济走出“低水平均衡陷阱”的泥潭，实现长期、稳定的增长。

## 二、投资项目评估学的形成与实践

### （一）投资项目评估学的形成

项目评估源于投资学中的投资决策问题。在最初的投资决策活动中，一个富有经验的投资决策者足以凭经验解决他所面临的复杂问题。但是，随着社会化大生产和工业资本的发展，经济活动逐渐复杂起来，在这种情况下单凭决策者的经验已不能满足投资决策的需要，于是，初级阶段的项目评估理论和方法开始产生，那就是以西方福利经济学理论为基础，以财务分析为主要手段，对投资项目进行分析决策。财务分析主要是从企业（或项目单位）盈利角度所进行的分析，它对私人投资有极其重要的意义。但是，资本主义私人经济的增长也带来了政府对公用事业投资的增长。对公用事业投资的分析，就不能完全用财务分析的方法。随着资本主义生产力发展带来的一系列大的公用投资项目的开发，经济学家对这些项目的经济效益评估做了较深入的研究，其结果就形成了不应从项目本身，而应从整个国家经济系统的角度去评价一个项目的经济和社会效益的思想。

其后，在 20 世纪五六十年代，一些发达国家，特别是一些国际金融组织在帮助发展中国家建设一些工程项目时，发现用传统的财务分析的方法已无法正确进行投资项目的决策。这些发展中国家商品市场发育不完善，物资供给短缺，为了保护本国的工农业发展又都实行了经济保护价格和保护汇率制度，因而各种资源与产出物的价格往往是扭曲的，并不能反映它们的真正价值。因此，用这样的价格进行分析计算，无法正确确定一个投资项目对这个国家经济发展的真正贡献。

正是在上述背景下，项目评估从单纯的财务分析向着眼于整个经济系统的经济分析发展。20 世纪 60 年代末，具有实用价值的项目经济评估理论正式诞生。1968 年，英国牛津大学经济学教授李特尔（Little）和数学教授米尔利斯（Mirrlees）联合编写了《发展中国家工业项目分析手册》一书，系统地提出了进行投资项目评估的理论和方法。1972 年，联合国工业发展组织出版了《项目评价准则》一书。此书是由伦敦经济学院的帕萨·达斯古普塔、阿马泰亚·森和哈佛大学的斯蒂芬·马格林三人合作撰写的，是项目评估中的又一本重要著作。1974 年，李特尔和米尔利斯对他们 1968 年出版的《发展中国家工业项目分析手册》一书做了修订和补充，改名为《发展中国家项目评价和规划》。1975 年，世界银行工作人员林恩·斯夸尔（Lyn Squire）和赫尔曼·G. 范伯塔克（Herman G. VanberTak）合作出版了《项目经济分析》一书。这本书推动了项目评估理论的发展。1972 年，世界银行出版了 J. 普赖斯·吉延格撰写的《农业项目经济分析》，第一次将项目评估的理论和方法引入农业（1982 年又做了修订）。1980 年，联合国工业发展组织与阿拉伯工业发展中心联合编写出版了《工业项目评价手册》一书。这本书提出了一套比较适合发展中国家使用的项目评估理论和方法。

以上所提及的这些项目评估的经典性著作，为项目评估的发展做出了重要的贡献，同时它们也分别代表了不同的理论学派。例如，L-M 法代表了李特尔和米尔利斯的观点。UNIDO 法称作“准则”学派（UNIDO 是联合国工业发展组织的英文缩写）。L-M 法与 UNIDO 法的主要区别在于经济评估价格的确定上。L-M 法主张以国际市场价格为基础确定评估价格，而 UNIDO 法主张以国内市场价格为基础确定评估价格。所以 L -M 法又叫口岸价格法，UNIDO 法又叫国内市场价格法。《项目经济分析》一书提出的方法叫 S-V-T 法，其主要观点与 L-M 法比较接近。它提出的进行社会评估的理论深受经济学界重视，从而使项目评估从对财务评估、经济评估扩展到对整个社会效益的评估中。《工业项目评价手册》的观点被称为“手册法”或“阿拉伯法”。它主张以国内市场价格为基础，只对明显不合理的价格进行适当调整后作为评估价格。因而这种方法又叫调整价格法，既方便又易被人们接受。

总之，项目评估科学的形成是沿着从财务评估到经济评估再到社会评估的思想路线。这三个不同的评估层次具有不同的着眼点、不同的利益主体和不同的广度和深度。同时，在项目评估科学的发展中形成了四大评估学派，它们的理论主张和操作方法在具体的项目评估实践中得到广泛应用。

### （二）投资项目评估学的实践

大规模的投资项目评估实践是从20世纪30年代美国开发治理田纳西河流域开始的。美国政府在1936年通过了《洪水控制法案》，对项目评估的社会成本效益法做了总结。《洪水控制法案》称：控制洪水事关全国福利。控制洪水项目的效益应当包括所有个人得到的收益。联邦政府决定是否实施控制洪水项目的一般准则是：项目的效益必须超过其成本。但是《洪水控制法案》并没有提出一套完整的项目评估方法。1950年美国联邦河谷委员会成本收益分委会发表《对河谷项目进行经济分析的建议》，试图总结出一套大家一致同意的比较成本和效益的规则，使项目评估程序标准化。1952年，美国预算局发表《A-47号预算周期文件》，正式提出了指导预算局评估预算的各种考虑。在20世纪50年代甚至60年代，该文件一直是项目评估的官方指南。1958年围绕着治水问题，美国同时出版了三本重要著作：埃克斯坦的《水利资源的发展》、麦克基恩的《系统分析中的政府效率》及克鲁提纳和埃克斯坦合编的《项目评估案例研究》。这三本书都试图把项目评估实践与福利经济学理论紧密联系起来。20世纪60年代初，在马斯所作的《哈佛水利资源规划》中，项目评估实践和福利经济学理论之间的联系得到了进一步加强。

第二次世界大战后，世界上出现了一大批新兴的发展中国家，“发展”成为国际社会关注的热点问题。当时，几个主要发达资本主义国家出于冷战及其自身经济利益的考虑，决定向发展中国家提供一定的经济援助。这便促使发达资本主义国家的一些经济学家研究发展中国家的实际问题。面对发展中国家与发达资本主义国家社会经济生活之间的巨大反差，西方经济理论，特别是福利经济学的项目评估理论基础被项目评估的实践动摇。另外，由于发达资本主义国家为发展中国家提供的双边和多边资金援助大都采取项目贷款的形式，因而西方项目评估学便随着项目贷款一起输入发展中国家，并得到进一步的实践。同时，根据发展中国家的经济特点，项目评估理论在福利经济学的基础上逐渐引入西方发展经济学和边际分析等新的经济理论。

在项目评估工作的实际推行方面，世界银行发挥了极大的作用，做了多方面有益的实践。世界银行成立于1945年，从1947年起成为联合国的专门机构，现有成员约140个。世界银行下设的两大业务机构是国际金融公司和国际开发协会，前者着重对成员的私人企业提供长期贷款，后者主要对发展中国家提供优惠的长期贷款，具有援助性质，所以十分重视贷款的经济效益。在成立后的前20年中，贷款的2/3用于援助电力和运输等基础设施项目。它当时认为，发展中国家只要有了充分的基础设施和逐步实现工业化，就可以带来经济的发展和人民生活的改善。但事实是，这样的做法并没有增加发展中国家的就业机会，没有减轻贫困和迅速改变经济落后的状况。相反，由于忽视了农业，这些国家的粮食储备不足，从而被迫大量进口粮食，国际收支逆差不断增加。通过贷款实践，世界银行认识到，农业落后确实是发展中国家急待解决的一大问题。资助发展中国家发展经济，必须与农业发展紧密结合起来，才能使他们逐步摆脱贫困落后的面貌。因而世界银行对农业贷款的比重也逐年增长。1960年农业项目贷款占世界银行全部贷款总额的7%，到1985年增加到40%以上。

世界银行的贷款主要是项目贷款，只在“特殊情况下”才提供非项目贷款。多年来，世界银行在项目的投资管理方面积累了比较丰富的实践经验，形成了一套完整而又严格的制度、程序和方法。世界银行进行项目评估的具体方法主要是成本效益分析法 。同时，为了确保贷款项目具有盈利能力和偿还能力，对每一项目从计划到实现，要经过六个阶段的“项目周期”，即项目的选定、准备、评估、谈判、执行和评价总结。世界银行采用的成本效益分析法，经实践证明是一套成功的方法，目前世界各国都在使用。为了帮助各国提高项目管理水平，特别是提高项目评估水平，世界银行在许多国家举办了项目评估的培训学习班。我国恢复了世界银行的席位以来，也在世界银行的帮助下培训了项目管理人员，并在全国范围内开展了项目评估实践。

## 三、投资项目评估学的理论基础

研究西方投资项目评估学的形成过程和实践，我们发现即使在第一阶段——西方项目评估学的形成时期，就存在着政府的努力方向与学术界的努力方向不一致的问题。这说明用西方福利经济理论解释项目评估实践是不完全的。在项目评估学发展的第二阶段——西方项目评估学在发展中国家的广泛应用和实践时期，福利经济理论与项目评估实践之间的矛盾已经激化一定程度，以致西方经济学家断然否定了西方福利经济学作为项目评估科学理论基础的合理性。他们试图提出新的理论取代福利经济理论在项目评估学中的位置，但是，这方面努力的成果并不令人满意。这一阶段的项目评估学理论带有很大的拼凑性质，既有西方发展经济理论的成分，又有效用价值论的成分，当二者均无济于事时，还求助于经济专家和发展中国家政治领导人的价值判断。那么，项目评估科学的理论基础究竟是什么？我们认为，投资项目评估科学应该建立在市场经济理论、福利经济理论、劳动价值论和现代投资理论的基础上。

### （一）市场经济理论

（1）从西方项目评估学的形成和实践看，项目评估科学本身就是建立在市场经济理论的基础上，在引入我国后，只是为了适应我国当时计划经济体制，才在实践中被“修正”，具体表现在项目评估中考虑计划多，考虑市场少。我国实行社会主义市场经济体制后，有必要从计划向市场回归，使项目评估学建立在市场经济理论的基础上。

（2）市场经济是一种资源最优配置的经济运行方式，这与项目国民经济评估的思想是一致的。因为项目国民经济评估就是要使国家稀缺资源合理流通，在项目之间实现最优配置。因此，项目评估只有以市场经济理论为基础，才能做到这一点。

（3）西方新古典经济学派认为，在完全竞争的理想市场上，经济活动会自发地产生一种高效率，同时只要处理得当这种高效率，就可变成高效益。投资和投资项目决策的唯一动机就是获得更高的经济效益，这也正是投资项目评估的最终目的。

（4）项目评估的核心问题是项目价值的估算问题，而要估算项目价值，项目投入、产出物价格的确定是最关键的环节。西方经济学者应用严密的数学方法证明：运用线性规划计算出来的资源影子价格等值于完全竞争的理想市场上该资源的市场价格。因此，在市场经济理论指导下，项目评估价格的调整更加逼近于影子价格。

（5）从我国经济改革的趋势看，主要是沿着计划经济向市场经济转变。因此，在投资项目评估学中以市场经济为其理论基础，不仅符合国家的改革走向，而且也符合我国经济发展的规律。

### （二）福利经济理论

尽管在项目评估科学的形成与实践过程中福利经济理论作为项目评估的理论基础被动摇，甚至被否定。但从福利经济理论的基本思想看，对投资项目评估具体实践仍有积极的意义。其理由是：

（1）从投资项目评估方法看，虽然方法较多，但现代成本效益分析方法作为投资项目评估的最主要和最基本的方法，已被人们公认。而现代成本效益法的理论依据正是西方福利经济理论。

（2）福利经济理论主要是研究社会经济利益的分配问题。因此，它与投资项目评估科学中社会效益评估紧密相关。项目社会效益评估就是站在全社会的立场上，分析项目投资建设为社会带来的福利大小，以及项目的社会效益在各社会成员（项目单位、地方、国家等）之间的分配。项目社会效益的增加意味着社会福利的提高，项目社会效益的减少意味着社会福利的减少。这对投资项目评估具有指导意义。

（3）福利经济理论的精髓——帕累托最优准则，也是适合投资项目评估的。因为，一个项目的投资建设，除了给国家、社会和项目单位带来利益外，也可能为社会带来客观外在副作用。例如，在某流域的上游实施一个化工项目，会影响下流的农业生态，造成农业减产。因此，帕累托提出的“一些人或一个人好起来，而没有一些人或一个人坏下去，那么就意味着社会福利的增加”的法则，对投资项目评估有重要的指导作用。

（4）项目的建设和投资问题，从社会再生产的角度看，也可以说是再分配，而这种分配除了考虑它的财务商业效益、国民经济效益外，还应考虑它的社会效益。这也正是西方福利经济理论中“效率与公平重要命题"的基本思想。因此，我们在项目的立项、区位选择等方面，除了考虑提高项目的经济效益外，还要考虑扶持落后地区和少数民族地区发展经济（因为项目建设对一个地区经济的发展有启动作用)，提高社会效益。

（5）在项目评估实践中，福利经济理论被动摇或被否定，其主要原因并非经济学理论本身有什么错误，而是经济发展落后、经济环境闭塞。

### （三）劳动价值理论

项目评估的核心问题是项目的价值估算问题，项目评估思想与方法的建立必然以一定的价值理论为其理论前提。价值理论不同，项目评估思想和方法也就不同。

（1）劳动价值论证明了社会折现率完全等值于劳动生产率的增长率。从马克思劳动价值观点看，项目评估学研究的首要问题是在社会生产力发展的情况下，价值形成的时滞问题。因为在项目评估中，由于项目往往涉及巨额的固定资产，而且耗费相当长的时间，时滞问题就显得非常突出，成为项目评估学研究的首要问题。根据马克思劳动价值论，单位商品的价值量与生产该商品所消耗的社会必要劳动时间成正比，与生产该商品的劳动生产率成反比。价值量决定于劳动量，价值量的减少即劳动量的减少，劳动量的减少即劳动生产率的提高。因此，商品价值量的下降率就等值于社会劳动力的增长率，即社会折现率完全等值于预期的社会劳动生产的增长率。这就为投资项目评估中确定和使用折现率问题找到了科学的理论依据。

（2）劳动价值论揭示了“货币时间价值学说”的神秘面纱。一个具体的建设项目总是投资支出发生在前，一系列的收入发生在后，如果考虑货币的时间价值，现在值的投资支出和将来值的项目收入就不存在可比性，因而也无法进行正确的经济效益分析。为了得出正确的结论，我们就有必要将不同时间发生的收入和支出放在同一时点上考察，也就是把不同时期的货币价值换算成相同时期的货币价值。这就是货币时间价值学说在项目评估中的意义所在。从马克思劳动价值论看，货币时间价值并不意味着货币本身能增值，也并非由于通货膨胀、现时消费偏好和投资风险的表面因素，而是因为货币代表一定量的物化劳动，充当生产资本参与再生产过程，并在生产和流通中与劳动相结合，才产生增值。这里主要是与劳动结合，是劳动创造了价值。所谓货币时间价值，是货币随时间推移在不同的时点上形成的价值差。那么，这种价值差从何而来呢？这里问题的焦点在于货币概念上的差别。在马克思劳动价值论中，货币是科学意义上的货币，即货币是价值的表现形式，一定量的货币表示一定量的价值；而在货币时间价值学说中，货币是社会经济活动统计工具意义上的货币，是商品使用价值的数量表示，即一定量的货币表示一定量的使用价值。因此，如果把货币时间价值所说的"现在的1元钱比将来的1元钱价值大"这句令人费解的话翻译过来，就是说，现在与将来相比，同等数量的商品所包含的价值量现在要比将来大。显然，这是社会生产力发展或劳动生产率提高的结果。由此可见，马克思劳动价值论与货币时间价值说并不矛盾，马克思劳动价值论更能揭示货币时间价值的实质。

（3）马克思劳动价值论中的价值与西方项目评估学中的影子价格具有趋同性。所谓影子价格，有三种解释：一是指既能反映资源的必要劳动消耗，即价值，又能反映资源的稀缺程度，即供求关系的价格。二是指完全竞争市场上的商品价格。三是指线性规划对偶问题的最优解，是资源的一种估价值。从上述三种解释可知，影子价格就是价值。在项目评估中，对于最终消费品而言，影子价格就表现为消费者愿付代价，即消费者对最终消费品价值的评估价格；对于资源、生产要素而言，影子价格就表现为生产者的机会成本，即生产者对资源或生产要素价值的评估价格。价值是商品的社会属性，其内涵体现了商品生产者之间的经济关系。同样，影子价格在生产资料等作为最优化的约束条件下，无论它们的具体形式如何千差万别，只要都用货币表示，只要这些生产资料都参与社会周转，都会表现为一定的生产关系和经济关系，都可以归结为单位生产资料可能获得的边际价值或收益。

影子价格与商品价值的外延也相差不大。有人认为只有作为商品的劳动产品才具有价值，而任何具有使用价值的物品，任何社会需求的对象，不论是人类劳动产品，还是自然力作用的结果，只要构成社会生产要素，就有影子价格。这样一来，好像影子价格比价值的外延范围要大。其实不然，我们说劳动产品有价值，影响劳动生产力的自然力也与价值有关。马克思在《资本论》第三卷中详细地研究了自然力与价值的关系，并指出："自然力不是超额利润的源泉，而是超额利润的一种自然基础。因为它是特别高的劳动生产力的自然基础。"同时，还要注意一个事实，资源尽管没有价值，但有使用价值（或称效用价值）和稀缺价值，随着时间发展，资源将会凝结更多的人类劳动，资源成为商品，具有价值，参与市场流通。另外，商品货币关系有一种波及作用，使一些没有价值的东西能够具有价格。这说明资源的价值性是与资源商品化的前提相伴而生。

## 四、投资项目评估学

从学科性质来看，投资项目评估学是一门技术经济学科，既有其独立的学科理论和方法，又与相关学科有一定的交叉联系，涉及可行性研究、会计学、财务学、工程经济学、技术经济学、统计学、企业经济学、市场调查与预测、税收实务、福利经济学等多门学科，具有较强的实用性。在学习时，我们必须注重理论联系实际，因为项目评估是一门操作性比较强的学科，仅掌握理论和方法是不够的。为此，本书除了讲述基本理论和方法外，结合笔者多年来参与项目评估的教学和实际工作经验，有选择地编写了部分案例，以供教师和学生参考。

### 复习思考题

1. 如何理解项目的特征？
2. 项目评估应注意的事项有哪些？它在投资决策中有什么作用？
3. 什么是可行性研究与项目评估？试分析两者的异同点及其作用。
4. 简评我国可行性研究和项目评估发展状况、存在的问题及以后的发展方向。
5. 论述投资项目评估学的理论基础。

# 第二章 资金的时间价值

在投资项目的评估中，我们需要采用定量、动态的分析方法。所谓的量就是用货币单位表示的价值量。动态分析的核心是要考虑时间这个持续的变量，在项目评估中就是应用货币时间价值原理比较位于不同时刻的成本与效益，权衡投资项目的净效益。

## 第一节 与时间价值有关的基本概念

无论是投资项目的评估，还是企业资金运作管理，都存在一个考察资金使用效果的问题，而资金使用效果就存在一个比较的问题。不同时间点发生的资金出入，我们是不能够对其简单相加的，因为资金存在时间价值，本节主要介绍与时间价值有关的一些基本概念。

### 一、利息与利率

#### （一）利息

利息是指占用资金所付的报酬（或放弃使用资金所得的补偿）。若将一笔资金（本金）存入银行，经过一段时间之后，存款用户可在本金之外得到一笔利息，作为存款的报酬。其计算公式为

$$R = P \cdot i$$

式中：$R$ 为利息，$P$ 为现金，$i$ 为利率。

#### （二）利率

利率又称报酬率，是指一个计息周期内所得的利息与本金之比，即单位本金经过一个计息周期后的增值额，通常用百分数表示。如果用 $i$ 表示利率，则其表达公式为

$$i = \frac{R}{P}$$

1. 名义利率（$r$）

在以一年为计息基础时，名义利率是按每一计息周期的利率乘以每年计息期数。

它实际上是按单利法计算的年利率。例如，存款的月利率为4‰，则名义利率为4.8%，即4‰ × 12=4.8%。名义利率是实际计息时不用的利率，只是在金融活动中或贷款合同文件上出现的利率。

2. 实际利率（$i$）

实际利率是实际计算利息时使用的利率，如上面的月利率4‰就是实际利率，不过我们这里所说的实际利率是以年为计算利息的周期而表达的年利率，即按复利法计算换算的年利率。如果计息周期为1年，则名义利率就是实际利率。但计息期不是1年时，名义利率就不是实际利率。

在经济分析中，由于项目多为长期投资，一般以年为计算复利次数，即每年计息1次，多数情况下，$i=r$。但如果$i \neq r$，则不能用名义利率来评价，必须换算成实际利率进行评价。

3. 名义利率与实际利率的换算

名义利率为$r$，1年中计息$m$次，则每次计息的利率为$r/m$，若本金为$P$，则年末本利和为

$$F=P\left(1+\frac{r}{m}\right)^{m}$$

所以，1年的利息应为：$R=F-P=P\left(1+\frac{r}{m}\right)^{m}-P$，则实际利率为

$$i=\frac{R}{P}=\left(1+\frac{r}{m}\right)^{m}-1$$

当$m=1$时，即1年计息1次，此时$i=r$；当$m>1$时，即1年计息若干次，此时$i>r$。

**【例2-1】**本金为100元，年利率为12%，在不同的计息期的情况下，1年的利息分别为多少？

（1）计息期1年，即1年只计息1次，其利息为

$100 \times 0.12 = 12$（元）

实际年利率仍是12%。

（2）计息期为半年，即1年内计息2次，其利息为

$$100 \times \left[\left(1+\frac{0.12}{2}\right)^{2}-1\right]=100 \times 0.1236=12.36\text{（元）}$$

实际年利率为12.36%。

（3）计息期为3个月，即1年内计息4次，其利息为

$$100 \times \left[\left(1+\frac{0.12}{4}\right)^{4}-1\right]=100 \times 0.1255=12.55\text{（元）}$$

实际年利率为12.55%。

（4）计息期为1个月，即1年内计息12次，其利息为

$$100 \times \left[\left(1+\frac{0.12}{12}\right)^{12}-1\right]=100 \times 0.1268=12.68\text{（元）}$$

实际年利率为12.68%。

从以上计算可以看出，1 年内，实行分期计算复利的条件下，实际年利率大于名义利率，计息期越多，相差越大。

4. 连续利率

连续利率表达为 $i_s$，为当计息期趋于无限小或计息次数 $m$ 趋于无限大时的实际利率，即连续不断进行利息计算的利率。计算式如下：

$$i_s = \lim_{m \to \infty}\left[\left(1 + \frac{r}{m}\right)^m - 1\right] = e^r - 1$$

其中：$e = 2.7183$。

【例 2-2】若年名义利率为 10%，实行连续计息条件下，实际年利率是多少？

解：$i_s = e^r - 1 = 2.7183^{0.1} - 1 = 10.52\%$

## 二、现金流量

### （一）现金流量的含义

在投资项目的经济分析中，将所考察的项目作为一个独立的经济系统，现金流量反映项目在建设和生产服务年限内流入和流出系统的现金活动。

项目所有的货币支出，叫作现金流出，用“-”表示；项目所有的货币收入叫作现金流入，用“+”表示。现金流量就是现金流入与现金流出之和。同一时间点上的现金流入与现金流出之差称为净现金流量。对组成项目现金流量的基本要素进行分析与估算，是项目经济分析的基础。现金流量预测的准确与否，直接关系投资项目评估是否可靠。

现金流量运算只能在同一时点进行，不同时点上的现金流量不能直接相加和相减，因为时点不同，其时间价值量是不等的。

### （二）投资项目评估中现金流量的基本内容

1. 现金流入

投资项目中的现金流入主要是项目建成后该项目的收入资金，主要包括以下四项：

（1）营业收入。投资项目建设期过后，主要的现金流入就是营业收入，营业收入包括项目销售产品或提供服务取得的收入。在实际生产销售的运行中，可能会存在赊欠等应收应付的非现金流状态，但项目评估为了简化，就不再考虑这种复杂的情况，而是简单计算为销售（服务）量与销售（服务）价格的乘积。

（2）补贴收入。补贴收入主要是指几种存在政府补贴的项目的收入。对于适用增值税的经营性项目，除营业收入外，其可得到的增值税返还应该作为一项补贴计入现金流入；对于非经营性项目，现金流入的补贴项目应包括可能获得的各种补贴收入。

（3）固定资产余值。固定资产的余值有残值和折余价值两个概念。残值是投资形成的固定资产在寿命结束后仍然会有的一些残余的价值（如钢铁制品会因为其属于金属而具有价值等）；余值则是未折旧完的价值。这些残余价值应该是固定资产丧失使用价值时才会发生的，每一个固定资产的使用寿命都不一样，其残余价值的回收也是不一样的，但在投资项目评估时，如果对每个固定资产都进行这样的精确处理，就不是项目评估，而是项目的企业运作了。此外，项目的固定资产虽然使用寿命不同，但我们在进行项目的设计时一般都假设固定资产能够实现简单再生产，而对寿命进行了统一化处理，即忽略了寿命的不同。因此，我们在进行投资项目评估时，一般都是统一在项目结束时，将所有固定资产残余价值一次性回收。不过要注意的是，这种残余价值应该是回收的净值，即扣除处理拆迁费后的净残（余）值。

（4）流动资金。投资项目在运行过程中需要流动资金，流动资金的特点就是在项目建成之后的项目运行过程中资金的循环往复周转，项目寿命期满时，流动资金就将退出项目的运行过程，全部还原成货币资金。与固定资产残（余）值一样，流动资金也是在项目活动结束时的一笔一次性收入。要注意的是，我们在估计项目的流动资金数额时，是假设项目各个正常生产年份所需要的流动资金是一样的，与实际经营单位的变化的流动资金数额是不一致的。

2. 现金流出

（1）项目总投资。项目的总投资包括项目的建设投资、固定资产投资方向调节税、建设期投资贷款利息及流动资金投资。

建设投资包括固定资产投资和无形资产投资等，具体包括工程费用（建筑工程费用、设备购置费用、安装工程费用）、工程建设其他费用和预备费（基本预备费和涨价预备费）。

固定资产投资方向调节税是为了贯彻国家产业政策，控制投资规模，引导投资方向，调整投资结构，加强重点建设，而对部分投资项目征收的税金。

建设期利息是建设期间各类债务支出（银行贷款利息和债券利息等）。流动资金包括储备资金、生产资金、成品资金、结算及货币资金。

（2）经营成本。在现金流量的衡量中，有一个不同于一般成本的概念，即经营成本。经营成本是指在项目建成投产后的运行过程中实际消耗的成本，与企业一般意义上的成本的不同在于，不包括非现金流量。因此在计算经营成本时，我们可以用产品成本扣除基本折旧、摊销费、流动资金借款利息等非现金流量得到。为什么在现金流出中不再考虑折旧等非现金流出呢？因为我们的投资项目评估考察的范围是投资项目实施的全生命周期，在考虑建设期的现金流出时，已经将投资作为现金流出计算，所以在生产经营阶段的成本支出中，就不能再次计算投资形成的固定资产、无形资产、流动资金等产生的折旧、摊销、借款利息。它们不是经营产生的成本。

（3）销售税金及附加。我国经营单位的税金主要在两个环节被征收：流通转移环节和所得环节。这里所说的销售税金属于流转环节的税金，包括增值税、资源税、城乡建设维护税等，此外还有虽不是税，但与税收类似的费用——教育费附加。需要注意的是，现行增值税为价外税，即产品价格中并不包括增值税，因此，若产品的销售收入没有将增值税计算进去的话，在销售税金与附加中也不应计入，否则就会重复计税。

（4）技术转让费。投资项目肯定会发生技术转让的费用，但在投资过程中发生的这类费用已经作为投资计入固定资产投资或无形资产投资中，不需再单独列出。这里所说的技术转让费是指在生产期按年支付的部分。

（5）营业外净支出。每一个经营性单位或多或少地存在一些营业外的收支，但对于投资项目评估来说，这类收入和支出通常不被考虑，主要原因是其数额一般较小，且不确定的因素较多。对有些营业外收支数额较大的项目，如矿山项目等，可估计列入，同时考虑营业外收入和营业外支出。若现金流入中没有计算营业外收入，则可以将营业外收入与营业外支出的差额作为营业外净支出，列为现金流出。

3. 投资项目评估中的现金流量与会计核算中的现金流量的区别

投资项目评估中的现金流量是以项目为独立系统（封闭系统），反映项目在建设和生产服务年限内现金流入和流出系统的活动，其计算特点是只计算现金收支，并如实记录收支发生的时间；而会计核算中的现金流量是在开放环境下的考量，从产品生产、销售角度对资金收支情况进行记录与核算。现金流量中无论收与支都包括现金与非现金两种形态。

### （三）现金流量图

在工程经济研究和工业项目的经济评价中，为了便于分析考察不同技术方案的经济效果，我们需要把发生在项目寿命期内不同时间上的现金流量，利用一个类似坐标图的形式，常以图 2-1 的形式表示，即现金流量图。现金流量图表示某一特定经济系统在一定时间内发生的现金流量情况，是分析和计算各种技术经济问题的重要方法。

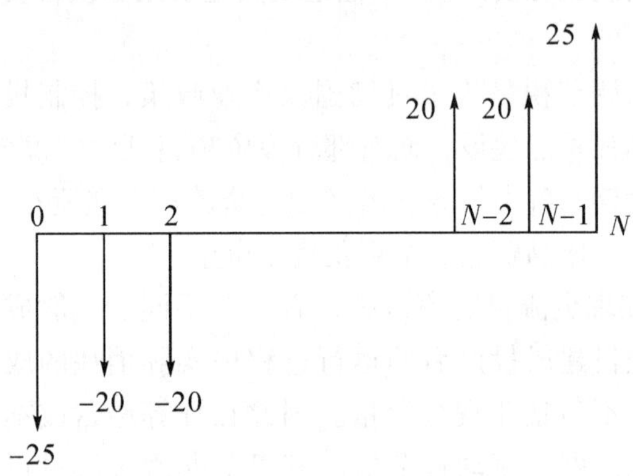


图 2-1 现金流量

关于现金流量图的说明：

（1）图 2-1 中水平线是时间标度，自左向右表示时间的延续，每一等分的间隔代表一个时间单位，一般是年，也可是月、日等。水平线上的点，称为时点，时点通常表示该年的年末，同时也是下一年的年初。零时即为第一年开始之时点。整个水平线可看成我们所要考察系统的有效时间。

（2）水平线的垂直线，表示流入或流出该系统的现金流量。垂直线的长度根据现金流量的大小按比例画出。箭头表示现金流动的方向，箭头向上表示现金流入（现金增加），箭头向下表示现金流出（现金减少）。

（3）在箭头的上方（或下方）要标明该现金流量的金额。

## 三、单利与复利

计算利息的方法有单利法和复利法两种。

### （一）单利计算法

单利计算法的特点是：各年的利息额仅按本金计算，各年的新增利息不加入本金计算其利息，即不计算利息的利息。这种方法的优点是计算简便，但缺点也比较明显，这种计算方法属于一种静态分析方法，不太符合资金运动规律，未能反映各期利息的时间价值，因而不能完全反映资金的时间价值。其计算公式如下：

$$F = P(1 + i \cdot n)$$

式中：$P$ 为本金，$n$ 为计息周期（通常为年），$F$ 为本利和，$i$ 为利率（通常为年利率）。

**【例 2-3】** 某人以单利方式存入银行 100 元，年利率 4%，存期 5 年，则 5 年后的本利和为：

$F = 100 \times (1 + 4\% \times 5) = 120$（元）

**（二）复利计算法**

复利计算法的特点是：将上期期末的本利和作为本期的本金，在新的本金基础上计算本期的利息，即计算利息的利息。这种方法的优点是考虑了资金的增值部分利息或盈利的时间价值，能完全反映资金的时间价值，缺点是计算相对复杂一些。其计算公式为

$$F = P(1 + i)^n$$

**【例 2-4】** 某企业向银行贷款 10 000 元，贷款期限 3 年，年利率 6%，则 3 年后应归还的本利和为

$F = 10\,000 \times (1 + 6\%)^3 = 11\,910.16$（元）

在投资项目评估中计算资金的时间价值都采用复利法。

## 第二节　资金时间价值的含义与计算

### 一、资金时间价值的含义及其意义

货币时间价值是西方经济学的一个概念。它是指同一数量货币在不同时点上的不同价值，或指一定量的货币的实际价值在不同时期（如若干年内）的差额。它是由时间变化引起的货币量的变化。在项目的投资活动中，即使不考虑通货膨胀的因素，同一货币的现值要大于其将来值，即今天的 1 元的价值大于 1 年后 1 元的价值。

充分认识货币的时间价值的意义并发挥其积极作用，对提高投资效益极为重要。其现实意义主要表现在以下几个方面：

**（一）有助于加强对价值规律和节约时间规律的认识及运用**

马克思的劳动价值论指明了劳动创造价值这一客观真理，然而无论是物化劳动的转移或是新价值的创造，都有一个渐进的过程，都离不开时间因素。特别是随着商品经济的发展，生产力水平及生产的社会化程度不断提高，原始意义上的等价交换越来越多地表现为异时、异地的商品交换方式，自然要涉及时间和时间价值。从节约时间规律看，正如马克思所说："一切节约归根到底都是时间节约。"时间就是金钱，效率就是生命。投资决策者有必要从更深层和更广义的范围进一步认识价值规律。由于时间的推移，货币的时间价值在不断变化。因此，人们就要以一种动态的时间价值观念

对待货币在不同地点（时期）的经济效益。实质上，重视货币的时间价值也就是珍惜货币资金并重视货币资金对经济运动和生产活动的作用。在创造价值的过程和运动中，人的作用是第一位的，是最具有能动性和创造性的，但这并不否定在特定条件下，货币资金（或物）也可能转化为矛盾的主要方面。特别是在现阶段，建设资金严重短缺，劳动力供过于求，而且这种状况在相当时期内存在，因此我们必须重视货币资金的作用和地位，对货币资金进行科学管理，发挥其最大效益。

**（二）可以加强建设资金的合理使用，使有限资金发挥更大的效益**

资金运动中的时间因素，是商品生产和商品交换的共生物，只要承认价值规律和等价交换，就必须正视货币资金的时间价值。在这方面，我们有过沉痛的教训。在过去较长的时期里，由于在理论上和实践上忽视了价值规律和时间价值的调节作用，许多部门、单位不顾主客观条件，抢项目，争投资，在建项目的建设工期一再拖延。如大型项目的建设周期，"一五"期间平均为 6 年，"六五"期间平均为 10 年。据统计，全国在建工程的工期每延长 1 年，就少收税利约 45 亿元，多支出费用 55 亿元；工期延长 4 年，折合浪费资金达 400 亿元。投资额度往往是一加再加，基建战线越拉越长。一方面，许多部门和单位建设资金严重缺乏；另一方面，某些部门和单位的资金又形成了积压和浪费。这些都大大减少了经济效益。与此同时，尽管贷款利率很低，但实际中仍不断发生无理拖欠银行贷款和拒不还本付息的现象。随着投资体制和财政体制的改革，基建投资和技改投资已由国家无偿拨款改为有息贷款，并要求定期按复利还本付息。这充分体现了资金运动中时间因素即时间价值的影响作用，是非常必要的。

当前，占用资金或产生收益的时间先后、长短不同引起资金和收益的实际值发生变化，在工业和交通运输部门的大中型项目中已逐渐被人们重视，而在农村或农业项目中，人们对时间尚缺乏应有的认识。与工业项目相似，农业中那些建设周期较长的农田水利工程、林木繁育及大中型农业机械、牲畜饲养、农业科学技术的研究和推广等，如不考虑时间价值，我们也是不可能正确评价投资效果的。我国农村资金奇缺，因此要新上项目时尤其需要集中力量和缩短战线，争取尽快建成使用并尽早发挥效益。

**（三）有助于新建项目和新技术成果尽早交付使用并产生效益**

讲究时间价值，必然促使人们对建成的项目和研制成功的新技术成果采取积极有效的措施，尽快地投产或转让，使之尽早产生效益。

**（四）对涉外经济工作尤为重要**

随着经济体制改革和对外开放政策的实施，对外贸易、引进技术和利用外资业务日益增多，常常遇到各种不同的计息条件、还款条件及支付结算方式。这些条件、方式的利弊抉择，往往与货币的时间价值的计量有很大关系。过去，我们吃过亏、上过当，只有对西方国家极其苛刻的货币的时间价值条件有一个清醒的认识，并能熟练地进行计算，方可避免某些不应有的损失并完成有关的对外业务。

**（五）对准确进行项目评估和投资决策有决定性的意义**

过去，我们在投资决策时不考虑货币的时间价值，在投资效果分析中将不同时点的收支一视同仁，常常低估资本的成本而高估预期的收益，从而使分析和评价失真。我们在进行投资项目评估决策时，在计划项目的资金筹措、安排资金的回收并核定项目的资金回收额和偿债基金时，都要将时间价值的计量和讨论放在显著位置。一些最重要的评估分析指标也大都直接或间接同时间价值相联系。可以说，除了周期很短、投资额度很小的项目外，离开对时间的换算或计量，评估就不可能得到正确的结论。

总之，重视货币的时间价值，我们可以加深对价值规律的理解和认识，进而对缩短建设周期，加速资金周转，提高资金使用的经济效益，以及准确进行项目评估和投资决策产生积极作用。

## 二、资金时间价值的复利计算

### （一）资金时间价值的换算

由于资金存在时间价值，相同数额的货币资金在不同的时点的经济价值是不相等的；相反，在不同时点的不同数额的货币资金可能是经济等值的。对项目而言，投资往往发生在前，收支发生在后。为比较项目收支情况，我们必须将不同时间发生的收支额，以资金时间价值标准换算为统一时点的相当值，才能进行比较，这一过程称为资金时间价值的换算。这是计算项目经济效益和进行经济评价时首先考虑的问题。

资金时间价值的换算包括：

（1）现值计算，即将未来时点上的收支换算为某一较早时点上的相当值的方法。

（2）终值计算，即即把任一较早时点发生的收支换算为未来某一时点的相当值的方法。

（3）年值计算，即把任一时点上的价值换算为一系列相等的年相当值，也可把年值换算为某一时点的现值或终值。

为简化上述计算，人们推导了复利计算的基本公式，计算了常用复利系数的数值并编成表格以备查用。美国工程经济协会于 1975 年拟定了复利系数的标准名称与符号，现已被许多国家采用。下面根据该标准介绍几个常用的复利公式。

### （二）普通复利计算公式

在下面的复利计算公式推导中，我们统一用下面的符号表达现金流量：

$P$——现值；

$i$——实际利率，按计息期计算的利率；

$r$——名义利率，即年利率；

$n$——计算复利的期数（年、季、月、日等）；

$F$——终值或未来值，即发生在现在或未来的现金流量相当于未来时点的价值；

$A$——年值或年金，即连续发生在一定周期每期期末资金的等额系列值。

为了更加清楚，在复利公式推导计算时，我们将借助前面提到的现金流量图。

1. 终值（$F$）

将本金在约定的期限内，按一定的利率计算每期的利息，将所取得的利息加入本金再计算利息，逐期滚算到约定的期末，计算本金和利息的总值，称为复利终值。它是立足于现在的年度，计算一定量的货币的将来价值。终值示意图如图 2-2 所示。

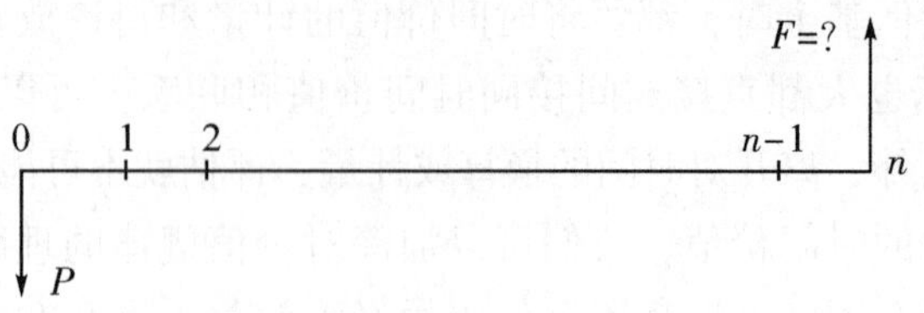


图 2-2　终值

复利终值的计算公式为

$$F = P\,(1+i)^n$$

本金 $P$ 在第 1 年年末的利息为 $Pi$，第 1 年年末的本利和为

$$F_1 = P + Pi = P(1+i)$$

第 2 年年末的本利和为

$$F_2 = F_1 + F_1 i = P(1+i) + P(1+i)\,i = P\,(1+i)^2$$

以此类推，第 $n$ 年年末的本利和为

$$F_n = P\,(1+i)^n$$

在复利终值的公式中，$(1+i)^n$ 称为复利系数，一般用（$F/P$，$i$，$n$）表示。为简化计算，方便评估工作，我们一般将 $(1+i)^n$ 按照不同利率、不同期数计算得出一系列的复利值并列成表格，称之为本金 1 元的复利系数表。

复利终值的计算公式表明，在本金初始值一定的条件下，利率越高，期限越长，则复利终值也就越高。在应用复利终值公式时，应注意复利所指的时间长短，应与利率所指的时间长短保持一致，否则就要进行相应的调整。

**【例 2-5】**某企业向银行申请贷款 1 000 000 元，年利率为 8%，每年复利 1 次，5 年后该企业共需还本付息多少钱?

解：$F = P\,(1+i)^n = 1\,000\,000 \times (1+8\%)^5 = 1\,469\,328$（元）

**【例 2-6】**某人存款 5 000 元，年利率为 8%，每季复利 1 次，5 年后的本利和是多少?

解：$n = 5 \times 4 = 20 \qquad i = 8\% \div 4 = 2\%$

$F = P\,(1+i)^n = 5\,000 \times (1+2\%)^{20} = 7\,430$（元）

2. 现值（$P$）

现值是未来一定数额的货币的现在价值，即终值的逆运算。复利现值是把未来一定数额的货币折算为现值的过程。复利现值是在已知将来值（$F$）、利率（$i$）和期数（$n$）的情况下求现值（$P$）。现值示意图如图 2-3 所示。

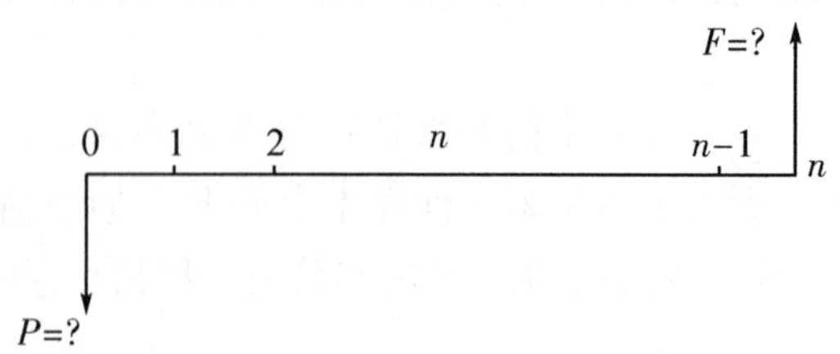


图 2-3　现值

复利现值计算公式为

$$P = F(1+i)^{-n}$$

其中，$(1+i)^{-n}$ 为现值系数，一般用（$P/F$，$i$，$n$）表示。它表明在利率为 $i$ 的前提下，$n$ 期后终值为 1 元的现值。现值系数可按不同利率、不同期数查表求得。

复利现值的计算公式表明，在终值一定的条件下，利率越高，期数越长，现值就越小；反之，现值就越大。

**【例 2-7】** 某项目在收益率为 12%的情况下，想要 5 年后获利 120 万元的净收益，现在应投入多少？

解：$P = 120 \times (1+12\%)^{-5} = 68$（万元）

3. 普通年金终值（$F$）

普通年金终值指普通年金的复利终值总和。它是在已知等额年金（$A$）、利率（$i$）和期数（$n$）的情况下，求普通年金终值（$F$）。普通年金终值示意图如图 2-4 所示。

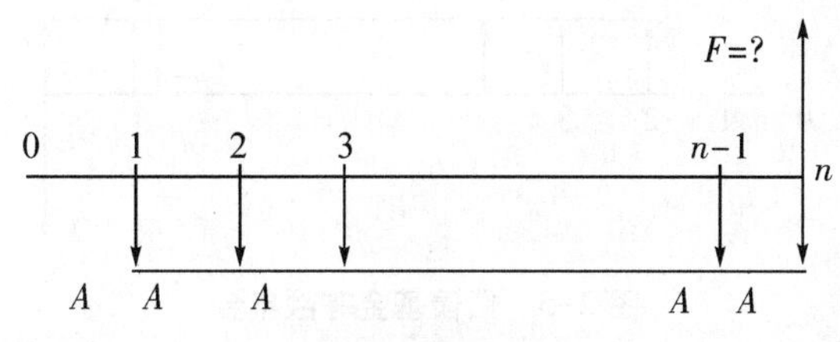


**图 2-4　普通年金终值**

利用复利终值的计算公式，可以推导出普通年金终值的计算公式。假设 $i$ 为利率，$n$ 为期数，$A$ 为普通年金，$F$ 为普通年金终值，则

第一期的年金 $A$ 至第 $n$ 期期末的累积数为 $A(1+i)^{n-1}$；

第二期的年金 $A$ 至第 $n$ 期期末的累积数为 $A(1+i)^{n-2}$；

第三期的年金 $A$ 至第 $n$ 期期末的累积数为 $A(1+i)^{n-3}$；

⋮

第 $n-1$ 期的年金 $A$ 至第 $n$ 期期末的累积数为 $A(1+i)$；

第 $n$ 期的年金为 $A$。

将以上各期累积数相加得：

$$F = A(1+i)^{n-1} + A(1+i)^{n-2} + A(1+i)^{n-3} + \cdots + A(1+i) + A \tag{2.1}$$

将（2.1）式两边同时乘以（$1+i$）得：

$$(1+i)F = A(1+i)^{n} + A(1+i)^{n-1} + A(1+i)^{n-2} + \cdots + A(1+i)^{2} + A(1+i) \tag{2.2}$$

用（2.2）式减（2.1）式得：

$$iF = A(1+i)^{n} - A = A[(1+i)^{n} - 1]$$

$$F = A\frac{(1+i)^{n} - 1}{i}$$

其中，$\frac{(1+i)^{n} - 1}{i}$ 为普通年金终值系数，一般用（$F/A$，$i$，$n$）表示。它表示数额为 1 元的普通年金，在利率为 $i$ 的前提条件下，累计 $n$ 期的复利终值。依据不同的利率和期数，我们可以得到不同的普通年金终值系数。我们将普通年金乘以普通年金终值系数，可以得到普通年金终值，用以计算一系列等额货币收支的未来价值。

**【例 2-8】**某企业投资某一项目，每年向银行贷款 100 万元，第 5 年年底完成，设年利率为 8%，按复利计算，5 年后该企业应还银行的本利和为多少？

解：$F = A\dfrac{(1+i)^n - 1}{i} = 100 \times \dfrac{(1+8\%)^5 - 1}{8\%} = 586.6$（万元）





4. 偿债基金（$A$）

偿债基金是指为了偿还一笔约定在若干年后归还的债务，必须分期（一般为一年）等额存入的准备金。由于每次等额存入的准备金相当于普通年金，而清偿的债务实际相当于普通年金终值，因此偿债基金是在已知将来值年金终值（$F$）、利率（$i$）和期数（$n$）的情况下，求每年等额存入的偿债基金（$A$）。偿债基金等额年金示意图如图 2-5 所示。

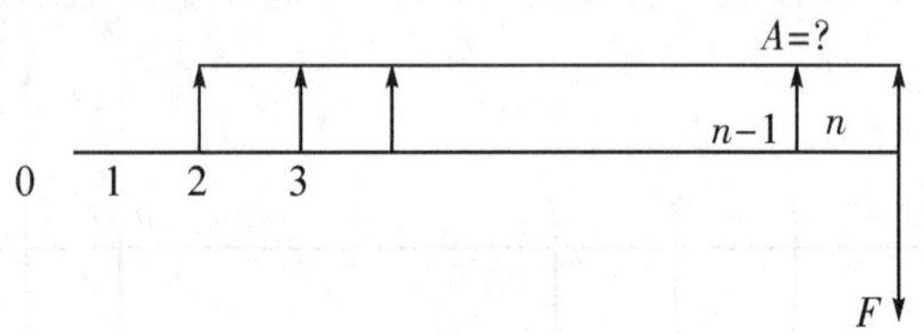


**图 2-5　偿债基金等额年金**

偿债基金的计算公式可以从普通年金终值公式中推导得出：

$$A = F\frac{i}{(1+i)^n - 1}$$

其中，$\dfrac{i}{(1+i)^n - 1}$ 为偿债基金系数，一般用（$A/F$，$i$，$n$）表示。它表明在规定的年限内偿清 1 元的债务，在利率为 $i$ 的条件下，而必须每年存入的等额准备金。该系数可查表求得。

**【例 2-9】**某公司计划 5 年后购进 1 台设备，需投资 100 万元，为此决定从今年起每年提存等额年金，作专用基金存入银行，若利率为 8%，则需要每年储存多少金额？

解：$A = F\dfrac{i}{(1+i)^n - 1} = 100 \times \dfrac{8\%}{(1+8\%)^5 - 1} = 17$（万元）

5. 普通年金现值（$P$）

普通年金现值是指普通年金现在价值的总和。它是在已知等额年金（$A$）、利率（$i$）和期数（$n$）的情况下，求普通年金现值（$P$），普通年金现值示意图如图 2-6 所示。

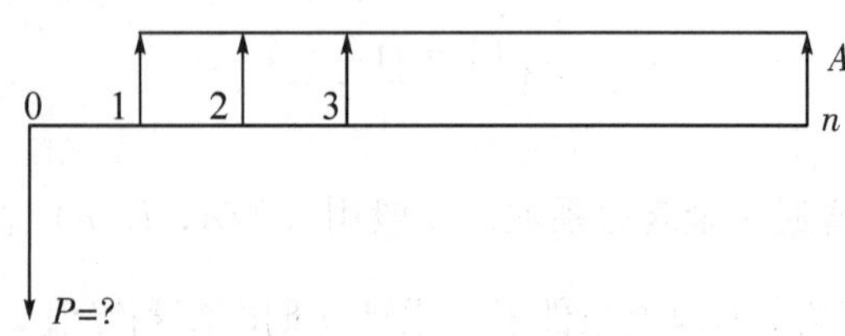


**图 2-6　普通年金现值**

普通年金现值的计算公式为

$$P = A\frac{1-(1+i)^{-n}}{i}$$

普通年金现值与普通年金终值的推导过程类似，利用贴现的计算公式，同样可以得出普通年金现值的计算公式。

第一期的年金 $A$ 的现值为 $A(1+i)^{-1}$；

第二期的年金 $A$ 的现值为 $A(1+i)^{-2}$；

第三期的年金 $A$ 的现值为 $A(1+i)^{-3}$；

⋮

第 $n-1$ 年的年金 $A$ 的现值为 $A(1+i)^{-(n-1)}$；

第 $n$ 年的年金 $A$ 的现值为 $A(1+i)^{-n}$。

将以上各期的现值相加得：

$$P = A(1+i)^{-1} + A(1+i)^{-2} + A(1+i)^{-3} + \cdots + A(1+i)^{-n} \quad (2.3)$$

将（2.3）式两边同时乘以（1+$i$）得：

$$(1+i)P = A + A(1+i)^{-1} + A(1+i)^{-2} + \cdots + A(1+i)^{-(n-1)} \quad (2.4)$$

用（2.4）式减（2.3）式得：

$$iP = A - A(1+i)^{-n} = A[1-(1+i)^{-n}]$$

$$P = A\frac{1-(1+i)^{-n}}{i}$$

其中，$\frac{1-(1+i)^{-n}}{i}$ 为普通年金现值系数，一般用（$P/A$，$i$，$n$）表示。它表示利率为 $i$、期数为 $n$ 的 1 元普通年金的现值。在不同的贴现率和期数的条件下的普通年金现值系数可编列成表。我们运用该系数乘以普通年金，可以得到普通年金现值，用以计算一系列等额货币收支的现在价值。

**【例 2-10】**某企业现投资 100 万元，预期 5 年内每年可获收益 30 万元，若折现率($i$)为 10%，试分析该投资在经济上是否可行。

解：$P = A\frac{1-(1+i)^{-n}}{i} = 30 \times \frac{1-(1+10\%)^{-5}}{10\%} = 113.72$(万元) > 100 万元

因此，该投资在经济上是可行的。

6. 资本回收（$A$）

资本回收是指在规定的年限内等额回收或清偿初始投入的资本或债务。由于等额回收或清偿的债务相当于普通年金，而初始投入的资本或债务相当于普通年金现值，因此，资本回收是在已知初始投入的资本或债务现值（$P$）、利率（$i$）和期数（$n$）的情况下，求得等额年金 $A$。资本回收等额年金示意图如图 2-7 所示。

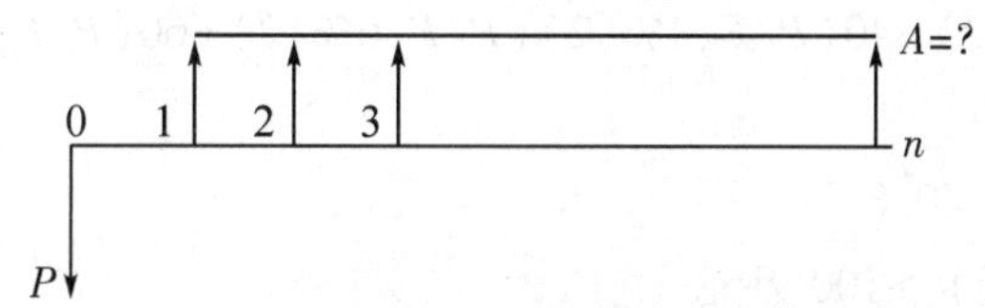


图 2-7　资本回收等额年金示意图

资本回收的计算公式可以从普通年金现值的计算公式中推导得出：

$$A = P\frac{i}{1-(1+i)^{-n}}$$

其中，$\frac{i}{1-(1+i)^{-n}}$ 为资本回收系数，一般用（$A/P$，$i$，$n$）表示。它表示 1 元的债务，分 $n$ 期偿还，在利率为 $i$ 的条件下，每期（通常为 1 年）应偿付的固定金额，该系数可查表求得。运用该系数，评估人员可以计算项目单位等额分期偿还贷款的额度。

**【例 2-11】**某公司针对某项目向银行借款 100 000 元，在年利率为 8%的条件下，该项目每年等额偿还多少借款才能在 5 年内还清？

解：$A = P\frac{i}{1-(1+i)^{-n}} = 100\ 000 \times \frac{8\%}{1-(1+8\%)^{-5}} = 25\ 045.6$（元）

# 第三节　基于资金时间价值的投资方案比选

## 一、实例投资决策分析

对于一项复杂的投资决策问题，建议先画出现金流量图，考虑决策计算点选在何处以使计算简便。

**【例 2-12】**某企业现投资一项 100 万元的项目，年限为 6 年，银行贷款年利率第 1 年、第 2 年为 4%，第 3 年、第 4 年为 6%，第 5 年、第 6 年为 10%，预期项目投产后第 2 年收入为 30 万元，第 4 年收入为 40 万元，第 6 年收入为 60 万元，不考虑残值，请做出投资决策。

1. 现值法

决策计算点选在 0 年，即把所有收入与支出均换算为现值，然后再加以比较。若收入大于支出，则投资；若收入小于支出，则不投资。【例 2-12】现金流量图如图 2-8 所示。

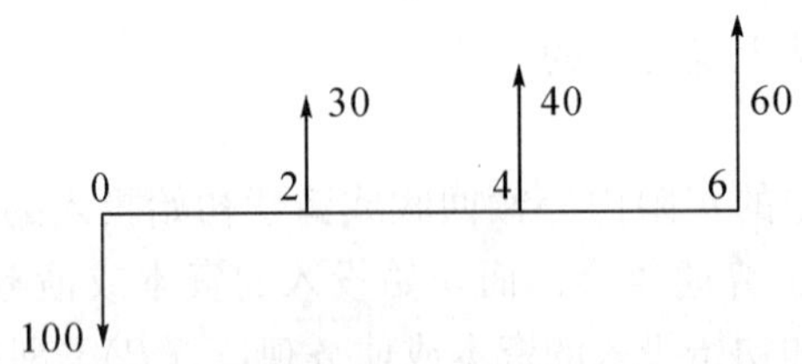


**图 2-8 【例 2-12】现金流量图**（单位：万元）

$$P = 30(P/F,4\%,2)+40(P/F,4\%,2)(P/F,6\%,2)+60(P/F,4\%,2)(P/F,6\%,2)(P/F,10\%,2)$$
$$= 27.74+32.91+40.8$$
$$= 101.45\text{（万元）} > 100\text{ 万元}$$

收入总额大于支出，因此选择投资。

2. 终值法

把所有收入与支出均换算为终值，然后再加以比较。

$F=60+40(F/P,10\%,2)+30(F/P,10\%,2)(F/P,6\%,2)$

$=60+48.4+40.79$

$=149.19$（万元）

$F=100(F/P,10\%,2)(F/P,6\%,2)(F/P,4\%,2)$

$=147.04$（万元）

故选择投资。

可见，现值法与终值法结果一致。

## 二、利率选择

**【例 2-13】**某企业拟向银行贷款 2 000 万元，5 年后一次还清，假如 A 银行贷款年利率为 17%，B 银行名义利率为 16%，每月计息 1 次。问企业应选择哪个银行贷款划算？

解：运用终值法比较终值的大小即可

$$F_A=2\ 000\times\left(\frac{F}{P},\ 17\%,\ 5\right)=2\ 000\times 2.192\ 4=4\ 384.8(\text{万元})$$

$$F_B=2\ 000\times\left(1+\frac{0.16}{12}\right)^{12\times 5}=2\ 000\times 2.213\ 8=4\ 427.6(\text{万元})$$

$F_A<F_B$

所以企业应向 A 银行贷款，相对于 B 银行，向 A 银行贷款 5 年后还款少 42.8 万元（4 384.8-4 427.6）。

**【例 2-14】**某企业连续 5 年向银行贷款 1 000 万元，合同签订贷款年利率为 12%，每季计息 1 次，问 5 年后企业应还款多少？

（1）合同利率为 12%，为名义利率，应先换算为实际利率 $i$，然后求其终值 $F$，即为企业 5 年后的还款总额。

$$i=\left(1+\frac{r}{m}\right)^m-1=\left(1+\frac{0.12}{4}\right)^4-1=12.55\%$$

$$F=1\ 000\times(F/A,\ 12.55\%,\ 5)=1\ 000\times 6.422\ 3=6\ 422.3(\text{万元})$$

（2）按计息期季利率和期限计算还款总额。

季利率 $=\frac{12\%}{4}=3\%$，期限 $=20$（季）

终值流量图如图 2-9 所示。

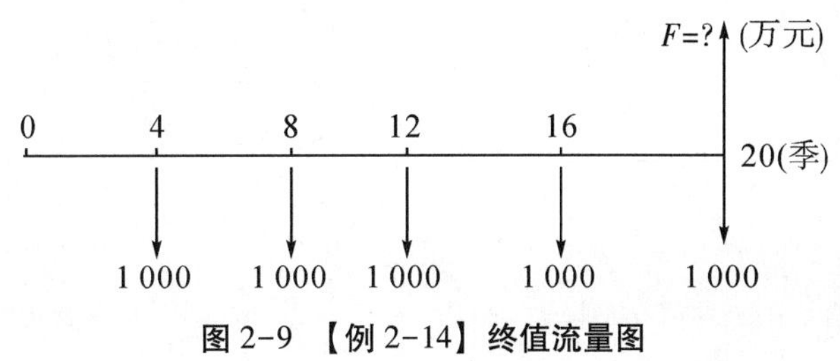


图 2-9 【例 2-14】终值流量图

$F=1\,000\times(F/P,3\%,16)+1\,000\times(F/P,3\%,12)+1\,000\times(F/P,3\%,8)+$
$1\,000\times(F/P,3\%,4)+1\,000$
$=6\,422.3$(万元)

两种计算方法结果一致。





## 三、混合分析

在实际工作中，我们会遇到静态和动态混合分析问题，应慎重处理与判断。

**【例 2-15】**某企业贷款 10 万元，年利率为 10%，偿还期为 5 年，请根据下列 4 种还款方式，分别计算还款总额、现值与终值，并判别哪种还款方式为最佳。

(1) 每年只还利息，本金 5 年后还清。

(2) 每年还本 2 万元和所欠利息。

(3) 每年等额偿还本金与利息。

(4) 5 年到期一次还清本金与利息。

解：(1) 总额 $=10\times10\%\times5+10=15$（万元）

现值 $P=10$（万元）

终值 $F=10\times(F/P,\ 10\%,\ 5)=16.1$（万元）

(2) 总额 $=2\times5+(10\times10\%+8\times10\%+6\times10\%+4\times10\%+2\times10\%)$
$=13$（万元）

现值 $P=10$（万元）

终值 $F=10\times(F/P,\ 10\%,\ 5)=16.1$（万元）

(3) 总额 $=10\times(A/P,\ 10\%,\ 5)\times5=13.2$（万元）

现值 $P=10$（万元）

终值 $F=10\times(F/P,\ 10\%,\ 5)=16.1$（万元）

(4) 总额 $=10\times(1+10\%)^5=16.1$（万元）

现值 $P=10$（万元）

终值 $F=10(F/P,\ 10\%,\ 5)=16.1$（万元）

由此可见，4 种不同还款方式，现值与终值均相同。第二种还款方式总额值最小，因此为最佳的还款方式。

## 复习思考题

1. 分析投资与投机的异同点，阐述你的观点。

2. 分析投资为何是促进产业结构调整和经济发展的主要推动力。

3. 分析资金的时间价值含义，其意义是什么？

4. 阐述名义利率与实际利率区别及其换算过程。

5. 试列举复利计算方法。

6. 某企业以年利率6%单利借出200万元，期限为2年，到期后以年利率10%复利把本息再借出，借期为3年，问5年后企业本利和为多少？

7. 某企业贷款50万元，计划分8年偿还，贷款年利率12%，按月计息。试问：(1) 每年偿还额是多少？(2) 每年偿还额中，本金与利息各为多少？(3) 若第5年公司希望一次还清余下的欠款，还款额为多少？

8. 若名义利率（$r$）为15%，请分别计算不同计息期的实际利率和连续利率（见表2-1），并加以分析比较。

表2-1 实际利率和连续利率计算

| 计息期 | $m$ | 计息期利率 | $i$ |
|---|---|---|---|
| 年 | 1 | | |
| 半年 | 2 | | |
| 季 | 4 | | |
| 月 | 12 | | |
| 日 | 365 | | |
| 连续 | ∞ | | |

9. 有甲、乙两个投资方案，投资额相等，甲方案立时见效，获利40万元，乙方案8年后见效，获利100万元，问年利率为10%时，哪个方案更好些？

10. 某企业购置一台设备，若一次用现款付清，价格为40万元；若分期付款，每年年末支付10万元，期限为5年。问在年利率为10%的条件下，企业宜采用何种付款方式？

11. 若每半年复利一次的年利率为6%，请计算与之等价的以下复利形式的年利率：(1) 每年复利一次；(2) 每季度复利一次；(3) 连续复利。

12. 假设当前你在某银行存入1 000元，存款年利率为6%，请分别按照以下复利形式计算3年后该存款的终值：(1) 每年复利一次；(2) 每月复利一次；(3) 连续复利。

13. 假设你2018—2021年每年年初均在某银行存入1 000元，若银行存款年利率为6%，每年复利一次，请计算该项投资在2018年年初的现值以及在2021年年末的终值。

14. 张教授是国内某领域的知名专家，某日接到一家当地上市公司的邀请函，邀请他担任公司的技术顾问，让他指导开发公司的新产品。邀请函中罗列的具体条件如下：

(1) 每年聘金 15 万元；

(2) 在公司至少工作 10 年；

(3) 每个月来公司指导工作 1 天；

(4) 提供公司所在地 A 市住房一套，价值 100 万元。

张教授对以上工作待遇很感兴趣，对公司开发的新产品也很有研究，因此决定应聘，但他不想接受住房，因为每月仅工作 1 天，只需要住公司的招待所就可以了。加上自住时没有人照顾，所以，他向公司提出，能否将住房改为住房补贴。该公司研究了张教授的请求，决定可以在今后的 5 年里于每年年初向张教授支付 20 万元的住房补贴。

收到公司的通知后，张教授又犹豫起来，因为如果接受公司的住房，可以将其出售，扣除售价 5%的相关税费和手续费，他可以获得 76 万元。而若接受住房补贴，每年年初可获得 20 万元。假设每年存款利率为 2%，张教授应该如何选择？

15. 某投资者拟购买一处房产，开发商提出三个付款方案：

(1) 现在起 12 年内每年年末支付 10 万元；

(2) 现在起 12 年内每年年初支付 8 万元；

(3) 前 5 年不支付，于第 6 年到第 12 年每年年末支付 16 万元。

假设按银行贷款利率 8%复利计息，若采用终值方式进行比较，哪一种付款方式对购买者更有利？

# 第三章 行业研究

## 第一节 行业研究概述

### 一、行业研究的含义

行业（industry）是指从事国民经济中同性质的生产、服务或其他经济形式的经营单位或者个体的组织结构体系，又称产业（sector）。但严格定义上讲，产业的概念范畴比行业要大，一个产业可以跨越（包含）几个行业。

通俗来讲，行业是同类企业（生产同类产品或具有相同工艺过程）的集合，如房地产行业、教育行业、金融行业、互联网行业等。根据行业产品特性、技术投入特性等，我们可以将行业归类为不同的产业。例如，金融行业、教育行业可以归为服务业或第三产业；通信行业、软件行业、生物科技行业等可以归为高新技术产业。而我们又可以根据某一行业的产品和业务范围对行业进行进一步的细分。例如，装备制造业可以细分为交通运输设备制造业或电子设备制造业。

根据上文，我们可以得知，行业既指同类企业的集合，又指多个行业归结后的产业，还可以指某一行业下的细分行业。对于行业和产业概念上的差异，本章不做严格区分，采取行业研究和实践中的一般做法，统称为行业。

理解行业的概念也可以从消费者的货币投票权出发，行业是指一个企业群，这个企业群中的各个成员所生产的产品（包括有形和无形）对于消费者来说在很大程度上是可以相互替代的，同时这个企业群之外的企业所生产的产品与其都不存在这种明显的相互替代性。

行业研究是指以“行业”为研究对象，研究行业内部各企业间相互作用关系、行业本身发展、行业间互动联系以及空间区域中的分布等。行业研究主要集中于细分市场研究。

随着经济社会的发展，行业的划分越来越细致，行业分工也越来越细致，但是很多细分行业既没有权威的官方统计数据，也没有相关行业协会、学会的统计数据，业内企业和专家统计的市场规模、竞争格局、细分产品规模、企业产品归类、行业细分产品划分、企业排名、下游客户群、上游原材料供应等信息数据也模糊不清。此时便逐渐延伸出细分市场的研究，即结合渠道资源、信息资源，以及高校学者、相关行业协会专家、政府部门管理者的统计数据，运用市场调查方法，多方验证数据信息的真实性和准确性，使最终得到的成果数据更加接近于真实的市场，为企业把握市场发展动态、发展趋势、机会与风险提供参考，使企业明确发展方向。

细分市场研究是以行业为研究对象，并基于行业的现状、行业竞争格局、竞争对手优劣势、企业上下游情况、企业行业地位、市场集中度等现实指标，分析并预测行业的发展前景和投资价值。

总的来讲，行业研究就是搞清楚行业的过去、现在和未来。

研究过去就是指看清楚行业历史，搞清楚行业的界定范围、分类、发展脉络、发展周期等；研究现在就是指研究行业现状，包括行业的发展概况、政策、市场供需情况、竞争状况、发展关键因素等；研究未来是指判断行业趋势、发展前景、发展大势等。

此外，我们还要注意行业研究与市场研究二者之间的细微区别：行业研究注重对卖方的分析，即对竞争对手的分析，更偏向于中观研究；市场研究注重对买方的分析，即对顾客的分析，更偏向于微观研究。

## 二、行业研究的基本框架

行业研究的基本框架如图 3-1 所示。

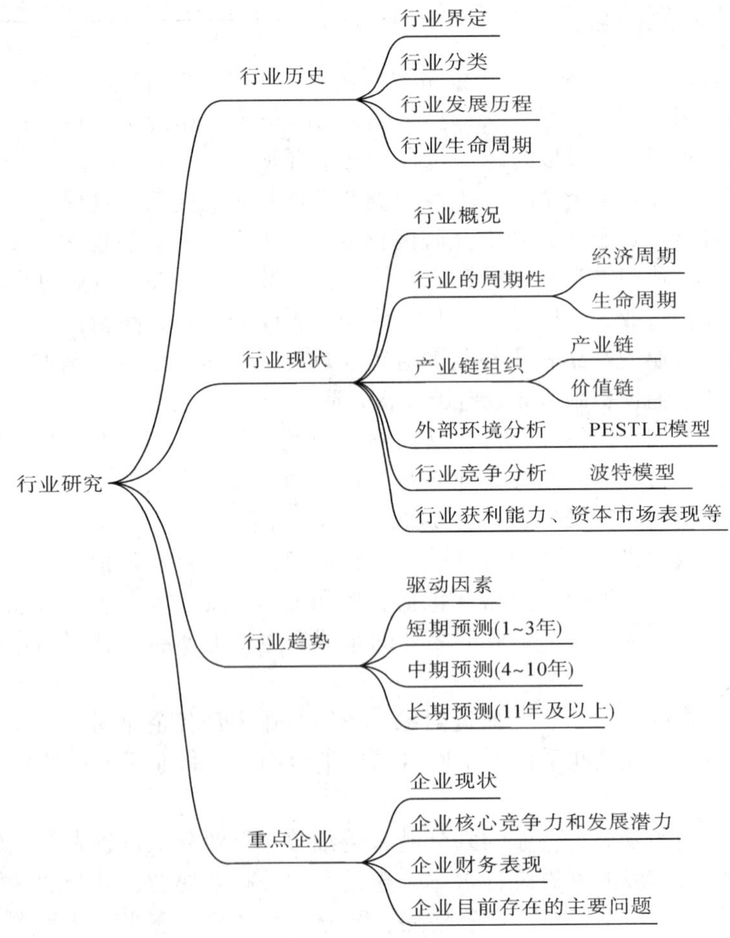


图 3-1　行业研究的基本框架

行业研究的目的是判断未来发展趋势，简单来说，就是去研究这个行业在未来是否盈利。要达到这个目的，就需要梳理这个行业的历史表现、运行现状，挖掘这个行业盈利的关键因素，判断外部环境（包括政策、技术、消费习惯等）的变化及其对行业发展的影响，综合得出研究结论，从而为企业发展提供指导并为投资者决策提供依据。因此，行业报告大致可以分为行业历史、行业现状、行业趋势及重点企业分析四个版块。

行业历史主要是弄清楚行业界定、行业分类、行业发展历程、行业周期。

行业现状包括行业概况、外部政策、供需分析、技术发展、竞争状况、商业模式、资本市场、关键因素等方面。

行业趋势，即结合外部因素对行业市场供求情况、竞争状况、发展关键因素的影响，对行业发展趋势分别做短期、中期、长期的预测。

重点企业分析主要是比较行业内成功企业的业绩表现，分别研究其核心竞争力，判断其未来走势以及其对行业格局与发展趋势的影响。

### （一）行业历史

行业历史研究是为了探究该行业的产生、发展、演变的过程，通过对行业历史的把握，我们可以更好地认识行业发展现状并判断其未来发展趋势。

1. 行业界定

行业研究的对象，即行业。我们必须对所研究行业的边界做清晰界定，明确其经营的产品或业务并进行高度概括，使其一目了然。

2. 行业分类

行业研究可采用不同的行业分类标准对行业进行分类，而选择哪个分类标准以及分类可以细分到什么程度，通常根据研究目的与用途进行决定。

例如，我们要研究传媒行业，可以根据细分类别的不同将其分为广告、出版、影视、互联网新媒体等，但是如果我们研究的重点是新媒体领域，就可以对分类进行简化，即把传统媒体类归为一类，而把重点放在个人电脑（PC）端媒体、移动互联网等方面。

研究之初，我们难于把握具体的行业分类，但是随着研究的深入，会逐步形成行业分类树图。

3. 行业发展历程

行业发展历程包括行业发展的阶段以及行业供需变化情况。对行业的产生以及行业发展演变有清楚的认识，对行业的进一步研究起到决定性的作用。在行业的历史演变研究中，我们需要从全球视角去看一些行业。例如，有些行业在国外发展比较成熟，在国内的发展则刚刚起步，我们需要将该行业的国外发展状况与国内发展状况做对比分析，研究其演变轨迹。针对行业历史演变情况，研究者前期可以通过二手现成资料或行业前辈的讲述进行概括性了解，更加详细的内容可以通过后续的持续深入研究获得。

4. 行业周期

行业周期是对行业历史研究的总结性判断，行业周期一般可以分为经济周期与生命周期两类。

行业周期主要是研究行业受宏观经济波动的影响程度，一般可分为以下三类：

①增长型行业。增长型行业运行状态与宏观经济的周期性波动并不密切相关，其增长主要依靠技术进步、新产品的推出及更加优质的服务，从而使该行业呈现出持续的增长态势，如互联网行业、智能手机行业至今保持着稳定的增长态势。

②周期性行业。周期性行业与宏观经济波动呈密切的正相关关系，当经济复苏时，与这些行业相关的产品的需求量相应增加；当经济衰退时，与这些行业相关的产品的需求量也显著下滑，还伴随着价格下降及产品滞销。周期性行业的波动程度通常超过行业平均波动程度，电力、煤炭、石油、钢材、水泥等行业都属于周期性行业。

③防御型行业。这类行业通常在经济衰退时的需求仍然比较稳定，一般为必需品行业，食品、医药、日常消费品等行业都属于防御型行业。

生命周期是指行业从产生到完全退出社会经济活动所经历的时间。行业的生命发展周期主要包括四个发展阶段：初创期、成长期、成熟期、衰退期。

①初创期。该时期的产品设计尚未成熟，技术也不稳定，市场需求刚被开发，行业利润率也较低，但是市场需求量增长较快，市场增长率较高。总体来看，初创期市场风险大，投资规模小。

②成长期。该时期市场需求量高速增长，增长率很高，技术也渐趋稳定，行业特点、行业竞争状况以及用户特点较为明朗，企业进入壁垒提高，产品品种及竞争者数量逐步增多。

③成熟期。该时期市场需求量增速放缓，增长率下降甚至为零，技术上已经成熟并形成标准化生产，行业特点、行业竞争状况以及用户特点非常清晰和稳定，竞争对手数量下降，买方市场形成。该时期行业盈利能力下降，新产品和产品的新用途的开发难度大，行业进入壁垒很高。

④衰退期。该时期市场需求量进一步下降，行业出现产能过剩现象，市场增长率严重下降甚至为负，产品品种及竞争者数量减少。

**（二）行业现状**

行业现状主要包括行业概况、外部政策、供需分析、技术发展、竞争状况、商业模式、资本市场、关键因素等方面。

1. 行业概况

我们对行业概况的总体性把握通常从以下三部分内容入手：一是行业发展现状，二是产业链分析，三是价值链分析。

行业发展现状。首先，对该行业产值、销售收入等总体规模，近期增长表现以及行业重要企业情况做描述；其次，描述国内外该行业的发展阶段、发展水平，并对国内外该行业的发展做一个基本的对比分析。

产业链分析。产业链是指对行业内的产品由原材料获取、生产加工、运输、销售至最终到达消费者手中的每个环节的描述，通常分为上游、中游、下游三个部分。产业链分析是研究该产业上游、中游以及下游的环节构成，研究这些环节是如何通过分工与合作来完成生产和销售的。

价值链分析。价值链是指行业内的产品由原材料获取、生产加工、运输、销售至最终到达消费者手中的每个环节所产生的价值增加值，即弄清楚每个环节在整个产业链条的盈利情况。

2. 外部政策

在中国，行业发展受政府产业发展政策及行业监管制度的影响较大，因此我们应当梳理清楚当前阶段对该行业有影响的政策及其影响程度。

首先，应该明确该行业的主管部门、对该行业最具有监管力度的部门以及该监管部门在国家及国民经济中起到的作用。

其次，要了解影响该行业发展的主要政策、规范、标准，并认清这些政策、规范、标准对行业的利弊以及它们的影响程度、时间长远性等。同时，也要综合考虑政策监管要求、行业发展需求以及相关因素的影响，判断该行业政策、规范、标准在未来的取向。例如，经济高速增长带来的环境破坏以及民众对环境重视程度的提升，与环保相关的监管政策会逐步发布并得到严厉实施。

3. 供需分析

行业需求分析与供给分析是行业现状研究的核心内容，需求端研究主要是分析客户的需求点、市场容量以及未来需求量变化情况，供给端研究主要分析市场上的供给量与需求量是否匹配。该行业产品的价格走势直接反映其供需状况。

在对市场容量进行探究时，我们要从区域市场界定、容量大小和增长速度三个方面入手。首先，对所研究行业的市场区域进行范围限定，如全球市场、国内市场、区域市场等。其次，要明确市场容量大小。最后，估算增长速度，增长速度决定了行业内企业的平均增速，其增速是投资该行业及行业内企业的一个重要指标。

对市场容量及市场需求进行研究时，我们必须从市场细分的角度进行。例如，近几年乳制品行业市场容量的增速放缓，但是如果区分其中的产品细类，会发现低温液态奶与常温液态奶之间存在一定的增速差异，并且在不同的细分领域，龙头企业市场占有量的差别显著，因此对行业进行市场需求分析时必须从市场细分的角度进行。

考察供需情况的一个重要指标就是产品的价格走势。排除成本等外部因素的影响，在一段时期内，当产品需求大于供给时，价格会逐步提高；而当供给大于需求时，产品价格则会持续走低。

4. 竞争状况

行业竞争状况主要考察行业整体竞争格局、行业盈利水平、主要竞争者三个方面。

从市场结构来划分，市场竞争格局有完全垄断、寡头垄断、垄断竞争和完全竞争四个类型。我们可以通过行业集中度指标来进行初步判断，同时根据进入壁垒、产品差异化程度、企业数量、企业规模、市场价格等多个因素进行综合判断。另外，我们也可以选用波特五力模型作为研究行业竞争情况的工具。

通过观察行业的盈利及变化情况，我们能了解该行业的竞争状况，在外部其他影响因素变化不大的情况下，行业毛利率的高低及走势可以反映该行业竞争状况的变化。

主要竞争者的研究，即研究该行业内的有代表性的竞争者，深入研究这些竞争者的经营模式、核心竞争力、优劣势等，通过对行业内主要竞争者的研究，我们可以大致了解该行业的具体竞争情况以及未来竞争演变的趋势。

5. 技术发展

技术的发展与进步会推动行业进一步发展，也会给该行业带来颠覆性改变。因此，我们必须深入探究该行业的技术现状及未来可能的发展方向，判断技术进步会对该行业及行业内的企业带来怎样的影响。

具体而言，技术发展研究分为两个方面：一方面需要探究并比较国内外该行业技术的发展现状、发展动态，另一方面则是对技术发展的影响做判断。

研究国内外该行业技术的发展现状、发展动态，即研究行业技术发展路径与方向。例如，从太阳能产业技术发展趋势来看，该技术目前还没有完全定型，根据光伏与光热两个技术路径的研发进度、经济成本等，我们可以判定其是否为未来技术主流。

判断该技术发展对行业的影响是渐进性影响还是颠覆性影响，我们需要重点关注对行业有颠覆性影响的前沿技术。例如，互联网技术对很多传统行业产生影响。

6. 商业模式

不同行业之间，甚至同一行业不同企业之间也可能采用不同的商业模式。对行业商业模式进行梳理，我们能更好地把握该行业内企业的经营方式，了解其与上下游之间的分工合作情况，了解其合作伙伴网络，了解其成本结构与收入分配情况，了解其与客户的关系，等等。对行业商业模式进行研究，我们可以总结出行业发展模式类型以及代表性企业，观察行业未来商业模式发展与创新方向，并判断其对行业发展的影响。

7. 资本市场

关于投资类行业的研究，了解行业整体及行业内企业的资本市场表现尤其重要。行业内上市公司信息相对公开，如招股书说明、年度报告、券商研究报告等，了解上市公司近年业绩表现、发展轨迹等，我们能更好地理解该行业以及该行业内的企业的经营现状。

8. 关键因素

梳理该行业的关键因素，即分析影响行业发展的核心关键因素、行业内龙头企业核心竞争力以及企业高速发展的原因。

常见的关键因素包括技术相关因素、制造相关因素、分销相关因素、市场相关因素、技能相关因素以及其他关键因素。其他关键因素主要有公司形象或声誉、公司地理位置、公司职员服务态度等。

### （三）行业趋势

1. 分析行业环境变化

行业环境发生变化一般是因为一些重要力量在推动行业参与者（如竞争者、供应商、客户）改变行为，这些重要力量构成了行业变革的驱动因素。

一般来讲，行业变革的驱动因素主要有行业长期增长率的变化、产品使用方式的变化、产品革新、技术创新、营销革新、大厂商的进入或退出、技术秘密的转移扩散、行业日益全球化、成本和效率的变化、购买者偏好的变化、社会关注焦点的转移、消费者生活态度和生活方式的变化等。

2. 短期、中期、长期趋势

我们对引起行业变革的驱动因素进行分析，区分驱动因素产生的作用是哪种趋势，如短期趋势（1~3 年）、中期趋势（4~10 年）、长期趋势（11 年及以上）。

## 三、行业研究的流程

行业研究的流程大致分为以下六个步骤：

第一步，圈定行业和明确目标。

圈定行业，即明确研究对象。例如，在分析旅游业的未来发展趋势时，我们要考虑旅行社、景区维护、设施、旅游纪念品、住宿、龙头公司对行业的影响等情况。

旅游业是一个综合门类，旅游业的定义是凭借旅游资源和设施，专门或者主要接待游客，为其提供交通、游览、住宿、餐饮、购物、文娱六个环节服务的综合性行业。旅游业务要由三部分构成：旅游业、交通客运业和以酒店为代表的住宿业。它们是旅游业的三大支柱。

同样，如果要研究餐饮业，那么需要知道餐饮业包括的内容。在编写连锁快餐企业的研究报告时，我们需要对其他正餐经营企业进行介绍，否则研究报告就不完整。因此，我们对于行业的定义及其业务范围必须要有清楚的认识，在此基础上，才可以开始后续研究。

第二步，设计研究方案。

根据行业研究目的、研究报告使用者的不同，我们要拟定合理的研究思路，设计切实可行的研究方案与计划。行业研究报告按目的不同通常分为咨询类、投资类、学术（或政策目的）类报告，有各自遵循的研究框架，在实际编写过程时我们可以在参考框架的基础上做针对性调整。

第三步，收集资料和分类整理。

研究是指对所收集的材料进行逻辑的分析、判断、比较，因此数据及资料是非常重要的一环，其准确性及全面性决定了研究报告的可靠度，从某种程度上说，谁掌握了更多有价值的资料，谁就更有可能做出有价值的研究报告。

数据资料分为一手资料和二手资料。一手资料是指通过调查等方式获取的原始资料，需要花费较长时间和较高成本；二手资料主要是指通过网络、期刊等公开渠道获取的资料，大多是经过加工的信息，带有别人的观点并可能存在报告之间的数据不一致、错误信息等，二手资料的获取相对容易，但是我们需要花费时间去甄别，找到质量较高的信息。目前国内研究人员大多通过网络收集二手资料并进行整合处理，其研究内容在质量、深度上往往不够，我们只有充分结合二手资料和一手资料，才能做出一篇好的研究报告。

在资料收集与分类整理的过程中，我们要从一开始就明确目的和范围，对资料进行甄选鉴别，并掌握适当的分类整理方法。

第四步，研究分析和撰写报告。

第一，我们应该通篇了解收集整理后的所有信息资料，对这个行业有初步的认识；第二，我们要构思研究框架，确定研究路线；第三，我们要对框架进行研究分析，在研究过程中，可根据具体情况调整框架；第四，我们要撰写研究报告，总结出主要观点与依据；第五，我们要通读研究报告，并修改完善研究报告。

第五步，多方咨询和商讨论证。

研究报告的完成并不意味着研究过程的完成，我们还应咨询业内专家，与行业中的企业家进行商讨交流，以确认研究结论与观点的可靠性，经过多方推敲论证，对报告内容进行适度修改，以确保研究成果的质量。

第六步，持续跟踪和更新结论。

认识和研究一个行业不是一朝一夕的事，我们需要长时间地对该行业进行跟踪观察，从而真正理解该行业所发生的事件及发展动向。因此，前面的步骤只是行业研究的第一步，后续我们需要持续不断地关注该行业，并且要及时更新结论，以呈现行业的最新面貌。

## 四、行业研究的能力要求

1. 资料收集能力

掌握资料收集技巧和方法，能缩短资料收集的时间，同时提高搜索针对性。我们可以采用百度等搜索引擎搜索信息，选择适当的关键词以及相关文件类型可缩小搜索范围并提高搜索准确度。在收集的过程中我们需要对这些资料做真伪判断。例如，网站或咨询机构发布的我国智能手机行业每年的出货量的数据存在不一致的情况，我们可以通过查询其出处或比对多份资料进行辨别，慢慢地建立可信赖的数据渠道，从而使后续资料收集工作达到事半功倍的效果。

2. 资料整理与分析能力

在资料收集工作完成后我们就需要对资料进行整理和分析，要根据拟定的行业分析框架进行资料整理与分析，最终通过逻辑分析，形成对该行业的认知。

3. 逻辑分析能力

首先，研究过程中我们搭建的行业研究框架必须基于研究目的的逻辑展开。其次，在具体的研究过程中，通过对比行业过去与现在的表现，我们要考察外部环境的变化及其影响，从而预测未来趋势。这个过程会考察逻辑的正确性与合理性。

4. 钻研与细节处理能力

行业研究是逐步累积的过程，我们需要沉下心来，钻研行业知识与信息，不断体会并掌握行业的特性与细节，在把握宏观经济与行业大局的前提下，时刻关注行业细节，发现和判断行业发展趋势。

5. 沟通交流能力

通过网络、书籍等方式收集的资料难免存在信息失真的情况，一手资料会更准确。不过一手资料需要通过实地调研获取，我们通常采用的方法就是与行业内专业人士进行沟通或访谈。如何向当事人提问和如何在沟通过程中发现问题在行业研究中是非常重要的。

## 五、行业研究的注意事项及其他

### （一）行业研究的注意事项

1. 明确研究报告使用对象

在进行行业研究时，我们必须先明确研究目的、使用对象，并在此基础上拟定研究思路、计划，收集信息，搭建框架。例如，咨询报告要面向企业内部提供管理解决方案，券商报告面向投资者提供投资建议。二者的主要区别在于：咨询报告的重点在于“如果我们想赢，该怎么办”，是为了向咨询者提出合理建议；券商报告的重点在于“谁能赢”，是为了向投资人推荐合适标的。

对通信服务行业进行研究时，咨询报告应提出建议。例如，该公司在即时通信、互动娱乐领域已取得巨大成功，但在电子商务领域的表现较为一般。综合考虑自建的市场竞争格局，我们认为，该公司应采用收购的方式进入电子商务领域。而券商报告强调该公司的未来投资价值。例如，该公司以即时通信业务起家，依靠海量用户优势，成功打造了互动娱乐产业链。但考虑到即时通信业务与电子商务业务的协同性较差，从全球来看也没有成功案例，因此我们判断该公司的电子商务领域难以成为下一个支柱性业务。

2. 具备全球化研究视野

伴随着全球化的浪潮袭来，很多行业都越来越关注全球化问题，尤其是石油、金融和食品等行业。对于全球化运营的行业，分析师必须把目光延伸至国外，关注目标公司在海外的运营状况，关心国际潮流的变化对本行业的影响。

3. 持续跟踪与更新

当行业建模完成后，持续的跟踪监测是必不可少的，我们要定期更新数据，对所有研究资料进行归档整理，以便在行业发生变化时能够先于其他人预判趋势，提前锁定投资标的，用数据驱动策略。这就是在一级市场做行业研究的价值。

4. 遵循撰写规范

（1）图表化数据。

客观数据具有比较强的说服力，我们应尽可能地用定量的方法说明问题，并将相关数据进行图表化，有助于更清晰地进行对比分析，从而掌握行业运行规律。

（2）内容详实。

行业研究报告应力求将能够收集到的资料以适当的方式表现出来，页面布局要紧凑，合理运用图表线条，保证内容充实而不散乱。

（3）语言简练。

行业研究报告通过对行业现状进行研究分析，总结归纳行业规律，应在对相关资料进行深入加工的基础上，用高度概括、简明扼要的语言进行准确表述。

**（二）阅读研究报告，提升分析能力**

各大证券研究所推出的研究报告数量众多，易于被收集到，总体可以归纳为宏观、行业（中观）、企业（微观）三种类别。其中，宏观报告主要是随着经济运行情况发布的，一般都是对政策公布之后的解读，如各国定期发布的经济数据、财政政策、货币政策等；公司报告的推出时间不定，主要受到各个研究员何时去调研、上市公司所属的行业特征以及公司出现重大事项等因素的影响；行业报告的推出时间相对集中，多数在月末、季末和年末发布，国外也有根据经济运行周期来分类推出行业报告的（复苏、过热、滞涨、衰退）。

券商推出的研究报告是收集资料的来源，通过阅读研究报告，我们能有效提升行业研究能力。阅读研究报告，主要是观察他们采用的分析工具以及逻辑思维方式。在研读券商研究报告时我们不能只看一家观点，需要集多家之所长，不同券商的研究报告或多或少都会有自身的特色。

国内外的券商都有级别。例如，瑞银、摩根士坦利等海外的投资银行以及包括中金、中信、国泰君安、申银万国、国金、长江、招商等在内的国内目前口碑较好的券商行，它们的研究报告的质量都比较高。中金公司的研究报告在业内是首屈一指的，该公司最大的特点在于拥有强大的政府背景，其研究报告的优势主要是对宏观政策的分析和对大盘股行业龙头的分析。

相对于中金公司的政府背景和宏观分析，招商证券的研究报告的特色在于市场分析，是坚定的"市场派"。

国泰君安是老牌的券商，和其他券商不一样，其研究报告较稳健，对很多公司给予的评级没有招商证券激进。其特点主要是对新股的研究有自己独特的定价模式。其行业研究报告和投资策略报告的质量都较好。

申银万国的研究报告多产且优质，其投资策略特别是月度投资策略值得重视，其市场部的报告也值得一看。

## 第二节 行业历史研究

### 一、行业的分类

要对某行业展开研究，我们首先必须对该行业的定义、业务范围做准确界定。行业的定义，即是用高度概况的方式，说明该行业是做什么的以及满足哪些方面的需求。初级的行业研究者应当参考业界已形成的对该行业的各类定义，斟酌、筛选并整理使用这些资料。参考资料可以是国家统计局制定的国民经济行业分类，每一个分类附有对行业定义的大概说明；也可以参考相关学者、证券公司、市场研究者针对行业做的界定；等等。最终进行综合概括。

下面列举两个行业定义实例以供参考：

根据中国报告大厅各研究报告整理智能家居行业的定义。智能家居是以住宅为载体，融合自动控制技术、计算机技术、物联网技术，将家电控制、环境监控、信息管理、影音娱乐等功能有机结合，通过对家居设备进行集中管理，提供具有便捷性、舒适性、安全性、节能性的家庭生活环境。智能家居不单指某一独立产品，而是指一个广泛的系统性产品概念。

根据国家统计局相关信息对零售业行业进行定义。零售业，是指百货商店、超级市场、专门零售商店、品牌专卖店、售货摊等，面向最终消费者（如居民等），以互联网、邮政、电话、售货机、现场等方式进行销售的活动，还包括在同一地点或后面加工生产、前面销售的店铺（如面包房）的销售活动。谷物、种子、饲料、牲畜、矿产品、生产用原料、化工原料、农用化工产品、机械设备（乘用车、计算机及通信设备除外）等生产资料的销售不作为零售活动。多数零售商对其销售的货物拥有所有权，但有些则是充当委托人的代理人，进行委托销售或以收取佣金的方式进行销售。

通过以上两个实例可以发现，在对行业进行定义时，我们可以从该行业提供的关键产品及其满足的需要入手。

不同的应用领域对行业有不同的分类方法，也因研究主体不同存在不同的行业分类系统。例如，了解与证券市场相关的各种行业分类方法及按适宜的标准进行行业分类，是撰写投资类行业研究报告的基础。

**（一）政府管理型行业分类标准**

第一，我国国民经济行业分类法。《国民经济行业分类》国家标准于1984年首次发布，分别于1994年和2002年进行修订，于2011年进行第三次修订，于2017年进行第四次修订。《国民经济行业分类》（GB/T4754-2017）由国家统计局起草，国家质量监督检验检疫总局、国家标准化管理委员会批准发布，于2017年10月1日实施。《国民经济行业分类》（GB/T4754-2017）国家标准第1号修改单已经国家标准化管理委员会批准，自2019年3月29日起实施。该标准采用经济活动的同质性原则划分国民经济行业，即每一个行业类别按照同一种经济活动的性质划分，而不是依据会计制度或部门管理等划分。根据联合国《所有经济活动的国际标准产业分类》（ISIC/Rev4），本标准主要以产业活动单位和法人单位作为划分行业的单位。采用产业活动单位划分行业，适合生产统计和其他不以资产负债、财务状况为对象的统计调查；采用法人单位划分行业，适合以资产负债、财务状况为对象的统计调查。在以法人单位划分行业时，应将由多法人组成的企业集团、集团公司等联合性企业中的每个法人单位区分开，按单个法人单位划分行业。国民经济行业分类（大类）一览表见表3-1。

**表3-1 国民经济行业分类（大类）一览表**

| 代码 | | 类别名称 | 大类代码 | 大类个数 |
|---|---|---|---|---|
| 门类 | 序号 | | | |
| A | 1 | 农、林、牧、渔业 | 01~05 | 5 |
| B | 2 | 采矿业 | 06~11 | 6 |
| C | 3 | 制造业 | 13~37，39~43 | 30 |
| D | 4 | 电力、燃气及水的生产和供应业 | 44~46 | 3 |
| E | 5 | 建筑业 | 47~50 | 4 |
| F | 6 | 交通运输、仓储和邮政业 | 51~59 | 9 |
| G | 7 | 信息传输、计算机服务和软件业 | 60~62 | 3 |
| H | 8 | 批发和零售业 | 63、65 | 2 |
| I | 9 | 住宿和餐饮业 | 66~67 | 2 |
| J | 10 | 金融业 | 68~71 | 4 |
| K | 11 | 房地产业 | 72 | 1 |
| L | 12 | 租赁和商务服务业 | 73~74 | 2 |
| M | 13 | 科学研究、技术服务和地质勘查业 | 75~78 | 4 |
| N | 14 | 水利、环境和公共设施管理业 | 79~81 | 3 |
| O | 15 | 居民服务和其他服务业 | 82~83 | 2 |
| P | 16 | 教育 | 84 | 1 |
| Q | 17 | 卫生、社会保障和社会福利业 | 85~87 | 3 |
| R | 18 | 文化、体育和娱乐业 | 88~92 | 5 |
| S | 19 | 公共管理和社会组织 | 93~97 | 5 |
| T | 20 | 国际组织 | 98 | 1 |

第二，联合国发布的行业分类法。联合国发布的《所有经济活动的国际标准产业分类》（ISIC/Rev4）的特点是：它与前三个版本的产业分类法保持着稳定的联系，从而有利于对产业结构开展分层次的深入研究。《所有经济活动的国际标准产业分类》（ISIC/Rev4）也为各国各自制定标准产业分类以及进行各国产业结构的比较研究提供了十分方便的条件。例如，中国制定的国家标准《国民经济行业分类与代码》（GB/T4754-2017）就采用《所有经济活动的国际标准产业分类》（ISIC/Rev4）的分类标准。西方国家多根据联合国发布的国际标准产业分类法制定供官方使用的标准产业分类法。

**（二）投资型的行业分类标准**

第一，国际投资型行业分类，如 MSCI 和标准普尔共同构建的 GICS（Global Industry Classification Standard）、富时集团和道琼斯指数公司共同构建的 ICB（Industry Classification Benchmark）、汤森路透集团构建的 TRBC、彭博构建的 BICS 等。

第二，国内上市公司行业分类。国内主流的行业分类主要是申银万国分类和证监会行业分类，其他如 WIND 行业分类标准全面借鉴 GICS，并结合我国上市公司特点进行微调。证监会行业分类（大类）一览表见表 3-2。

**表 3-2 证监会行业分类（大类）一览表**

| 代码 | | 类别名称 | 大类代码 | 大类个数 |
|---|---|---|---|---|
| 门类 | 序号 | | | |
| A | 1 | 农、林、牧、渔业 | 01~05 | 5 |
| B | 2 | 采矿业 | 06~12 | 7 |
| C | 3 | 制造业 | 13~43 | 31 |
| D | 4 | 电力、热力、燃气及水的生产和供应业 | 44~46 | 3 |
| E | 5 | 建筑业 | 47~50 | 4 |
| F | 6 | 批发和零售业 | 51~52 | 2 |
| G | 7 | 交通运输、仓储和邮政业 | 53~60 | 8 |
| H | 8 | 住宿和餐饮业 | 61~62 | 2 |
| I | 9 | 信息传输、软件和信息技术服务业 | 63~65 | 3 |
| J | 10 | 金融业 | 66~69 | 4 |
| K | 11 | 房地产业 | 70 | 1 |
| L | 12 | 租赁和商务服务业 | 71~72 | 2 |
| M | 13 | 科学研究和技术服务业 | 73~75 | 3 |
| N | 14 | 水利、环境和公共设施管理业 | 76~78 | 3 |
| O | 15 | 居民服务、修理和其他服务业 | 79~81 | 3 |
| P | 16 | 教育 | 82 | 1 |
| Q | 17 | 卫生和社会工作 | 83~84 | 2 |
| R | 18 | 文化、体育和娱乐业 | 85~89 | 5 |
| S | 19 | 综合 | 90 | 1 |

申银万国行业分类标准主要考虑上市公司产品与服务的关联性，并充分考虑了目前我国的行业发展现状及特点，有别于其他基于经济统计和监管目的的行业分类标准。

申银万国行业分类下的所有行业分类编制了配套行业指数，以反映各行业上市公司股票市场表现，主要供投资领域人士进行公司价值比较分析、行业资产配置、投资业绩评价。

以上行业分类系统是出于行业管理及投资的需要而编制的分类标准，学者对行业进行研究时会根据研究目的不同而对行业进行适当归类，常见的行业类别有：第一产业、第二产业、第三产业的三次产业划分；依据行业所使用的主要生产要素划分为劳动密集、资本密集、技术密集的行业；按战略关联从国家或地区产业发展的角度将行业划分为先导、主导、支柱、重点、先行等产业。另外，还有一些其他提法，如基础产业、瓶颈产业、夕阳产业、幼稚产业等，我们都有必要对其进行了解。

但是目前这些行业分类都有一些问题：一是每一家公司只有一个行业分类标准，这和越来越多的公司开始从事多元化产业产生冲突；二是通用的行业分类标准都是结果化数据，一般投资者没有办法追踪其判断逻辑，即使错了也很难及时发现；三是这些分类标准在更新上的及时性不足。

#### （三）行业分类前沿：用聚类分析方法对投资型行业进行分类

在研究行业市场表现的关联度方面，聚类分析方法更为客观和准确。聚类分析方法是一种数据统计方法，通过量化指标衡量多个样品之间的相似性，并将一些相似程度较高的样品聚合为一类，再把另外一些彼此之间相似程度较大的样品聚合为另一类，直到将所有样品分配到若干个类别中，使得同一类中的样品有很大的相似性，而不同类之间的样品有很大的差异性。为了兼顾行业基本面上的异同特性，我们可以直接使用现有行业分类中的通过细分子行业的收益率进行聚类分析的基本单元，并在聚类范围中自下而上逐步推进。

首先，从同一个小行业的细分子行业进行聚类开始，提取基本面和市场表现最为类似的细分子行业作为一类。以中信二级行业中的石油石化行业为例，其下有炼油、油品销售及仓储、其他石化三个细分子行业，经过聚类分析，炼油和其他石化的市场走势相似性更大，可以合并为一个行业，而油品销售及仓储单独为一个行业。其次，将小行业内的聚类结果在大行业内部再进行聚类。将上述“炼油+其他石化”、油品销售及仓储与所属大行业中同级别的石油开采和油田服务再次进行聚类，结果为“石油开采+炼油+其他石化”组成一类，油品销售及仓储为一类，油田服务为一类。这与中信行业分类的区别在于取消石油石化行业，将其中的油品销售及仓储单独剥离出来，其他的类与石油开采合并。最后，将大行业的聚类的结果在行业群内进行聚类。由于部分行业与相关产业链存在紧密的依赖关系，在基本面上属于相同的产业集群，在二级市场表现上也呈现出高度的相关性。例如，对基建投资相关的行业进行聚类时，得到了与普遍认识吻合的结果：机械行业中的工程机械、建材中的水泥、建筑中的建筑工程的二级市场具有非常高的同步性，因此我们可将以上三个行业组成一个行业。

### 二、行业发展的生命周期

#### （一）行业生命周期的阶段

对于单个行业的产生、成长和进化过程，我们可以用行业发展的生命周期理论来描述。和其他任何事物一样，每一个行业都有一个产生、发展和衰退的过程，即具有自己的生命周期。对某单个行业而言，从本质上看它无非是一些具有某种相同生产技术或产品特性的企业的集合。因此，可以说该行业存在的基础是这些企业及其产品。而企业，尤其是产品，是有生命周期的，一般可划分为四个阶段，即投入期、成长期、成熟期和衰退期。在产品的整个生命周期中，其销售额和利润额的变化表现为倒U形曲线。

既然某一行业是以其具有代表性的产品为基础的，所以我们可以借用产品生命周期的阶段划分方法，同样把一个行业的生命周期也划分为四个阶段，即投入期、成长期、成熟期与衰退期。

但是，由于一个行业的产出往往由多种相似的产品所组成，很难用某一产品的生命周期来代表整个产业的生命周期，这就造成了两者之间的差异，主要表现在以下几个方面：

①行业生命周期曲线的形状更为平缓且长度更长。这是因为一个行业往往集中了众多相似的产品，因此，从某种意义上说，其生命周期是所有这些众多相似产品各自生命周期的叠加，故反映其生命周期变化的曲线的形状比单个产品的生命周期曲线会显得更加平缓且长度更长。

②行业的生命周期具有明显的“衰而不亡”的特征。一个行业进入衰退期，意味着该行业在整个产业系统中的比重将不断下降。但世界各国产业结构演进的历史都表明，进入衰退期的行业占整个产业的比重不会下降为零，而是表现出“衰而不亡”的特征。其主要原因是，随着新兴产业的不断形成和发展，原有行业的比重必然会下降，但对于该行业产品的市场需求不会完全消失。因此，大多数行业都表现为“衰而不亡”，真正“死亡”或“消失”的产业并不多见。

③行业生命周期曲线往往会产生突变，“起死回生”，进入下一个发展周期。有些行业虽已进入衰退期，但由于技术进步或市场需求变化等，往往会重新焕发“青春”，再次显示出成长期甚至成熟期的一些特征。因此，有的经济学家认为，只有“夕阳技术”，没有“夕阳产业”。

行业生命周期各阶段的特征：

1. 投入期（初创期）

在这一阶段，由于新行业刚刚诞生或初建不久，而只有为数不多的创业公司投资于这个新兴的行业，再加上初创期行业的创立投资和产品的研究、开发费用较高，而产品市场需求较小（因为大众对其尚缺乏了解），销售收入较低，因此这些创业公司可能没有盈利，或者普遍亏损；同时，较高的产品成本和价格与较小的市场需求还使这些创业公司面临很大的投资风险。另外，在初创期，企业还可能面临因财务困难而引发破产的危险，因此，这类企业更适合投机者而非投资者。这一时期的市场增长率较高，需求增长较快，技术变动较大，产业中各行业的用户主要致力于开辟新用户、占领市场，但此时该行业在技术上有很大的不确定性，在产品、市场、服务等策略上有很大的改善余地，对行业特点、行业竞争状况、用户特点等方面的信息掌握不多，企业进入壁垒较低。在初创阶段后期，随着行业生产技术的提高、生产成本的降低和市场需求的扩大，新行业便逐步由高风险低收益的初创期转向高风险高收益的成长期。

2. 成长期

在这个时期，拥有一定市场营销和财务力量的企业逐渐主导市场，这些企业往往是较大的企业，其资本结构比较稳定，因而它们开始定期支付股利并扩大经营。在成长期，新行业的产品经过广泛宣传和消费者的试用，逐渐以其自身的特点赢得了大众的欢迎或偏好，市场需求开始上升，新行业也随之繁荣起来。与市场需求变化相适应，供给方面相应地出现了一系列的变化。由于市场前景良好，投资于新行业的厂商大量增加，产品也逐步从单一、低质、高价向多样、优质和低价方向发展，因而新行业出现了生产厂商间相互竞争和产品间相互竞争的情况。这种情况会持续数年或数十年。因此，这一阶段有时被称为投资机会时期。随着市场竞争的不断发展和产品产量的不断增加，这种状况的延续将导致市场的需求日趋饱和。生产厂商不能单纯地依靠扩大生产量，提高市场的份额来增加收入，而必须依靠追加生产，提高生产技术，降低成本，以及研制和开发新产品来争取竞争优势，从而战胜竞争对手和维持企业的生存。这一时期的特点是市场增长率很高，需求高速增长，技术渐趋定型，产业特点、产业竞争状况及用户特点已比较明朗，企业进入壁垒提高，产品品种及竞争者数量增多。

但这种方法只有资本和技术力量雄厚，经营管理有方的企业才能做到。那些财力与技术较弱，经营不善，或新加入的企业（因产品的成本较高或不符合市场的需要）则往往被淘汰或被兼并。因而，这一时期企业的利润虽然增长很快，但所面临的竞争风险也非常大，破产率与合并率相当高。在成长阶段的后期，由于行业中生产厂商间竞争和产品间竞争，市场上生产厂商的数量在大幅度下降之后便开始稳定下来。由于市场需求基本饱和，产品的销售增长率减慢，迅速赚取利润的机会减少，整个行业开始进入稳定期。在成长阶段，虽然行业仍在发展壮大，但这时的壮大程度具有可测性。由于受不确定因素的影响较少，产业的波动也较小。此时，投资者蒙受经营失败而导致投资损失的可能性大大降低，因此，他们分享产业增长带来的收益的可能性大大提高。

3. 成熟期

行业的成熟期是一个相对较长的时期。在这一时期里，在竞争中生存下来的少数大厂商垄断了整个行业的市场，每个厂商都占有一定比例的市场份额。由于彼此势均力敌，市场份额比例发生变化的程度较小。竞争手段逐渐从价格手段转向各种非价格手段，如提高质量、改善性能和加强售后维修服务等。行业的利润由于一定程度的垄断达到了很高的水平，而风险水平却因市场比例稳定而比较稳定，新企业难以打入成熟期市场，其原因是市场已被原有大企业按比例分割，产品的价格比较低。因而，新企业往往会由于创业投资无法很快得到补偿、产品的销路不畅、资金周转困难而倒闭或转产。

在行业成熟期，产业内行业增长速度降到一个更加适度的水平。在某些情况下，整个产业的增长可能会完全停止，其产出甚至下降。由于丧失其资本的增长，产业的发展很难较好地与国民生产总值保持同步增长，当国民生产总值减少时，产业甚至蒙受更大的损失。但是，由于技术创新，产业中的某些行业或许会有新的增长。在短期内很难识别行业何时进入成熟期，但总而言之，在这一时期一开始，投资者便希望收回资金。

这一时期的特征表现为市场增长率不高，需求增长率不高，技术成熟，行业特点、行业竞争状况及用户特点非常明朗，买方市场形成，行业盈利能力下降，新产品和产品的新用途开发难度大，行业进入壁垒很高。

4. 衰退期

这一时期出现在较长的成熟期后。由于新产品和大量替代品的出现，原行业的市场需求开始逐渐减少，产品的销售量也开始下降，某些厂商开始向其他更有利可图的产业转移资金。因而原行业出现了厂商数目减少，利润下降的萧条景象。至此，整个行业便进入了生命周期的最后时期。在衰退期，厂商的数目逐步减少，市场逐渐萎缩，利润率停滞或不断下降。当正常利润无法维持或现有资产折旧完毕后，整个行业便逐渐解体了。



这一时期的特征为市场增长率下降，需求下降，产品品种及竞争者数目减少。从衰退的原因来看，有四种类型的衰退，它们分别是：



①资源型衰退，即生产所依赖的资源的枯竭所导致的衰退。

②效率型衰退，即效率低下的比较劣势而引起的行业衰退。

③收入低弹性衰退，即因需求—收入弹性较低而衰退的行业。

④聚集过度性衰退，即由经济过度聚集的弊端所引起的行业衰退。

行业生命周期的阶段见表 3-3。

**表 3-3 行业生命周期的阶段**

| 投入阶段 | 成长阶段 | 成熟阶段 | 衰退阶段 |
| --- | --- | --- | --- |
| 大众对产品缺乏认识；<br>市场需求较小；<br>公司销售收入较低，亏损的可能性很大；<br>市场风险很大；<br>投资规模小；<br>处于此阶段的行业适合投机者和创业投资人 | 产品已经被大众认可，但需要更新换代；<br>市场需求迅速扩大；<br>公司销售收入迅速增长，成长期初期企业仍处于亏损或微利状态，然后利润增长很快；<br>市场风险较大；<br>对投资的需求很强烈；<br>投资于优势企业时常常获得高额的回报 | 产品的成熟是成熟期的标志；<br>行业生产能力接近饱和，市场也趋于饱和，买方市场出现，行业增长速度降到一个适度水平；<br>市场竞争趋于垄断或相对垄断，少数大企业分享高额利润；<br>市场风险较低；<br>对投资的需求不大；<br>投资处于成熟期的行业可获得稳定回报 | 大量替代产品出现，而目前产品的更新换代进度没有跟上；<br>市场需求逐渐减少；<br>主要企业的销售收入不断下降，利润水平停滞不前或下降；<br>市场风险增加；<br>不适合大量投资 |

划分行业生命周期的不同阶段时，我们主要是按照该行业在全部产业中所占比重的大小及其增长速度的变化而进行的。在行业的形成阶段，由于不同行业代表产品的市场需求状况的不同或其他问题，有的行业在形成期发展得较快（斜率变化大，曲线幅度上升很快），有的却发展得十分缓慢（斜率变化不大，曲线幅度上升平缓）。因此，该阶段的行业生命周期曲线对不同的行业而言会呈现出不同的形状。但总的来说，这时期该行业在整个产业中所占的比重还很小。当某行业的产出在整个产业系统中的比重迅速增加，并且该行业在促使产业结构变动中的作用也日益扩大时，我们就可认为该行业已渡过了形成期而进入成长期。处于成长期的行业的一个主要特征是该行业的发展速度大大超过了整个产业系统的平均发展速度，并且其技术进步迅猛而且日趋成熟，市场需求容量也迅速扩张，在生命周期曲线上表现为斜率较大，上升较快。当某行业经过成长期的迅速增长阶段后，一方面，其产出的市场容量已渐趋饱和稳定；另

一方面，该行业对产业结构变动所起的作用也基本上得到了发挥，那么，它发展的速度必将放慢。这就标志着该产业从成长期步入成熟期，这时的生命周期曲线表现为斜率很小，变化平缓。这时期，与其他阶段相比该产业在整个产业中所占的比重最大。当技术进步对市场上推出了在经济上可替代此行业的新行业时，该行业占整个产业的比重就会下降，发展速度开始变为负数，表明该行业已进入衰退期。这时的生命周期曲线具有不断下降的趋势，并且其斜率一般为负数。

### （二）行业生命阶段分析

行业在生命周期不同阶段的特征见表 3-4。

**表 3-4　行业在生命周期不同阶段的特征**

| | 创业阶段 | 成长阶段 | 成熟阶段 | 衰退阶段 |
|---|---|---|---|---|
| 行业规模 | 较小 | 扩大 | 饱和 | 缩小 |
| 产出水平 | 较快 | 很快 | 较慢 | 很慢，甚至为负 |
| 利润水平 | 低 | 高 | 低 | 亏损 |
| 技术水平 | 较快 | 逐渐稳定 | 稳定 | 被淘汰或被替代 |
| 竞争者数量 | 很少 | 增多 | 少数垄断 | 减少 |
| 开工率 | 提高 | 满负荷 | 下降 | 降至不足 |
| 资本进退 | 进大于出 | 进大于出 | 进出平衡 | 进小于出 |
| 开工率 | 提高 | 满负荷 | 下降 | 降至不足 |
| 资本进退 | 进大于出 | 进大于出 | 进出平衡 | 进小于出 |

如何对行业当前所处的生命周期阶段进行判断呢？通常的一种做法是：选取行业规模类指标，如主营业务收入、产量、产值、销售额、资产额度，计算其增长率，以此反映行业年度增长情况，然后将行业增长率与国内生产总值（GDP）增长率进行比较。国内生产总值增速反映一国所有行业的平均增速，因此我们可以如此判断，如果某行业发展速度超过我国行业平均增长速度，则处于成长期；如果二者持平，该行业处于成熟期；若该行业增速明显低于国内生产总值增速，其处于衰退期或投入期。

另外一种定量判断行业生命周期阶段的方法，就是计算该行业近些年的几何增长率，我们将其与 10%比较。若高于 10%，则通常判定为成长期；若接近于 10%，则通常判定为成熟期；若小于 10%，则根据行业情况判断为初创期或衰退期。影响行业兴衰的因素见图 3-2。

需要注意的是，行业生命周期理论在运用上有一定的局限性。因为生命周期曲线是一条抽象化的曲线，各行业按照实际销售量绘制出来的曲线可能不会如此光滑和规则。因此，需要确定行业发展处于哪一阶段有时是困难的，识别不当容易导致战略上的失误。影响销售量变化的因素有很多，这些因素关系复杂，整个经济中的周期性变化与某个行业的演变进程也不易被区分开来，而且产业扩张、产业转移使行业生命周期有新的变化，机械的生命周期阶段方法也并不适用。因此，我们应将行业生命周期分析法与其他方法特别是定性判断方法结合起来使用，这样才不至于陷入分析的片面性。

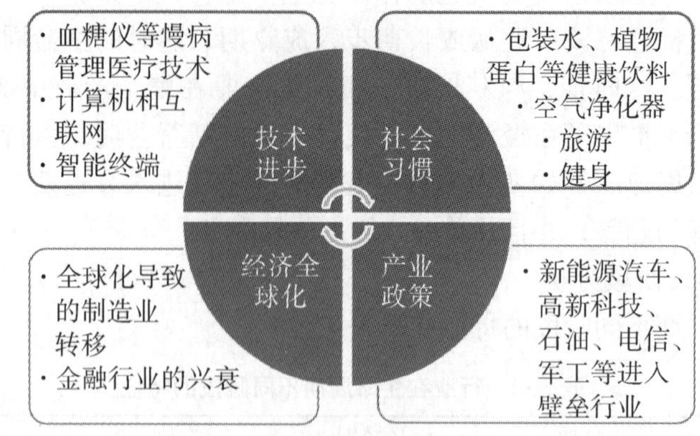


**图 3-2　影响行业兴衰的因素**

产业生命周期各阶段的临界点并非泾渭分明，运用单一的方法往往很难准确地进行产业生命周期阶段识别，常用的方法有特征分析法、经验对比法、生长曲线法等特征分析法，即通过行业的产量、市场增长率、利润等指标判断产业所处阶段，经验对比法是将发达地区的产业发展规律与后进地区的进行比较分析，以判断后进地区产业所处阶段。生长曲线法是运用数学方程对产业的时间序列数据进行拟合，从而预测未来的产出和峰值点时间。最著名的生长曲线有皮尔曲线和龚伯兹曲线。

皮尔曲线的方程为

$$y_t = \frac{L}{1 + ae^{-bt}}$$

其中，$y$ 代表产出量或销售量，$t$ 为时间，$a$、$b$ 为待定系数，$L$ 为给定的产出饱和值或最大值。我们运用时间序列数据求出待定系数，假定误差为 $d$，即

$$\frac{Y}{L} = \frac{1}{ae^{-bt}} = 1 - d$$

解此方程式，求出 $t$ 值，即为达到饱和值的时间，成为 $t$ 饱和。我们通过计算可得，当 $t = ln(a)/b$，$Y = L/2$ 时，二阶导数为 0，即成长期和成熟期的分界点，被称之为 $t$ 拐点。

龚伯兹曲线的方程为

$$y_t = Ka^{bt}$$

其中，$y$ 代表产出量或销售量，$t$ 为时间，$a$、$b$ 为待定系数，$K$ 为给定的产出饱和值。我们运用时间序列数据求出待定系数，假定误差为 $d$，使用同样的方法求出 $t$ 饱和与 $t$ 拐点。

# 第三节　行业现状与趋势研究

## 一、行业概况

### （一）行业发展现状

我们通常从行业规模（产出与投入）、增长率、盈利情况以及重要企业情况四个方面对行业发展现状进行简要描述。

行业规模的指标分为产出类指标与投入类指标。产出类指标包括行业主营业务收入、总产量（或总产值）、销售额（或销售收入），投入类指标包括固定资产额度、从业人员数等。

具体而言，例如，在中国电影行业，我们目前可以用三个指标衡量电影行业规模，第一个是屏幕数量，第二个是电影行业产品数量，第三个是电影行业的票房收入；在餐饮行业，我们可以用餐饮营业额、餐费收入、从业人员数、年末企业数、餐饮营业面积等衡量其规模；在旅游业，我们可以用（国际、国内）旅游消费总额、出入境旅游人次、旅游投资额度、旅游景区接待人数、旅行社接待游客人数、门票收入、客房收入和平均房价等衡量其规模；在房地产行业，我们可以用销售面积、销售收入、新开发面积等衡量其规模。

增长率方面，我们从时间序列角度对行业发展情况进行纵向比较，同时也对行业地位进行横向比较。横向比较包括两类：一类是看该行业增加值占国内生产总值的比重是多少，并结合时间序列数据观察历年该行业增加值占国民收入的比重的变化情况；另一类则是行业收入在国际、区际的横向比较。以下做简要示例：

以旅游业为例，2015 年 12 月 17 日，国家统计局网站公布 2014 年全国旅游及相关产业增加值结果：全国旅游及相关产业增加值为 27 524 亿元，占国内生产总值的比重为 4. 33%，比 2014 年提高 0. 13 个百分点。

以电影行业为例，我国 2012 年票房入账 27 亿美元（约为 186 亿元），在全球总票房中占比近 8%。从 2013 年世界各国电影票房排行来看，我国票房总收入排名第二位，排名靠前。但是从人均票房来看，北美人均票房为 30. 88 美元（约为 213. 20 元），我国的仅为 2. 67 美元（约为 18. 43 元），排名第 20 位，说明该行业在未来一定时间内有相当大的成长空间。

随着时间的推移，行业竞争格局与外部环境发生着变化，盈利情况也在改变。逐年对行业的盈利情况进行考察，我们可以从侧面了解行业的经营状况。

行业利润率通常反映行业盈利情况，我们可采用的指标有毛利率、销售利润率、股东回报率（ROE）。根据上市公司发布的财务数据，我们可以计算其利润率，但是要得到整个行业的利润率往往较难。处理的方法有两种：一种方法是选取一定数量的上市企业，得到各自利润率，然后通过计算平均值得到行业利润率；另一种方法是采用应税所得率反映行业利润率。

行业研究的最终目的一定要落脚在企业分析上。行业发展现状部分，我们只需要列举行业中的重要企业，包括在产值、市场份额方面占据主导地位的龙头企业，也包括在技术、信息等方面保持领先地位及灵活性的企业。我们可以通过证券市场上的市场表现获得这些企业，也可以根据年收入占行业总收入的比重来选取这些企业，还可以从该行业协会邀请的重要企业名单中获得这些企业。因此，我们要对该行业内的企业架构、企业特征（包括产品特征、运营模式特征等）有一个基本认知，在行业发展现状部分不必对企业架构、特征等进行分析，但需要有所了解。

除此之外，我们还可以用一些定量的数据来描述行业的发展现状，在实际应用中主要采用以下两个指标。

（1）市盈率。

行业市盈率=行业（价格）指数/行业利润率

其中，行业指数代表投资者对于一个行业的预期，指数越高，投资者对该行业越看好；行业利润率代表一个行业的盈利能力，行业市盈率越高，代表行业整体的市场价格指数超出当前利润的倍数越大。

在进行投资决策时，同等条件下，我们应尽量选择行业指数和行业利润率较高，而市盈率较低的行业。在进行不同行业的对比时，我们在选择数据时候一定要非常谨慎，因为行业之间的市盈率有可能不具备横向可比性。例如，在我国资本市场中，银行业的市盈率是比较低的；但是智能家居、3D 打印之类的市盈率一般是非常高的，特别是在牛市时期再加上这些数据，单个企业很可能会出现 200~300 的市盈率，行业市盈率也会到达 80~90，这种现象常见于一些规模较小的行业。

（2）利用回归分析法估算行业收益率。

第一步，通过行业的历史数据回归得到 $\beta_i$。

$$r_{i,t}=\frac{p_{i,t}-p_{i,t-1}}{p_{i,t-1}}=\alpha_i+\beta_i r_{m,t}=\alpha_i+\beta_i\left(\frac{p_{m,t}-p_{m,t-1}}{p_{m,t-1}}\right)$$

第二步，通过 $\beta_i$ 估计行业收益率 $k$。

$$k=r_f+\beta_i(r_m-r_f)$$

### （二）行业与经济周期

1. 不同行业对经济周期的敏感度

外部宏观经济波动往往会影响行业表现，但不同的行业受到宏观经济的影响不同。根据行业与国民经济波动的相关性，我们可以将行业分为如下三种类型：

第一，增长型行业。增长型行业的行业收入增长的速率相对于经济周期的变动来说，并未出现同步变化，经常呈现增长形态。行业收入增长主要依靠技术进步、新产品推出以及更优质的服务，如智能手机及手机软件（App）服务。

第二，周期性行业。周期性行业是指行业的景气度与外部宏观经济环境高度正相关，并呈现周期性循环的行业。周期性行业的特点是产品价格、需求以及产能呈现周期性波动，行业景气度高峰期来临时产品需求上升，价格大涨，为满足突然膨胀的需求，产能大幅度扩张；而在萧条期时刚好相反。汽车、钢铁、房地产、有色金属、石油化工等是典型的周期性行业，其他周期性行业还包括电力、煤炭、机械、造船、水泥等行业。

第三，防御型行业。防御型行业的经营状况在经济周期的上升和下降时期都很稳定。该行业主要包括一般必需品行业，如食品业和公用事业。

不同行业的特征及其对经济周期的敏感度见表 3-5。

**表 3-5　不同行业的特征及其对经济周期的敏感度**

| | 增长型 | 周期型 | 防御型 |
|---|---|---|---|
| 特征 | （1）受经济周期影响不大；<br>（2）增长的核心主要来源于技术进步等不直接受经济周期影响的因素；<br>（3）计算机等相关行业 | （1）其发展直接与经济周期相关；<br>（2）增长的核心来源于居民收入等受经济周期直接影响的因素；<br>（3）汽车等行业 | （1）产品需求相对稳定，受经济周期的影响较小；<br>（2）增长的核心来源于居民刚性需求；<br>（3）医药、生活必需品等行业 |
| 经济繁荣时 | 增长 | 增长 | 相对稳定 |
| 经济衰退时 | 增长 | 衰落 | 相对稳定 |

事实上，绝大多数行业都是周期性行业，根据其波动剧烈程度分为强周期行业与弱周期行业。周期性行业之所以具有周期性，是因为当国内生产总值持续高增长，人们收入提升，特别是对住房、国际旅游、奢侈品等的需求增加，从而催生这些产品及其背后的原料（化工、金属、煤炭、电力等）、机器设备、能源消耗等增加。有些商品具有较大的供给价格弹性，供给量反应快，因此产品价格变化不大，但有些商品是需要漫长的投资建设期（如钢厂，至少需要 3 年，并且资金需求量大），因此造成价格上升，盈利空间大；有些商品价格上涨是因为资源有限，如煤、电等，跟不上需求，涨价幅度大；有些商品价格上涨可能是因为技术达不到大规模生产的要求；等等。当经济衰退、需求降低时，这类行业供给能力变动慢、产品供过于求，产品价格急剧下滑，从而出现亏损。

怎样判断行业周期呢？通常的做法是选取 1~2 个反映行业增长的指标，计算其年增长率，将该增长率与国内生产总值增长率进行比较，观察二者波动趋势是否一致。我们可以选取行业年总产量、年总产值、年固定资产额度、年从业人员数量等供给角度指标，或选取行业销量、销售收入、主营业务收入等需求角度指标。经济周期敏感度的判断依据见图 3-3。

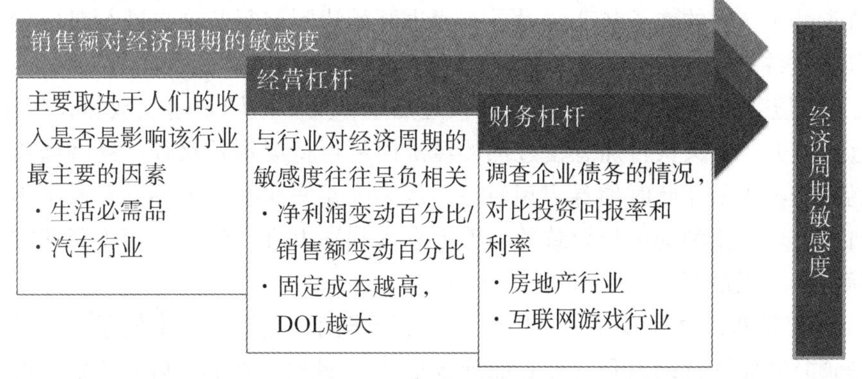


**图 3-3　经济周期敏感度的判断依据**

若某行业历年增长率较平稳，并未显示同国内生产总值有一致的明显波动性，我们可认为其为防御型行业；若某行业历年增长率总体上逐年攀升，特别是在经济衰退期，受国内生产总值波动影响较小，我们可认为该行业为增长型行业。

2. 行业轮动——美林投资时钟理论

行业轮动是指根据商业周期的状态预测业绩卓越的行业或部门，并将投资组合转向这些行业或部门。

美林时钟是美国投行美林证券提出的一个资产配置理论。美林投资时钟理论用经济增长率（使用 GDP 核算）和通货膨胀率（使用 CPI 核算）这两个宏观指标，将经济周期分成了衰退期（低 GDP+低 CPI）、复苏期（高 GDP+低 CPI）、过热期（高 GDP+高 CPI）、滞胀期（低 GDP+高 CPI）四个阶段。经典的繁荣至萧条的经济周期从左下方开始，四个阶段顺时针推进，在此过程中债券、股票、商品和现金的变现能力依次优于其他资产（见图 3-4）。

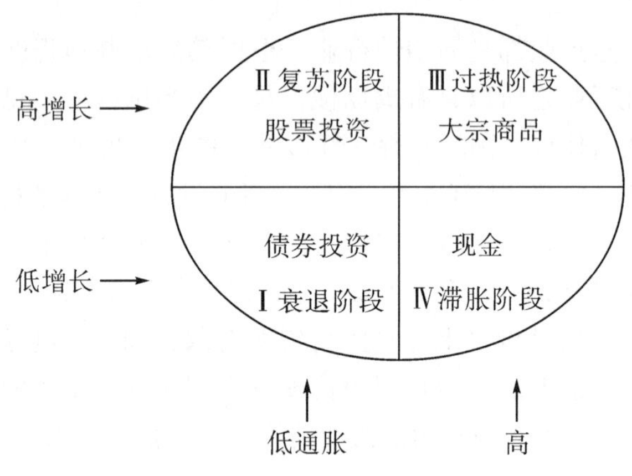


**图 3-4　美林投资时钟理论**

（1）在衰退期，经济增长率增长缓慢。产能过剩和大宗商品价格下跌使得通货膨胀率也较低。利润微弱，实际收益率下降。收益率曲线向下移动并陡峭，因为央行会降低短期利率，试图使经济回到可持续增长道路。此时，债券是最好的投资配置。

（2）在复苏期，经济增长率开始上升。在复苏期，宽松的政策开始奏效，经济增长率开始加速上升。然而，通货膨胀率继续下降，因为多余的产能还没有完全被利用起来，周期性生产力的增长势头强劲，利润也开始边际修复。中央银行仍然保持松动政策，债券收益率曲线仍在较低位置。此时，最宜投资股票。

（3）在过热期，通货膨胀率上升。在过热期，生产率增长速度放缓，产能受限，通货膨胀率上升。中央银行加息使过热的经济回到可持续增长路径。经济增长率的增长仍保持在较高水平。此时债券表现较差，因为收益率曲线向上移动和并平坦化。股票回报如何，取决于利润增长导致的估值上升和利率上升导致的估值下降两方面。此时，大宗商品表现最好。

（4）在滞胀期，通货膨胀率持续上升。在滞胀期，经济增长率低于潜在经济增长率，但是通货膨胀率持续上升（如石油价格变化）。此时生产力下降，工资、产品价格螺旋式上升，公司提高产品价格以保护利润边际。急速上升的失业率可以打破这种恶性循环。通货膨胀率过高，央行也不愿意放松货币政策，此时债券表现较差。由于企业利润糟糕，股票表现也很差。此时，现金是最好的投资资产。

四个阶段都有特定的资产和行业类别，其表现超过平均水平；反之，对角线位置上的资产和行业表现低于平均水平。

美林用 1973 年 4 月至 2004 年 7 月超过 30 年中美国资产和行业收益率的数据实际检测投资时钟理论：

经济周期可以较明确地分为四个阶段，每个阶段平均持续 20 个月，一个经济周期约为 6 年；

衰退阶段：债券年实际回报率达 9.8%，远超长期回报率 3.5%，表现最佳；

复苏阶段：股票年实际收益率为 19.9%，大幅超出长期平均回报率 6.1%，表现最佳；

过热阶段：大宗商品年实际收益率为 19.7%，超过长期平均回报率 5.8%，表现最佳；

滞胀阶段：现金实际回报率为-0.3%，却是所有资产里的最佳选择。

思考题 1：如何根据美林投资时钟理论制定实际的投资策略呢?

经济增长速度加快时，资产类别选择股票投资和大宗商品；行业选择周期型行业，如汽车和钢铁行业；

经济增长速度减慢时，资产选择债券或现金；行业选择防御型行业，如医药和公用事业；

通货膨胀率下降时，资产选择债券或股票，具体选择久期较长的债券或成长型股票；

通货膨胀率上升时，折现率上升，大宗商品和现金表现较好，估值波动小且久期短的价值型股票也会有不错的表现。

思考题 2：美林投资时钟理论在中国适用吗?

（1）央行的货币政策逆周期调整对金融市场影响巨大。

2011—2015 年处于同一个经济衰退的周期阶段内，但 2013 年收紧货币导致流动性趋紧和股市大跌，2015 年降准降息引发短期大牛市；1994—1998 年属于经济衰退期，但由于央行降息力度较大，股市表现非常突出。

（2）经济转型时期，结构性调整对周期有很大影响。2015 年经济开始复苏，但供给侧结构性改革淘汰落后产能对经济短期的负面影响导致经济复苏减缓。

## 二、行业外部环境分析——PESTLE 分析法

任何企业的经营都受到许多自身经济变量之外的外部因素的影响，外部环境分析主要考察影响行业的无法由企业控制的宏观或技术因素。外部大环境分析法，是分析宏观环境的有效工具，不仅能够分析外部环境，而且能够识别一切对组织有冲击作用的力量。它是调查组织外部影响因素的方法，其每一个字母代表一个因素，可以分为 6 大因素：政治因素（political）、经济因素（economic）、社会文化因素（sociocultural）、技术因素（technological）、法律因素（legal）和环境因素（environmental）。

外部大环境分析法也称 PESTLE 分析法，重点是对未来 3~5 年影响行业趋势的外部因素进行梳理，并且往往要将外部因素对行业趋势的影响进行定量分析。PESTLE 分析框架见图 3-5，PESTLE 模型的六个分析指标见表 3-6。

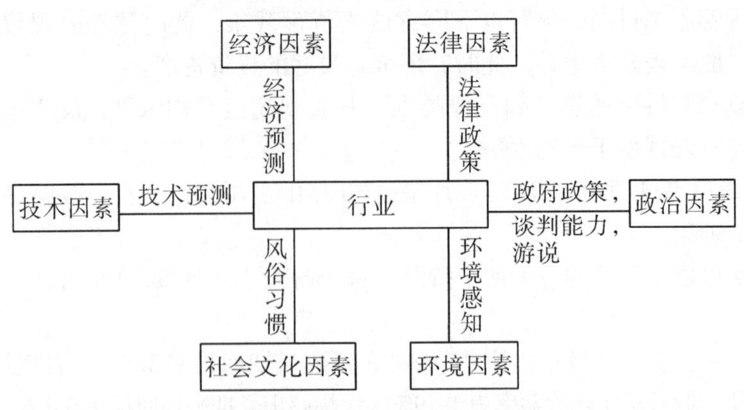


图 3-5 PESTLE 分析框架

按照 PESTLE 的框架模型，围绕啤酒酿制行业，我们对以下六大宏观因素进行分析，进而探究影响该行业的结构性驱动因素以及这些宏观因素之间所存在的相互影响和彼此制约的根本性联系。

表 3-6 PESTLE 模型的六个分析指标

| 政治因素（P） | 经济因素（E） | 社会文化因素（S） |
|---|---|---|
| 政府的稳定性<br>税收政策<br>外贸法规<br>社会福利政策 | 经济周期<br>国民总收入的变化趋势<br>货币供应、利率<br>通货膨胀<br>失业<br>可支配收入 | 人口分布<br>收入分布<br>社会流动性<br>生活方式的变化<br>人们对待工作和休闲的态度<br>消费者利益的保护运动<br>教育程度 |
| **技术因素（T）** | **法律因素（L）** | **环境因素（E）** |
| 政府的研发投入<br>政府和行业对技术发展的关注度<br>新技术发明/发展情况<br>科技成果转化速度<br>科技淘汰的速度 | 反垄断立法<br>劳动法规<br>医疗和安全<br>产品安全 | 环保保护法规<br>废弃物处理<br>能源消耗 |

1. 政治因素

从政治因素方面分析，目前及未来若干年内，中国及世界的政治形势基本趋于稳定，“和平与发展”是当代世界的两大主题，是世界各国人民的共同愿望，中国围绕着这一时代主题，大力发展同其他国家的贸易伙伴关系，随着中国加入世界贸易组织，中国的关税壁垒被逐一取消，国外的产品随即进入中国，据不完全统计，有近 40 个外国品牌的啤酒在国内生产，产量占到全国的 4.3%，这样其他国家对啤酒行业的保护和鼓励政策在如今已荡然无存，随之而来的是面临着国外啤酒品牌的挑战，从而，对我国啤酒行业造成一定冲击；同时，也存在一定的有利因素，进口关税的降低，使得啤酒行业可以扩大啤酒原料及先进设备的选择余地。例如，进口的大麦通常质量好，制作工艺被简化，从而降低了生产的成本，一些企业通过引进国外的先进装备，有利于提高啤酒的酿制水平，此外，也有利于我国的啤酒产品进入国际市场。

2. 经济因素

经济周期是一个反映经济繁荣—缓慢（衰落）—低潮—恢复（高涨）的往复变化的过程。相关统计资料显示，我国目前正处于第三个经济周期的上升阶段，因此，可以预测中国在未来若干年内有稳定的、可持续的经济发展，中国经济大环境的良好发展态势预示了啤酒行业将继续保持强劲的发展势头。

自 20 世纪 90 年代初，受国有企业经营不景气的影响，出现大量下岗、失业人员，就业问题成为制约中国经济社会发展的“瓶颈”，但从每年啤酒销量逐年递增的态势来看，失业并没有影响啤酒行业的发展，相反，啤酒因其作为廉价的消费品，成为人们烦愁时发泄的工具，快乐时的兴奋剂，交际场合及倾诉衷肠时的有效媒介。因而，啤酒兼容并包（快乐与忧愁的分享及保健的功效）的独特功效决定了消费群体受经济影响的状况不是十分明显，可见，对大众消费群体的啤酒兴趣的建立和培养并加以正确引导、宣传是至关重要且极具有恒久魅力的。

3. 社会文化因素

（1）生活方式的变化。

啤酒最早出现于古埃及和美索不达米亚（今伊拉克）地区，其制作方法由埃及经北非、伊比利亚半岛、法国传入德国，在德国南部，啤酒制造业空前发展，并由德国的啤酒技术人员将啤酒工艺传播到全世界。改革开放后，受欧洲西方文化的影响，人们的饮食文化逐渐多样化，啤酒随之进入中国，关于啤酒，人们经历了不了解→试着尝试→如今的餐饮娱乐时的不可或缺，可见啤酒文化的深厚魅力。随着人们对啤酒功效的深入探索，得知啤酒不仅含有人体所需要的氨基酸，还含有丰富的维生素 B2、烟酸和矿物质，故而得名“液体面包”。啤酒的适龄消费人群为 18 至 60 岁的人群，可见，啤酒行业有强大的消费群体。

（2）人口增长进程及分布的影响。

首先，从我国人口的增长进程及趋势来看，自 20 世纪 70 年代初我国大力推行计划生育政策以来，中国人口出生率、自然增长率均已显著下降，但历史积淀下的巨大的人口规模所决定的人口增量仍相当可观。相关资料显示，2000 年，中国 18~60 岁的人口规模已达 8. 16 亿人，是 1964 年的 2. 15 倍，在未来的近 30 年内，这一人口占总人口的比例都将保持在 60%以上。鉴于中国人口年龄结构呈现“两头小、中间大”的格局持续存在的势头，从啤酒的适龄消费群体来看，啤酒行业的发展前景仍是十分乐观的。

其次，纵观全球人口出生率、生育率的变动过程，总体趋势都是由高到低。发达国家出生率、生育率的下降早在工业革命时期已开始，到 20 世纪末人口生育率已降至更替水平以下，甚至出现了人口负增长，因而，未来世界人口增长的重点集中在发展中国家和地区。2000 年，世界人口的 80. 66%分布于发展中国家和地区（如尼日利亚、巴基斯坦等国家），2050 年这一比例将上升至 87. 33%，人口负担加重，因而，从未来世界人口分布趋势以及啤酒的廉价、保健及时尚的特点来看，这一行业的未来发展趋势是向发展中国家挺进。

4. 科技因素

从科技因素方面分析，“改变人类命运最戏剧化的因素之一是技术”，企业的发展，离不开技术，没有技术和产品创新，就没有企业的成长与进步，就没有企业的未来。“燕京”之所以敢在市场上向世界啤酒大鳄“叫板”，是因为他们有技术、产品创新做依托，可见，啤酒行业同科技的关系绝不逊色于 IT 业同科技的关系。然而，从我国的啤酒厂的整体现状来看，仍是水平较低、规模较小、物耗较高、效益较低，每生产 1 吨啤酒用水量在 8~40 立方米，相应的排水量为 7~35 立方米，而发达国家的每吨啤酒用水量为 5~10 立方米，说明我国啤酒厂与国外发达国家啤酒厂的先进水平仍有一定差距。因此，不断进行技术革新，节约有限资源，强化环保等是啤酒制造业的发展趋势。

5. 法律因素

从法律因素方面分析，法律对行业的发展起到了保障、监督和限制的作用，随着社会经济的发展，企业间商业往来频繁，企业所处的市场环境日趋复杂，随之面临各种显在和潜在的法律问题，如果存在于企业经营过程中的法律问题不能够被及时察觉，就会“积患成疾”，一旦爆发，企业可能会因此遭受重大损失。

6. 环保因素

从环保因素方面分析，绝大多数的工业生产活动不可避免地要损害自然环境的质量，而如今从联合国到世界各国政府都对环境的污染给予了足够的重视，并制定了相关的法律予以制止，这既是保护地球环境的客观需要，同时又是“人与自然和谐共处”的大势所趋。对啤酒酿制行业来说，其与环境密切相关，环保问题不容忽视。随着污染控制和治理力度的加强，中华人民共和国环境保护部和国家质量监督检疫总局针对啤酒行业废水排放量大、有机污染浓度高、对环境污染严重、排放因子相对较少的特点，联合发布了符合啤酒工业废水排污特点的行业性废水排放标准——《啤酒工业污染物排放标准》，从 2006 年 1 月 1 日开始实施，该标准为强制性标准。地球是我们共同的家园，环保是全世界关注的时代主题，任何行业都必须做好有关环保的善后处理工作，这才是长久经营之道，啤酒行业更是如此，基于此，天湖公司在 2000 年投资 650 万元开展污水处理工程，有效地解决了污水排放的问题。

总之，政治的稳定性及国家采取的政治主张及行为，对整体的经济环境有不同程度的正、负面影响，经济水平所处的不同阶段和经济发展的不同速度又对企业所属的社会文化等产生不同程度的影响。经济为科技发展提供了物质保证，同时，技术革新又推动了经济不断向前发展，随着经济、科技飞速发展，我们就要新增相关领域的规范以及完善和健全已知领域中相关法律法规，而环保是人类及世界经济实现可持续发展的根本。

## 三、行业结构与行业竞争

### （一）行业的市场结构分析

不同市场结构的特征见表 3-7，具体文字叙述如下：

1. 完全竞争型

完全竞争型，即许多厂商生产同质产品，生产者和消费者对市场情况非常了解且整个市场不存在进出障碍，没有一个企业能影响产品的价格。完全竞争是一个理论性上的假设，在现实中很少存在。

2. 垄断竞争型

垄断竞争型，即许多厂商生产同种但不同质产品的市场情形，各个厂商生产的产品属于同类产品，但是产品之间存在差别，厂商对其产品的价格具有一定的控制能力。例如，洗发水行业巨头宝洁和联合利华在细分领域有差异。

3. 寡头垄断型

寡头垄断型，即相对少量的厂商在某种产品的生产中占据很大市场份额；行业存在较高的进入壁垒，通常存在着一个起领导作用的企业，该企业对市场的价格和销售具有一定的垄断能力，如滴滴打车等。

4. 完全垄断型

完全垄断型，即单个厂商生产某种特质产品，可分为政府完全垄断和私人完全垄断；产品没有或缺少合适的替代品；垄断者对产品价格具有强大的控制能力，但受到反垄断法和政府的约束，如石油、铁路行业。

**表 3-7 不同市场结构的特征**

| | 完全竞争型 | 垄断竞争型 | 寡头垄断型 | 完全垄断型 |
|---|---|---|---|---|
| 企业数目 | 众多 | 很多 | 较少 | 单个企业 |
| 生产要素流动性 | 完全自由流动 | 自由流动 | 较难流动 | 不流动 |
| 产品差异性 | 同质且无差别 | 存在差别 | 同质或存在差别 | 不存在 |
| 企业定价能力 | 企业仅接受价格，无法制定价格 | 企业对价格有一定控制能力 | 企业对价格具有垄断能力 | 企业垄断定价，但受到法律和政府约束 |
| 典型行业 | 初级产品行业 | 家电、洗发水等 | 资本、技术密集型行业，少数储量集中的矿产行业 | 公共事业，资本、技术高度密集型行业，稀有金属、矿藏开采行业 |

### （二）行业的产业链结构分析

1. 产业链的含义及构成

随着社会分工的细化，没有任何一种产品或服务可以由一家企业完全提供。一个企业所能向顾客提供的价值，不仅受制于其自身的能力，而且还受到上下游企业的制约，这样就形成了产业链。产业链表达的是厂商内部和厂商之间为生产最终交易的产品或服务所经历的价值增加的活动过程，它涵盖了商品或服务在创造过程中所经历的从原材料到最终消费品的所有阶段。显然，产业链中的企业是相互依存的。

传统产业的产业链主要表现为纵向的产业关联，知识凝聚到有形产品上并从上游厂商转移到下游厂商，因此产业链上下游之间主要是有形产品的关联，其结构就反映了该产业链内部上下游各环节之间的竞争与合作的关系。我们可以从价值链（存在大量的信息、物质和资金交换关系、构成价值递增过程）、供需链（供应、销售、服务、教育等环节均为内核提供服务）、企业链（产业链上龙头企业与其上游、下游合作伙伴之间存在密切协同关系）、空间链（产业链上的主要环节往往聚集于某一特定区域）四个维度去理解和把握产业链。

2. 产业链收益分配

现代企业之间的竞争，不只是单个企业之间的竞争，通常会演变为产业链或供应链之间的竞争。而在每条产业链或供应链中，通常有协调整个链条的企业，该企业处于产业链的某个环节，对其他企业具有领导力量。因此，该企业在整个产业链条的利益分配上，往往处于最有利的地位。

企业间在产业链各个环节上的差异，是企业竞争优势的来源。不同行业的企业在产业链的各个环节和产品的价值增值过程中发挥的作用不同。企业在各个环节上所形成的经营差异程度不同，差异大且差异难以消除的环节，正是产生企业关键竞争优势或核心竞争力的环节，也正是分析和比较企业竞争优势的重点环节。通过行业的产业链和产业链各环节的经营特点和增值作用分析，我们就可以发现产业链中经营、增值和成本控制差异大的经营环节，而这些环节往往是企业竞争优势的主要表现方面，也是比较的着重点。企业竞争优势的分析和比较就集中在这些环节。在这些环节中去分析企业与其他企业的竞争优势与劣势、形成优势或劣势的原因及因素，哪些优势是容易被替代的、哪些优势是不容易被替代的。企业形成竞争优势的一个重要的努力方向，就是要形成不易被替代的优势。

我国大部分制造业产业链的利润分配结构符合“微笑曲线”特征。“微笑曲线”的说法由我国台湾宏碁集团创办人施振荣先生在 1992 年提出，以作为宏碁集团的策略方向。经历了十多年之后，施振荣先生将“微笑曲线”加以修正，推出施氏“产业微笑曲线”，以作为各种产业的中长期发展策略。

此类产业链条形似微笑嘴型的一条曲线，两端朝上，在产业链中，附加值更多体现在两端的设计和销售中，而处于中间环节的加工制造环节附加值最低，收益也最低。

**（三）行业竞争分析——波特的五力模型**

根据迈克尔·波特的观点，一个行业中的竞争，不仅是行业现有竞争对手之间的竞争，还面临着五种基本竞争力量：现有竞争者的竞争、潜在进入者、替代品、供应商、买方。这五种基本竞争力量的状况及综合强度决定着行业的竞争激烈程度，从而决定着行业中最终的获利潜力以及资本向本行业的流向程度，这一切最终决定着企业的收益能力。在对行业竞争格局进行分析的时候，往往采用五力模型。

在运用五力模型（见图 3-6）时，我们应当首先分析五力（现有竞争者、潜在进入者、替代品、供应商、买方）中哪一个是影响企业发展的关键因素，在确定了关键因素后，则找出需要立即应对的威胁，并采取及时行动。

五力的具体内容如下：

1. 供应商——卖方议价能力的高低

对某一行业来说，供应商竞争力量主要取决于供应商行业的市场结构情况以及其所提供产品的重要性。供应商的威胁手段有两种：一是提高供应价格；二是降低相应产品或服务的质量，从而使下游行业利润下降。议价能力主要取决于供应商所在行业的企业数量、原材料可替代性、原材料差异化程度、买方的转换成本。

2. 买方——买方议价能力的高低

买方主要通过压价、要求提供较高的产品或服务质量，来施加竞争压力并影响行业中现有企业的收益。其议价能力主要取决于购买方规模、购买方行业内企业数量、购买方信息获得的难易程度、产品可替代程度、产品标准化程度等。

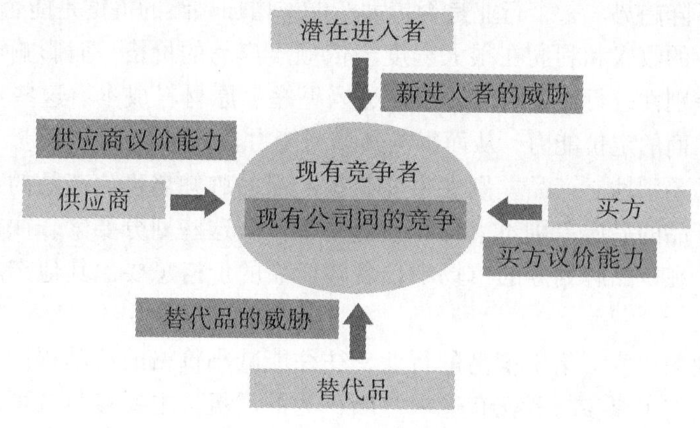


**图 3-6　波特的五力模型**

3. 现有竞争者——竞争态势

现有竞争者之间的竞争态势研究，即要分析行业的竞争态势，首先涉及的一个最基本、最核心的问题就是该行业所提供的产品或服务，行业内各种竞争都是围绕这些产品或服务展开的。行业内竞争对手的竞争力是企业所面对的最强大的一种力量。现有企业之间通常在产品价格、广告、性能、售后服务等方面展开竞争，在这个过程中不可避免地会产生冲突与对抗。在有些行业中，竞争的核心是价格；在有些行业中，竞争的核心在于产品或服务的差异、新产品的推出、产品的质量与性能、产品的售后以及品牌形象等。竞争态势主要取决于行业的成长性、竞争者生产能力的集中程度、产品的差异性和顾客的转换成本、固定成本相对于可变成本的比率。

4. 潜在进入者——进入壁垒

行业潜在进入者加入某行业时，一方面，会使行业产能扩大，但也因为与现有从业者瓜分产品市场而必然引起彼此间激烈的竞争，从而使产品价格下跌；另一方面，新进入者也同原有厂商在原材料资源上展开竞争，从而可能使得行业生产成本增加，最后会导致行业获利能力下降。进入壁垒主要取决于规模效应、政策法规、专利技术、资金投入规模、销售渠道控制。

5. 替代品——替代品的威胁

不同行业的企业会处于竞争的情况，其原因是这些企业的产品之间有替代性，如猪肉与牛肉、传统百货商场与电子商务。替代产品的价格较低，则会使本行业产品的价格处在较低水平，这就限制了本行业的收益。本行业与替代品行业之间的竞争，常常需要本行业所有企业采取共同措施和集体行动。替代品的竞争压力主要取决于替代品价格、替代品质量性能和其他一些重要的属性方面的满意度、购买者转向替代品的难度和成本。

### （四）行业获利能力

投资类行业研究尤其注重获利能力分析，该类报告的目的之一是发现高成长和高利润行业、行业收入和利润上升或下降的转折点。发现行业的投资机会，即发现行业收入和利润上升的转折点，从而有利于规避投资风险。通过供给与需求的分析和预测，我们可以预测和判断行业的未来利润。一般而言，如果行业的产品的供给和需求同时增长，行业的收入和利润就处于增长趋势；如果产品的供给和需求同时下降，则行业的收入就处于下降趋势。一个行业是否扩大产能或增加供给的关键是能否获利。

另外，行业的收入和利润在很大程度上依赖于产品的价格，而影响产品的价格主要因素是产品差别性、行业集中度、行业进入壁垒、原材料成本。这些竞争力量会共同决定行业内厂商的定价能力，从而影响其获利能力。

第一，产品差别性。产品差别性主要是按产品品牌知名度、产品的声誉、产品的服务来划分，产品的品质差别不大的行业更是如此。这些划分要素，往往也是产品价格的决定因素。在以品牌划分的市场中，名牌产品的价格总要比其他产品的价格高出一定的幅度。

第二，行业集中度。集中度高的行业，往往能减小价格的波动程度。假设市场供需平衡，行业内的主要参与者就有追求垄断行为的动机，主要参与者可以通过一些方式来达到高于均衡价格水平的协议价格。而在我国，产业集中度较高的一些家用电器行业，其价格不能维持在一个保证盈利的水平。其主要原因包括两个方面：一是生产能力严重过剩；二是所有制和经营机制仍存在与市场经济相背离的因素，而供给严重过剩在很大程度上也应归因于市场机制的不完善。

第三，行业进入壁垒。进入行业的难易程度是决定价格变动是否符合自由市场模型的关键变量。

第四，原材料成本。过度依赖于某种特定原材料的行业，原材料价格变化会影响行业内企业的生产成本和获利能力，部分行业可以通过提高产品价格的方式转嫁原材料成本上升的风险。每一个行业都在很大程度上依赖于少量关键的投入要素。这些要素价格往往是行业产品成本的主要构成要素，而价格的变化将严重影响行业产品的生产成本和利润。有时全行业可通过提高价格来抵销这些要素价格提高所造成的成本增加风险，但是更多的时候则是迫于竞争的压力而保持原来价格，进而造成全行业收入和利润的下降。因此，行业内关键投入要素价格的变化，是影响行业内相关产品的生产成本、价格和利润的重要因素之一，也是行业获利能力及行业分析中重要的分析内容之一。

行业获利能力一方面取决于行业竞争程度，另一方面也取决于其独特的商业模式以及整个行业得以发展的关键影响因素。例如，打印机行业本身是高度垄断的行业，行业壁垒就是专利。它是行业的“护城河”，能取得行业上的领先优势的公司往往具有独特的专利优势；另外，打印机行业的商业模式是不依靠销售打印机赚钱，主要靠销售耗材实现盈利。因此，在对行业特点或驱动行业发展的关键因素进行把握的时候，我们必须从其行业竞争程度、独特的商业模式入手。以下对各个行业的特征做了简要的概况介绍，可作为初步参考。

医疗保健行业。该行业的时间和资金成本的高门槛、专利保护、明显的产品差异和经济规模为行业内企业提供了竞争优势。

餐饮业和零售业。该行业中的大多数企业竞争优势面非常窄，建立优势的基本方法是通过规模经济做低成本，从而成为行业领导者。

商务性服务业。该行业的成功则依靠企业的规模经济、经营杠杆作用以及品牌影响力。这些特性能够提供明显的进入壁垒并创造令人佩服的财务业绩。

银行业。该行业以其巨大的资金需求、巨大的经济规模、垄断整个地区的行业结构以及消费者有较高的转换成本而获取行业成功。

软件业。该行业的主要竞争优势包括客户转换成本、网络效应以及品牌价值。

生活消费品行业。该行业的发展特别依靠其规模经济、品牌价值、分销渠道和关系的建设。

工业基础原料、设备及能源行业。该行业则较多依靠其规模经济带来的成本优势以及一定程度上的进入壁垒。

这些对行业成功有极大影响的关键成功因素会随着产业特性、驱动力、企业经营目标、竞争状况、时间的变化以及地域的不同而有所改变。行业研究应当保持对外部环境、内部特性等变化的关注，并分析梳理其影响，从而预测行业的未来表现。

### （五）行业发展趋势

行业发展趋势分析建立在对行业产品结构、市场供需、竞争对手以及产业外部环境等各方面分析的基础上，通过对行业现状进行总结归纳，对行业发展趋势做出判断，最终为企业发展战略提供参考依据。

1. 行业总趋势的把握

了解一个行业的发展总趋势，我们首先应当去研究这个行业中存在的一些规律性的东西。例如，智能手机行业，它处在行业生命周期的什么位置？未来的趋势是向上还是向下？这必须要做一个趋势性判断。虽然定量预测其增长率的难度较大，但至少应该对行业的大趋势有一个定性认识，即是增长还是下滑，是大幅增长还是小幅增长？我们要正确判断这个大的方向。

另外，许多行业的发展与宏观经济走势密切相关，大多数行业都属于周期性行业，只是强弱有别。那么，对外部宏观环境的分析研究就是非常必要的。例如，国内生产总值及其增长率、城镇居民可支配收入等指标，我们观察其变动情况，并将其数值与行业指标进行相关性分析。又如，通过对日本、韩国在经济快速增长时期的轿车销售数据与国内生产总值数据进行相关性分析，发现轿车销售额的增长率稳定在国内生产总值增长率的2~3倍。这种实证结果就可以被用于对我国同一经济发展阶段的汽车行业发展的趋势预测中。

2. 行业驱动因素变动分析

前文对行业历史脉络、现状进行了梳理，我们就可以确定行业发展的驱动因素，可能是进入壁垒，也可能是技术专利的垄断，还可能是需求的旺盛或者是产业政策的照顾，等等。

3. 行业发展趋势推测

从时间上看，行业发展趋势主要分为短期趋势（1~3年）、中期趋势（4~10年）和长期趋势（11年及以上）。上文对行业关键性驱动因素进行了梳理，我们可以判断该因素在未来的动向，进而分析其对行业发展产生的长期或短期的影响。

# 第四节 案例分析

当前，中国乳业面临着复杂的发展局面。一方面，随着全球乳业一体化进程加速，中国乳业面临国外品牌商的冲击，特别是婴幼儿奶粉市场以及大包粉原料对国内乳业上游原奶供应商的影响；另一方面，国内乳业整体需求增速放缓，同时收入提高催生消费升级，迫切要求品牌商向产品高端化、个性化方向发展。这些都在深刻影响着中国乳业的发展，并为我国乳业企业提出了新的机遇和挑战。

2008 年以来，乳品行业通过努力整顿、产品升级、加强源头监管，全产业链质量监管体系日趋完善，质量安全水平大幅提升。但是消费者信心的恢复需要较长的时间，我国乳品需求增速之路仍旧漫长。特别是随着乳品进口条件放宽，国外乳业品牌对国内品牌形成冲击，在未来几年我国乳业企业特别是乳业上游原奶供应商、婴幼儿奶粉品牌商的日子并不好过。

乳业企业要走出这样的低谷，一方面，依赖中国乃至全球宏观经济的恢复；另一方面，也需要自身加强产品质量管理，提升消费者的信心，同时做好产品转型结构升级，以适应新时期消费需求的转变。

## 一、行业历史

### （一）行业定义

根据国家统计局的统计标准，乳制品制造是指以生鲜牛（羊）乳及其制品为主要原料，经加工制成的液体乳及固体乳（乳粉、炼乳、乳脂肪、干酪等）制品的生产活动，不包括含乳饮料和植物蛋白饮料生产活动。

### （二）行业细分类别

中华人民共和国国家质量监督检验检疫总局对乳制品进行了分类描述，即乳制品是指以乳为主要原料加工而成的食品，如巴氏杀菌乳、灭菌乳、调制乳、发酵乳、干酪及再制干酪、稀奶油、奶油、无水奶油、炼乳、乳粉、乳清粉、乳清蛋白粉和乳基婴幼儿配方食品等。

恒天然集团按生产使用与消费使用将这些产品分为两大类：

第一，日常营养类产品。该类产品包括家庭营养品和高级营养品。这类产品通过不同的制作工序，使用包括奶粉、奶油制品、黄油、奶酪、酪蛋白、乳糖、乳清蛋白粉以及婴幼儿配方成分在内的商品和原料产品加工而成。这类产品通常作为原料被供应至国际食品和药品公司，生产附加值更高的产品。

第二，消费品牌产品。消费品牌产品包括品牌乳制品，如鲜奶、风味奶、营养奶粉、奶酪、酸奶、黄油、奶油和冰激凌。消费品牌产品一般是用本地原奶或进口的乳品原料生产而成。其中，鲜奶是指低温奶（巴氏杀菌乳）及常温奶（灭菌乳）。

### （三）行业发展历程

1978—1989 年为缓慢起步阶段。这 12 年间，中国经济市场化基本上是在原有的计划经济体制格局下展开的，计划经济仍占主导地位，市场化进程刚刚开始。这个阶段政府在各地陆续兴建了一批乳制品企业和奶源基地，并开始进行技术攻关和建立原始的行业标准。总体上，乳制品企业规模不大，以奶粉和巴氏消毒奶为主，年产量一直维持在 300 万~400 万吨，其主要特征就是国有为主、规模小而分散、计划配给为主。

1990—1995 年为市场化起步阶段。1990 年“中国乳制品工业协会”前身“全国大中城市乳业协会”成立。1992 年 1 月，中国乳制品工业协会第一次代表大会暨首届年会在北京召开。1993 年 2 月，内蒙古伊利实业股份有限公司成立。这一时期，国内消费品市场开始从卖方市场逐步向买方市场转换，牛奶产量保持 8%的增长速度（除 1993 年偶然下滑外）。

中国的乳制品奶源主要分布在黑龙江、内蒙古、山东等地，其他省份的资源分散，因此导致很多企业奶源不足，而产业化的一条龙链式发展对很多企业来说只能是战略构想，无力也无法实施。不过从 1995 年起，雀巢、卡夫、达能、帕玛拉特等国外乳业大亨先后在我国建立奶品生产基地和营销网络，带来了资金、技术、先进的管理经验。我国的乳品企业也正是在这段时期开始大规模发展，从国外引进先进技术和设备，整体水平上了一个台阶。同时，我国乳业出现了大量的中小企业，有 3 000 多家中小乳制品企业。

1996—2007 年为快速发展阶段。该时期，牛奶年产量达到 16. 95%的年平均增长速度，中国乳业由一个“弱质产业”发展为“朝阳产业”。1996—2000 年，居民消费结构处于重要的转型期，随着消费品更新换代节奏的加快，大众消费观念、消费能力和消费形态开始呈现多样化、个性化和层次化特征。在激烈的市场竞争中，本土企业快速成长，逐步形成品牌。1996 年，上海光明乳业有限公司成立，其依靠充足的资金和先进的管理理念，迅速跻身中国乳业企业的前三名。1997 年，国内引入 UHT 无菌复合纸包装技术，伊利率先在业内上马两条利乐液奶生产线，把牛奶保质期延长到 7 个月。1999 年 7 月，蒙牛集团由自然人出资成立，随着蒙牛集团的快速成长，中国乳业市场格局也被其改变。随着中国市场化程度的日益成熟，企业之间的竞争也愈发激烈，同时国内乳制品行业产业链发展迅速且呈良性发展。2004 年，乳制品年产量达到 2 368 万吨，其年增长率为 25%，较十年前增长了 2. 5 倍，液态奶产量增长了 14. 4 倍。2007 年，中国奶牛存栏达到 1 500 万头左右，制品的产量为 3 650 万吨，排在世界第三位。

2008—2015 年为缓慢调整阶段。2008 年，“三聚氰胺事件”使国产奶粉陷入信任危机，中国乳业遭受重挫。2009 年，光明创新推出常温酸奶；2014 年，伊利安慕希市场占有率超过光明成为常温酸奶龙头。在这一阶段，中国乳制品消费受制于食品安全、价格上涨以及渠道等，消费增长速度有所放缓，年均增速仅 1. 2%，出现发展瓶颈。虽然增速放缓，但乳业企业转型加快，品牌企业从内部管理机制到外部资源投资布局，从硬件设施建设到海外技术合作都取得较大进步。在转型过程中，三大矛盾（进口与国内加工及养殖矛盾、加工环节与养殖环节矛盾、乳业海外投资增加与国内投资减少矛盾）也在不断交织。

2016 年至今为复苏并稳定发展阶段。2016 年，大众对国产奶粉的信心回升，份额持续增长；2018 年，李克强总理主持召开国务院常务会议时着重指出，加快推进奶业振兴，最终检验的结果要看消费者与市场是否认可，重中之重是质量安全是否得到根本保证；2019 年，全国奶类产量 3 297. 6 万吨，同比增长 3. 8%；乳制品产量 2 719. 4

万吨，同比增长 5.6%，均实现 2015 年以来最大增幅；2020 年年初新冠疫情暴发，国家卫健委、国家发改委和行业协会等多家行业协会联合发布乳制品有益人体健康的文件，对居民的合理膳食，对奶及乳制品的日常消费起到宣传教育和指导作用；“十四五”中国乳制品行业工作重点规划为：转变发展模式、优化产品结构、开展国内国际联合与协作，推动行业持续稳定发展。





**（四）行业生命周期阶段**

行业发展按其生命周期可以分为初创期、成长期、成熟期以及衰退期，我国乳制品行业产量年均增速除在 2010 年、2011 年超过国内生产总值增速，其他时期都比国内生产总值增速小，因此可以判定其当前并非处在成长期；通过计算 2009—2021 年行业产量平均增长率，我们发现其年均增速为 4%~12%。结合牛奶产量年增长率的平稳增长情况，我们大致判定其处在成熟期。

不过，城镇居民乳制品消费水平与农村居民乳制品消费水平存在显著差异，我国城镇居民的乳制品消费虽然处在阶段性饱和阶段，但农村居民的乳制品消费仍在稳步增长，有待进入快速增长期。综上所述，我国乳业的生命周期阶段应处于成长期至成熟期阶段。

## 二、行业现状

**（一）行业概况**

根据国家统计局的数据，2020 年全国乳制品产量 2 780.4 万吨，同比增长 2.2%（2021 年 1 月至 9 月全国乳制品产量 2 254.5 万吨，同比增长 10.6%）。根据欧睿的数据，2020 年中国乳制品市场规模 4 146.2 亿元，同比减少 0.8%，预计到 2025 年中国乳制品市场规模将达到 5 508.3 亿元。2021—2025 年复合年均增长率为 5.2%。近些年除了个别年份，如 2020 年受疫情影响均价增速为负，2018 年产量因上游供给问题增速下降外，其余年份多为正增长，实现量价齐升。

常温液态奶渠道渗透率较高，根据伊利年报，2020 年伊利常温液态类乳品市场渗透率为 84.7%，未来行业增长主要依靠产品结构升级、消费频次提升推动。常温商业模式下全国化龙头企业具有明显规模和渠道优势。根据欧睿数据，2020 年常温液态奶前三伊利、蒙牛、光明分别占 37.8%、27.2%、8.2%，伊利、蒙牛两家全国化乳企持续收割中小企业份额，两家寡头竞争的局面短期也不易被打破。

低温液态奶属于消费升级品类，增速在加快。根据欧睿的数据，预计 2022 年巴氏奶、常温白奶销售额均会增长。未来市场扩容由消费量提升、产品结构升级推动。商业模式上低温液态奶进一步区分低温酸奶和巴氏奶。

低温酸奶市场集中度低于常温液态奶。根据尼尔森的数据，2021 年 1 月至 9 月低温酸奶市占率方面伊利、蒙牛、君乐宝、光明、卡士分别占 21.6%、20.8%、12.5%、10.0%、5.5%。低温酸奶产品 SKU 丰富，对产品创新能力有一定要求，伊利、蒙牛虽占据较大份额，但产品结构有所侧重，部分产品创新力强的区域乳企占据一定市场份额。

巴氏奶市场一超多强，相对分散。巴氏奶保质期短，产品相对同质化，区域乳企具备一定的奶源、渠道壁垒。从 2019 年欧睿数据来看，巴氏奶方面，光明稳坐第一，但随着 ESL 工艺的引入，巴氏奶保质期有所延长，全国化乳企伊利、蒙牛竞争优势加强，并大力布局，行业格局持续发生变化。

**（二）行业周期性**

我们选取 2009—2021 年中国乳制品年增长率指标反映行业增长情况，将其与我国国内生产总值增长率进行比较，在大部分年份（2014 年除外），乳制品行业增速与国内生产总值增速波动一致，并且乳制品行业波动幅度超过其他行业的平均波动幅度，从而反映其周期性波动特征，因此可初步判定其为周期性行业。

**（三）产业链和价值链**

1. 产业链的构成

我国乳业产业链大致由牧草种植、饲料加工、奶牛养殖、生产加工、终端销售五部分构成，并配备奶牛育种研究院、繁育研究院和婴儿营养研究院等专业服务机构以及机械设备、包装、物流运输等产业服务机构。

2. 产业链运作方式

第一，国外情况。当前，世界上乳业发展程度较高和乳制品质量安全性较好的国家有新西兰、澳大利亚、美国、荷兰等。从乳业产业链的横向关系看，新西兰、澳大利亚、美国、荷兰等国乳业产业链呈现“收窄的等腰三角形”趋势。最顶端为市场集中度较高的乳制品加工企业，这类企业数量少、规模大、市场占有率高。乳制品加工企业经历了兼并、重组与整合的过程，企业数量不断减少的同时，大规模核心企业也不断形成。等腰三角形的下端则是相对宽松的奶牛养殖户，各国奶牛养殖户也经历了一个较长时间的数量不断减少、规模和组织化程度不断提高的过程。

从产业链纵向关系看，各国奶农、奶站和乳制品加工企业三者关系极为紧密。高度规模化和组织化的奶牛养殖户，通过组建和入股乳业协会或合作社，进而通过乳业协会或合作社入股乳制品加工企业的方式，与乳制品加工企业之间形成紧密的生产和利益关系。紧密的纵向一体化协作在保障乳制品的质量安全方面意义重大，奶农与乳制品加工企业之间共同的利益激励使得奶农能确保原料奶的质量安全，同时也使得奶农能够获得与之相应的利益，即能够实现生鲜乳的优质优价，合理的利益分配机制进一步激励了奶农的安全生产行为。同时，乳制品加工企业也因与奶农之间紧密的利益和契约关系，获得数量充裕、质量安全有保障的生鲜乳。

第二，国内情况。乳业产业链涉及原料奶生产、运输、加工、销售等多个环节，涉及奶农、奶站、乳制品加工企业和销售商等多个主体。当前，奶农、奶站和乳制品加工企业三者是中国乳业产业链优化的关键点，其中奶农和乳制品加工企业是重中之重。

中国乳业产业链在横向关系上虽然也形似新西兰等国的“等腰三角形”，但是顶端的乳制品加工企业数量较多，是低程度寡头竞争的市场结构，一批品牌商与众多地方性乳制品加工企业在市场上激烈争夺，产品价格被压得较低；处于三角形低端的奶牛养殖户主体仍然是散养奶牛的农户，其数量众多，规模小，缺乏标准化与规范性，相比新西兰等国尚未实现规模效益，生产成本较高，并且风险承受能力不强。因此，乳制品加工企业对上游的议价能力较强，乳制品价格竞争的压力更多地被上游环节承担。

另外，相比新西兰、澳大利亚、美国、荷兰等国，中国奶牛养殖业不仅规模小、标准化程度低、奶农数量多，彼此之间还缺乏有效的组织与协调，建立的奶业合作社或协会在技术推广和组织奶农方面作用有限，并且与乳制品加工企业的契约联系、利益分配影响方面也较弱。产业链中奶农、奶站、乳制品加工企业三个关键主体间，部分乳制品加工企业延伸至上游奶牛养殖与牧草种植环节，设有企业自建牧场、自营牧场，与国外情况差别甚大。例如，在美国，大多数牧场是家庭牧场，仅有少数的非家庭牧场，也是由合作社经营的，而不是由大企业经营。

3. 价值链

产业价值链的各个环节在增加值与盈利水平上存在差异。从乳业产业链各环节的成本收益率看，我国奶业产业链中的奶牛养殖、奶站收购、企业加工和超市零售四个环节的成本利润情况极不平衡。其中，零售环节的成本利润率高达24%，加工企业的成本利润率为112.82%，奶站环节的成本利润率为88.89%，养殖环节的成本利润率最低（钱贵霞，2010）。然而，养殖环节的风险是整个产业链中最高的。这种高风险、低收益的畸形利益分配格局，或许就是我国奶业难以建立长效机制的根本原因。

新西兰等国的奶农、奶牛协会以及乳制品加工企业之间联系紧密，奶农与乳制品加工企业之间存在契约及利益分享。例如，在美国，乳制品加工企业一般由一些有影响力的乳业协会或合作社建立，由乳业协会或合作社控股；在新西兰，乳制品加工业以牧场主或者奶农拥有的合作企业为主体，因此奶农能够从乳制品销售收入中得以分利，反过来促进其对奶源的建设及鲜乳品质保障。反思中国乳业，奶农与乳制品企业之间更多的是一种购销关系，这种松散的契约关系，使得奶农难以分享优质原料奶的高收益，也就使奶农失去了生产优质原料奶的激励。

**（四）行业供需分析**

1. 需求端：巴氏奶对常温奶存在替代空间，但替代过程需要一定时间

（1）巴氏奶营养结构更佳。

巴氏奶采用长时间低温进行灭菌，最大限度保留鲜奶营养成分。根据灭菌方式不同，液体奶分为常温奶和巴氏奶。常温奶通过超高温瞬时灭菌法，在135~150摄氏度条件下进行2~7秒灭菌，完全破坏原奶中的微生物和芽孢，杀灭牛奶中全部有害物质，达到商业无菌的要求，但会影响牛奶中乳清蛋白、活性蛋白及维生素等营养成分。巴氏奶采用巴氏灭菌方法，在62~75摄氏度条件下加热灭菌，在杀灭有害微生物的同时，最大限度保持鲜牛奶的营养成分和良好口感。由于巴氏奶保质期较短且储存条件较为严苛，需全程冷链运输、冷柜存放，对供应链要求较高。1960年美国对巴氏灭菌法进行改进，提出超巴氏杀菌法（高温短时间巴氏灭菌法），提高灭菌温度，缩短灭菌时间，延长巴氏奶保存时间，降低对供应链的要求。

巴氏奶契合市场对乳制品营养化的需求。在消费升级背景下，消费者对食品健康化、营养化诉求日益增加，更加关注食品的营养成分及加工方法的健康程度。新冠疫情背景下，国家卫健委发布《新型冠状病毒感染的肺炎防治营养膳食指导（试行第四版）》，倡导每人每天摄入300毫升液态奶或等营养物质的其他乳制品，进一步肯定了乳制品在优质蛋白摄入、钙质吸收利用、免疫力提高等方面的作用。同时，各乳企均加大市场培育力度，在低温奶包装和终端陈列上显著标注酪蛋白、免疫球蛋白等营养成分，培育消费者对巴氏奶营养的认知。

（2）巴氏奶性价比更高。

常温奶高端化逻辑明确，高价格为主旋律。普通纯牛奶如伊利纯牛奶、蒙牛纯牛奶系列，终端价格为每升 10~14 元。由于常温奶市场需求总量增速趋于平缓，各乳企普遍追求高价格，持续推动产品结构升级。伊利、蒙牛加大高端线产品金典、特仑苏的广告投放力度；三元主推极致纯牛奶；光明推出有机系列纯牛奶；新希望以牧场概念为基础，推出千岛湖牧场、大理牧场纯牛奶。蛋白质含量高于 3.6 克的高端常温奶价格为每升 26~38 元。

巴氏奶价格带呈宽幅分布，中高端巴氏奶均具备出色性价比。巴氏奶整体保持宽幅价格带，为每升 10~37 元。对比巴氏奶与常温白奶，普通巴氏奶以三元袋装鲜奶为例，定价为每升 10 元，价格低于伊利、蒙牛等品牌的普通常温纯牛奶。各地方品牌高端巴氏奶，如三元极致 A2β 酪蛋白巴氏奶、光明新鲜牧场、新希望遇鲜鲜牛奶定价区间为每升 19~31 元，价格低于金典、特仑苏等高端常温奶。结合巴氏奶更完备的营养成分留存度，整体来看，巴氏奶性价比更高。

（3）巴氏奶市场拓展的困境。

巴氏奶在中国的市场拓展仍存一定困难。虽然低温奶契合大众对食品营养的消费诉求，并且具备出色性价比，但低温奶在国内市场的拓展仍然存在一定困难，原因如下：

①从日常饮用角度来看，中国人普遍存在乳糖不耐受的情况。经过多年市场培育，大众已普遍养成饮用常温奶的习惯，对于巴氏奶而言仍需一定时间来接受。根据维基百科，90%以上中国人 MCM6 基因为 GG 乳糖不耐受型，乳糖酶基因在婴幼儿之后不表达，自身体质对乳糖不耐受，容易产生肠道问题。巴氏奶采取温度较低的巴氏杀菌法，对牛奶中营养物质破坏度较小，乳糖保留更多，因而对肠胃刺激程度也更大。乳糖耐受性主要由遗传物质决定，存在种族差异，欧美白种人饮奶习惯养成的时间较亚洲人而言更长，乳糖不耐受的比例远低于亚洲人。北欧人乳糖不耐受的比例为 2%~15%，中欧人为 9%~23%，美国白种人为 6%~22%，而亚洲人乳糖不耐受的占比大概为 95%。乳糖耐受程度与各地区巴氏奶消费量具有高度相关性。

中国乳制品市场长期以常温奶消费为主，人们的消费习惯在短期内不易被改变。常温奶具有易于储存、便于携带的优点，中国人已培养出饮用常温奶的日常习惯。消费习惯具有较强黏性，短期内不易被改变。虽然低温奶在中国的市场占有率有明显上升，但是我们仍需较长时间培养低温奶饮用的习惯。

②从礼赠角度看，巴氏奶因其保存时间短，其礼赠属性不及常温奶，消费场景有限。常温奶因保质期长，具备优质礼赠属性，尤其是高端常温奶，礼赠属性更加优秀。低温奶受限于保质期较短，储存条件较为严苛，礼赠属性不及常温奶，在礼赠品消费方面存在一定局限，消费场景集中于日常家庭饮用消费。

③从需求维度来看，巴氏奶对常温奶存在部分替代空间，但替代的过程较长。考虑到巴氏奶更加契合消费者对食品健康营养的诉求，且具备相对出色的性价比，我们认为巴氏奶对常温奶存在一定替代空间。但考虑到常温奶饮用习惯已经形成，短期内消费习惯不易被改变。

2. 供给端：巴氏奶利好因素与壁垒挑战共存

从供给端看，巴氏奶的发展存在一定壁垒与挑战。①终端市场就近奶源的布局。低温奶实现原奶收集到终端上架销售这个过程的时间一般在 24 小时以内，运输半径一般限制在 350 千米以内，因此上游牧场布局基本决定了终端市场覆盖的区域。②冷链物流壁垒。巴氏奶从生产到销售需构建成熟的冷链物流体系。③高效渠道管控能力。巴氏奶保质期为 2~15 天，对供应链要求较高，企业要对终端市场需求进行精准预估，要全程严格把控生产端到营销端。④地方型入户渠道建设存在壁垒。巴氏奶核心销售渠道——入户渠道是地方乳企的核心“护城河”，建设入户渠道时企业需在终端市场投入大量资源建设配送体系、培养客源，这也是全国化布局低温奶的局限所在。

（1）地方型乳企产销地一体化布局铸就核心竞争力，全国化乳企加快上游牧场并购速度。

中国乳制品市场产销地错位分布，为低温奶发展提供天然壁垒。受自然条件影响，全球黄金奶源带主要集中于南北纬 40~50 度区间的温带草原。中国黄金奶源带集中于以新疆、内蒙古、东北为主的北部三大黄金奶源带及华北、华东、华中奶源带。中国 88%的原奶产自北方黄金奶源带，70%的牛奶销售市场集中于人口密集的东南沿海一带。由于低温奶保质期短，需供应链密切配合，从原奶采集到上架销售要控制在 24 小时以内，运输半径为 350 千米以内，要求上游牧场、生产基地、终端市场就近布局。

巴氏奶优势品牌均实现牧场—终端销售市场一体化布局。从目前巴氏奶市场格局来看，低温奶市场占有率前三的光明、三元、新希望，均在各自终端市场附近拥有稳定奶源供给。三元通过首农畜牧供给奶源，奶源自给率达 55%，稳定供给以北京为核心的环京地区终端市场。大本营位于上海的光明乳业，通过自控牧场光明牧业、2019 年收购的辉山乳业以及与原生态牧业的战略合作，形成以上海为中心的长三角区域产业链完整布局。新希望多年深耕西南地区，在四川等地拥有自控牧场及就近生产基地。近年通过投资并购地方品牌实现异地拓展，在四川、云南、河北、浙江、山东等地拥有较高终端市场占有率和较强竞争优势。新希望目前拥有 11 个牧场、11 个加工基地，与终端销售市场同步布局。

伊利、蒙牛新进入巴氏奶市场，也是依靠临近消费地开展全国化牧场布局。蒙牛通过大规模的牧场布局，在巴氏奶市场拓展上具备优势。蒙牛成为全国最大牧业公司现代牧业控股股东及中国圣牧最大股东，与富源牧业达成联营，与中鼎联合牧业、中地乳业形成战略合作，是目前国内可控奶源体量最大的乳企。伊利持股优然牧业、赛科星，与辉山乳业达成战略合作，对中地乳业发起要约收购，并持续加强与各地政府的战略合作，充分显示伊利加强上游奶源布局的坚定决心。

乳企着力布局上游牧场，一方面是实现全国化牧场布局，为短距离、低成本触达全国市场做准备；另一方面是为获得稳定奶源供给，有效抵御价格波动风险。“三聚氰胺事件”后，养殖散户逐渐退出市场，行业规模化进程提速。2014 年后乳制品市场销售量增速趋缓，行业发展更多依靠提高价格和产品迭代升级推动。乳制品品质完全依赖于原奶品质，因此乳企对优质原奶诉求明显增强，为稳定获得优质原奶供给均开始着力布局上游牧场。同时，原奶生产具有明显的周期性，原奶价格在很大程度上影响乳企成本。目前原奶正处于上行周期中，2022 年原奶价格仍将持续上升，参控股上游牧业对乳企而言能部分平抑原奶成本波动。

（2）冷链物流迅速发展，支持巴氏奶运输仓储冷库扩容，从而推动巴氏奶发展。

巴氏奶从原奶加工到终端销售，需要全程低温保存，对冷链物流提出了较高要求。中国仓储与配送协会统计，中国冷库容量由 2012 年 7 608 万立方米增长至 2018 年 14 700 万立方米，CAGR 达 11.6%。2018 年乳制品冷库容积已达到 132 万立方米，同比大幅增长 95.5%。冷库持续扩容，有力保障低温奶的仓储需求。

国内冷库容量仍有扩容空间，冷链物流快速建设成为支撑冷链运输的基础。从地区来看，国内冷库主要分布于东南沿海及中部地区。从人均冷库容积角度看，2018 年中国人均冷库容积为 0.13 立方米/人，对比海外国家，仍然处于较低水平，未来冷库容量具备充足扩容空间。中物联冷链委统计，2019 年中国冷链物流市场规模达 3 391 亿元，2012—2019 年均保持两位数增速。冷链运输车从 2011 年 3.2 万辆增至 2018 年 18 万辆，8 年时间数量增加近 5 倍。

冷链物流建设水平存在区域差异性。从不同城市消费水平差异与发展特性来看，我们判断目前中国冷链物流系统建设存在区域差异性，一、二线城市冷链物流与冷库建设处于高位水平，并在快速建设布局中，而三、四线及其他城市的冷链系统建设存在滞后性，并且建设速度慢一些。以日本冷链物流系统为例，从 20 世纪 70 年代初开始，经历 40 余年，日本才建设成完备、成熟的物流体系，实施温度分级管理，即从包装材料、冷链运输到冷库储存全程信息化精细管理。预计中国的冷链物流建设依然需要较长时间的发展，其中一、二线城市发展较快，而三、四线及其他城市在人均可支配收入提升和消费升级的背景下，冷链物流的建设将会陆续提速。

冷库的建设和冷链物流的快速发展，推动低温奶的运输仓储发展。全国目前冷库建设与终端市场需求对应，东南沿海冷库容量高于西北地区。冷链物流市场稳步发展，反映出生鲜产品远距离运输能力持续提高，为巴氏奶运输提供保障。冷链体系为巴氏奶进一步拓展市场空间提供了技术支持，从目前的冷链物流和冷库发展情况来看，巴氏奶具有充足的发展空间。

（3）多渠道协同发展，全方位覆盖终端市场。

巴氏奶具有独特的高黏性入户渠道，同时叠加电商、新零售渠道，多渠道共同发力，覆盖终端市场。巴氏奶销售渠道主要有 KA 渠道、入户渠道、学生奶渠道，以及正在快速拓展的电商渠道、新零售渠道。

①KA 渠道：传统优势渠道，深度触达用户。

KA 渠道为低温奶最重要渠道之一。传统 KA 渠道占据巴氏奶一半的终端市场，其中大型超市、中小超市及便利店分别占比 20%、31%。KA 渠道具备完善的冷链储存及销售体系，构成了低温奶的销售基础。大型乳企在 KA 渠道已获得积累优势，能以低成本与商场和超市达成稳定合作关系，而新进入者进入商超渠道往往需要支付更高的进驻成本。

②入户渠道：高进入壁垒，构建地方乳企渠道端“护城河”。

入户渠道构成地方乳企核心“护城河”。入户渠道是乳制品特有的线下销售渠道，是地方型乳企重点发展的渠道。入户渠道用户黏性大，建设及维护成本高。入户渠道作为地方型乳企“护城河”之一，乳企在本地核心市场建立送奶入户渠道，构建奶站、冷柜、送奶员等配售体系。入户渠道具有一定独占性和排他性，一般一个地区仅有一个品牌的送奶服务。同时订奶入户是长期购买行为，消费者一旦选定订奶服务，会形成长期稳定需求。订奶入户需要先付款后配送，利于乳企周转资金。同时入户渠道也无需过多营销费用投入，这就释放了运营费用空间。

“三元及递”收入稳增，毛利率跑赢公司其他产品。三元送奶到户服务“三元及递”采用月结方式，为北京区域消费者提供巴氏奶及低温酸奶的订奶服务。“三元及递”提供订奶、送奶、售后全流程服务，为北京地区最大的送奶服务部门。三元到户业务收入约占三元总收入的10%，贡献了稳定的收入增量，送奶到户收入从2014年4.38亿元增长至2019年7.02亿元，5年CAGR为9.9%，呈现高稳定性增长。入户渠道利润空间可观，随着市场规模扩大，入户渠道规模效益得以持续领先，能有效摊薄渠道建设成本，降低单位配送成本。三元送奶服务毛利率维持在38%左右高位水平，高于液态奶平均21%的毛利率以及公司整体33%左右的毛利率。

③学生奶渠道：政府引导低温奶发展，从而推动地方型乳业发展。

学生奶销量增长，市场需求培育成型。学生奶计划是指在政府管理下由乳企直接向学校提供饮用奶。学生奶运营模式类似于入户渠道，牛奶由乳企生产后直接提供给学校，是一个稳定且长期的供需关系。与入户渠道的区别主要在于学生奶计划中有政府参与，具有一定政府引导性，学生奶市场中政府议价权显著高于入户渠道一般消费者。学生奶计划始于1999年，最初在京、津、沪等五个城市开展试点，后逐渐向省会城市拓展，在积累一定经验后，向中小城市进行推广，供应产品主要以UHT奶及调制乳为主。此阶段在政府引导、政策扶持背景下，我国建立了学生饮用奶的国家标准，积累了学生饮用奶的管理经验，培养了中小学生群体稳定的日常饮奶习惯，构成稳定需求。

学生奶种类向巴氏奶领域倾斜，政府引导学生奶产品由常温奶向巴氏奶转变。2019年学生奶推广工作打开新篇章，引入低温奶试点工作，标志着政府层面对于巴氏奶营养价值的肯定，具有一定市场引导作用。首批低温奶入选企业包含伊利、蒙牛、光明、君乐宝、三元、新希望等15家乳企，包含全国化乳企及各区域优质地方型乳企，基本覆盖全国。2020年奶协发布《国家“学生饮用奶计划”推广规划（2021—2025）(征求意见稿）》，提出2025年目标供应产品将由UHT奶和调制乳转换为巴氏奶、酸奶和奶酪。产品种类的转变，体现出政府对乳制品发展方向进行引导培育的方向。

学生群体庞大且需求稳定，有力推动了地方型乳企发展。根据2020年中国奶协发布的《国家“学生饮用奶计划”推广规划（2021—2025）(征求意见稿）》，2025年学生奶目标将覆盖3 500万名学生群体，日均供应3 200万份，较2020年目标增长50%。学生奶市场的快速发展，有力推动了地方型乳企的发展。学生奶计划带有一定公益性质，政府主导下乳企毛利率偏低。但学生消费群体庞大且需求稳定，学生奶市场中营销成本极低，进入政府供应名单之后，即获得大量稳定的市场需求。该渠道具有排他属性，最终的净利水平仍具备较强吸引力。此外，地方乳企进驻学生奶渠道有助于帮助乳企建立更好的品牌认知，培养学生群体的消费习惯。《国家“学生饮用奶计划”推广规划（2021-2025）（征求意见稿）》拟纳入更多的生产商与奶源基地，这与巴氏奶需要密集的终端原奶、生产基地布局相契合。

（4）电商渠道：借助电商模式快速发展，灵活覆盖全国市场。

借助电商平台，各乳企纷纷布局电商渠道。电商渠道给低温奶的发展带来新的机遇，伊利、蒙牛、光明等乳企均在淘宝、京东等主流电商平台搭建官方低温奶旗舰店，支持部分区域低温酸奶和巴氏奶冷链配送，给巴氏奶的全国化拓展奠定基础。在冷链物流的建设基础上，低温奶在电商平台的销售数量实现快速增长，2019 年“618 活动”期间，低温奶销售额同比增长 2.5 倍。各品牌均大力布局低温奶电商市场，在天猫、京东等主流电商平台搭建官方旗舰店，截至 2019 年 6 月 18 日，天猫低温奶品牌商家增长至 120 家。新冠疫情期间，居民的日常消费倾向于线上消费，乳企陆续推出直播带货、微信推广等促销活动，带动电商渠道发展。

光明“随心订”入驻电商平台，灵活化布局全国市场。光明与阿里云合作打造专属送奶上门服务“随心订”，支持用户在移动端选择光明旗下任意商品，选择送奶周期和配送时间，采用灵活的方式配送牛奶。与传统入户渠道相比，电商渠道的灵活性更强；与 KA 渠道相比，电商渠道的便利性更强。“随心订”能在低温奶运输半径内快速实现异地复制，在新市场中，电商渠道可以快速培育具有一定黏性的市场，有利于扩大低温的市场空间。

（5）新零售渠道：构建平台方配送体系，提供巴氏奶“最后一公里”送奶服务。

新零售渠道提供“最后一公里”配送服务，打造乳企全国化布局新模式。新零售渠道提供了更高效的生鲜乳销售平台，线上购买，线下送货，利用平台终端物流提供巴氏奶“最后一公里”的配送服务，实现消费者如同点外卖一般的鲜奶购买体验。近几年，线上买菜等生鲜购物模式迅速兴起。低温奶可借助新零售高效的销售平台和成熟的低温配送体系，快速将产品送至消费者手里。多家乳企入驻美团、饿了么、淘鲜达等新零售平台，借助新零售平台的销售体系和终端配送系统，以及庞大的客户群体和未来广阔的获客空间，可以快速实现低温奶的异地扩张，省去终端渠道布局投入。虽然短期内难以撼动各乳企在各自区域建立的优势地位，但仍有助于打开全国化市场，为市场提供差异化产品。

新乳业入驻新零售模式，开启异地复制新格局。新乳业与盒马鲜生、饿了么、淘鲜达等新零售业态开展深度合作，支持线上下单，线下配送。利用生鲜电商平台的终端配送体系，新希望为北京、上海等城市居民提供低温奶产品及配送服务，实现异地复制。

巴氏奶新零售渠道快速发展，打造鲜奶半小时外卖圈。根据饿了么鲜奶报告，目前全国已有 300 个城市进入鲜奶外卖半小时圈，饿了么为北京、上海等 16 个城市提供鲜奶外卖周期订，消费者可以选择 7 天、15 天、30 天的鲜奶配送周期，免去每日订奶的繁琐事宜。受限于奶源、运输半径以及消费者的品牌认知，外卖平台中依然存在鲜奶的区域化特征，三元占据北京区域优势地位，江浙沪区域依然是光明的主场，新希望独占四川区域优势。外卖平台中巴氏奶渗透率已达 30%，巴氏奶在厦门、无锡等二线城市的渗透率达 40%，四线城市巴氏奶销量实现同比 106%的快速增长。新零售的快速发展将为巴氏奶布局注入新动力。

渠道端形成多渠道全布局的发展新格局。在 KA 渠道、入户渠道优势稳固，电商渠道和新零售渠道持续加码情况下，渠道端的多层次布局将有效促进低温奶发展。KA 渠道作为消费品最重要渠道之一，各大品牌已经具备低成本进驻优势，对小品牌形成较强的挤出效应。入户渠道作为巴氏奶的特殊渠道，构成地方乳企的核心竞争优势之一，并且其独特的经营模式使得该渠道盈利能力极强，是地方型乳企的重要利润来源。在政府引导下，学生奶产品由常温奶向低温奶转变，打开低温奶市场的新空间。电商和新零售则是在冷链物流条件支持下快速发展起来的新营销模式，较 KA 渠道更方便，较入户渠道更灵活。新零售模式以平台方的配送体系提供巴氏奶“最后一公里”的配送服务，充当了入户渠道中送奶工的角色，使乳企能在异地更容易地以低成本实现市场扩张。多渠道布局之下，地方型乳企原有渠道优势得以保留，同时电商及新零售模式充分赋能，有利于巴氏奶触达更广泛的用户，助力巴氏奶实现快速发展。

**（五）行业竞争分析**

1. 地方型乳企本土优势明显，未来持续深耕区域市场

地方型乳企深耕优势区域市场，本土市场产品种类丰富。从线下终端市场表现来看，地方型乳企均在各自优势区域充分布局。以北京为例，新零售渠道盒马鲜生的巴氏奶产品以三元为主，入驻袋装鲜奶、72℃鲜牛乳、极致系列等十余种 SKU，产品矩阵丰富；蒙牛以现代牧场及每日鲜语开展双品牌运作；光明提供优倍新鲜屋；新希望提供 24 小时鲜牛乳；另外味全、圣牧及明治、延世牛奶等品牌也分别以重点 SKU 入驻新零售渠道，不过产品数量明显少于本地品牌三元。上海市场，光明为主，包含优倍、优诺、致优系列等多个巴氏奶产品，而蒙牛、新希望、延世牛奶等分别入驻 1 ~ 3 个 SKU。成都市场，新希望为主，其次为四川本土品牌菊乐，其他品牌少量布局。各乳企均以目前优势区域为主场构建丰富产品矩阵，覆盖宽幅价格带，满足全客层需求。而在异地市场，各乳企投入力度、布局意愿均远小于本土市场。

地方型乳企在奶源、渠道、品牌认知等方面构筑本土市场的进入壁垒。地方型乳企依靠临近终端市场的奶源布局，构建起巴氏奶区域进入壁垒。渠道方面，巴氏奶独特的入户渠道和学生奶渠道具备高成本、高稳定特点以及较强排他性。同时，各乳企在当地市场深耕多年，已建立深刻的品牌认知和消费黏性，在品牌效应方面对异地品牌也存在一定挤出效果。

地方型乳企巴氏奶的盈利能力显著高于 UHT 奶。对比地方型乳企各产品线盈利能力，巴氏奶业务毛利率和净利率均高于常温奶业务，验证了地方型乳企巴氏奶在本地市场的成本红利与盈利优势。三元送奶到户事业部提供低温奶入户配送服务，2019 年送奶到户事业部实现毛利率 37.48%，高于三元整体毛利率 33.53%和液态奶分部毛利率 21.18%。新希望低温奶毛利率维持 40%高位水平，2018 年低温奶毛利率 42.87%，高于新希望整体毛利率 34.95%和常温奶毛利率 24.67%。具体来看，巴氏奶毛利率已上升至 51.40%高位，远高于常温纯牛奶 21.33%的毛利率。对于地方型乳企而言，低温奶盈利能力更高，预估未来会大力发展低温奶产品。

奶源布局、成本红利等多方面因素决定地方型乳企将持续深耕优势区域市场。目前各乳企均坚持在各自优势区域着重发力，我们判断未来大部分地方型乳企仍将坚持这一策略，持续深耕本土市场。对比来看，地方型乳企在本土市场的核心优势在于就近奶源布局、渠道、成本及消费者习惯。在巴氏奶运输半径受限的情况下，奶源布局

直接决定了巴氏奶的覆盖范围。同时，各地方型乳企在本土市场具备成本端优势，而在异地市场会面临运输、渠道、市场培育等诸多问题。再从市场认知和消费习惯角度来看，各区域均形成了较稳固的品牌认知，打破这一格局需要在渠道和营销上加大力度。从终端市场表现来看，各地方型乳企均没有异地扩张的动力。我们认为未来大部分地方型乳企将继续深耕各自优势区域，不会在异地大幅扩张。

2. 伊利、蒙牛入局巴氏奶领域，加快产品体系建设

龙头企业在解决全国化奶源布局的痛点之后，也相继进入巴氏奶市场。蒙牛以双品牌运作，着力发展中高端巴氏奶产品。伊利实施高端化战略，目前正处于拓宽产品种类阶段。

（1）伊利、蒙牛进驻巴氏奶市场。

过去伊利、蒙牛把握常温奶优质“赛道”，坚持常温奶发展。中国乳制品市场以常温奶为主，2014 年以前主要以常温奶量增驱动整体市场快速扩容。伊利、蒙牛作为全国化乳企，其常温奶产品具备充足竞争优势，两者的常温奶收入占公司总收入的 70% 以上，合计份额占据中国常温奶一半以上的市场份额。在过去，巴氏奶的市场规模较小，对于龙头企业而言吸引力不足。常温奶长足发展的背景下，伊利、蒙牛仍需维护常温奶品类的优势地位。巴氏奶市场潜在空间广阔，正吸引龙头乳业积极介入。2014 年后常温奶市场量增放缓至个位数，整体增速主要由价增推动。同期，巴氏奶量价两方面均具备上涨空间，市场规模增长空间广阔。根据 Euromonitor 数据，2019 年国内巴氏奶市场规模已增至 343 亿元，对龙头乳企而言已具有介入空间。蒙牛于 2017 年建立低温奶事业部，着力发展巴氏奶业务；伊利后期积极跟进，正逐步完善产品体系。龙头进驻会给巴氏奶市场带来更多样的产品选择，全国化运营模式也会多种多样。

拓展巴氏奶两大重点在于奶源和供应链，伊利、蒙牛的核心突破点在于奶源布局。伊利、蒙牛发展巴氏奶的天然优势在于完备的供应链，双龙头经过多年发展在低温领域具备从工厂到冷链运输再到下游经销商的全供应链优势，借助低温酸奶渠道即可实现对巴氏奶的铺货。伊利、蒙牛面临的问题主要在于奶源布局，如何在高需求的沿海一带终端市场附近实现更大密度的奶源布局是需要重点考虑的问题。

（2）蒙牛采用双品牌运作模式着力发展巴氏奶市场。

蒙牛着力布局巴氏奶市场，寻找新增长极。蒙牛在低温奶品类的进驻层面坚定利落，2017 年 5 月成立低温奶事业部，2018 年 1 月推出巴氏奶产品，比伊利先一步抢占巴氏奶市场高地。蒙牛的整体规模较伊利而言小一些，常温奶市占率约差伊利 10%，蒙牛选择巴氏奶作为新晋“赛道”，也是追求常温奶领域以外的新增长。

蒙牛巴氏奶采用每日鲜语及现代牧场双品牌运作策略。从产品体系角度来看，每日鲜语核心产品主要采用 PET 瓶装，产品矩阵覆盖 30 元以上每升的高端价格带；而现代牧场以新鲜屋包装，定位 16.7 元每升的中端价格带，每日鲜语与现代牧场在包装与价格上形成明确的产品定位区分。在营销推广上，每日鲜语没有实行价格优惠策略或很少搭配赠品销售，但现代牧场实行价格优惠策略，实现快速渗透，从而提升市场份额。每日鲜语产品体系较全面，且持续推出更高品质的新款 SKU，而现代牧场则基本以单一 SKU 运作。蒙牛低温奶运营思路在于坚持每日鲜语的高端化产品运营，叠加快速扩大市场份额的现代牧场新鲜屋，双品牌齐头并进，兼顾品牌定位和市场份额。

(3) 伊利高低并举，双品牌布局中高端市场。

伊利同样进行双品牌运作，同步布局中高端市场。与蒙牛类似，伊利采用双品牌战略，以主品牌“伊利”定位中端线，以“延世牛奶”定位高端线，以双品牌布局巴氏奶市场。伊利目前以主品牌伊利“鲜牛奶”新鲜屋和“金典鲜牛奶”双产品为主，SKU较少，正处于产品布局阶段。伊利主推伊利“鲜牛奶”新鲜屋，以15~17元每升的价格定位中端线，对标蒙牛现代牧场；“金典鲜牛奶”依托金典品牌打造高端巴氏奶，定价40元每升，价格略高于蒙牛每日鲜语、三元极致、光明致优等高端系列产品。此外，伊利与韩国延世乳业合作，以“延世牛奶”品牌作为高端线产品布局北京、上海等一线城市，定价覆盖40~83元每升的超高端价格带。渠道端，伊利“鲜牛奶”新鲜屋主要布局KA商超渠道，“延世牛奶”主要布局盒马鲜生等高端渠道。在伊利高端化的品牌诉求下，预估伊利接下来将以精品渠道为主，以“金典鲜牛奶”和“延世牛奶”高端产品为主，同时以伊利“鲜牛奶”新鲜屋覆盖中端市场，从而占据份额主动权。

伊利目前重点布局中高端产品，我们认为伊利布局巴氏奶的核心意图在于卡位与建立品牌认知，进行终端市场培育。与其他产品的消费升级路线一致，巴氏奶对常温奶的替代也是先从一、二线城市开始，目前低温奶销量增长主要来源于一、二线城市。伊利之所以会逐步布局低温奶产品，是因为消费者逐渐形成饮用巴氏奶的习惯，如果不抢先进驻市场，消费者一旦对其他品牌巴氏奶形成消费习惯，后期较难被改变。从产品策略上看，伊利在现有中高端产品基础上继续推进高端化产品的布局，尤其是全国化、泛区域化的产品，不会在低端产品方面与地方型乳企形成直面竞争。

地方型乳企坚持区域优势布局，伊利、蒙牛布局高端线产品，这是目前的竞争格局。地方型乳企依托区位优势布局，考虑奶源、成本、消费习惯等因素，进行异地扩张有一定困难，我们判断地方型乳企仍将坚持现有市场格局，持续深耕优势区域。全国化乳企正在着力布局高端低温奶市场，蒙牛发展巴氏奶的决心较伊利而言更为强烈，布局中高端产品线，打造多SKU系列化产品体系，未来将继续开拓巴氏奶市场。伊利的巴氏奶战略沿着高端化路线发展，目前以追赶态势布局高端产品，我们判断在未来伊利将以产品结构升级为主线，不会在低端市场与其他品牌展开竞争。

## 三、发展趋势

### （一）产品结构发生变化

1. 低端常温奶的形势不容乐观，高端奶及低温奶市场销量增速较快

低端常温奶销量增速放缓的主要原因有两方面：一方面是国外进口的冲击。2008—2015年，我国乳制品进口产品市场占有率从6.8%上升到22.1%，新增消费的80%被进口产品所占；另一方面是乳制品销量趋缓。

低温奶需要冷藏保存，具有保质期较短、营养价值较高的特点，由于我国消费者健康理念加强与收入水平提高，近年来低温奶越来越受到人们的青睐。2015年，低温奶增速甚至高于常温奶。2015年，从整个行业的发展来看，在增长率和利润率方面，低温奶已经超过了常温奶。2015年整个液态奶销量的增长速度是5%，其中常温奶销量的增速只有2.7%左右，而低温奶特别是低温酸奶销量的增长达到了10.5%，乳酸菌饮

料销量的增长也超过了7%。总体来看，低温奶的增长速度要高于常温奶。公开资料显示，目前我国经营低温奶产品的企业数量已经超过了400家，并且区域龙头乳业企业的低温奶销量增速甚至达到了20%左右，低温奶对常温奶的替代优势越来越明显。

2. 奶粉行业格局变化大

最新的《中华人民共和国食品安全法》于2015年10月1日起正式实施以及《婴幼儿配方乳粉产品配方注册管理办法》发布，被称为“史上最严”的婴儿配方奶粉新政将使大部分乳业品牌从市场上消失。2016年6月，国家食品药品监督管理总局（以下简称食药监总局）要求，将奶粉配方备案制改为注册制，一个产品配方只能生产一种产品，每个企业不得超过5个系列15种产品配方。新政将对整个行业产生极大的影响，几乎所有的大 乳业企业都将受到新政的影响。

据不完全统计，2014年以前全国有约2 000份奶粉配方，平均每个企业拥有的奶粉配方超过20份，一份配方对应多个产品的做法普遍存在。业内人士认为，由此带来的是消费者的奶粉选择困难问题，同时也给职能部门带来监管上的难题。2014年，食药监总局公布首批获得新的婴幼儿配方乳粉生产许可证的生产企业名单，共有82家生产企业；2014年11月以及2015年8月底，食药监总局又公布了两批总共20家获证企业名单。国内获得婴幼儿乳粉生产许可证的生产企业达到102家。按照现有102家获得婴幼儿乳粉生产许可证的生产企业来计算，共有510个系列配方，所对应的品牌不会超过这个数据，减去一些外资品牌，那么将有1 400多个品牌被淘汰出局。在这种情况下，多品牌策略将被“卡死”；同时，代工品牌也将被挤出市场，至少有1 400多个品牌被淘汰出局。其中，受影响比较大的是获得婴幼儿乳粉生产许可证数量比较少的品牌，如蒙牛、完达山、圣元、三元等。

### （二）乳业产业链整合力度加强

2014年以来，受进口奶粉数量大量增加和价格下降、国内市场受到冲击、乳制品终端销售价格上涨使消费能力降低、乳业企业库存积压等因素的影响，生鲜乳收购价格一路下行。一些规模牧场生鲜乳价格下降率达到11%，仍有下降趋势。2015年，山东、河北和黑龙江等地区再次出现鲜奶拒收和“倒奶”现象。与2008年所不同的是，目前“倒奶”主体是占整体70%左右的中小规模养殖户，散户比例已经很低，不超过5%。出现突如其来的“倒奶”现象，直接原因是部分加工企业减少，甚至拒收原奶；但主要原因是国内原奶市场已经与国际实现直接联动，国际原奶及奶粉低价形成冲击。

近年国内原奶价格高涨，并高于国际均价，主要是由饲料、人工成本上涨引发的。但其形成的根本原因有三：一是家庭牧场、专业合作社等产业组织模式发展滞后，这些主体养殖积极性严重受挫，奶源供应不稳定。二是转型发展带来的产业链系统性成本高，主要表现为配套的饲料、防疫、挤奶、配种、运输等没有形成很好的规模，布局结构不合理，防疫体系分散不统一，没有与养殖同步发展。三是规模化发展方向偏差。万头以上的大规模养殖，由于饲料供应半径过大，集中饲养带来防疫、粪污处理等问题，形成典型的高投入、高产出，从而大规模牧场的高奶价成为国内原奶价格整体上涨的原因之一。

在新西兰、澳大利亚、荷兰等国，奶农、奶站和乳制品加工企业三者的关系极为紧密，高度规模化和组织化的奶牛养殖户，通过组建或入股乳业协会或合作社，进而通过乳业协会或合作社入股乳制品加工企业的方式，与乳制品加工企业之间形成紧密的生产和利益关系。国内乳业企业在整合产业链方面则是走了另外一条路，多是进行全产业链布局，加强自有牧场建设。这既强化了乳业企业的原料质量，又平衡了养殖风险，对外协式的养殖小区依赖度已大幅降低。同时，近年来国内乳业企业纷纷在海外建设牧场，扩大自有奶源比例。数据显示，伊利自建牧场比例已达 80%~90%，自有奶牛规模为 8 万~10 万头；蒙牛已提出未来将投资 30 亿~35 亿元自建牧场；光明与皇氏乳业自建牧场规模均已超过 20%；河南最大的乳业企业花花牛的自有牧场也已达 11 个。

总的来说，我们认为未来国内液态奶行业需求将长期以常温奶为主，但巴氏奶将替代部分常温奶。从结构上看，我们坚定认为国内液态奶将持续向高端化演进，而高端巴氏奶与高端常温奶的发展并行不悖，同时巴氏奶的快速发展在整体上也将推动国内液态奶市场的持续健康发展。

巴氏奶在营养价值方面有着常温奶不可比拟的优势，随着冷链运输及终端渠道的发展，我国巴氏奶市场规模有广阔的增长空间。但是，考虑到牧场集中区域与终端集中消费区域有一定距离，乳企在大多数消费市场难以实现产销地一体化布局，因此，国内需求结构将长期以常温奶消费为核心。

常温奶有往高端化发展的趋势，量增放缓背景下，低端产品利润空间不足，因此行业生产高端化产品的动力充足，也符合行业需求趋势。巴氏奶在营养成分更高的背景下，更具备发展高端乳制品的潜力。因此我们判断，在中低端层面，巴氏奶将替代部分低端常温奶；在高端层面，高端巴氏奶将与高端常温奶并行不悖，共同持续扩容。

市场竞争格局方面，目前地方型乳企保持本土市场竞争优势，全国化乳企陆续进入巴氏奶市场，市场格局尚不明晰。不过从中短期看，我们预计地方型乳企在本土市场的竞争优势难以被撼动，但全国化乳企将以更强的品牌及渠道能力实现市场的快速扩容。

## 复习思考题

1. 什么是行业？行业研究的框架是什么？
2. 列举几种行业分类的方法。
3. 行业的生命周期分为几部分？如何界定？
4. 如何根据美林投资时钟理论制定实际的投资策略？
5. 尝试用 PESTLE 模型分析一个行业。
6. 尝试用波特模型分析一个行业。

# 第四章 企业资信评估

信用是市场经济运行的前提和基础，在项目评估中其作用也是非常重要的。在当今经济发展过程中存在着信息不完全和信息不对称的问题，授信人授信不当或者获信人有意回避所应负担的偿还责任都易发生信用违约风险。资信是与信用活动相关的各类经济主体，主要包括各类企业、金融机构、社会组织等可以自主履行其在经济活动中应承担责任的能力。企业的资信评估是投资项目评估中的重要一环，是判定企业所负有的各种债务能否按时偿还的重要指标，同时也是银行决定给企业放款与否的重要依据。因此在对投资项目进行评估时不仅要对宏观经济有深入的调查、对准备投资的项目进行全面的技术分析论证，以及对项目投资进行可行性研究，还要对项目负责人的资信进行调查，对该企业进行整体的资信评估，判断该企业在未来如期履约能力的强弱，对投资项目的风险有一定的预期。本章主要介绍企业资信评估含义、内容、资信评估的程序和方法，重点阐述企业资信评估的内容及评估指标的划分。

## 第一节 相关政策

《中国企业评价协会中国企业信用等级评价管理办法（暂行）》部分内容摘录如下：

**第一章 总则**

第一条 为了加快信用体系的建设，规范企业市场行为，加强会员单位自律，加快企业建立现代信用管理制度进程，帮助企业制定发展战略，提高企业市场竞争能力。依据国家相关法规，特制定本办法。

第二条 中国企业信用等级评价是中国企业评价协会为全面贯彻落实国务院《关于社会信用体系建设规划纲要（2014—2020年）》（国发〔2014〕21号）、国家发展改革委等10部门联合印发《行业协会商会综合监管办法》、2016年召开的全国性行业协会商会综合监管暨信息共享工作对加快推进行业协会商会信用体系建设的部署等法规和政策，经充分调研论证，在会员体系内开展信用等级评价工作。

第三条　本办法适用于参加中国企业信用等级评价项目的会员企业。

第四条　为了保证中国企业信用等级评价工作的独立性、客观性、严谨性和公正性，协会成立了信用专业委员会、信用评审小组和运营支撑单位。

（一）信用专业委员会是评价管理决策机构，其主要职责为：统筹中国企业信用等级评价的整体工作；建立信用评价标准体系；制定评价管理制度和办法等。

（二）信用评审小组是确定评级对象信用等级的终审组织，其主要职责为：负责拟订信用等级评价基础文件；负责制定评价方法、指标体系等评价技术文件；通过信用评审会议，审核、讨论、确定评价对象的等级，并定期监测，对结果进行调整。

（三）运营支撑单位是受信用专业委员会委托，保障信用评价业务稳健开展的机构，其主要职责为：在授权范围内开展信用评价工作，完成信用专业委员会委托的其他事务。

## 第二章　参评条件、流程及收费标准

第五条　参加中国企业信用等级评价的企业需满足以下条件：

1. 在中国境内依法登记注册的企业法人和其他经济组织，企业成立已满三年或以上，上一年度销售收入达到50万元以上，当前从业人员10人以上（签署正式劳动合同并承担社会保险）；

2. 企业有主营业务收入，处于持续经营状态，非即将关、停的企业；

3. 企业无信用不良记录及违规违法行为记录；

4. 中国企业评价协会会员。

第六条　企业自愿申请参加中国企业评价协会的中国企业信用等级评价，并承诺在申请中国企业信用等级评价中所提交的证明材料、数据和资料全部真实、合法、有效，复印件与原件内容相一致，并对因材料虚假所引发的一切后果负法律责任。

第七条　为促进企业信用体系建设，营造良好信用环境，树立信用意识，加强企业自律，参评企业需签署《信用承诺书》。

第八条　由于评价过程会采集第三方数据与企业提交的数据相比对，参评企业需签署《企业信息调查授权委托书》。

第九条　参评企业需提交以下材料：

（一）纸质版：信用承诺书、企业信息调查授权委托书、中国企业信用等级评价服务协议、会员申请表填写盖章快递至协会。

（二）电子版

1. 经过年检的营业执照（副本）、法人身份证等复印件加盖公章；企业社保正常缴费明细加盖公章扫描件、信用承诺书、企业信息调查授权委托书、会员申请表填写盖章扫描件；

2. 提供会计事务所审计的最近三年年度财务报告（资产负债表、损益表、现金流量表）审计报告复印件，当年度没有进行审计的，要提交近三个月的财务报表（资产负债表、损益表、现金流量表），需加盖公章；

3. 已获的自主知识产权、商标、专利、新产品鉴定、科技进步奖、产品免检证书等各项荣誉的复印件加盖公章；

4. 通过的各种资质许可，认证（如质量管理体系认证、环境体系认证等），社会荣誉/获奖证书（如供应商、银行、工商、税务、其他机构的评价）证明复印件加盖公章；

5. 目前的组织结构图（包括各部门岗位设置、各岗位职责说明），相关制度（包括财务管理、信用管理、客户管理、人事管理、人员培训、考核、高管激励约束机制等）；

6. 在业务发展、产品市场定位（产品的介绍、产量、产能等），未来市场前景、发展战略等方面规划及方案，企业文化的情况说明等（如有请详述）；

7. 其他相关证明企业信用的文件。

第十条　评审及相关环节流程分为：企业申报、舆情监测、初评、复审、公示、终审、评价发布、年度复查八个环节。

1. 企业申报：企业自愿报名，将申报书及相关材料电子版提交至中国企业评价协会信用专业委员会。

2. 舆情监测：收到企业评价申请后，信用评审小组对申报企业在一个工作日内启动舆情监测并出具舆情报告。舆情监测结果符合申报要求的企业，可直接进入下一环节；对舆情监测结果存在瑕疵的企业，在信用等级评价过程中信用评审小组可酌情降低信用等级；不符合申报要求的企业，其信用等级评价申请不予受理。

3. 初评：信用评审小组将企业提交的资料、第三方数据进行综合分析、整理和初评，并出具初评报告。

4. 复审：信用专业委员会组织专家对初评结果进行评审，并出具企业信用等级报告。

5. 公示：评价结果在中国企业评价协会官方网站上发布，公示十五天。公示期间，任何部门、单位及个人对评价结果有异议的，可以在公示期内以书面方式向信用专业委员会提出。信用专业委员会在收到书面异议后对于反映突出的问题经核实做出答复和处理。

6. 终审：公示期满后，信用评审小组确定最终结果。

7. 评价发布：对获评企业，办法统一设计样式、统一编号的牌匾证书及信用等级报告。

8. 年度复审：中国企业信用等级的有效期为3年，自发证之日起生效，期间包含两次年审，在年审期间等级会有变化的可能。有效期满后若继续参加中国企业信用等级评价，需重新申报。

第十一条　评价结果的应用：

1. 在中国企业评价协会官方网站公示；

2. 其信用标识和标志可展示在获评企业网站及企业宣传资料上；

3. 对获评企业的信用信息进行归集，并按照相关共享机制与国家、地方政府部门信用信息平台实现共享，便于在政府采购、招投标等活动时提供参考。

第十二条　协会本着“为企业服务、不以盈利为目的、收支平衡”的原则，按国家有关收费规定执行，严格收费标准及其财务管理，收费范围仅限于第三方数据收集费、舆情调查费、专家评审费、公示费、牌证工本费、年度复查费等成本费用，不收取其他形式的评价赞助费。收费金额不与企业经营规模或其他指标挂钩。

## 第三章　等级释义及评价标准

第十三条　中国企业信用等级评价标准是信用专业委员会依据《企业信用评价指标》GB/T 23794-2015 制定而成，由综合素质能力、经营能力、管理能力、经济偿付能力、社会责任五个部分组成。同时为了中国企业信用等级评价工作开展的更严谨、专业及公平，更好的服务不同行业的会员单位体现行业特性，在中国企业信用等级评价标准的基础上制定了《行业个性指标》。

第十四条　依据《企业信用等级表示方法》GB/T 22116-2008 将信用等级划分为三等五级，即 A（AAA、AA、A）、B、C，其中 A 级是守信企业；B 级对应提示企业；C 级对应失信企业。必要时，可将 B、C 两等级再扩展为 BBB、BB、B 和 CCC、CC、C 六级，即三等九级。

## 第四章　舆情监测制度

第十五条　为进一步保证中国企业信用等级评价工作顺利开展，发挥舆情监测优势，加强对企业评前、评中、评后的舆情监测力度，预防和降低信用等级评价企业失信行为带来的风险，并及时做出反应和处理，信用专业委员会特制定舆情监测制度。

第十六条　信用等级评价前舆情监测，收到企业评价申请后，信用评审小组对申报企业在一个工作日内启动舆情监测并出具舆情报告。舆情监测结果符合申报要求的企业，可直接进入下一环节；对舆情监测结果存在瑕疵的企业，在信用等级评价过程中信用评审小组可酌情降低信用等级；不符合申报要求的企业，其信用等级评价申请不予受理。

第十七条　年审舆情监测，对参加年审的企业，应先进行舆情监测，方可进入年审流程。同时综合考虑上一年的季度舆情监测报告，出现负面信息且未整改或未做出说明的，将考虑降低信用等级。

第十八条　信用等级评价后动态舆情监测，是对已获信用等级评价结果且在有效期内的企业进行定期舆情监测。主要目的是为企业服务，对在监测中发现有负面信息的企业，及时告知并协助企业进行整改。

第十九条　动态舆情监测的内容：

1. 企业基本情况，包括工商注册信息、企业简介和企业官网信息；
2. 企业行政处罚和经营异常名录信息；
3. 高法被执行人监测记录和商业欺诈信息；
4. 法院信息：包括法律诉讼，民事纠纷，劳动仲裁等信息；
5. 网络舆情情况：包括与企业相关的新闻报道、微博关注度和口碑分析；
6. 网络媒体发布，包括与企业有关的宣传文章等。

第二十条　舆情监测信息核实。对监测到负面信息的企业，将由工作人员与企业进行电话或邮件沟通，以确认网络信息的真实性。

第二十一条　动态舆情监测结果的处理办法：

1. 经核实，对存在负面信息的企业将以邮件形式发送督促函，并指导和协助企业在限期（一个月）内做出整改，整改完成后出具证明。

2. 对于已注销或被吊销的企业，取消评价等级和公示。

3. 对拒不履行整改义务的企业，则按负面信息的严重程度进行处理。负面信息按等级分为严重、一般、轻微三个等级。其中：

严重负面信息主要指严重失信行为，依据国家法律法规，包括严重损害公众身体健康和生命安全的行为；严重破坏市场公平竞争秩序和社会正常秩序的行为；有履行能力但拒不履行、逃避履行生效法律文书确定的义务的行为；拒不履行国防义务，危害国防利益的行为等以及国家规定的其他严重失信行为。针对存在以上行为的企业，在中国企业评价协会官网取消其信用等级评价公示，并以书面材料提交信专委，由信用评审小组决议取消该企业信用评价等级。

一般负面信息包括法律诉讼和行政处罚等信息。对不履行义务的企业考虑做降级处理并在中国企业评价协会官网对其信用等级的相应调整进行公示。

轻微负面信息包括经营异常名录，消费者网络投诉。对不履行义务的企业在中国企业评价协会官网暂时取消其信用等级评价结果公示，待企业修复负面信息后恢复其结果公示。

第二十二条　企业针对失信行为按照相关要求进行整改并出具整改结果证明，可视为失信行为修正。视企业的修正程度，在中国企业评价协会官网做出相关声明。

## 第五章　信用信息安全及保密制度

第二十三条　为进一步加强中国企业信用等级评价的信用信息安全与保密工作，保障中国企业评价协会的整体利益及长期稳定地发展，依据《国家安全监管总局网络运行和信息安全保密管理办法》，特制订《信用信息安全及保密制度》。

第二十四条　信用信息的形式包括书面文件、电子文档、电子信息数据或其他任何形式的物品承载的保密内容。

第二十五条　上述信用信息的接触者包括信用专业委员会的管理层、与企业对接的客服人员、评审小组成员和系统研发的技术人员等。除有特殊需要外，其他人员不得擅自接触以上信用信息。

第二十六条　各相关人员一旦接触到上述信用信息，均需承担信息保密职责。

第二十七条　日常保密措施：

1. 不在非正式场合公开谈论相关信用信息；
2. 对存有客户信用信息的电脑应设置密码等相关保密措施；
3. 不携带客户信用信息参加社交活动；
4. 对客户信用信息的纸质文件妥善保管或处理；
5. 对审阅后的信用信息文件及时归档保存；
6. 发现信用信息文件丢失、失窃、泄密时，需立即上报，及时追查，力挽损失。

第二十八条　不相关人员需要查阅信用信息的，需向信用专业委员会报备，并在查阅完成后删除或归还。

第二十九条　信用信息泄密处理流程：

1. 及时上报信用专业委员会高层领导；
2. 对接触过泄密信用信息的人员进行调查；
3. 对直接责任者给予相应的处理，造成重大损失或严重后果的，将依法追究法律责任；
4. 对责任者所属部门进行相应的处罚。

第六章　其他

第三十条　为了更科学、严谨的开展中国企业信用等级评价工作，提高评价结果的客观性、公正性，中国企业评价协会信用专业委员会在评价过程中将对本标准的内容作适当的调整，必要时可制订相关实施细则。

第三十一条　本办法由中国企业评价协会信用专业委员会负责解释和修订。

第三十二条　本办法自发布之日起实施。

中国企业评价协会信用专业委员会

2018 年 6 月 6 日

## 第二节　企业资信评估概述

### 一、企业资信评估的含义

企业的资信评估是对企业的整体素质进行评估，主要包含资质和信用度，通过对企业资质和信用度的科学检验和计量，从资产、负债、盈利等方面对企业的信誉地位进行估价，判定企业能否在约定时间偿还所负担的各种债务，体现企业的整体素质和能力。资质是指企业在从事某种行业特定行为时所需具备的资格及要达到与该资格相适应的质量等级标准。不同的行业有不同的资质要求，总体来说，企业资质包括企业的总体员工素质、经营管理水平、经济技术实力、产品竞争能力、资金使用效率等，是企业整体素质的体现。信用度是企业在日常经营活动中遵守承诺、按时履约、讲求信誉的程度。

对企业进行资信评估是投资项目评估中必不可少的一环。一方面，资信评估为向企业进行投资的机构投资者、为企业发放贷款的银行、购买企业所发行债券股票的个人投资者及有意向与企业发生经济往来的企业提供进行风险测算的依据，以便投资者对所要进行的经济活动的风险和收益做出相对准确的估计，向企业的社会投资者反映该企业现有的资产状态和生产经营状况，为其评价企业的经济业绩提供依据；另一方面，资信评估也是作为国家制定相关行业经济政策的重要依据，国家主管部门会根据企业的资信评估深入了解该行业在经济发展过程中的作用，以及对经济增长的贡献力度，进而制定该行业的行业准则，确定今后企业的经营方向和经营方针，决定企业在未来的发展方向。

### 二、企业资信评估的内容

因行业的多元化与复杂性，对企业进行资信评估时所考虑的内容也有所差异，但对于一般企业来说，企业资信评估主要是对企业的经济地位、整体素质、信用、经济效益、经营管理发展前景进行评价。

**（一）企业的经济地位**

在对企业进行资信评估时要考察企业的经济地位，我们着重从历史地位、行业地位、发展前景等方面进行考察。首先，从整体历史沿革方向进行考察，考察企业在发展过程中是属于发展历史悠久的知名度高的企业（这些企业一般知名度高，具有一定的品牌优势，客户对其产品的信任度高），还是属于具有代表性的新兴产业（这类产业往往随着时代的发展不断更新变化，具有较强的生命力，对社会环境适应性强，竞争也较为激烈）。其次，考察企业所属行业在整个经济发展中的地位。随着经济的迅速发展，科技水平的不断提高，行业淘汰率也逐渐上升。从经济发展来看，传统行业对经济发展的贡献率在逐渐降低，尤其是那些低端制造业、高污染高排放的低端产业，取而代之的是以清洁能源、低能耗为代表的高新技术产业。再次，考察所投资企业在该行业所处的地位，在明确了所投资企业所处行业具有发展前景之后要进一步研究该企业在此行业是否有竞争优势。其主要从产品角度出发，考察产品在市场的竞争力、占有率及整体的经营管理能力，综合判断企业的经营能力。最后，考察企业的发展前景，看所选企业是否符合经济发展规律，在未来是否有良好的发展前景。综上可以看出，经济地位的评估对企业资信评估起着重要的引领作用。

### （二）企业的整体素质

企业的整体素质的评估涉及企业内在的情况，关乎企业的生存和发展，是考察企业资信的基础和内在条件。企业的整体素质对企业未来的发展至关重要，一个企业能否取得长远高质量发展，一方面取决于国家宏观经济背景、自身的经济技术条件及所在区域的投资环境，另一方面取决于企业的整体素质。外部条件决定企业能否生存，而内部素质条件决定企业能否生存得长久。对企业整体素质的研究主要包含以下几个方面：领导者的素质、员工素质、产品的素质、硬件设备素质、资产素质、经营管理素质及企业文化。下面主要从这四个方面对企业整体素质评估做详细的解释说明。

1. 领导者素质

企业领导者是一个企业的领军人物，作为一个企业的领导者，最基本的是具备决策力、文化力、执行力和应对能力四种基本的能力。首先，领导者要有带动整个团队的决策力，对企业的发展有卓越的看法，根据企业自身的发展状况，对未来的发展有清晰的规划、详细的战略目标及实现步骤。其次，领导者自身具有的文化程度也会直接影响企业的行为准则和员工的工作方式甚至企业的精神文化，团队文化有着重要的影响。再次，领导者必须具备果断的执行力，执行力相当于企业里面的一个发动机，领导者制订各种发展规划，需要通过有效的执行力去实施以实现目标。最后，我们还要评估领导者面临危机时的应对能力。综上所述，在考察领导者素质时我们要从领导者的思想觉悟、敬业精神、道德品质和行为准则方面着手，进一步对领导班子的知识水平、工作经历、生活阅历进行研究，考察其是否具有一个成功的企业家应该具有的创新、决策、组织、协调及指挥控制能力。

2. 产品的素质

产品是企业间竞争的主要对象。对产品素质的评估主要从产品的品质、市场占有率、市场竞争力、生命周期及客户对该产品的依存程度进行评估，进而判断该产品在未来能占领的市场份额。

3. 硬件设备素质

在对企业进行评估时我们要考虑企业在生产过程中所具备的硬件设备。科技是第一生产力。只有拥有了先进的生产技术、良好的生产设备，企业才能有效提高产品质量，缩减成本，提高生产效率，进而获取更多的利润。因此，在进行技术设备评估时，我们要评价生产设备与生产技术是否平衡、生产规模是否合理、资源是否得到有效利用。

4. 资产的素质

对企业资产素质进行评估主要是从财务报表的角度对资产的数量、质量、资产的结构进行分析。该方面评估主要针对企业的财务能力，从资产项目、负债项目、利润情况及现金流方面进行评估。

5. 管理的素质

管理素质评价是对企业的组织、协调能力等情况进行分析与评价，以判断企业运用管理技术的能力，其中主要包括组织机构的合理设置和协作配合的运行能力与效果考核，企业自主权限的运用能力，企业管理目标、管理手段和决策方式的科学化、民主化、规范化等企业整体管理水平的考察与评估。

### （三）企业的信用评估

企业的信用评估是对企业的经营素质（包括管理水平、业务能力、财务状况）、企业的历史信用（包括企业法律法规的执行情况、合同的履约情况、客户满意度、社会信誉）、专家评定（包括重大事项分析、企业前景分析）等进行综合评估。企业的信用等级分为三等九级，即 AAA、AA、A，BBB、BB、B，CCC、CC、C。其中依次代表信用极好、信用优良、信用较好，信用尚可、信用欠佳、信用较差，信用差、信用很差、信用极差。在进行投资项目评估时，我们一方面可以借鉴国际知名评级机构对企业的评级，另一方面可以从企业借贷资金的使用状况、企业履行经济合同的情况、产品的信用方面进行评估。

1. 企业借贷资金使用状况

企业借贷资金使用状况主要是对资金的借贷、使用、偿还情况进行分析。通过这项分析我们可以大致了解企业与银行之间的关系和企业的信誉程度。一般来说，对于借贷资金使用符合借贷合同规定、及时偿还本金和利息的企业都是以良好的经营情况为支撑的，是反映企业经济效益水平和资信等级的重要内容。

2. 企业履行经济合同的情况

了解企业履行经济合同的情况主要是为了评估企业的法治意识、经济活动中的信誉情况。此项评估需要查找翻阅企业签订的合同，计算经济合同履约率，以此说明其在经济活动中的履约情况；同时，还要对经济合同的内容进行研究，考察企业在合同订立过程中对法律、法规的重视程度，对合同的质量进行分析。

3. 产品的信用情况

产品是建立与客户良好关系的中介，产品的信用是企业赖以生存和发展的基础，也是公司实现其经济效益目标的关键。在考察产品信用情况时需要从以下几点进行分析：产品的优质率、合格率、客户好评率、售后服务履行情况，同时要查看企业所宣传产品的功能与实际功能是否有出入，产品主体质量与产品外包质量是否一致。

### （四）企业的经济效益评估

企业的经济效益评估主要是对企业的经济实力、盈利能力、偿债能力进行分析。

1. 经济实力

经济实力不仅是国与国之间竞争比较的主要对象，也是评价企业经营状况的重要指标。财务能力的好坏是评估经济实力的关键，对企业经济实力进行评估，主要从企业财务能力进行分析，对企业的资产项目、负债项目、利润情况、现金流量进行分析。资产项目主要评估流动资产和非流动资产占比的合理性、最近三年资产变动情况、存货产品的构成、应收账款的客户和账龄、其他应收账款的构成及收回的可能性、固定资产占比是否合理等。负债项目主要评估企业近几年资产负债率的变化情况、长短期借款所占的比重、短期借款所应负担的利息、应付账款的对象和期限、长期贷款的还款计划和其他应付款的内容。利润项目主要考察获得销售收入的产品构成、主要的收入来源、营业外收入和支出的构成及相应的成本结构、利润分配的情况。现金流量项目要重点评估该企业的经营活动净现金流量是否充足，对照同期的对外负债并根据经营的发展预期分析投资性现金流流向及筹资活动产生的现金流。

2. 盈利能力

盈利能力是指企业在一定期间赚取利润的能力。盈利能力是一个相对的概念，即利润相对于一定的资源投入以及一定的收入而言。总体来说，一个企业的利润率越高，其盈利能力越强；相反，其盈利能力就越差。一个企业经营业绩最终是通过企业的盈利能力来反映的。无论是企业的经理人员、债权人，还是股东（投资人），都非常关心企业的盈利能力，并重视对利润率及其变动趋势的分析与预测。进行企业盈利能力分析主要从以下指标着手：营业利润率、成本费用利润率、盈余现金保障倍数、总资产报酬率、净资产收益率和资本收益率。在对上市公司进行评估时我们还要根据每股收益、每股股利、市盈率和每股净资产等指标评价其获利能力。

3. 偿债能力

偿债能力指标是企业进行经营管理的重要指标，指的是企业偿还到期债务本金和利息的能力。对企业偿债能力进行评估时我们主要考虑其经营盈利能力、资产负债的相匹配情况，结合企业外部融资的情况及借款到账的时间判断经营性现金流量是否充足。评价指标主要是企业近三年的资产、负债、所有者权益的占比及变化情况，从而计算出流动比率、速动比率和现金流动负债比率，分析其短期偿债能力和长期偿债能力。

### （五）企业的经营管理

对企业的经营管理的评估主要是从经营机制、生产管理、内部控制与管理、关联企业经营管理等方面进行，对于实体企业侧重考察产品的生产销售回笼情况，包括企业的规模、行业地位、技术水平、经营策略、主要收入来源、现有产品的生产能力、销售及流动资金周转情况，测算产品的开发完成率、产品的销售增长率等指标。在了解企业的总体特征后，我们就可以有效评估企业的经营管理能力。

### （六）企业的发展前景

对企业的发展前景进行评估主要涉及两方面，一方面对企业所处行业发展前景进行分析，另一方面对该企业在本行业的地位进行分析。对于行业情况的调查，我们需要了解企业所处行业的经济周期性、目前所处的成长阶段、对其他行业的依赖性、国家政策及重大技术变革的影响、未来几年的行业走势等。对本企业发展前景自身的研究，我们要注重分析和评价企业近期、远期的发展规划、发展目标和发展措施，以及企业对市场突发事件的适应能力等因素。





## 三、企业资信评估的方法

### （一）定量与定性分析相结合

定量分析法是对社会现象的数量特征、数量关系与数量变化进行分析的方法。在企业中定量分析是以财务报表为主要数据来源，通过数据分析计算出指标的具体情况，得出企业的信用结果，定量分析法是进行投资项目评估时最常用的方法。定性分析法最典型的特征是不以数据为支撑，主要依靠的是分析人员的主观判断，需要分析人员有丰富的实践经历和较强的分析能力，从而推断事物的性质和发展趋势，属于预测分析的一种基本方法。

在对企业进行定性分析时主要是对企业所处行业的风险和经营环境、企业在本行业中的竞争力、企业的经营管理、财务报表的可靠性及企业的信用状况进行分析，进行定量分析时侧重对企业的财务风险状况进行分析，主要包括盈利能力分析、资产结构和资产质量分析、偿债能力和现金流量分析。

### （二）静态分析与动态分析相结合

经济学中的动态分析是以客观现象所显现出来的数量特征为标准，经过研究判断对象是否符合经济发展的特征或趋势，探究其偏离正常发展趋势的原因，并对未来的发展趋势做出预测。动态分析法主要是通过编制短期时间数列观察客观现象变化的过程、趋势和规律，计算相应的动态指标，然后再编制较长时期的时间数列，在判断现象的变动规律性的基础上，测定其长期趋势、季节变动的规律，并据此进行统计预测，为决策提供依据。指标主要包括动态比较指标和动态平均指标，动态比较指标包括增长量、增长速度和发展速度，动态平均指标包括平均发展水平、平均发展速度及平均增长速度。

与动态分析法相比，静态分析法不考虑资金的时间价值。在经济方案数据不是很完备及精确度不高的情况下，我们通常会使用静态分析法。分析指标主要包括投资回收期、投资收益率和追加回收投资期等。使用动态分析和静态分析相结合的分析方法对企业资信状况进行评估可以有效减少单一方法评估不到位、不全面的问题。

### （三）综合分析评价法

综合分析评价法是指运用多个评价指标对多个参评单位进行分析评价的方法，也叫多变量综合评价方法。其基本思想是由多元到统一，将多个指标转化为一个综合的指标，该指标能够反映整体情况。目前综合分析评价法成为学者进行研究而经常使用的分析方法，多用于评价各个国家间经济发展实力、不同地区的经济发展水平，以及小康生活水平的达标情况等。但是这种方法的使用有一定的难度，评价的完成并不是像其他评价方法一样逐个完成指标，而是运用一些特殊的方法将多个指标评价同时完成，并且需要对指标的重要性进行加权处理，得出的结果多以指数或分值呈现，表示参评单位综合状况的排序。

## 四、企业资信评估的程序

企业资信评估一般包含如下几个步骤：

### （一）申请或委托专业机构进行评估

当一家企业具备进行资信评估的条件时，往往会向相关资信评估部门申请资信评估。在我国具有评级资格的机构主要有银行各级评估委员会和专业评估事务所。因此，企业在进行资信评估时可委托这两个机构。首先要填写申请书或委托书，即“企业资信等级评估申请表”或者“企业资信等级评估委托书”。其次是提供企业资信等级评估所需的所有材料，材料主要包括公司的营业执照、公司章程、股东名录和董事会名录、主要负责人及重要高级管理人员资料，以及相关产品资料等。最后要递交关于公司财务能力的相关文件，主要包括公司近三年的资产负债表、利润表和现金流量表，以及评估机构所需的其他公司内部资料。

### （二）收集并核查相关资料

在收集并核查资料这一步骤中，主体是评估单位。评估单位对企业上交的申请书和委托书及其他资料进行审查。审查不仅仅停留在所递交的资料上，要通过实地考察和研究企业递交资料的真实性、完整性和准确性，并且根据资信评估的内容要求企业补充历史相关资料和现实资料。

### （三）计算相关指标

企业资信评估最终的目的是对企业进行资信评级，其中较为重要的步骤是对指标进行计算。资信评估是一种规范化的社会行为，不同的行业有不同的评估指标，但一般性的企业的评估指标应包含企业资产结构素质评估的指标、企业信用程度评估的指标、企业经营管理评估的指标和企业经济效益评估的指标。因此，资信评估机构在进行评估时也应按照一定的社会规范和方法，首先将所收集的资料进行查阅标记，从中寻找进行资信评估所需要的数据，算出相应的指标；其次根据评估中通过计算得出的指标填制“企业资信等级评估计分表”，最后审慎检查所计算的指标是否真实准确完整且具有代表性、符合资信评估的需要。

### （四）确定资信等级，综合评估

资信等级主要是基于公司的财务状况、经营状况及管理状况制定，对企业进行资信评估的最终目的是划分资信等级。因此这一部分工作是对上述所有计算结果进行综合分析评定，评级机构首先要对评级企业的各类指标进行打分，然后根据各类指标的权重系数计算总得分，将计算得出的数值与标准参考值进行对照，得出相应的分值，最后将根据指标算出的企业实际得分总值与企业资信等级表中规定的计分标准相比较，确定相应的资信等级。一般来说，资信等级在不同的国家有不同的评分标准，通常分为 A、B、C、D 四个等级，在同一级还区分三等。

### （五）编写评估报告并审定，颁发证书

评估报告是指负责评估的单位根据相关评估准则的要求，在所有的评估程序走完后，对所评估的对象发表书面专业意见，评估报告由所在的评估机构出具。评估报告包含的种类很多，所含内容也并不相同。企业资信评估报告包含的内容有：首先是企业的概况，该项要能简略概括地反映企业的全貌；其次是对于企业的评估，主要指关

于企业资金信用的评估、经济效益的评估及企业经营管理的评估；最后是对企业信用状况进行全面评估，是指对所收集的资料进行全面分析所得出的结论。编写评估报告是由评委会对所提交的材料进行审查计算，检验其所提交的材料是否准确、完整和真实，在确定所递交的材料及计算的数据没有出现错误并且真实可靠的情况下才可以进行；之后根据“企业资信等级评估计分表”的评审得分，得出关于企业资信等级的最终结论，确定企业的资信等级。根据评估资信等级，由负责该企业资信等级评估的单位向该企业颁发企业资信等级证书。

## 第三节　企业资信评估指标

企业资信评估的最终目的是划分企业的资信等级，对等级的评定主要依靠定量分析，即通过一系列的指标进行。本节所介绍的企业资信评估的指标主要涉及企业规模实力、企业素质、企业信用、企业经营管理、企业经济效益。

### 一、企业规模实力及素质评估指标

#### （一）资产负债率

$$资产负债率=\frac{负债总额}{资产总额}\times 100\%$$

资产负债率也叫举债经营比率，是指负债在总资产中的比率，也就是负债和资产的比例关系，表示的是总资产中有多少是通过负债筹集得来的，主要用来衡量企业通过债权人所提供的资金进行日常经营管理活动的能力和债权人所提供资金的安全程度。该指标能够综合反映公司的负债水平，如果该指标达到 100%或者超过 100%，表明公司已经资不抵债。通用的资产负债率的参照值为 70%，如果实际计算出来的资产负债率高于 70%，表明公司承担较重的债务负担，有一定的经营风险；如果资产负债率低于 70%，表明公司债务水平在合理的范围之内。

#### （二）固定资产净值率

$$固定资产净值率=\frac{固定资产净值}{固定资产原值}\times 100\%$$

固定资产净值率是固定资产净值与固定资产原值的比率关系，主要反映固定资产的新旧程度。一般来说，该指标要在 65%以上。该指标值小于 65%，表明该企业的固定资产比较旧，公司需要花费更多的资金改善固定资产的经营条件；该指标值大于 65%，表明公司的经营条件较好，经营效益好。

#### （三）流动比率

$$流动比率=\frac{流动资产}{流动负债}\times 100\%$$

流动比率是指流动资产在流动负债中所占的比率，是流动资产与流动负债的比例关系。流动比率主要用来衡量企业的流动资产在短期债务到期之前可以用来偿还其短期债务的能力。公式中所指的流动资产是企业在一年内，或者超过一年的一个营业周期内可以变现或者直接使用的资产，主要包括货币资金、短期投资、应收票据、应收账款和存货等。流动负债是指短期负债，多指在一年内或者超过一年的一个营业周期内需偿还的债务，主要包括短期借款、应付票据、应付账款、预收账款、应付股利、应交税金、其他暂收应付款项、预提费用和一年内到期的长期借款等。该比率一般应维持在130%~200%，指标越高，表明企业的流动性越大，偿债能力越强，但是过高也会影响资金的周转。

### （四）速动比率

速动比率是与流动比率相关的一个概念，是企业速动资产与流动负债的比例关系。相较于流动资产而言，速动资产是扣除了流动资产中的存货和预付费用后的余额，主要包括现金、短期投资、应收票据、应收账款等项目，衡量的是企业流动资产中可以立即变现，用来偿还企业流动债务的能力，可以反映企业偿还流动负债的快慢。与流动比率相比，其反映的短期偿债能力更加精确。通常，速动比率大于1，代表企业短期偿债能力较强。

### （五）长期资产与长期负债比率

$$长期资产与长期负债比率=\frac{长期资产}{长期负债}\times100\%$$

长期资产与长期负债比率就是长期资产与长期负债的比例关系，主要用来衡量企业的长期债务偿还能力。该指标值通常应保持在150%以上，指标值高，表明企业可用来偿还长期债务的资金较为充裕，偿债能力高，偿债风险较小；该指标值低，表明该企业长期债务负担较重，有一定的偿债风险。

### （六）存货周转率

$$存货周转率=\frac{销货成本}{平均存货余额}\times100\%$$

$$平均存货余额=\frac{期初存货+期末存货}{2}$$

$$存货周转天数=\frac{计算期天数}{存货周转率}$$

存货周转率是销货成本与平均存货余额的比例关系，是分析企业营运能力的重要指标，经常用于企业的经营管理决策中。该指标不仅可以衡量企业在生产经营各环节中存货的运营效率，还广泛运用于企业的经营绩效评价。通过对存货周转率的研究分析，我们可以计算企业在一定时期内的存货资产的周转速度。通常来说，存货周转率越高，表明企业存货资产的流动性越强，可以迅速变现。此项资金的周转速度越快，公司的偿债能力也就越强。

### （七）应收账款周转率

$$应收账款周转率=\frac{当期销售净收入}{平均应收账款}\times100\%$$

应收账款周转率是当期销售的净收入与平均应收账款的比值，主要用来衡量企业应收账款的周转速度。应收账款在流动资产中占有很重要的地位，应收账款收回的快慢不仅可以反映企业管理效率的好坏，还可以反映企业短期偿债能力的强弱。通常来说，应收账款的周转率高，表明企业资金周转速度快，短期偿债能力较强；应收账款周转率低，表明企业资产流动速度慢，短期偿债能力较弱。





## 二、企业信用评估指标

### （一）全部资金自有率

$$全部资金自有率=\frac{企业资本金}{全部资金平均余额}\times 100\%$$

全部资金自有率又称企业自有资金率，是指企业资本金与全部资金平均余额的比例。自有资金主要包括流动资金、固定资金、专项资金及各项盈利资金之和，企业的资本金在全部资金中的比重越大，说明企业的资金充裕度越高，经营安全性越高。

### （二）流动资金贷款偿还率

$$流动资金贷款偿还率=1-\frac{逾期流动资金贷款额}{流动资金贷款总余额}\times 100\%$$

流动资金贷款偿还率衡量的是流动资金贷款偿还的能力。流动资金贷款偿还率越高，说明企业短期贷款偿还能力越强；流动资金贷款偿还率越低，说明短期贷款偿还能力越弱。

### （三）呆滞资金占压率

$$呆滞资金占压率=\frac{积压物资+逾期未收款+未补亏款+待核销财产损失+挤压挪用资金}{全部资金占有}\times 100\%$$

呆滞资金是指流动性不好的资金，资金因产品的积存被无效占用，主要包括企业积压的物资、逾期未收款、应摊未摊的费用等被占用的资金。呆滞资金占压率是指呆滞资金在期末全部资金中占有的比率。呆滞资金占压率高，表明企业的呆滞资金过多，企业资金流动性差；呆滞资金占压率低，表明企业资金流动性强，经营管理好。因此，该指标越低越好。

### （四）货款支付率

$$货款支付率=\frac{期初应付货款+本期外购货款-期末应付货款}{期初应付货款+本期外购货款}\times 100\%$$

本期货款支付额是指期初应付货款和本期应付货款中已经支付的部分，货款支付率便是本期货款支付额与期初应付货款和本期外购货款的比率，也叫应付款清付率。该指标可以有效地衡量企业货款的支付能力和支付信誉。该指标的合理值应大于95%。

### （五）贷款按期偿还率

$$贷款按期偿还率=\frac{期末按期实际偿还贷款额}{期末应偿还贷款总额}\times 100\%$$

贷款按期偿还率是指期末按期实际偿还的贷款额与期末应偿还贷款总额的比率。通过这个比率我们可以分析企业的信用情况，侧面反映信贷资产的优劣。该指标的合理值应接近于1，指标过低，反映企业不能及时偿还贷款，资金流动性弱。

### （六）合同履约率

$$合同履约率=\frac{当期实际履行合同份数}{当期应履行合同份数}\times 100\%$$

合同履约率是指当期实际履行合同份数在当期应履行合同份数中的比重，主要用来衡量企业的经营管理水平和履行合同的信誉程度。合同履约率高，表明企业的管理者在企业生产经营过程中管理能力强，信誉度较好；反之，表明企业的信誉差。一般情况下，该指标的合理值要在95%以上。

#### （七）定额流动资金自有率

$$定额流动资金自有率=\frac{流动资金中的资本金投入}{定额流动资金平均余额}\times 100\%$$

定额流动资金自有率是指企业流动资金的资本金投入在定额流动资金平均余额中的比重。按现行的制度规定，该指标应不低于30%。

### 三、企业经营管理评估指标

#### （一）产品销售增长率

$$产品销售增长率=\frac{本年产品销售增长额}{上年销售收入总额}\times 100\%$$

$$本年产品销售增长额=本年产品销售额-上年产品销售额$$

产品销售增长率是指本年产品较去年产品的销售增长额与去年销售收入总额的比例关系，主要用来衡量企业生产经营状况和市场占有能力，是预测企业经营业务拓展趋势的重要指标，也是企业扩张增量资本和存量资本的重要前提，可以有效反映企业的经营管理水平。产品销售增长率高，表明企业市场占有能力增强，经营管理水平高，能进一步改善企业业绩。其合理值应在10%以上。

#### （二）一级品率

$$一级品率=\frac{一级品产品的产值}{全部产品的产值}\times 100\%$$

一级品率是指一级品产品的产值在全部产品的产值中所占的比重，可以反映企业产品的质量和企业的综合素质。一级品率高于国家或者相关部门规定的目标值，表明该企业的管理能力较强，产品质量过关；一级产品率过低甚至低于国家或有关部门规定的最低标准，则表明企业产品的生产质量有待提高。良好的一级产品率有利于增强产品在市场上的竞争力，提高市场占有率，进而提高社会对该产品的认知度，从而建立信任感。

#### （三）新产品开发计划完成率

$$新产品开发计划完成率=\frac{新产品实际值}{新产品计划值}\times 100\%$$

新产品开发计划完成率是指本期新产品实际值与本期新产品计划值中的比例。该指标反映企业对新于产品的开发能力。新产品开发计划完成率高，表明企业对于新产品的开发能力强，创新能力强，有利于提高企业产品的竞争力及综合能力。

#### （四）产品销售率

$$产品销售率=\frac{产品销售生产成本}{全部产品生产成本}\times 100\%$$

产品销售率是指产品销售生产成本在全部产品生产成本中的比重，主要用来反映已实现的产品的销售程度。产品的销售率高，表明企业所生产的产品在市场上有竞争力。因此产品的销售率越高越好，通常情况下产品销售率应保持在95%以上。

### （五）成品库存适销率

$$成品库存适销率=1-\frac{呆滞积压产品资金}{期末成品资金}\times100\%$$

成品库存是指企业已经生产出的经质量检验合格的产品，并且办理入库手续但尚未销售出去的本期末实际产成品库存量。而成品库存适销率是产品库存积压和产品适销程度，该指标值大表明企业产成品合格率高，产品积压少，合理值应保持在95%以上。

### （六）全部流动资金周转加速率

$$全部流动资金周转加速率=\left(1-\frac{本期全部流动资金周转天数}{上期全部流动资金周转天数}\right)\times100\%$$

全部流动资金周转加速率主要用来衡量企业流动资金周转的速度。该指标值高，表明企业流动资金周转速度快，资金运用效率比较高，其合理值应大于4%。

## 四、企业经济效益评估指标

### （一）销售收入利润率

$$销售收入利润率=\frac{企业年度总利润}{企业全年销售收入}\times100\%$$

销售收入利润率是指企业全年总利润与企业全年销售收入的比率，主要用来反映销售收入与利润之间的关系。销售收入主要包括产品销售收入和其他销售收入，可以有效地衡量企业的获利能力和经营管理水平。一般来说，销售收入利润率高，表明企业成本费用降低或销售收入增加，进而利润总额增加；销售利润率上升，表明企业在销售收入中获利能力较强，经营管理水平较高；销售收入降低，表明企业成本增加或是销售收入降低，获利能力减弱。因此，该指标越高越好。

### （二）总资产报酬率

$$总资产报酬率=\frac{企业年度息税前利润}{企业年平均资产总额}\times100\%$$

总资产报酬率是企业年度息税前利润与企业年平均资产总额的比率，企业年度息税前利润是指不扣除利润和所得税的情况下所产生的利润，主要由净利润、利息费用和所得税三项构成。该指标主要用来衡量企业的经营管理能力和获利能力，是评价企业资产运营效益的重要指标。企业总资产报酬率越高，表明资产利用效率越高，说明企业在增加收入、节约资金使用等方面取得了良好的效果；该指标越低，说明企业资产利用效率低，企业应分析差异原因，提高销售利润率，加速资金周转，提高企业经营管理水平。

### （三）净利润增长率

$$净利润增长率=\frac{净利润增长额}{上年净利润}\times100\%$$

$$净利润增加额=本年净利润-上一年净利润$$

净利润增长率是本年净利润相较去年净利润的增加额与上年净利润的比率。净利润是指利润总额减所得税后的余额，是一个企业经营的最终成果。净利润多，企业的经营效益就好；净利润少，企业的经营效益就差。它是衡量一个企业经营效益的重要指标。净利润增长率代表企业当期净利润较上期净利润而言的增长幅度。该指标值高，表明企业经营管理得到改善，盈利能力提升，经营效益好；该指标值低，表明企业经营管理获利能力降低。因此，该指标越高越好。

### （四）资本金净利润率

$$资本金净利润率=\frac{年税后净利润总额}{年度资本金总额}\times100\%$$

资本金净利润率是年税后净利润总额在年度资本金总额中所占的比例，主要用来衡量资本金的盈利水平，其合理值应高于12%。

### （五）资本保值增值率

$$资本保值增值率=\frac{期末所有者权益总额}{期初所有者权益总额}\times100\%$$

资本保值增值率是期末所有者权益总额与期初所有者权益的比例关系。该指标表示企业当年资本在企业自身的努力下的实际增减变动情况，主要用来衡量企业的经营效益，反映投资者投入企业资本的保全性和增长性。该指标越高，表明企业的资本保全状况越好，所有者权益增长越快，债权人的债务越有保障，企业发展后劲越强。因此，该指标越高越好。

### （六）社会贡献率

$$社会贡献率=\frac{社会贡献总额}{平均资产总额}\times100\%$$

社会贡献率是指社会贡献总额与平均资产总额的比例关系，主要用于衡量企业用自身的资产为国家和社会创造价值的能力。社会贡献总额是指企业为国家和社会创造和支付的价值总额，主要包括工资、劳保退休统筹及其他社会福利支出、利息支出净额、应交或已交的增值税、消费税、有关销售税金及附加、所得税及有关费用和净利润等。社会贡献率高，表明企业为社会创造价值的能力强。

### （七）社会积累率

$$社会积累率=\frac{上交国家财政总额}{企业社会贡献总额}\times100\%$$

社会积累率是指企业上交国家财政总额与企业社会贡献总额的比例关系，主要用来衡量企业社会贡献总额中用于上交国家财政和支持社会公益事业的比例，从而直接或间接反映企业的社会责任。上交的国家财政总额主要包括增值税、所得税等各项税款。

### （八）资金利税率

$$资金利税率=\frac{企业年度利税总额}{企业资金平均余额}\times100\%$$

资金利税率是企业年度利税总额与企业资金平均余额的比例关系，主要反映企业对国家财政所做的贡献及企业自身的经营能力。资金利税率越高，表明企业的盈利水平越高，对财政所做出的贡献也越大。

# 第四节　企业资信等级的划分与评定

## 一、企业资信等级的划分

企业资信等级的划分主要是基于公司的财务状况、经营能力和管理能力做出的。目前我国的信用等级主要采用三等九级制，具体划分如表 4-1 所示。

表 4-1　信用等级划分

| 级别 | 计分标准 | 级别含义 | 评定标准 |
|---|---|---|---|
| AAA | 90~100 | 信用极好 | 短期和长期偿债能力较强，有一定的安全保障，企业的财务状况和经营管理能力较好，企业处于良性发展之中，不确定因素对企业的影响很小 |
| AA | 80~89 | 信用优良 | 短期和长期的偿债能力令人满意，其他因素会对企业偿债能力产生一定的影响，影响能力也相对有限 |
| A | 70~79 | 信用较好 | 现阶段有足够的偿还债务的能力，企业经营处于良性状态，若经济条件恶化，未来企业的发展经营会受到外部不确定因素的干扰，进而使盈利能力产生波动 |
| BBB | 60~69 | 信用一般 | 企业资产和财务状况一般，各项经济指标处于中等水平，可以保证本息的按时偿还，但在经济条件恶化的情况下偿债能力和盈利能力会产生很大的波动 |
| BB | 50~59 | 信用欠佳 | 企业各项经济指标处于较低水平但拥有一定的债务偿还能力，一旦发生突发恶劣事件，债务人可能没有足够的偿还能力 |
| B | 40~49 | 信用较差 | 企业的管理水平和财务水平偏低，信用程度差，偿债能力较弱，虽然目前能偿债，但是一旦发生突发事件,债务人偿债能力会减弱 |
| CCC | 30~39 | 信用很差 | 企业信用差，并且盈利能力和偿债能力很弱，对于投资者而言，投资保障力度较小，风险和不确定性较大 |
| CC | 20~29 | 信用极差 | 企业的信用极差，已经处于亏损状态，偿债能力很低，投资风险大，一般有高度投机性的投资者会投资该企业 |
| C | 0~19 | 没有信用 | 企业完全没有信用，没有能力偿还债务的本金和利息，公司亏损严重，状态接近破产 |

## 二、企业资信等级

企业资信等级的评定是由专业的机构或部门按照公正、客观、科学的原则衡量企业资信程度的高低。企业资信等级评定的过程为：首先是经过一系列的定量指标和定性指标进行分析计算，填制企业资信等级计分标准表，具体可见企业资信等级评分计分表（此表不具有统一性，不同的行业有不同的计分标准）；其次按照表中各项标准计算企业实际得分；最后根据企业资信等级表中的等级评分标准，确定企业相应的资信等级。企业的资信等级不仅能反映企业的信用状况，还能从侧面反映企业的经营水平和管理能力，进而为投资者和相关主管部门提供投资决策的依据。

## 第五节 案例分析

### 一、A 企业背景

A 企业是中国领先的互联网技术公司。自创立以来，凭借先进的技术和优质的服务，深受广大网民的欢迎。在开发互联网应用、服务及其他技术方面，它始终保持业界的领先地位。该企业目前处于扩张阶段，需要大量资金，为了增强投资者的信心，需要聘请评估机构对其资信水平进行评估，并给出评估结果。

### 二、高科技企业资信评估体系在企业中应用的可行性

首先，A 企业具有高水平的行业专家队伍。为了实施本次评估活动，我们找到了高科技企业资信评估领域的数位专家为此次评估的主观评价打分。其次，A 企业是素质较高的被评估单位。企业接受评估的目的是增强投资者的信心，同时以便管理层加强对企业的管理，在评估过程中，接受评估的良好动机能为评估人员提供便利，评估工作能开展顺利。最后，A 企业具有成熟的用户市场。该企业投资者及其他对评估结果的预期使用者信任高水平评估专家队伍的意见。综上所述，A 企业适用本文设计的高科技企业资信评估体系。

### 三、本案例中使用的分析方法

层次分析法，即将与决策总是有关的元素分解成目标、准则、方案等层次，在此基础之上进行定性和定量分析的决策方法。该方法将定量分析与定性分析结合起来，用决策者的经验判断各衡量目标之间能否实现的标准之间的相对重要程度，并合理地给出每个决策方案的每个标准的权数，利用权数求出各方案的优劣次序，比较有效地应用于那些难以用定量方法解决的课题。定性分析是指通过逻辑推理、哲学思辨、历史求证、法规判断等思维方式，着重从质的方面分析和研究某一事物的属性。定量分析指分析一个被研究对象所包含成分的数量关系或所具备性质间的数量关系，也可以对几个对象的某些性质、特征、相互关系从数量上进行分析比较，以测定物质中各成分的含量为主要目标。

灰色评估法，是一种以灰色关联分析理论为指导，基于专家评判而开展的综合性评估方法。灰色关联分析是指对一个系统发展变化态势进行定量描述和比较的方法，其基本思想是通过确定参考数据列和若干个比较数据列的几何形状相似程度来判断其联系是否紧密，它反映了曲线间的关联程度。

模糊数学法，即采用模糊数学模型，先进行单项指标的评价，然后分别对各单项指标给予适当的权重，应用模糊矩阵复合运算的方法，最后得出综合评价的结果。

### 四、高科技企业资信评估体系在企业中的实施

该案例的评估采用专家打分法，共请了 20 位专家，分为 4 组，每组由 5 位专家组

成。打分为 10 分制，根据组内 5 位专家的打分取算术平均数，每组得出一个分数。因此，对于每个项目，共得出 4 个分数，再运用本文设计的评估方法进行计算，确定等级。本文设计的评价方法主观性较强，依赖大量的信息，依靠行业专家的职业能力和素质。这种评价方法在实证分析实施上有难度。原因是评估所需的信息绝大多数来自企业内部，需要行业专家以座谈、实地调查、调阅企业内部资料的方式获得。这对于外部人士而言是较难做到的。另外，行业专家的职业能力和素质是在长期的实践中逐步形成的，涉足高科技企业不久的人士难以对各项风险进行准确把握。因此，本文对该公司的评估旨在说明所设计的评估指标及评估方法，故假设资信评估主体已经按照资信评估体系确定了所有的相关内容，相应收集资料等工作也已经完成，以下就运用评估方法对相应指标进行评估的过程进行详细叙述（见图 4-1）。

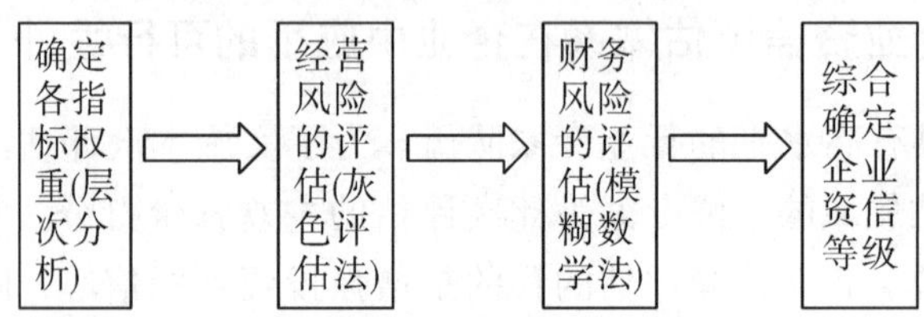


**图 4-1　评估过程**

1. 用层次分析法确定高科技企业资信评估指标权重

相对于高科技企业资信评估指标体系这个总目标来说，分别对一级指标层内各个指标进行两两比较，根据 4 组专家的打分结果，得到相对重要性矩阵 1，在矩阵 1 中

由 $$\overline{w_i} = \sqrt[5]{\prod_{i}^{5} u_i (i = 1,\ 2,\ 3,\ 4,\ 5)}$$

$$\overline{w_1} = 0.415$$

$$\overline{w_2} = \overline{w_3} = \overline{w_4} = 1.246$$

$$\sum_{i=1}^{6} \overline{w_i} = 0.415 + 1.246 + 1.246 + 1.246 + 1.246 = 5.399$$

可得：$w_1 = \dfrac{0.415}{5.399} = 0.076$

$$w_2 = w_3 = w_4 = \frac{1.246}{5.399} = 0.231$$

经计算得该矩阵的最大特征 $\lambda_{max} = 5$。

2. 用灰色评估法评估经营风险

首先要确认评价的目标层、准则层和内容层。为讨论方便，这里只选择第一层次的六个主要评估指标作为评估高科技企业经营风险的指标，即企业素质、偿债能力、盈利能力、营运能力、创新能力、成长能力。在实际评估中，对于二级指标，我们可用与一级指标相同的方法进行评估。

其次计算各层次的权重。指标权重参照表如表 4-2 所示。

表 4-2 指标权重参照

| 目标层 | 子准则层 | 对上一层的权重（$W_i$） |
| --- | --- | --- |
| 经营风险 | 法律环境 | 0.076 |
| | 竞争优势 | 0.231 |
| | 企业素质 | 0.231 |
| | 经营管理 | 0.231 |
| | 发展前景 | 0.231 |

根据指标权重求指标的评估样本矩阵。假设根据上述组专家对该企业的打分，得出样本矩阵 $D$。

$$D=\begin{bmatrix} 6.5 & 7 & 6.5 & 5 \\ 8 & 6.5 & 7 & 6.5 \\ 7 & 7.5 & 7.5 & 7 \\ 7.5 & 8 & 7.5 & 6 \\ 8 & 7.5 & 7 & 7.5 \end{bmatrix}$$

然后确定评估灰类，计算灰色评估系数。

目前我国在对企业进行资信评估时，一般只采用前面的四个资信等级，即 AAA、AA、A、BBB 四个级别。一般情况下，处于后面几个等级的企业没有资信评估的必要和意愿。因此，本文在对企业进行评估时，企业资信等级为 4 个｛AAA，AA，A，BBB｝；将经营风险划分相应的 4 个等级，对应 4 个评估灰类，即 $N=1, 2, 3, 4$；相应地确定评价灰类白化权函数，$e=1, 2, 3, 4$ 共 4 个灰类，白化权函数为 $f_1$ 至 $f_4$，据此计算出灰色评估系数。

最后计算综合聚类系数，得出评估结果。

高科技企业资信关于 4 个灰类的综合聚类系数分别为

$$\sigma_1=\sum_{i=1}^{5}(r_{i,1} * w_i)=0.346$$

同理可得 $\begin{cases} \sigma_2=0.409 \\ \sigma_3=0.245 \\ \sigma_4=0 \end{cases}$

该结果表明在充分考虑了 4 组专家的综合意见的基础上，专家们认为该企业经营风险资信等级为 AAA 的有 34.6%，认为资信等级为 AA 的有 40.9%，认为资信等级为 A 的有 24.5%。

3. 用模糊数学法评估财务风险

财务风险基本上属于定量指标，我们可以运用模糊数学综合评估法的理论与方法进行评估。

首先，建立递阶层次结构模型，按照层次分析法，假定得出相对于财务风险状况的各指标权重（见表 4-3）。

表 4-3 各指标权重

| 目标层 | 子准则层 | 对上一层的权重 |
| --- | --- | --- |
| 财务风险 | 财务制度与政策 | 0.045 |
| | 负债比率 | 0.137 |
| | 盈利能力 | 0.350 |
| | 资金周转能力 | 0.260 |
| | 现金流量 | 0.208 |

其次，建立模糊综合评判模型。

第一步：建立因素 $U$。

$U$= {财务制度与政策，负债比率，盈利能力，资金周转能力，现金流量}

第二步：建立评语集 $V$。

$V$= {AAA，AA，A，BBB}

第三步：构造模糊变换。本文在确定模糊变换 $R$ 时只是一个演示实例的过程，假定通过 4 组专家评定和定量分析后，得出的评价结果是：

$$R=\begin{bmatrix}0.5 & 0.3 & 0.1 & 0.1\\0.4 & 0.4 & 0.1 & 0.1\\0.6 & 0.3 & 0.1 & 0\\0.5 & 0.2 & 0.2 & 0.1\\0.7 & 0.2 & 0.1 & 0\end{bmatrix}$$

即经过定量分析和专家评定后，对于企业财务制度与政策而言，50%隶属于 AAA 级，30%隶属于 AA 级，10%隶属于 A 级，10%隶属于 BBB 级，其他指标依此类推。

4. 进行模糊综合评估

在层次分析法中我们已经确定了企业财务制度、负债比率、盈利能力、资金周转能力、现金流量的权重向量 $A$=（0.045，0.137，0.350，0.260，0.208），然后，可以得到模糊综合评判结果为 $B=A\cdot R$=（0.562 9，0.266 9、0.126 0，0.044 2）。

该结果表明在充分考虑了 4 组专家的综合意见的基础上，认为该企业财务风险资信等级为 AAA 的有 56.29%，认为资信等级为 AA 的有 26.69%，认为资信等级为 A 的有 12.6%，认为资信等级为 BBB 的有 4.42%。

5. 综合评估，确定企业资信等级

根据上述计算，20 位参与评估的专家中，认为该企业经营风险资信等级为 AAA 的有 34.6%，认为资信等级为 AA 的有 40.9%，认为资信等级为 A 的有 24.5%，认为该企业财务风险资信等级为 AAA 的有 56.29%，认为资信等级为 AA 的有 26.69%，认为资信等级为 A 的有 12.6%，认为资信等级为 BBB 的有 4.42%。

在实际操作中，财务风险评估强烈地影响企业的资信等级，但是一个企业的经营风险在一定程度上决定企业可以承担的财务风险。因此，经营风险在资信评估中起着主导作用。本文把二者的权重分别设定为 $\alpha=0.6$ 和 $\beta=0.4$，则最终的企业资信评估值为

$$z_i = \alpha\sigma_i + \beta b_i$$

所以

$Z_1 = 0.433$

$Z_2 = 0.352$

$Z_3 = 0.197$

$Z_4 = 0.018$

计算结果表明，在参与评估的专家中，认为该公司综合风险资信等级为 AAA 的有 43.3%，认为资信等级为 AA 的有 35.2%，认为资信等级为 A 的有 19.7%，认为资信等级为 BBB 的有 1.8%。根据最大隶属度原则，所求最大值为 0.433。该企业的资信等级为 AAA 级。

由此可以看出，本文设计的针对高科技企业的资信评估指标，是从影响其资信水平的角度合理选取的，充分考虑了高科技企业的自身特点，具有代表性和有效性。本文设计的针对高科技企业的资信评估方法，可以科学合理地确定各个指标的权重，减少了其中的主观因素，对于经营风险类指标和财务风险类指标分别采用适合其性质的评估方法，可以更加合理地确定这两类指标对整个被评估企业资信的影响程度。因此，本文设计的资信评估体系是合理可行且有实际意义的。

## 复习思考题

1. 何谓企业资信评估？
2. 银行对企业进行资信评估的目的是什么？应包括哪些内容？
3. 企业资信评估程序包括哪些步骤？
4. 企业资信评估指标有哪些？如何进行计算？
5. 企业信用程度评估指标有哪些？如何进行计算？
6. 如何划分和评定企业资信等级？
7. 某项目在某年年末的流动资产为 9 560 万元（其中存货为 2 983 万元），流动负债为 5 980 万元，长期负债为 6 730 万元，资产总额为 13 680 万元。试求该项目的资产负债率、流动比率和速动比率。

# 第五章 项目投资环境评估

项目决策的依据是项目评估，对投资项目进行评估是一项复杂且需投入大量时间、精力和资金的工作。只有选准好的项目，并且对投资项目建设的可行性、必要性及成本效益等方面进行全面的分析和评价，我们才能保证投资项目决策的正确性和高质量。对项目投资进行评估首先要对项目投资环境进行评估，项目如果在以后不能适应宏观环境和微观环境，就没有开始的必要。所以说对项目的投资环境进行评估是非常重要的开端，可以从总体上把握投资项目的可行性。对项目投资环境的评估主要是通过对项目投资背景、项目投资环境的特点、种类、评估方法及项目的微观环境和宏观环境进行分析，看项目的发起是否符合当地社会经济发展的需要、是否遵循社会经济发展的规律及是否符合相关法律法规的规定，最后还要看该项目的发展是否有利于经济发展和建设单位目标的实现。

对项目投资环境进行分析，我们可以得出是否能开始对项目进行下一步研究评估的决定。只有当项目建设能够适应投资环境，具备相应的生产建设条件，符合当地社会经济发展需要时，我们才需要对项目进行下一步研究分析；否则，项目便不能成立，对项目的各项可行性分析也没有进一步继续的必要，项目就此终止。因此，项目投资环境评估是项目评估中的首要一环，在进行项目评估时，我们应首先进行项目投资环境评估。

## 第一节 项目投资背景分析评估

项目投资背景分析评估主要是通过了解清楚项目的来龙去脉，以此来分析此项目是否具有进行的必要性。其主要是从项目建设的动因方面进行分析。

### 一、符合经济发展的中长期战略规划

投资作为拉动社会经济增长的“三驾马车”之一，是促进国民经济长久持续发展

的重要动力和关键因素。投资对大家来说已不是陌生的字眼，人人都会与它产生交集，如买房、买地、炒股、买设备、买保险、买理财产品等。每个时代且有不同的特点，亦有其投资的主旋律。因此，在任何时候都需要不断开发新的投资项目以形成发展所需要的国民财富，在进行项目投资环境评估时我们要重点评估该项目的建设是否符合国民经济和社会发展的中长期规划，因为国民经济的形势会制约项目投资的进一步发展。首先，国民经济形势制约投资主观愿望的产生。投资的目的是获得预期的收益，这个收益不管是有形还是无形，多还是少，都是投资者根据现阶段的经济状况为参考做出的判断。因此，国民经济的趋势也会影响投资者的投资意愿。其次，国民经济形势制约投资实现的客观条件。国民经济的各种指标如汇率、物价等，都会根据时期及经济环境的不同而改变。因此，人们的投资策略也有所不同，市场的投资热情也会有所变化。

国民经济和社会发展规划是全国或者某一地区经济、社会发展的总体纲要，是具有战略意义的指导性文件。国民经济和社会发展规划统筹安排和指导全国或某一地区的社会、经济、文化建设工作。我们在选择投资项目时首先要关注与项目有关的国家长远战略规划，使项目的发展融入整个国家的经济发展之中。因此，在对投资项目进行评估时我们要重点分析以下内容：项目的建设是否符合经济建设发展的需要，该项目生产的产品是否为国家鼓励生产的产品，项目引进的技术是否是国家鼓励和支持的，项目的总投资是否与本期计划控制或发展规模相一致，等等。

## 二、符合经济结构调整范围

经济结构调整是指国家运用法律、经济及必要的行政手段，改变现有的经济结构状况，使之能够适应社会生产力发展的需要。在现有的经济结构不能促进国民经济更好发展的情况下，国家有必要采取手段，对其进行调整，使经济结构趋于完善，进而促进国家经济更好发展。

随着经济的迅速发展和科技力量的增强，我国的经济结构也在不断优化升级，经济结构调整成为 21 世纪我国经济发展的主线。国家在“十五”计划中便指出：“坚持把结构调整作为主线，以提高国民经济的整体素质和国际竞争力，实现可持续发展目标。积极主动、全方位地对经济结构进行战略性调整。”自 1978 年改革开放以来，我国开始从计划经济逐渐向市场经济过渡，此阶段经济的增长主要来自农业的繁荣及轻工业的迅速发展，重点解决人们吃饱穿暖的生活需求。1989 年以后，经济增长速度加快，发展动力主要来自石化、电力、钢铁、家用电器及电子通信行业的迅速发展。而在 1996 年之后，消费结构进一步改善，传统工业品市场接近饱和，高价耐用消费品成为市场追捧的对象，主要包括汽车、空调、高档电子产品、住宅等。究其经济结构调整的原因，主要是以下几个方面：首先，随着经济的迅速发展和人们生活水平的不断提高，人们对新产品的需求和欲望越来越高，刺激了产品的更新换代和新产品的出现。其次，新技术革命的出现推动了全球经济结构的大规模调整，原有的分工格局和资源配置方式被逐渐打破，大规模的经济结构调整活动正在迅速开展。技术革命创造了新的产业领域，如计算机硬件软件产业、信息产业、新材料产业、宇宙航天产业、海洋生物产业等。最后，国际经济重组和全球性产业结构调整步伐的加快，促使后来的发展中国家不断进行经济结构的调整。我国出台相应的发展政策，鼓励和引导投资向新的领域和项目倾斜，从而带动整个社会经济结构的迅速调整。

从我国的发展历史可以看出，经济结构调整成为必不可挡的趋势，在这个大背景下，符合经济结构调整需要的投资项目是有发展前景的，而不在国家经济结构调整范围之内的投资项目会面临没有市场的难题。因此，在评估新的投资项目时，我们要综合评估该项目是否经得起经济结构的调整，应回避那些企业组织规模小而散、问题突出、资源利用率低、环境污染严重、劳动生产率低的产业。

## 三、符合国家产业政策和行业发展战略

国家产业政策是国家根据国民经济发展的内在要求，旨在提高产业整体素质，调整产业结构，优化布局，调整供给结构和总量所采取的政策和措施的总和。由于市场机制对产业结构的调节力度比较弱，国家必须制定产业政策进行调节。产业政策包括产业组织政策、产业结构政策、产业技术政策和产业布局政策，以及其他对产业发展有重大影响的政策和法规，是国家加强和改善宏观调控，增强产品素质，促进国民经济持续、快速、健康发展的重要手段。行业发展战略主要是对各行业的市场结构、运行状况与竞争态势进行分析，为企业经营决策者和行业管理者制定企业战略策略与行业政策规范提供科学依据。

行业发展战略主要包括全行业及其主要分行业运行情况分析、国际市场分析、主要区域市场运行情况分析、竞争格局分析、业内主要企业的竞争态势、营销策略和市场行为比较分析、销售渠道分析、消费行为分析、上下游及相关行业分析等。

每个国家都会制定不同的产业政策和行业发展战略。产业政策确定了国民经济优先发展的产业和需要抑制其发展的产业，由此可以看出政府的产业政策可以反映政府在不同的时期对不同产业的基本态度，政府的态度会直接影响项目的投资成本、发展前景和投资效果。因此，在评估投资项目是否有必要进行时，我们应该深入研究国家同期的产业政策和行业发展战略，并把项目与产业政策发展的要求一一对比，看所投资项目是否符合国家产业政策和行业发展战略，符合的项目才有进一步研究的必要。

## 四、符合地区经济发展的需要

地区经济发展战略是指对一定区域内经济、社会发展有关全局性、长远性、关键性的一些问题所做的筹划和决策。说得更具体些，是指在较长时期内，根据对区域经济、社会发展状况的考量，考虑区域经济、社会发展中的各方面关系，对区域经济发展的指导思想、所要达到的目标、应解决的重点问题和所需经历的阶段及必须采取的对策的总筹划和总决策。由于各个地区的经济发展水平和经济结构不同，为了满足当地经济发展的需要，相关部门会制定适合本地区的经济发展战略。因此，为了满足经济发展的需要，每一笔投资项目的建设都应符合所在地区制定的经济发展战略，我们要开发具有本地区地方特色的项目。改革开放以来，我国的经济发展取得了巨大的成就。经济的非均衡发展战略充分考虑了各经济区域的差异，因地制宜，以效率为先，充分发挥了各区域的比较优势，更多地依靠、利用经济发展规律；而均衡发展战略更多地依据人的主观意志和愿望，在一定程度上忽略和违背了经济发展的客观规律。

因此，地区经济发展战略是在国民经济发展战略与长远规划的指导下结合本地区经济特色而制定的，项目的建设要充分发挥当地的地方特色和充分利用当地的资源优势。各个地区之间的资源优势是不同的，有的地区具有技术优势，有的地区具有资源优势和劳动力优势。要想把这些潜在的地区优势转化为经济优势，我们需要通过投资建设项目创造条件，这样才能增强本地区的经济实力，促进区域经济的迅速发展，这也正是地区经济发展战略的目标和要求。因此，从地区经济发展的角度评估项目建设的必要性时，我们要重点分析该项目是否符合该地区的长远规划，是否合理地利用地区资源，是否发挥地区优势，是否增强地区的经济实力，是否促进地区经济和企业的协同发展。

### 五、符合企业自身发展规划的需要

社会经济的发展是由无数企业的共同发展推动起来的，可以说企业的发展是社会发展的基础，但是企业并不是为了社会的发展而存在的，而是为了自身得到发展，扩大市场份额，进而实现利润最大化。企业为了实现利益最大化，需要不断地满足市场需求。这样企业便有了发展的物质动力，就是不断地生产可以带动更多的满足市场需求和创新生产需求的产品。为此，企业需要有一定的发展规划，新发展的项目要围绕企业的长远发展，围绕企业自己的发展目标。为了实现企业的长远发展，企业可以在以下几种情况下进行投资：①企业为了实现规模经济效益，扩大利润，降低生产成本，提高企业的竞争优势和竞争地位，需要扩大生产规模，从而实现规模化经营。②企业为了提高市场占有率，提升产品的竞争优势，进而提高企业的竞争力，获得市场竞争优势，也需要扩大建设规模，提高所需投资的项目的产品品质。③企业为了提高自己的盈利能力，进行多元化经营，进而实现销售收入，也需要投资项目。④企业根据自身发展战略的需要，可能转变企业原有的生产经营方式，进而投资新的项目。

## 第二节　项目投资环境评估内容

### 一、项目投资环境评估概述

#### （一）项目投资环境概念

投资环境是指投资经营者面对的客观条件，这些客观条件是影响和制约项目投资活动全过程的各种外部条件和内部条件的总和。不管是国际投资还是国内投资，投资环境会对投资效果产生很大的影响，会直接影响投资结果。对投资者来说，必须考察各国各地区不同的投资环境，把资金投向处在有利的环境的项目。对欢迎外来投资的国家和地区来说，要创造良好的投资环境，吸引各方面投资，以解决资金不足的困难，繁荣本国、本地经济。投资环境是投资项目实现的重要保障和基本条件，投资环境分为投资的宏观环境和投资的微观环境，最初主要表现为一定的物质条件，包括投资所在地的自然地理环境及基础设施等。随着世界经济一体化的迅速发展，各国都在争取更多的外来投资以加速经济的迅速发展，因此制定了鼓励投资的各种政策，在经济、制度、法律文化等方面不断提供各种优惠条件，以吸引各类的投资。

目前，学术界对于投资环境的定义并没有形成统一的看法。对于我国现阶段国情而言，投资环境是伴随着中国改革开放的不断深入发展而逐步出现的，国内学者对投资环境概念的研究仍然有较大的分歧。目前，国内学者对于投资环境的定义主要有以下几种：

1. 投资地对资本的吸收能力角度

投资环境是指一个地区吸收外来资本和消化外来资本的能力，并且会对资本增值带来影响的所有组成因素的集合体，包括国际和国内、区内和区外的自然、社会、经济、科技、文化、法律、政策等。

2. 投资环境构成的系统性角度

投资环境是指投资项目能够得到有效经营的外部环境，是一个复合的有机整体和系统。投资环境作为一个有机整体和系统，是由若干个子系统构成，具有一定的层次。其是在一段时间内，地区所拥有的影响和决定投资系统正常健康运行，并且取得各种预期收益的主观和客观因素的集合体。

3. 投资环境存在的外部条件角度

国内有关学者认为投资环境是投资者进行投资所必需的外部条件，主要是由投资的硬环境和投资的软环境组成。硬环境主要是指投资地区的基础设施建设的状况、地区资源环境条件等，是吸引外来资金进行投资的必要条件。软环境是指投资地区的政治、法律、文化、政策、政府为人民服务的水平等，是构成政府对外投资的充分条件。

4. 影响投资环境的因素角度

从影响投资环境的因素角度看，投资环境是指影响和制约投资活动的一切因素的总和。这些因素主要包括政治、经济、文化、自然、社会等多方面的因素，投资环境就是由这些因素组成的有机整体，它们相互影响，相互制约。

总而言之，投资环境是决定投资项目能否正常进行的客观条件，对项目的影响是基础性的。影响和决定投资环境的因素有很多，主要包括社会政治因素、市场因素、资源因素、交通运输及通信因素、资金因素、劳动力因素、经营管理水平等。通常情况下，一个国家政局稳定，国泰民安，市场机制健全，价格体系在合理范围之内，投资风险较小。所在地区正处于开发阶段、交通方便并且具有资源优势，通常能为项目的建设发展提供一个良好的环境。而在那些交通闭塞、劳动力成本高，不具有资源和资金优势的地区进行的投资项目，投资者要承担更高的生产经营成本，面临更大的投资风险。

**（二）投资环境特征**

1. 系统性

投资环境主要指影响和制约投资活动的一切因素的总和，这些因素之间相互协调，相互作用，形成一个完整的投资环境系统。这是一个统一的整体，在这个统一的投资系统中，任何因素的变化都会对投资项目产生重大的影响，不管这个因素是自然的、经济的还是政治的，均起到“牵一发而动全身”的作用。由于投资环境具有系统性，那么投资者应在投资项目的总目标下，依据投资环境的各要素之间的关系进行综合的分析评价，进而做出决策。投资环境的系统性说明环境中各个因素之间是相互连接、相互作用、相互依赖、互为条件的，单一因素的改变会对投资环境整体情况产生影响。因此，我们在进行投资环境的考察评估时要综合地看问题，不能单一、孤立地评估环境对投资项目的影响。

2. 动态性

随着经济社会的发展，投资环境的内涵也在不断地延伸和扩展，所包含的范围也越来越广泛。因此，我们说投资环境是一个动态开放的系统，随着经济社会的发展而变化，我们在进行投资项目环境评估时的内容和重点也要做出相应的改变。早期的投资者在进行投资时主要考虑所投资地区的廉价劳动力和丰富的自然资源，而现在的投资者在考虑这些因素的同时也开始思考该地区的基础设施条件、社会经济发展水平。而对于国外投资而言，政局的稳定性及政策的连续性是进行投资时所要考虑的首要因素。

3. 相对性

相对性是用来评价投资环境优劣程度的一个相对的概念，是以国与国之间或地区与地区之间的横向对比作为参照的。在评估一个地方的投资环境时我们不能孤立地研究所在环境，要与其他国家或地区进行比较。

**（三）项目投资环境分类**

1. 按照投资环境表现形式的不同，我们把投资环境划分为硬投资环境和软投资环境

硬投资环境是指那些具有物质形态的各种影响投资活动的因素的总和，即看得见、摸得着的各种要素的总和，一般指与该投资项目相关的交通运输、通信设施等条件，以及为生产建设、生活服务等提供条件的第三产业的发展状况。软投资环境是指不具有物质形态的各种影响投资活动的因素的总和，即影响投资项目的各种人际环境的因素，主要包括地区吸引投资的政策、措施，当地政府对投资的支持力度及为人民服务的水平，科技文化的发展程度，概括起来就是经济环境、社会文化环境、政策及法制环境、生态环境等因素。

2. 按照投资项目与投资环境的关系，我们把投资环境划分为狭义投资环境和广义投资环境

该类投资环境的划分主要是根据投资环境中包含因素的多少。狭义的投资环境主要是指经济环境，包括一个国家或者地区的经济发展水平、经济体制、经济发展模式和市场发育程度等，具体来说就是项目建设环境、经营环境、社会基础设施环境等。相较于狭义的投资环境，广义的投资环境包含的范围更广，除了狭义投资环境之外还包含自然环境、社会环境、政治环境等。它是由与投资项目相关的直接或间接的诸多环境因素共同构成的。自然环境主要是指所在区域地理位置、自然条件和自然资源等。社会环境是指人类生存及活动范围内的社会物质、精神条件的总和，主要包括社会整体的文化教育水平和传统的风俗习惯等。政治环境是各种不同因素的综合反映，主要用来评价政局是否稳定、政策是否具有连续性，以及是否存在国家与国家之间的地区冲突和恐怖主义行为。政治环境主要包括党和国家的方针政策、政治气氛、国际政治局势、国际关系等。政治环境对企业的影响是直接的和难以预测的，因此，对投资项目进行评估时，关于环境的考察是至关重要的。

3. 按照投资地域，我们可以将投资环境分为国际投资环境和国内投资环境

国内投资是指本国政府、企业、个人等在本国境内进行的投资，国内投资环境一般指投资者在本国境内投资，可能遇到的影响投资决策的各种因素所构成的环境。国际投资是指投资者为获取预期的效益而将资本或其他资产在国际间进行投入或流动。国际投资主要包括投资者向国外的企业投资并对该企业的管理和经营进行控制的直接投资，通过金融中介或投资工具进行的间接投资，以及以上两类投资与其他国际经济活动混合而成的灵活形式投资。国际投资环境便是影响这些投资决策的各种因素所构成的环境。

**（四）项目投资环境评估方法**

1. 冷热因素分析法

冷热因素分析法是美国学者伊西阿·利特法克和彼得·班廷提出的。他们对 20 世纪 60 年代后半期美国、加拿大等国工商界人士进行调查，综合分析七种因素对各国投资环境的影响，提出了国别冷热比较法，又称投资环境冷热因素分析法。冷热因素分析法的基本原理是从投资者的立场出发，选择若干影响投资环境的因素，据此对有关国家或地区逐一进行评估，并将其由冷到热依次排列起来，热表示投资环境优良，冷则表示投资环境欠佳。

（1）政治稳定性。若一国的政治形势较为稳定，政府得民心并且能够为投资者创造一个公平、公正的市场竞争环境，则为热因素。

（2）市场机会。市场机会是指现有市场上的产品结构不能满足消费者的消费需求，而所投资项目所生产的产品能够满足消费者的消费需求，可以进一步扩大市场份额。拥有较大的市场机会为热因素。

（3）经济发展和成就。若一国经济发展速度快，经济运行良好，则为热因素；反之，则为冷因素。

（4）文化一元化。文化一元化是指一个地区的各个阶层的人民的相互关系和风俗习惯、价值观、世界观、宗教信仰等方面的差异程度。若该地区的文化统一，则是一元化程度高，为热因素；反之，则为冷因素。

（5）法规阻碍。法规阻碍是指一个国家或地区的法律制度的完善程度，如果该地区的法律法规制度有利于促进该项目的建设，法规阻碍小，则为热因素；如果该地区的法律法规制度会阻碍项目的进程，对项目建设造成阻碍，则为冷因素。

（6）实质阻碍。实质阻碍是指一个国家或地区的地形、地势会对项目的正常生产经营产生阻碍，实质阻碍程度低，则为热因素；实质阻碍程度高，则为冷因素。

（7）地理和文化差距。地理和文化差距是指项目所在地与投资者所在地较远时，文化、社会观念及语言上存在一定的差距，会对双方的沟通交流产生不利的影响。如果地理和文化差距小，则为热因素；反之，则为冷因素。

2. 等级尺度评分法

等级尺度评分法是 1969 年美国的罗伯特·斯托伯在《如何分析国外投资气候》这篇文章中提出的，该方法主要从东道国政府对外国投资者的鼓励和限制政策的角度出发，把投资环境的内容划分为八大因素：资金抽回限制、外商股权比例、对外商管制和歧视程度、货币稳定性、政治稳定性、关税保护的态度、当地资本供应能力、近 5 年通货膨胀率。我们再把上述因素进一步划分，每个因素又分为 4~7 种具体的子因素，

然后根据每一个子因素对投资的有利程度，赋予不同的分值，最后将分值汇总，用分数综合反映投资环境的优劣程度，分数越高，投资环境越佳。

3. 多因素评估法

多因素评估法是由香港中文大学闵建蜀教授提出的，将投资环境分为 11 类因素，包括政治环境、经济环境、财务环境、市场环境、基础设施、技术条件、辅助工业、法律制度、行政机构效率、文化环境和竞争环境。每一类因素又可划分出一系列子因素。在评价投资环境时，专家对各类因素的子因素做出综合评价，然后据此对该类因素做出优、良、中、可、差的判断，最后计算投资环境总分。投资环境总分的取值范围为 11~55，数值越高，说明投资环境越好；反之，投资环境越差。多因素评估法涉及的因素比较细致全面，由专家进行评分简便易行，但我们要谨慎设置各个因素的权重。多因素评估法因素参考标准表如表 5-1 所示。

**表 5-1　多因素评估法因素参考标准**

| 影响因素 | 子因素 |
| --- | --- |
| 政治环境 | 政治稳定性、国有化可能性、外资政策 |
| 经济环境 | 经济增长水平、物价水平 |
| 财务环境 | 资本与利润外调可能性、汇率稳定性、筹资的可能性 |
| 市场环境 | 市场规模、分销网点、营销的辅助机构、地理位置 |
| 基础设施 | 通信设备、交通运输、外部经济 |
| 技术条件 | 科技水平、劳动生产力、专业人才的供应 |
| 辅助工业 | 辅助工业的发展水平、辅助工业的配套情况 |
| 法律制度 | 法规的健全程度、法律的执行程度 |
| 行政机构效率 | 机构的设置、办事效率、工作人员的素质 |
| 文化环境 | 文化的融合性、外来企业对其信任程度 |
| 竞争环境 | 当地竞争对手的强弱、同类产品进口额在本地市场所占份额 |

4. 关键因素评估法

关键因素评估法是直接从具体的投资项目出发，从影响投资环境的一般因素中找出关键的因素，这些因素往往能够影响投资动机的实现。我们首先需要找出这些关键因素，然后用多因素评估法计算各因素的得分情况，根据得分评价投资环境。香港中文大学的闵建蜀教授列出了影响不同投资动机实现的关键环境因素（见表 5-2）。

**表 5-2　影响不同投资动机实现的关键环境因素**

| 投资动机 | 关键环境因素 |
| --- | --- |
| 降低成本 | 土地费用、原材料价格、运输成本、劳动生产率和相对应的工资水平 |
| 开拓市场 | 市场规模、营销辅助机构、文化环境、地理位置、运输条件、通信条件 |
| 获得原料 | 资源条件、汇率波动、通货膨胀率、运输条件 |
| 分散风险 | 政治稳定性、国有化可能性、汇率、通货膨胀率 |
| 追随竞争者 | 市场规模、地理位置、营销辅助机构、法律制度 |
| 获得生产技术和管理技术 | 科技发展水平、劳动生产率 |

5. 抽样评估法

抽样评估法是指运用抽样调查的相关方法，随机抽取若干不同类型的外商投资企业，根据投资者设计的相关投资环境的评价因素，由外商投资企业的高级管理者对东道国的投资环境要素进行口头或书面评估，根据综合后的意见得出评价结论的一种方法。在进行具体评估时，我们通常采取问答调查表的形式。具体步骤如下：

（1）选择或随机抽取不同类型的外企；

（2）列出投资环境评估要素；

（3）邀请外商投资企业的高级管理人员对这些因素进行评估；

（4）进行汇总，得出结论。

抽样评估法的主要优点是简单方便、容易执行，并且调查对象可以根据投资需求来进行合理的选择；便于对调查结果进行综合评价，可以使调查人较快地掌握第一手核心资料。抽样评估法也存在一定的缺陷，投资评估所得的结果往往带有研究者的主观意向，很可能与实际的投资环境存在很大的差距，这个时候需要扩大样本量，减少误差。

6. 相似度法

相似度法是对投资环境评估方法的一种创新，是以若干特定的相对指标为统一尺度，运用模糊综合评判原理，确定评价标准值，得出一个地区在指标上与标准值的相似度，据以评判该地区投资环境优劣的一种方法。相似度法使用了数量经济学方法，将此种方法运用到投资环境评价工作之中进行定量评价，是对投资环境评估方法的一种创新。相似度法也存在一定的缺陷，一方面是投资环境好的地区不宜选取；另一方面是有的指标设置并不合理，指标过于笼统，没有包容国际投资者普遍重视的政治、社会文化、外资政策及相关法律因素等指标。

7. 准数分析法

准数分析法由我国学者林应桐提出，主要是根据投资环境的相关性对投资环境进行分类，在该分类中，$K$ 代表投资环境激励系数，$P$ 代表城市规划完善因子，$S$ 代表税利因子，$L$ 代表劳动生产率因子，$B$ 代表地区基础因子，$T$ 代表汇率因子，$M$ 代表市场因子，$F$ 代表管理权因子。准数分析法把每一类的因子再划分为若干子因子，对子因子进行评估，将所得分数加权计算，全部相加得到这类因子的总分。此种方法在一定程度上与多因素评估法相似，都是对子因素进行评估和计算，最后得出总分。

## 二、项目投资宏观环境评估

宏观环境又称一般环境，是指影响一切行业和企业的各种宏观力量，一般包括国内、国际大环境中具有全社会性的、对所有产业部门和企业都将产生影响的各种因素和力量的总和。对项目来说，宏观环境只能对其产生一定影响而不可被控制。

国外有学者认为项目的宏观投资环境评估主要是分析项目的政治法律环境、经济环境、社会文化环境、技术环境，通过对四大类影响企业的主要外部环境的因素进行分析，为企业决策提供参考，这就是 PEST 分析。对宏观环境因素进行分析，不同行业和企业根据自身特点和经营需要，分析的具体内容会有差异。根据 PEST 分析方法，在对宏观环境进行分析时，我们应从政治法律环境、经济环境、社会文化环境、技术环境方面进行分析，把其当作影响外部环境的主要因素，又因国情的不同，本书增设对自然环境的分析，从这五个方面考察投资项目的宏观环境。

### （一）政治法律环境

政治法律环境分为政治形势、制度和法律环境两个方面。政治环境包括一个国家的社会制度，执政党的性质，政府的方针、政策、法令等。不同的国家有不同的社会性质，不同的社会制度对组织活动有不同的限制和要求。即使社会制度不变的同一国家，在不同时期，由于执政党的不同，其政府的方针、政策对组织活动的影响也是不断变化的。

对于政治形势和制度的分析，我们应重点从政治的稳定性、战争的风险、政策的连续性和对外政策几个方面进行，其中政治的稳定性和对外政策分析更加重要。对于政治稳定性的研究，我们首先要看一个国家的政权是否稳定长久，政权的非正常更迭可能导致经济政策发生变化，影响经济的发展态势并给投资者带来极大的损害。其次应看社会治安状况，一个地方的治安与该地方的经济发展是正相关的。一个良好的治安环境会为投资企业的正常经营带来方便，营造良好的经营氛围。关于对外政策，主要是看该地区是积极有效地吸引外资，鼓励投资，还是对外来投资限制重重。通常来说，一个地区积极地吸引投资、鼓励外商投资，会有利于企业向更强方向发展；相反，会压制企业的成长。

对于法律制度的研究主要是看法律法规的完善程度，法律制度主要表现在立法和执法上面。立法系统能否正常运行是关系法律是否完整的关键，法律的完整性主要是看与投资相关的法律是否健全、配套。在立法系统完善的地区，项目可以明确自己的合法权益，可以指望通过各种法律和法规保护自己的合法利益，同时项目活动及组织者之间的大部分关系都受到有关法律和法规的制约。执法则是保证法律稳定的一个重要环节，公正的执法会使投资者产生安全感，增强其投资的信心。如果法律得不到应有的支持，投资的风险就会很大。完善的执法系统将起到保护正当竞争的作用。

### （二）经济环境

经济环境主要包括宏观经济环境和微观经济环境两个方面的内容。宏观经济环境主要指一个国家的人口数量及其增长趋势，国民收入、国民生产总值及其变化情况，以及这些指标能够反映的国民经济发展水平和发展速度。微观经济环境主要指企业所在地区或所服务地区的消费者的收入水平、消费偏好、储蓄情况、就业程度等因素。这些因素将直接决定企业目前的经营状况，以及未来的市场大小。对经济环境进行分析要重点监视主要的经济变量，包括生产总值及其增长率、中国向工业经济转变、贷款的可得性、可支配收入水平、利率、通货膨胀率、规模经济、政府预算赤字、消费模式、失业趋势、劳动生产率水平、汇率、证券市场状况、外国经济状况、财政政策和货币政策等因素。本书重点从生产总值、可支配收入及金融和财政形势进行分析，对经济环境进行研究评估。

1. 生产总值分析

生产总值是指在一定时期里，一个国家或地区的经济活动所产生全部成果的市场价值，可以有效地衡量该国家或地区的经济发展状况和发展水平，是反映经济发展状态的重要数值。对项目进行宏观经济分析首先要对生产总值进行分析，生产总值的总量反映了国家总体的经济状况和发展水平。生产总值的人均量反映了经济增长的效果。生产总值的增长率反映了经济整体的发展速度。当一个地区的生产总值增长数字处于正数时，表明该地区的经济处于扩张阶段，经济发展存在良好的战略机遇。如果生产总值增长率为负数，表明该地区进入经济衰退期，此时的投资容易受到投资环境的干扰，影响投资效果。从此可以看出，对区域生产总值的分析是非常必要的。根据地区每月公布的工业增加值的同比和环比增长率，我们可以对投资项目必要性进行全方面分析，分析结果也更加具有代表性。

2. 可支配收入分析

可支配收入是指居民家庭获得并且可以用来自由支配的收入，包括家庭成员所从事主要职业的工资及从事第二职业、其他兼职和偶尔劳动得到的劳动收入。可支配收入与人均生产总值、人均收入、消费物价指数、经济周期等概念混杂在一起，非常难以计算，但它对消费力和购买力有显著的影响。而项目的经济效益最终取决于市场需求。市场需求受市场实际购买力和购买意愿的影响。购买力受现行收入水平、价格水平、储蓄率、负债及信贷状态等的影响。其中可支配收入决定了社会和个人的实际购买力，由此决定了潜在市场力量。因而，可支配收入与生产总值可以起到影响项目发展空间的作用。除了可支配收入的总量之外，可支配收入的分配结构将决定具体产业所面临的市场容量和市场分布结构，影响产业结构和产业布局，进而影响具体产业的发展空间。此外，项目环境分析还要研究居民的消费倾向，了解居民的消费倾向对于项目的市场选择是必不可少的。

3. 金融与财政形势分析

对投资项目进行评估时需要对项目的财务环境进行研究，银行利率、信贷规模、政府投资、税收政策、外汇变化、股票行情、国际金融形势等，是构成项目财务环境的重要宏观因素。它们会对项目的正常运行和投资者的投资造成重大的影响，所以在对项目进行宏观环境评估时，我们要对财务环境包含的因素进行逐一的分析。对于银行利率的分析，要着重分析银行利率的变化趋势，预测银行利率的未来走势，因为银行利率直接决定项目的财务费用，决定项目的资金成本。企业经营中非常重要的一个指标便是现金流量，对企业经营的流动性有重要的影响。信贷规模是项目资金及其流动性的保证，因此我们要对国家整体的信贷规模进行研究。政府投资的力度是项目投资人需要权衡的。税收政策和税率的变化也对企业的生产经营变化有重要的影响，税率的降低会直接降低项目的运行成本，提高企业经营利润；反之，会提高企业生产经营成本，降低企业经营利润。涉及进出口的项目会受到外汇汇率变化的影响。股票市场和行情则是资本市场资金宽松程度的重要标志。股市是经济发展的晴雨表，股市的蓬勃发展表明企业的融资条件改善，可利用资源增多。国际金融环境也会对国内的金融环境产生影响。因此，在对经济环境进行分析时我们要对这些指标进行综合评估。

**（三）社会文化环境**

社会文化环境是指在一定的社会形态下已经形成的信念、价值观念、宗教信仰、道德规范、审美观念及世代相传的风俗习惯等被社会所公认的各种行为规范。更大范围来说，社会文化环境包括一个国家或地区的居民教育程度和文化水平、宗教信仰、风俗习惯、审美观点、价值观念等方面。任何企业都处于一定的社会文化环境中，企业进行的活动必然受到所在社会文化环境的影响。为此，企业应充分了解和分析当地的社会文化环境。具体来说，一个地区教育程度和文化水平会影响该地区居民的需求层次。一般来说，文化程度较高的地区对高端商品需求更高，同时也会要求商品和服务的多样性。一个地区的人们的价值观念会影响居民对组织目标、组织活动及组织存在本身的认可度，地区内大众的审美观点会影响人们对组织活动内容、活动方式及活动成果的态度。对于社会文化环境的分析要重点关注文化环境、社会服务环境和社会统计数据。

1. 社会文化环境

社会文化环境是指影响一个社会的基本价值、观念、偏好和行为的风俗习惯及其他的一些因素，人都在社会中活动，社会塑造了人们的基本信仰和价值观。对于社会文化环境的分析主要包括项目所在地居民的宗教信仰、生活方式、人际交往、对事物的看法、对储蓄和投资的态度、对环境保护的态度、职业偏好等。这些当地居民的风俗习惯与价值观念能否与投资者的习惯与观念相融合也决定了项目的成败，即投资者与项目所在地居民的文化习惯上的一致程度也间接影响投资项目的经济效益。

2. 社会服务环境

当前，随着我国经济成分、生活方式、社会组织形式和就业形式的日益多样化，社区居民的物质、文化、生活需求日益呈现多样化、多层次的趋势，经济社会的发展和居民群众的多方面需要给社区服务提出了新的更高的要求，当地有效的社会服务会促进项目的有效运行。一个有效的社会服务环境必定是项目所在地政府机构办事效率高、金融融资平台发展成熟，项目所在地的生活条件、医疗卫生条件等基础设施也会对投资项目未来的发展产生重大的影响，这些条件的改善和提高会对投资者有很强的吸引力。

3. 社会统计数据

社会统计数据能够较为直观地反映一个地区发展的程度，如家庭人数、出生率、死亡率、人均寿命、人口地区分布情况、教育水平和该地区的男女人口比例等社会统计数据，都会对项目产生影响。因此，项目的宏观环境评估都应对其做出分析。

**（四）技术环境**

技术对企业经营的影响是多方面的，企业的技术进步将使社会对企业的产品或服务的需求发生变化，从而给企业提供有利的发展机会。对技术环境的分析除了要考察与企业所处领域的活动直接相关的技术手段的发展变化外，还应及时了解：国家对科技开发的投资和支持重点、该领域技术发展动态、研究开发费用总额、技术转移和技术商品化速度、专利及其保护情况，等等，重点从该地的基础设施和技术进步的速度与趋势分析。

1. 基础设施

投资项目的基础设施环境是项目发展的重要技术因素，包括区域的能源、交通、通信设施等方面的发展情况。区域能源方面主要考察当地煤炭、电水、油气燃料等的供应设施条件和进步发展的规划。区域交通设施方面主要考察铁路运输、公路运输、水上运输和航空运输的完善程度。通信设施方面主要考察邮政、电报、电话和卫星等方面的服务设施和条件等。这些都对项目的运行产生较大的影响。区域具有良好的基础设施，有利于项目提高工作效率，降低产品成本，提高盈利水平。因此在项目宏观环境分析中必须对其做出评估。

2. 技术进步的速度和趋势

科技是第一生产力，技术是一个民族向前发展的动力，是项目存在和发展的根本，一个项目的外部技术环境会对项目产生重大影响。比如，随着电脑信息技术的应用，机器人、卫星通信网络、光导纤维、计算机辅助设计和制造生产中心、CAD/CAM 企业信息化技术等都得到了快速发展，这些都对项目所用技术产生很大的影响。如果项目的工艺技术和设备不能适应这种飞速发展的技术进步，项目将面临较大的技术风险，所以项目的宏观环境分析必须对此做出评估。当前技术进步的速度随着生物工程技术、纳米技术、航空航天技术、海洋技术等的快速突破已经是日新月异了，每一个项目的评估都不能忽视这种宏观的技术评估。

#### （五）自然环境

自然环境是相对社会环境而言的，是指由水土、地域、气候等自然事物形成的环境。自然环境对社会的进步、企业的发展有重要的作用，对于自然环境的分析重点从自然地理环境和自然资源环境两方面着手。

1. 自然地理环境

自然地理环境是指人类生存的自然地域空间，是人类赖以生存的自然界，是人类社会存在和发展的自然基础。自然地理环境的优劣，关系投资项目所在地与原材料供应地点、产品销售市场的远近，而这些客观条件对于节约运输费用、降低投资项目的经济成本有重要影响。另外，项目所在区域良好的气候条件也会保证投资项目建设和生产的顺利进行，减少不必要事件的发生概率。

2. 自然资源环境

一个地区自然资源的情况会对企业未来的经营产生重大的影响，自然资源是项目存在和实现长远发展的根本和基础。不同的地区有着不同的资源优势，并影响企业的发展。一个区域的自然资源条件主要表现为各类资源的储存量、优良程度、开采量、剩余量和流通量等方面。这些会对项目的生产建设成本产生重要的影响。

### 三、项目投资微观环境评估

#### （一）项目的行业背景和环境评估

在前文，我们已经介绍了对投资项目宏观环境的分析和评估，项目的微观环境评估对投资项目起着同样重要的作用。对于项目进行微观环境分析首先要对该项目的行业背景进行分析。一般来说，行业是指一些企业所构成的群体，这些企业的产品有着众多相同的属性，以至许多企业为了争取同样的一个买方群体而展开激烈的竞争。一个新的投资项目就是要加入这样的行业中去，所以，企业必须了解这个行业的情况，包括竞争对手、产品需求量、产品发展前途、产品应用范围、本项目的竞争地位等，通过这样的背景资料分析，了解项目所处的微观环境。行业背景，简而言之，就是说这个行业是做什么的，以及这个行业所牵扯的部门、人群，产品立足于哪些市场。对于行业背景的研究要对该行业做出基本的解释，并对该行业加以分析，从而找出决定该行业营利性的各种因素、该行业目前及预期的营利性及这些因素的变动情况。管理层必须确定企业在以下方面如何与竞争对手区别开来：所提供的产品和服务、提供产品和服务的方式和地点，以及其在形成竞争优势前希望达到的行业规模。在本书中，我们对于行业背景和环境的评估主要从行业基础、行业能力、行业竞争及行业吸引力四个方面进行分析。

1. 行业基础评估

行业基础主要是指该项目所在行业目前的发展现状、未来的发展前景等一系列的行业基本特性，一个行业的发展现状和基本状况是该行业最为直接也是最为重要的微观环境。投资者如果要想对一个项目进行投资，首先要判断该行业目前的存在和发展是否合理，在未来是否有发展机会，即是否有良好的发展前景。其次要根据行业的生命周期判断行业目前所处的发展阶段，行业是处于起步期、成长期、成熟期还是衰退期，这些对于一个新的项目来说是非常重要的。一个项目只有选对了行业，在行业尚未发展至成熟时进入该行业，才能有一个良好的发展基础。如果选错了行业，项目是没有发展前途的，项目的建设是没有必要的。

2. 行业能力评估

一个行业的外部会受宏观环境变化的影响，行业内部也存在各种各样的竞争和协作。一个行业想在整个经济发展中做大做强，需要这个行业的各个企业共同协作，在竞争中走向强大。投资项目在一个发展能力较强的行业中，可以充分利用该行业的资源优势和技术优势，从而得到较快的发展；反之，如果所投资项目所处行业规模较小，行业的可利用资源较少，行业的技术也不能得到较快的发展，行业发展能力较弱，在这种情况下，发展新的投资项目就较为困难，成功率较低，存在一定的投资风险。

3. 行业竞争评估

在一个行业的发展之中，不管是与国外企业之间还是与国内企业之间，行业竞争都是不可避免的，在对投资项目进行评估时必须要充分地评估该投资项目加入该行业时所处的竞争情况。波特认为，行业的竞争强度是由五种基本竞争力决定的，这五种竞争力是：现有公司的竞争、新加入者的威胁、替代产品的威胁、购买者讨价还价的力量、供应者讨价还价的力量。下文会对这五个方面做具体的讲解。

4. 行业的吸引力评估

行业的吸引力是企业进行行业比较和选择的价值标准，也称行业价值。行业的吸引力是项目发展的重要因素，如果行业的吸引力大，并且所投资项目在这个领域有相当的竞争力，便有机会在这个行业里占据领导地位；反之，就不要轻易进入这个行业，或采取回收投资、及时退出的战略。行业吸引力主要取决于市场规模、市场增长率、利润率、竞争激励程度、周期性、季节性、规模经济效益等因素，前三个因素对于行业吸引力来说是非常重要的。行业内各企业所占的市场规模决定了所投资项目是否有进一步扩大发展的可能。市场不断增长的需求可以保持该行业的生命力，给行业内的企业更多的发展机会。行业的利润率是行业最具吸引人的地方，也是行业内部竞争激烈的原因。

（1）项目所处的生命周期评估。行业的生命周期指行业从出现到完全退出社会经济活动所经历的时间。行业的生命发展周期主要包括四个发展阶段：幼稚期、成长期、成熟期、衰退期。在不同的发展阶段行业的特点也是不同的，在对投资项目进行评估时，我们要充分了解行业生命周期理论，对所投资项目所处的行业有一个清晰的认识。下面将分别介绍企业的不同发展阶段：

①幼稚期。这一时期的产品设计尚未成熟，行业利润率较低，市场增长率较高，需求增长较快，技术变动较大，行业中的企业致力于开辟新用户、占领市场。但此时技术上有很大的不确定性，在产品、市场、服务等策略上有很大的余地，对行业特点、行业竞争状况、用户特点等方面的信息掌握不多，企业进入壁垒较低。

②成长期。这一时期的市场增长率很高，需求高速增长，技术渐趋定型，行业特点、行业竞争状况及用户特点已比较明朗。企业进入壁垒提高，产品品种及竞争者数量增多。

③成熟期。这一时期的市场增长率不高，需求增长率不高，技术上已经成熟，行业特点、行业竞争状况及用户特点非常清楚和稳定。买方市场形成，行业盈利能力下降，新产品和产品的新用途开发更为困难，行业进入壁垒很高。

④衰退期。这一时期的行业生产能力会出现过剩现象，技术被模仿后出现的替代产品充斥市场，市场增长率严重下降，需求下降，产品品种及竞争者数目减少。从衰退的原因来看，行业的衰退可以分为四种：生产所依赖的资源枯竭导致的资源型衰退、效率低下的比较劣势引起的效率型衰退、需求—收入弹性较低导致的收入低弹性衰退、经济过度聚集的弊端引起的聚集过渡性衰退。

行业生命周期在运用上有一定的局限性，因为生命周期曲线是一条抽象化了的典型曲线，各行业按照实际销售量绘制出来的曲线远不是这样光滑规则。因此，有时要确定行业发展处于哪一阶段是困难的，识别不当时容易导致战略上的失误。因此，在对投资项目进行评估时，我们要充分了解行业生命周期理论，对投资项目所处的行业有一个清晰的认识。

（2）基于五力模型对项目进行评估。五力模型是波特在 20 世纪 80 年代提出的，波特认为行业中存在决定竞争规模和程度的五种力量，这五种力量综合起来影响产业的吸引力及现有企业的竞争战略决策。五种力量分别为同行业内现有竞争者的竞争能力、潜在竞争者进入的能力、替代品的替代能力、供应商的讨价还价能力、购买者的讨价还价能力。波特的五力模型多运用于竞争战略分析，可以有效地分析客户的竞争环境。通常，这种分析法也可用于创业能力分析，以揭示本企业在本产业或行业中具有何种盈利空间。

### （二）同行业内现有竞争者的竞争能力评估

同行业企业的经营状况会对项目的发展产生一定的影响，因为大部分行业中的企业的利益都是连接在一起的，各企业的目标都是为了使自己获得竞争优势，可以战胜竞争对手，进而获得更大的市场份额，所以，各个企业在实施各自目标中必然会产生冲突与对抗现象，这些冲突与对抗就构成了现有企业之间的竞争。现有企业之间的竞争常常表现在价格、广告、产品介绍、售后服务等方面，其竞争强度与许多因素有关。在投资项目评估中对竞争者的评估主要为对主要竞争者的分析，主要竞争者是指那些对项目未来市场地位构成直接威胁或对项目未来目标市场地位构成主要挑战的竞争者。对于主要竞争者的评估包括主要竞争者目标分析、主要竞争者强势与弱点分析、主要竞争者反应形态分析及主要竞争者目前战略和潜在能力分析等方面的内容。

新进入者在给行业带来新生产能力、新资源的同时，希望在已被现有企业瓜分完毕的市场中赢得一席之地，这就有可能与现有企业发生原材料与市场份额的竞争，最终导致行业中现有企业盈利水平降低，严重的话还有可能危及这些企业的生存。竞争性进入产生的威胁取决于两方面的因素，即进入新领域的障碍大小与预期现有企业对于进入者的反应情况。进入障碍主要包括规模经济、产品差异、资本需要、转换成本、销售渠道开拓、政府行为与政策、不受规模支配的成本劣势、自然资源、地理环境等方面，其中有些障碍是很难借助复制或仿造的方式进行突破。预期现有企业对进入者的反应情况，主要是采取报复行动的可能性大小，取决于有关厂商的财力情况、报复记录、固定资产规模、行业增长速度等。总之，新企业进入一个行业的可能性大小，取决于进入者主观估计进入所能带来的潜在利益、所需花费的代价与所要承担的风险三者的相对大小情况。

### （三）替代品的替代能力评估

商品与商品之间存在两种关系，一种是替代关系，另一种是互补关系，分别对应替代品和互补品。替代品指能带给消费者近似的满足度的几种商品间具有能够相互替代的性质，两个处于不同行业的企业，所生产的产品如果可以互为替代，它们之间会产生竞争行为，这种源自于替代品的竞争会以各种形式影响行业中现有企业的竞争战略。主要体现在以下几个方面：首先是现有企业产品售价及获利潜力的提高，将由于存在着能被用户方便接受的替代品而受到限制。其次是由于替代品生产者的进入，现有企业必须提高产品质量，或者通过降低成本来降低售价，或者使其产品具有特色，否则其销量与利润增长的目标就有可能受挫。最后是源自替代品生产者的竞争强度，受产品买主转换成本高低的影响。

总之，替代品价格越低、质量越好、用户转换成本越低，其所能产生的竞争压力就强。这种来自替代品生产者的竞争压力的强度，可以具体通过考察替代品销售增长率、替代品厂家生产能力与盈利扩张情况加以描述。

### （四）供应商的讨价还价能力评估

供应商能够影响企业的盈利能力和产品的竞争能力，因为供应商可以提高或降低其投入要素的价格。供方力量的强弱主要取决于他们提供给买主的是什么投入要素，当供方所提供的投入要素的价值占买主产品总成本的较大比例、对买主产品生产过程非常重要、严重影响买主产品的质量时，供应商对于买主的潜在讨价还价力量就大大增强。一般来说，满足如下条件的供应商会具有比较强大的讨价还价力量：

第一，供应商是一些具有比较稳固的市场地位而不受市场激烈竞争困扰的企业，其产品的买主很多，以至于每一单个买主都不可能成为供方的重要客户。第二，供方各企业的产品具有一定特色，以至于买主难以转换或转换成本太高，或者很难找到可与供应商企业产品相竞争的替代品。第三，供应商能够方便地实行前向联合或一体化，而买主难以进行后向联合或一体化。对供应商讨价还价能力评估要重点考察这几个方面，其结果会对项目的经营产生一定的影响。

### （五）购买者的讨价还价能力评估

购买者的讨价还价能力也会影响企业的盈利状况和产品的竞争能力，购买者可以通过压价要求买方提供较高质量的产品和更为完善的服务。如果购买者的总数较少，卖方的生产量较大，而每个购买者的购买量较大，占了卖方销售量的很大比例时，购买方有较强的讨价还价能力。还有一种情况是购买者所购买的产品基本上是一种标准化产品，可以同时向多个卖主购买，经济情况也不存在任何问题，这种情况下购买者具有较强的讨价还价能力。

**（六）项目的经营环境分析**

1. 项目的产品竞争力分析

产品竞争力是指产品符合市场要求的程度，这种要求具体体现在消费者对产品各种竞争力要素的考虑和要求上。产品竞争力的高低并不完全取决于这个产品本身的质量，影响产品竞争力的因素有很多。产品是否具有竞争力主要体现在两个方面：第一是它的市场地位，第二是其销售情况。我们在比较时，首先要与市场上的同类产品进行比较，哪个企业产品的市场占有率高，哪个企业的竞争力就较强。其次还要同本企业的其他产品相比较，有利于找出企业具有核心优势的产品。一般来说，在企业生产的众多产品中，销量大且利润高的产品是具有核心竞争力的。因此在对投资项目的产品竞争力进行评估时我们要着重从产品的市场地位和销售情况进行分析，对于市场地位的分析应重点从行业状况、竞争对手的水平、企业的规模、经济实力、营销方法、竞争者数量等方面进行。影响销售情况的因素有很多，主要包括产品的生命周期、技术因素、价格和质量等，对销售情况的分析要从这些方面综合进行。

2. 项目的市场分析

项目的市场分析主要是分析产品未来需求量与产品的总供应量及其他相关问题，并对它们之间的数量关系进行分析对比，做出项目有无建设的可能性的结论。市场分析的重要内容是市场预测分析。市场预测是根据市场调查得到的资料，运用科学方法，对未来某一时期内市场需求和供给状况进行的推测。市场预测和供求分析及在此基础上的综合分析是投资项目评估的前提与先决条件。项目市场分析的具体内容包括市场商品需求分析、市场资源供给分析、市场价格分析、市场产品特性分析和市场综合分析等，第五章将会对这些内容做具体的讲解。

## 四、案例分析——以伊利集团为例

**（一）伊利集团现状**

伊利集团是一家乳制品企业，创建于 1993 年 6 月，总部位于内蒙古自治区呼和浩特市，拥有液态奶、冷饮、奶粉、酸奶和原奶五大事业部，旗下产品包括“金典”有机奶、“安慕希”酸奶等系列。同时，伊利是为 2008 年北京奥运会提供服务的乳制品企业，也是为 2010 年上海世博会提供服务的乳制品企业。公司于 1996 年 3 月在上交所挂牌成立，截至目前，伊利集团稳居全球乳业第一阵营，蝉联亚洲乳业第一，也是中国规模最大、产品品类最全的乳制品企业。

在发展历程中，伊利始终坚持“国际化”和“创新”两个轮子，固守“质量”和“责任”两个根本，以高品质、高科技含量、高附加值的多元化产品赢得了消费者的高度信赖。每天，1 亿多份伊利产品被送到消费者手中。每年，有将近 11 亿中国消费者享用营养美味的伊利产品。

### （二）伊利集团宏观环境分析

宏观环境是指企业发展的外部环境，下面基于宏观环境 PEST 模型，从政治和法律、经济、社会文化、技术四个方面分析伊利集团所处的宏观环境。

1. 政治和法律环境分析

政治环境。食品安全一直是消费者非常关心的问题，而乳制品又是人们日常生活中不可或缺的一部分。但 2008 年发生的“三聚氰胺事件”使得之后的一段时间内的我国乳制品发展停滞不前。因此，我国在 2009 年就通过了《中华人民共和国食品安全法》，以保障食品安全，并在之后不断对该法规进行修订，体现了我国对乳制品行业质量安全的重视。2018 年，国务院办公厅印发了《关于推进奶业振兴保障乳品质量安全的意见》，全面部署加快奶业振兴、保障乳品质量安全工作。同期国家实施乡村振兴战略，政府陆续出台各项政策，进一步推动国内需求潜力释放，为国内乳品消费提供了新的增长动力。2019 年 6 月，国家发展和改革委员会等七部门联合印发了《国产婴幼儿配方乳粉提升行动方案》，就“全面提升国产婴幼儿配方乳粉的品质、竞争力和美誉度”等提出多项举措，并提出未来我国将大力实施国产婴幼儿配方乳粉“品质提升、产业升级、品牌培育”行动计划，以更好满足国内对乳制品日益增长的消费需求。以上这些政策的实施无疑给奶制品行业带来了新的发展机遇。

2. 经济环境分析

近十多年来，国内经济发展保持稳中有进态势，居民人均可支配收入、居民人均消费支出、国内生产总值等均呈上升趋势。2019 年我国居民人均可支配收入 30 733 元，比上年增长 8.9%，扣除价格因素，实际增长 5.8%；全国居民人均消费支出 21 559 元，比上年增长 8.6%，扣除价格因素，实际增长 5.5%；国内生产总值约为 99 万亿元，比上年增长 6.1%。居民不断增长的可支配收入为消费奠定了经济基础，而乳制品消费又是居民日常消费支出的重要组成部分，所以总体来看，我国目前经济的利好形势为乳制品行业发展带来了良好商机。

3. 社会文化环境分析

据统计，截至 2019 年年底，我国人口总数已超 14 亿，巨大的人口基数说明我国乳制品消费市场的发展潜力巨大。同时，2016 年起，我国全面放开二孩政策，此项政策的实施导致社会新生儿数量骤增，对乳制品的需求也大幅度提升，为乳制品企业的发展制造了契机；另外，居民消费心理的变化也会影响乳品行业的发展。这种变化表现为，居民从以前不太重视乳制品，到现在乳制品成为居民日常生活中的必需品。进一步来看，引起这种变化的原因主要有两方面：一方面，经济全球化进程日益加快，各国人民交流更加频繁，我国居民的消费习惯也受到其他国家的影响，我国居民对牛奶、酸奶等乳制品产生新鲜感并逐渐接受它们；另一方面，乳制品归根结底是健康食品，在报纸、杂志等媒体的影响下，居民对膳食结构有了更高层次的追求，因此营养丰富、价格低廉的乳制品就成为人们的首选。

4. 技术环境分析

乳制品行业的技术贯穿生产到销售的各个环节。企业要严格把控乳制品生产的各个阶段，从加工、杀菌到装罐储存，每一个阶段都要注意质量和卫生问题，稍有差错，都会直接影响产品的营养和口感。在销售环节，企业要学会利用新媒体、互联网等手段拓宽销售渠道，不能再局限于线下销售，要通过线上渠道进一步开拓市场，这样才更有利于增加乳制品的销量，从而提高市场占有率。

**（三）伊利集团微观环境 SWOT 分析**

1. 战略优势

原料、品牌与技术。乳制品行业讲求“得奶源者得天下”。伊利地处中国最大的牛奶输出地——内蒙古自治区，拥有优质而丰富的奶源，保证了伊利产品的天然品质。在呼伦贝尔大草原牧场的基础上，伊利又开辟了在山东、山西等地的奶源基地，拥有优质牧场近 1 000 个。与此同时，伊利集团的管理者坚持“伊利即品质”的信条，持续为消费者提供健康、营养的产品，这进一步保证了产品的质量。自 2008 年成为北京奥运会乳制品独家赞助商之后，伊利建立起“奥运+冠军”体系，推出“健康中国”计划并付诸实践，进一步释放了奥运会带给伊利的品牌价值。在“2019 年最具价值中国品牌 100 强”榜单上，伊利集团位于乳制品排行榜第一名，并获得了 Brand Finance 发布的全球最具发展潜力的乳品品牌荣誉。与蒙牛、光明等竞争对手相比，伊利的研发技术能力均位于一流水平。截至 2019 年 12 月，公司累计获得专利授权 2 703 件，其中，发明专利授权数量 515 件，并有 4 件专利获得中国专利优秀奖。2019 年，公司推出“伊然”乳矿饮料、“金领冠塞纳牧”婴幼儿有机配方奶粉等新品，不断对产品进行创新，从而提高核心竞争力。

2. 战略劣势

产品与人才。目前，伊利品牌尽管为人们所熟知，但其平庸的口感、包装不够简便易携等使得销量有所下降。同时，在产品同质化非常严重的今天，伊利若不能推出自己独具特色的产品，在消费者心中建立独特的品牌个性，很可能会失去现在乳制品行业的核心地位。人才是企业的无形资产，是企业不断前进的动力源泉。在人才管理机制方面，伊利一直坚持综合型的人才以自己培养为主，专业型人才以引进为主，但是伊利对本行业其他企业的员工采取一律不要的态度，这对人才的流入产生了一定限制；而且伊利公司多招收当地人，对外来人才并没有实施特别的优惠或激励制度，这进一步导致了人才的流失；另外，伊利内部有很多临时工，人员构成不稳定，即使公司花时间培训这些员工，让他们掌握了一些技术，这些临时工仍然会有所流失。

3. 战略机会

市场与需求。对于国际市场，随着全球化进程进一步加快以及我国“一带一路”倡议的实施，我国政府制定了一系列措施，推动我国乳制品行业“走出去”。伊利应当抓住机会，与国外企业进行合作，谋求共同发展；对于国内市场，目前我国乳制品消费量仍低于世界平均水平，此外，随着城镇化进程加快，乳制品的消费人群也集中在城市，而经济落后的偏远山区的消费人群却很少。因此，伊利可以补足这个缺口，将市场的开拓集中于这些未开发地区，加强宣传，引导偏远地区居民消费乳制品。2020 年年初，突如其来的新型冠状病毒性肺炎疫情给乳制品行业带来了极大挑战，企业的上中下游各个环节都受到了影响。但从另一个角度看，此次疫情也给乳品企业带来了发展机遇。随着国内疫情形势逐步向好，全国各地陆续复工复产，而乳品作为重要的生活必需品，其增强人体免疫力的作用正在被越来越多人重视，尤其是经历了疫情，人们的身体急需营养丰富的食品补偿，而乳制品营养丰富又美味，自然成为人们的首选。在 2020 年 2 月 20 日，国家发展和改革委员会发布了《关于提供疫情防控重点保障物资具体范围的函》，将牛奶列为疫情防控重点保障物资之一。因此可以预测，从长期来看，疫情会促使乳制品的需求进一步增加，乳品企业会继续保持良好的发展态势。

4. 战略威胁

竞争者与替代品。在国内，伊利、光明和蒙牛是人们熟知的三大乳品公司。虽然伊利一直占据市场份额的榜首，但光明和蒙牛也抢占了一定的市场。同时，一些国外品牌因其优质的产品质量也具有较强的市场竞争力。例如，欧洲与澳洲的乳品以其醇厚的产品口感、先进的工艺和成熟的市场营销手段，深受我国广大消费者的青睐。综上，当前乳制品行业竞争激烈，形势不容乐观。

对于潜在的竞争者，目前伊利面临的威胁较小，因为乳品行业的进入壁垒较高，主要表现在以下几个方面：首先是成本。乳品企业在成立初期需要投入大量的资金购进奶源、建造厂房等，还需要引进专业的技术人才进行质量把控，高昂的成本对想要进入乳品行业的企业形成了极高的壁垒。其次是品牌效应。经过多年沉淀，行业的知名企业已经得到了广大消费者的认可，新进入企业想要增加品牌认可度有一定难度。最后是政策壁垒。2008 年以后，我国陆续出台了多项政策及法律法规，严格把控乳制品质量安全，对新进入者的要求比较高。

在替代品的威胁方面，对于乳制品而言，替代品主要有豆浆、奶茶等。中国人自古以来就习惯把豆浆、油条当作早餐，因此受传统饮食习惯的影响，豆浆仍然受很多消费者青睐，尤其是一些牛奶过敏者，也更愿意把豆浆当作牛奶的替代品；另外，相比于牛奶，奶茶则更受年轻人欢迎，主要是因为牛奶口感比较单一，而奶茶口味丰富，所以奶茶也是乳制品的一个替代品威胁。

根据以上分析，我们可以得出伊利集团的竞争战略的 SWOT 分析表（见表 5-3）。

**表 5-3　SWOT 分析表**

| 外部能力<br>内部能力 | 优势 S<br>拥有丰富的优质奶源<br>研发技术能力一流<br>优质的品牌形象 | 劣势 W<br>经营理念相对保守<br>人才流失现象严重<br>没有独特的个性化产品 |
|---|---|---|
| 机遇 O<br>未开发地区需求大<br>综合经营能力加强<br>海外扩张前景辽阔 | SO 战略<br>伊利应当发挥自身奶源优势、品牌优势、技术优势，运用大数据雷达等工具，深度洞察和分析消费者需求，把握好国内政策，设置三条线质量内控标准，实现食品安全零事故 | WO 战略<br>利用外部机会，弥补内部劣势，在奶牛学院的基础上升级培养模式；同时伊利和沃顿商学院共同启动商界创新型人才培养模式研究，为产品开发和创新提供了保障 |
| 威胁 T<br>同行竞争压力大<br>替代品威胁大 | ST 战略<br>伊利作为健康产品的提供者，应始终保障食品安全，保持自身优势，做好乳业的领头羊，勇担重任，全力以赴 | WT 战略<br>伊利应携手共进，主动协作，并乐于分享，传授成功经验和专业知识，与其他企业共同进步 |

伊利集团作为乳制品行业的领军企业，其发展状况一直深受广大消费者关注。我们主要以伊利的外部环境与内部环境为切入点对其进行战略分析，发现企业战略管理上的问题并提出改进建议。关于外部环境，我们运用 PEST 法分析了企业目前所处的宏观环境，总体来说，外部环境有利于伊利集团继续发展；关于内部环境，我们分析了伊利集团目前拥有的原料、品牌和技术等优势，同时也发现了企业产品个性化不够突出和人才紧缺的劣势，并且目前乳制品行业竞争激烈，伊利集团必须采取针对性措施弥补缺陷，以应对激烈的市场竞争。由于伊利的产品个性化不够突出，所以伊利应坚持差异化战略，从气味、营养成分、包装、口味、方便性五个方面提高产品的个性化水平，同时加大研发力度，丰富产品结构。伊利可以在以生产液态奶为主的同时，进行产品细分，针对不同年龄层次的消费者，生产出差异化的产品，从而提高企业竞争力。

面对激烈的国内外市场竞争，伊利仍然要把产品质量放在首位，坚持“以质取胜”战略。企业要继续秉持“伊利即品质”的信条，严控奶源质量，同时对乳品加工、杀菌、贮藏、装罐等各个环节进行全面的质量管理，以优质的产品取得消费者的信任，从根源上巩固自己的核心地位。

针对伊利人才流失比较严重的问题，建议伊利改善人才管理机制。首先，对同行业其他企业的员工采取重用而非拒绝的态度，因为引进其他企业的员工有利于了解竞争对手的生产技术，借鉴它们的经验，从而提升本企业产品质量；其次，除了内蒙古自治区本地人之外的人才，伊利可以采取一些优惠措施吸引其他地区的人才前来就业；最后，伊利可以减少临时工的招聘数量，转而培育准备长期留在企业的人才，并将那些在企业工作多年的骨干人才提拔到企业的核心管理层。

## 复习思考题

1. 试述项目投资环境评估的必要性。
2. 何谓投资环境？何谓项目投资环境评估？
3. 试述投资环境的特征及其分类。
4. 项目投资环境评估方法有哪些？
5. 项目投资微观环境评估包括哪些内容？

# 第六章 投资项目市场分析与建设规模评估

## 第一节 投资项目市场评估概述

投资项目市场评估是指对投资项目投入、产出物的市场供求状况及其价格变化趋势等影响投资决策的因素进行的调查和预测。它是项目可行性研究和项目评估的关键环节，与项目的技术评估、经济评价一起构成项目评估科学体系的三大支柱。随着市场经济的发展和我国经济体制改革的不断深入，市场对经济的作用机制越来越灵敏和成熟，日渐成为联结生产和销售的纽带。在这种背景下，企业在进行投资决策前，进行投资项目市场评估来“以销定产”的必要性就更加凸显。

### 一、投资项目市场评估的作用

从不同利益主体的角度出发，我们针对投资项目的市场评估具有不同现实意义。

#### （一）为投资者提供决策依据，提高投资的成功率

投资者是为项目提供资金的主体，在投资过程中承担了主要风险。因此，投资者不能仅靠主观臆断选择投资项目，应该根据可靠的投资项目市场评估的分析结果确定所投项目是否有市场需求，对那些原材料来源无法确定或产品市场需求无法确定的项目要谨慎决策。

#### （二）优化资源配置，调整产业结构

随着我国供给侧结构性改革的不断推进，从供给端入手，调整产业结构，淘汰落后产能已成为推动我国经济持续发展的重要手段。通过合理的市场评估，投资者从众多投资项目中选出那些真正具有市场需求和长期发展优势并符合国家战略规划的优质项目进行投资，不仅能够高效利用资源，还能促进产品结构的合理化调整，淘汰落后产能。

#### （三）创新产品开发，提高竞争能力

从企业的角度来讲，投资项目市场评估有利于开发具有市场前景的新产品。在对产品需求进行调查预测的过程中，我们可以从消费者的需求中发现某些新的需求信息。

### （四）为投资项目可行性分析提供基础资料

投资项目市场评估是项目进行可行性研究的先决条件，是决定投资项目能否成立的前提。在确定项目的产品方案和建设规模时，我们必须要依靠对市场情况的可靠预测，并且根据产品生产规模选择生产技术和设备。因此，投资项目市场评估不仅是制约项目生产规模的基本因素，还间接地为选择和确定工艺生产技术和设备提供依据。

## 二、投资项目市场评估的内容

投资项目市场评估是通过对项目生产的产品投入市场之后，其所面对的市场需求量与市场总供应量及其他相关问题的研究，判断该项目有无建设必要性及必要性大小的过程。这个过程主要是通过市场调查和市场预测两个步骤的结合实现的。具体而言，项目的市场评估主要包括以下五方面的内容。

### （一）市场需求评估

为了实现“以销定产”，投资项目的市场需求分析是十分必要的。在一定时期和一定条件下，消费者通过常规途径所能实现的对商品和劳务的购买，形成了当前阶段的市场需求。这种市场需求不仅包括消费者对生活资料的消费，也包括企业对生产资料的消费，因此，应该通过对影响生活资料和生产资料消费的因素进行调查、分析，才能实现对市场未来需求的准确预测。总体而言，市场需求取决于人们的收入水平，但消费习惯、市场占有率、借款利率等也是影响市场需求的重要因素。因此，项目市场需求评估主要包括以下内容：预测社会商品购买力总额的未来增长趋势和投向变化，调查并预测不同地区、不同季节消费者的商品需求变化趋势，预测消费者消费心理、消费档次的变化，预测物质生产部门对生产设备、原材料等生产资料的需求数量和结构的变化。另外，有国际贸易业务的企业，有必要对产品的未来出口量，即其国外需求量进行市场需求的评估。

### （二）市场供给评估

国内的工农业生产及对国外产品和服务的进口共同构成了产品全部的市场供给。要判断项目的建设必要性，仅仅了解其产品需求状况是不够的，还需结合产品现有供给状况分析产品的需求缺口。因此，对产品市场供给的预测，主要是指对其同类产品或可替代产品的供给数量、市场容量和饱和程度等方面的预测。另外，我们不仅要分析产品的实际供给量，还要分析现有企业通过挖掘其生产潜力所能增加的潜在供给量，涉及国际贸易的企业在评估市场供给情况时还需考虑国外的竞争对手。

### （三）市场价格评估

价格作为维持产品供求平衡的关键变量，直接决定和影响投资项目的财务经济效益。市场供需的变化与价格往往相互作用和影响，因此，在进行价格分析与评估时，我们要在结合市场供给和需求分析的基础上，通过调查市场价格的历史和现状，分析影响价格的因素并预测其变化趋势。与此同时，还应考虑技术发展带来的生产成本下降对产品价格的影响，以及国家价格政策的变化和经济体制的改革对价格的影响。

### （四）项目产品研究

一种产品是否有生命力，不仅由市场的供给与需求决定，还取决于该产品的品种、规格、式样、性能及生命周期，因此，在对产品市场供需状况进行评估之后再进行产品研究十分必要。产品研究分为两个层次：一是对产品生命周期的研究，用于评估产品适应市场的时限。产品的生命周期是指该种产品从发明研制，进入市场试销（投入期）开始，经历成长、成熟、饱和、衰退不同阶段，最后从市场上消失所经历的周期。一般来说，处于试销、成长阶段的产品是最适合进入市场的，而对于已经进入成熟期和饱和期甚至是衰退期的产品，则需要结合其他因素进一步对项目建设的必要性进行判断。二是对产品具体功能和特性的研究。由于社会大众对产品功能的要求是不断变化和提高的，所以对于产品功能和特性的分析与评价，对项目产品能否顺利进入市场，以及是否能掌握项目产品在市场上的竞争能力是非常重要的。

#### （五）市场综合评估

在进行完以上几方面的市场评估之后，我们还要结合项目产品的特点及行业状况进行产品竞争力的综合评价。当发现产品市场处于供不应求状态时，进行项目投资显然是正确的选择，但也应考虑是否有生产同类产品、同样规模的项目准备建设生产。当发现产品市场处于供求平衡或供过于求状态时，我们应进一步分析项目产品是否具备竞争优势，是否可以替代进口产品的市场份额。

### 三、投资项目市场调查

市场调查与市场预测是市场评估中的两个步骤。这部分主要介绍投资项目市场调查的相关内容，对投资项目市场评估的内容将在后面进行详细介绍。

市场调查是投资项目评估中的一个重要环节，作为获取市场信息的重要方式，其为市场预测的进行提供了数据和资料，成为市场预测的前提和基础。具体而言，市场调查是一个通过运用科学的方法、有目的并系统地收集、记录、整理和分析所有和投资项目相关的反映市场历史、现状及其发展变化情况的资料，并力求其准确性和精确性，为后续的市场预测提供可靠依据的过程。另外，由于在项目建成投产后，市场的需求和供给及其相关影响因素持续发生变化，因此，市场调查不应只局限于项目建设的前期，而应贯穿于项目建设的全过程，在项目的整个生命周期内不断加强信息的收集。

#### （一）市场调查的程序

市场调查是一项有目的、有计划、有组织的活动。其过程十分复杂，因此应该按照一定步骤有序进行。市场调查一般分为以下几个阶段。

1. 准备阶段

准备阶段的主要工作是根据要调查的问题制订切实可行的调查计划，包括明确调查目标、调查对象及对象的范围，确定合适的调查方法，并合理规划调查过程中的进度与分工。调查目标是指在调查过程中要解决的问题，是整个调查过程的行动纲领和核心；调查对象及其范围的确定应该尽量具体而有针对性，这样才能保证调查的高效和准确；调查方法的选择是否合理直接关系调查效果的好坏及调查费用的高低；由于调查活动应在一定的时间限度内完成，所以，合理统筹规划调查进度与分工十分重要。

2. 调查阶段

调查阶段是一个将调查计划付诸实践的过程，调查人员将根据自己的分工和当前时段的进度安排，运用选择好的调查方法进行实地市场调查，收集相关资料数据。在调查过程中，调查人员不仅要收集政府统计部门公布的官方数据，还应注重对能反映市场实时变动情况的数据和资料的收集。在整个调查过程中，调查人员应该始终秉承客观的态度，力求资料的真实性。

3. 整理阶段

整理阶段主要是对调查阶段所获资料的筛查、整理和总结。首先，实地调查所得资料的质量参差不齐，我们应通过合理手段对所获资料进行鉴别；其次，数据和资料应该经过各种归纳或是统计处理，这样才能具备可读性，否则只是一堆无意义的数字；最后，在前述工作的基础上，我们要撰写调查总结报告，得出简单明了的调查结论。

**（二）市场调查方法**

市场调查方法多种多样，但每种方法的适用对象、适用内容、适用目的都不尽相同。因此，我们应根据实际情况分别采用以下几种方法或综合应用多种方法。

1. 普查法

普查是专门组织的一次全面调查，用以收集不能用通常调查法取得的一些较全面的精确资料。普查的特点是准确，但要进行大量的准备工作和花费大量人力、物力、财力。

2. 直接调查法

直接调查法是将所调查的内容形成问题，以走访、电话、书面等形式向被调查者询问，以获取所需的资料。

（1）走访调查。这是一种当面听取被调查人意见的方法，可采用个别采访、小组访问及座谈会等形式进行调查。走访调查的优点是当面听取意见，直接接触实际情况，具有直观性；可以互相探讨和向被访问者解释某些问题，具有启发性和灵活性，回收率较高。其缺点是：访问人员的主观意见常常影响调查资料的准确性；如果在较大范围内调查，成本过高。

（2）电话调查。采用电话调查可以建立长期资料供给关系。调查人员根据抽样调查要求及规范样本范围，随时用电话向调查对象进行询问。这种方法的优点是经济迅速、情报及时；缺点是时间短促，仅限于语言表达内容，无法利用照片等资料。

（3）书面调查。书面调查又称函件通讯调查，是将设计好的调查表寄给被调查者，让对方填好寄回。这种方法的优点是调查的范围广，对样本能进行地区上的合理分配；设计标准答卷，可避免调查人员的主观意志影响，被调查人有充分的时间回答并能与周围人员交换意见，有较大的代表性。缺点是回收率较低，使设计的样本在地区分配上产生误差；费时较长；由于使用文字表达，被调查者对询问的事项有可能产生误解。

3. 间接调查法

间接调查法是一种通过分析产品与用户之间内在联系，了解市场需求及发展趋势以达到调查目的的方法。

4. 抽样调查法

抽样调查法是按随机原则，从总体（市场）中选取部分进行调查，用以推算全部总体，是一种应用最广、最重要的调查方法。其特点有二：一是具有随机性，抽样调查完全排斥人的主观选择，在总体中每一个单位被抽取的机会是均等的，抽中、抽不中纯粹是偶然；二是从数量上推算全体，即通过对部分单位进行调查研究，计算综合指标，从数量上推算全体。抽样调查又因抽样方法的不同分为单纯随机抽样、机械抽样、分层抽样、分群抽样等方法。

（1）单纯随机抽样法。此种方法对所有调查对象都不做有目的的选择，而是单纯运用抽签的方法从总体中抽出有限的个体。这种方法简便易行，在随机抽样的过程中，总体中的任何个体都有相同的机会作为调查对象。

（2）机械抽样法。这种方法又称等距离抽样法。其具体步骤是：首先，将总体中的全部个体编号（如 1，2，…，$N$）；其次，依一定间隔等距抽出所需样本。这种方法与单纯随机抽样法相比，误差小，能使样本均匀地分布在总体中。在实际工作中，机械抽样法应用较广。

（3）分层抽样法。这种方法又称同类抽样法，是将总体中的各单位先按性质分类，然后在分类中采用单纯随机抽样法或机械抽样法抽取所要调查的单位。这种方法实质上是把科学分组和抽样原理相结合，以增强调查对象的代表性。

（4）分群抽样法或分群随机抽样法。分群抽样法与分层抽样法不同。在调查单位分布稀疏的地区，或总体的异质性很高且难度很大而不能订立统一标准进行分层的情况下，我们只能采用调查若干区域的办法，这就是分群随机抽样法。分群抽样时，我们所选定的区域应保持某些共性，如人口数目、民族构成，但所调查的目标要广泛一些。分群抽样法方面，各群体之间应具有共性，而每个群体内部又具有差异性。因此，我们可以用随机法选取群体，再对被选中的群体进行普查。

5. 实验调查法

实验调查法起源于自然科学的实际求证。当要推出一种新产品时，我们按照调查的项目情况选择一定的地点、对象、规模，开展小范围的实验，对其结果进行全面分析和评价，看有无推广价值及应如何改进等。此法的优点是能获得比较正确的实验资料，但其所耗时间长、费用高，同时还有一定的局限性，不利于实验结果的比较。

## 第二节　投资项目市场预测

市场预测是运用科学理论和方法，以市场调查所获得的市场信息为依据，对项目持续期内产品的市场供求状况和发展趋势进行的预测。市场预测的关键在于，通过对产品市场过去状况的分析和判断，把握该产品市场供求变化和发展的内在本质和规律，实现对其未来情况的预先了解，为投资者确定投资方向，为项目建设的决策提供客观依据。

### 一、投资项目市场预测的种类

#### （一）按照预测范围划分为宏观预测和微观预测

在进行市场预测时，我们不仅要从局部考虑预测项目面临的微观环境，还应从总体上对项目发展的宏观环境进行预测。这是因为国民经济的发展和变动会影响一个具体项目的发展，项目所依据的一些国家制定的经济评价参数必定会受到宏观环境的影响。

### （二）根据预测时间划分为长期预测、中期预测和短期预测

根据项目自身的持续时间及产品自身的生命周期，我们可以将市场预测分为长期预测、中期预测和短期预测。5 年以上的预测为长期预测，3~5 年的预测为中期预测，3 年以下的预测为短期预测。项目评估中的市场预测一般是中期预测、长期预测。

### （三）定性预测和定量预测

我们对于项目的预测应该结合经验和实际证据进行综合判断，不仅要参考相关专家根据经验所做出的主观判断和定性分析，还要采取一系列的数学公式和计量模型，做出切实可靠的数量分析。这两者之间相辅相成、密不可分、互为补充。

具体而言，采用的预测方法根据其复杂程度可大致分为判断预测、趋势预测和模型预测。判断预测是预测者结合调查资料根据自己的实践经验对未来需求做出的初步判断，属于定性预测的范畴；趋势预测则需要结合拟合较好的曲线，找出其变动形态并进行趋势延展；模型预测更为复杂，预测者需要分析各个影响因素及它们之间的数量关系，并构建合理的数学模型对这种动态关系进行描述，再由模型延伸为对未来需求的预测。

## 二、投资项目市场预测原理

预测工作是一门兼具科学性和艺术性的提高人们决策水平的手段，之所以能够通过对现有规律的把握预测未来，是基于以下基本原理。

### （一）连续性原理

基于对事物的发展变化具有合乎一定规律的连续性的认识，市场预测过程中的预测者将过去、现在、未来视作不可分割的整体，预测的过程就是利用过去推测未来，利用已知来推断未知。

### （二）系统性原理

纵观客观世界，任何事物都是一个有机系统，且系统内各元素之间、系统与外部存在着较强的相关性。因此，我们可根据系统的同构性，抽象预测模型，模拟预测系统。

### （三）类推性原理

类推性原理认为事物之间存在某些类似的发展模式和结构。人们可以根据已知事物的某种类似的结构和发展模式类推未来某一预测目标的结构和发展模式。

### （四）因果性原理

因果性原理认为客观事物、现象之间存在一定的因果关系。人们可以从已知的原因，推出未知的结果。

## 三、投资项目的市场预测方法

市场预测的方法种类繁多，大体上可分为定性预测方法和定量预测方法两大类。

### （一）定性预测方法

定性预测方法是预测者依据经验和分析能力，利用所掌握的信息资料，通过对影响市场变化的各种因素的分析、判断和推理预测市场未来的发展变化。其特点是简便易行，不需要复杂的运算过程，特别是当不具备定量分析条件时，我们就要对市场发

展变化性质进行分析，对未来的市场做出判断，预测市场未来的发展趋势。例如，消费者心理变化、国家方针政策的变化，都是无法或不容易用定量预测法的，只能用定性分析方法进行预测。定性预测方法的确定往往不能提供以精确数据为依据的市场预测值，只能提供未来发展的大致趋势。

1. 专家调查法

专家调查法是在 20 世纪 40 年代由美国兰德公司研究人员创立的一种定性预测方法，也称德尔菲法。其是根据市场预测目的，由评估人员向有关专家提供一定的背景资料和调查表格，让专家就市场未来发展变化做出判断，最后汇总预测结果。

2. 相关预测法

市场上各种经济现象之间是互相联系的，某一因素发生变化时，另一种因素也随之改变，这两种因素之间的关系被称为相关关系，利用经济因素之间的相关关系进行市场预测的方法被称为相关预测法。市场的经济因素之间有各种不同的相关关系。一是正相关，即一个经济因素增加，另一个相关因素也增加；二是负相关，即一个经济因素增加，另一个相关因素减少。若两种商品的需求量呈正比例变化，则称这两种商品为正相关关系，如轮胎与汽车销量之间为正相关关系。如果两种商品需求量呈反比例，则称为负相关关系，如尼龙袜和线袜、机制表和电子表均为负相关关系。在预测时，我们可根据已知经济因素与未知经济因素的正或负相关关系推测未知经济因素的预测值。一般研究经济因素之间的相关关系，收集的数据要在 30 组以上，我们只有利用大量的数据，才能推出经济因素之间的相关关系。相关预测法计算简单，结果准确，但适用范围小，一般应结合其他预测方法共同应用。

3. 产品寿命期预测法

产品寿命期是指产品从开始投放市场到被市场淘汰的全过程。用研究产品的寿命期进行产品市场预测的方法称为产品寿命期预测法，这是常用的一种市场预测方法，可以纠正其他预测方法的偏差。

**（二）定量预测方法**

定量预测法也称数量预测法，是根据历史资料数据建立数学模型，借以推算将来的预测方法，如果历史数据仅仅是预测对象自身的历史数据，此种方法称为趋势预测法，也称时序预测法。如果历史数据不仅有预测对象的数据，还有其他相关因素的数据，此法称回归预测法，是利用不同经济因素之间的相关关系建立数学模型进行预测的。

## 第三节　投资项目建设规模评估

在一个项目的建设经营过程中，其规模水平的确定是否合理，直接关系其经营状况的好坏和投资效益的高低，又因为规模的确定与企业的大小、技术水平等因素有直接联系，故其规模一旦确定，在长期内将难以更改。多种因素制约项目规模的确定，而项目规模的确定又影响诸多因素，因此，规模问题是项目规划与投资决策中一个十分重要的课题，给项目确定一个经济合理的规模的重要性不言而喻。

## 一、项目建设规模的概念

项目建设规模也称生产规模，是指劳动力、劳动资料和劳动对象等生产要素与产品在一个经济实体中的集中程度。由于不同行业具有不同的经营和盈利模式，衡量生产规模的指标也依行业变化而有所不同，但不管是什么指标，其衡量的都是一个项目生产某种产品或服务的能力。对工业项目而言，生产规模是用拟建项目在一定生产技术条件下可能达到的最大年产量或年产值衡量的；而对于一些非工业项目，其生产规模则是以其提供的工程效益衡量的。例如，农林水利项目是以灌溉面积、供水能力等为衡量指标，交通运输项目是以运输能力、吞吐能力为指标。另外，对于机械化程度低的手工业或服务业，我们采取职工人数衡量其规模；固定资产价值也可以用来衡量项目的生产规模。

## 二、项目建设规模的影响因素

### （一）项目产品的市场评估

对市场供需情况的准确预测是确定项目生产规模的前提，因为只有通过市场实现产品交换价值，项目的经济和投资收益才能被实现。产品生产量基本由市场需求量决定，这里的需求量具体指的是产品供需之间存在的缺口，如果市场预测未来供需缺口很大，项目的生产规模就应该安排大一些；反之，就应该缩小规模。另外，对产品生命周期等因素的考虑也是必要的。

### （二）项目投资者的经济实力和预期效益水平

投资者在选择项目进行投资时不仅仅考虑该项目可能带来的投资收益，还经常会受投资者资金状况的约束。这是因为，我们申请设立一个项目，需要按照项目投资总额的一定比例缴纳注册资本，因此，无法按时缴纳注册资本的投资者可能会放弃投资收益率高的项目。也就是说，项目的生产规模越大，投资者缴纳的资本额就越高，生产规模的确定受投资者资金状况的制约，但在投资者资金状况充裕的情况下，项目的预期效益越高，项目的生产规模越大。

### （三）国家地区经济发展规划和战略布局

为了生产力的合理布局和产业结构的合理化，国家会制定各种地区经济发展规划或是出台各种产业政策。因此投资者在确定拟建项目的生产规模时，应充分考虑这些因素，满足国家经济发展的需要，确定生产规模符合国家政策规定。对于规划中要求重点建设的项目，投资者可以适当扩大规模，反之则适当缩小规模。项目生产规模还需满足产业政策中依不同行业而定的最低规模。

### （四）项目所需资源的供应状况

项目的建设不仅要依赖国家政策、技术水平及资金等的支撑，良好的物质基础也是必不可少的。这里的物质基础指的是项目在建设、生产及投入运营过程中所需的原材料、能源、劳动力等基本投入物的供应状况，以及土地使用权、交通运输条件、设备供应等基本建设条件。如果物质基础不充足，项目的生产规模就要受限。投入物的供应状况取决于其数量和价格的稳定程度，企业要随时保证投入物能够持续供应并且价格保持在项目可负担的水平，否则生产建设活动将不可持续。另外，项目也要有充足的土地面积，交通运输的通畅等生产建设条件也要具备，否则生产建设活动将无法开展。

### （五）项目所处行业的技术经济特点

市场需求、资金供应状况、国家政策及资源供应状况等都是拟建项目生产规模的外在决定因素，而最终决定拟建项目生产规模的根本性内在因素是拟建项目的技术经济特点。有些项目的成本随着生产规模的扩大会逐渐降低，这类项目就适合进行集中化大规模的生产。重工业项目的建设就要求在满足一定的技术和工艺水平的条件下，规模越大，经济效益越高，如水电、火电、核电等电厂的建设，金属冶炼及加工项目的建设，钢铁和基础化工等项目的建设。生产食品、工艺品等产品的轻工业因其产品面对的市场需求变化频繁不稳定，适合小规模生产，或是生产规模随市场变动而变动。医药、化妆品等精密化工行业因对技术要求高适宜采用中等规模，规模过大则不能保证质量，规模过小又无法节约成本。

## 三、建设规模的确定方法

### （一）规模经济理论

从工业项目角度谈规模，一般是指工业企业的生产规模，衡量指标主要有产量、生产能力、产值、职工人数和资产价值等。探讨工业企业的规模经济问题，一般采用工业产量和生产能力指标。

规模经济理论就是研究各种类型的工业企业在目前的技术经济条件下，要求达到什么样的规模，才能最好地发挥效率，取得最佳的效益。我们可以把规模经济理解为：在一定的规模下或者一定的规模区间内，企业可以取得较好的效益，或者企业因采用一定的生产规模可获得经济上的利益。规模经济可以区分为生产上的规模经济和经营上的规模经济。前者主要是指实行专业化生产或者流水作业扩大了生产批量，或者采用大型高效设备扩大了生产规模，从而使得单位产品成本随着生产批量的扩大或者生产规模的扩大而降低；后者主要是指扩大经营规模节省了经营费用，生产要素得到综合利用，从而使得产品和技术开发能力提高，抵御经营风险的能力增强。工业生产上的规模经济多与企业的规模有关，但这并不意味着单一企业的规模可以无限扩大，深化分工、小而专的企业同样能够扩大生产批量，获取规模效益；经营上的规模经济通常与工业企业的规模有关，但也可以通过企业之间的横向联合实现。

规模经济分为规模的内部经济性和外部经济性。内部经济性中的规模是指生产装置系统和企业在生产经营要求最佳组合时的生产能力或者产量，产生规模经济的原因不仅与工艺系统的技术经济特点有关，而且还与工艺系统和企业大规模经营的节约效益有关，工艺系统的规模经济是企业规模经济的技术基础，一定规模的企业则是实现技术规模经济性的组织保证。规模经济企业不一定是大企业、专业化水平高的规模经济企业，也可能是小企业，这决定于行业和国情。从行业来看，冶金、化工、汽车制造等行业适合建大型企业，食品、工艺品等行业适合建中小型企业。规模的外部经济性是指实现规模内部经济性所需要的外部条件，如市场的规模及其分布、资源条件、运输条件、资金筹措条件等。如果市场广阔、资源丰富、运输方便、资金易筹措，企业容易实现规模经济。

与规模经济相对应的是规模不经济。规模不经济是指一定经济实体的规模过小或者过大而引起的规模不经济性。规模不经济意味着资源配置的不合理，有限的资源不能得到有效的利用。规模不经济可以分为生产规模上的不经济和经营上的不经济，也可以分为规模的内在不经济和外在不经济。

**（二）经济规模的确定**

对于项目生产规模的确定我们通常采用以下几种方法：

1. 线性盈亏平衡分析法

假设产量等于销量，产品价格、生产成本不变，企业的最低生产规模为

$$Q=F/(P-V)$$

其中，$Q$ 表示盈亏平衡点的产量，$F$ 表示固定成本，$P$ 表示单位产品价格，$V$ 表示单位可变成本。

2. 非线性盈亏平衡分析法

我们把更符合实际情况的生产总成本和销售总收入绘制成同一坐标轴的两条曲线，这两条曲线之间围成的区域为盈利区，最佳生产规模为最大盈利点，而这点正好是这两条曲线之间垂直距离最大的点。

3. 最小费用法

这是把单位产品的投资、生产成本和运输、销售费用结合起来考虑的一种方法，目标是使其总费用最小。合理生产规模的计算可选择年计算费用最小的方案，公式为

$$A=\mathrm{CN}+\mathrm{Cr}+\mathrm{En}_k$$

其中，$A$、CN、Cr、$K$ 分别表示单位产品的年计算费用、生产成本、平均运输销售费用和投资额；En 表示部门的投资效果系数，为投资回收期的倒数。

4. 分步法

分步法步骤如下：

第一步是确定项目的最小经济规模，分为以下几种情况：①如果产品是国内销售且无法用进口产品替代，最小经济规模的决定因素为技术和设备，我们可利用规模效果曲线对可供选择的工艺、技术和设备进行分析，选定其中不至于造成亏本的工艺、技术和设备能力；②如果产品可用进口产品替代，则应将生产成本与进口成本进行比较，常用项目单位产品成本与进口单位产品成本进行比较；③如果产品是进口的，则应将项目生产成本与换汇收入相比较，项目单位产品成本与换汇收入相等的点为最小生产规模。

第二步是确定最大经济规模。选定影响生产规模的决定性因素（如技术水平、设备能力、市场需求、资源条件、资金条件等），并据以确定最大的经济规模。

第三步是确定合理经济规模。先要根据确定的项目最小经济规模和最大经济规模，制订不同规模的比较方案，其中起决定作用的是设备能力，可在最小和最大规模之间选择具有不同能力的设备，或对设备的不同组合与价格等做出分析。最后以规模经济效益好坏作为标准，对各个方案的生产成本与经济效益进行分析和计算，其中成本最低、经济效益最好的那个方案，为合理的经济规模方案。此外还有决策树网络分析、目标规划、线性规划等方法，在此从略。

## 第四节　案例分析

为了更好地理解项目市场分析及建设规模评估的内涵，直观地感受对项目进行市场分析及确定其生产规模时的步骤，本节选取两个案例进行具体分析。

### 案例一　上海 LH 公司珠海生物医药基地项目市场分析

上海 LH 公司是国内生物医药领域集研发、生产、销售为一体，并广泛覆盖传统疫苗、新型疫苗、单抗药物等诸多领域的创新驱动型生物制药企业。多年来，该公司独立承担了数十项国家及省市各级重大科技专项项目的研究和开发工作，新产品研发和产业化能力备受业界瞩目。目前，该公司有多个产品上市销售，并有多个产品处于研发阶段。该公司已经形成了具有广阔市场前景的后续产品梯队，品种储备充足，积淀深厚。在从疫苗领域向全面的大生物领域拓展的战略转型过程中，该公司成功地实现了产业价值链的延伸，基本完成了大生物战略的产业布局。

新版 GPM 的要求大大提高了生物医药行业生产标准，提高了工艺核心区级别和要求，同时厂房设备验证、工艺验证等新的要求也成为新增内容。为保证符合国家新的标准，生产出更高要求的产品，并实现向大生物医药产业战略转型和布局，上海 LH 公司原有的疫苗研发平台已经不能满足单抗和基因药物的研发技术。公司需要招聘及培训相关新延伸领域的人才，并建立新的符合新技术、新工艺的技术平台。因此，上海 LH 公司依据自身产业发展趋势及规划，结合珠海国家级高新技术产业开发区的产业定位，拟在珠海市投资建设生物医药产业基地。现阶段一期项目的 3 个子产品进展顺利，正按照投资计划稳步推进；二期项目包括两个新药产品，包括 BF 单抗和重组 RX 生成素。接下来将对新药产品 BF 单抗进行市场分析。

**一、BF 单抗概述**

BF 单抗是单克隆 $I_g\ G_1$ 抗体，经过重组的人源化，通过抑制人类血管内皮生长因子（VEGF）的生物学活性产生作用，包含人源抗体的结构区，以及可结合人类血管内皮生长因子（VEGF）的鼠源单抗的互补决定区两部分。BF 单抗是通过中国仓鼠卵巢细胞表达系统生产的，是罗氏制药基因泰克（Roche/Genentech）推出的畅销抗肿瘤药物。

**二、BF 单抗的市场分布**

目前全球已有约 80 万名患者接受过 BF 单抗的治疗。2004 年 BF 单抗被批准上市，上市第二年（2005 年）的销售额达到 16.65 亿瑞士法郎（1 瑞士法郎约等于 7.426 人民币，下同）；2006—2010 年，其销售额一直增长。在 2010 年 12 月，药品监管部取消了 BF 单抗用于治疗乳腺癌的适应症，导致其 2011 年销售额有所下降，为 52.92 亿瑞士法郎。2012 年的全球市场销售额为 57.64 亿瑞士法郎。就市场销售范围而言，BF 单抗已在全球 120 多个国家和地区进行销售，主要销售地区为美国、西欧和日本，美国是其主要市场。BF 单抗 2011 年、2012 年全球市场分布情况如表 6-1 所示。

表 6-1　BF 单抗 2011 年、2012 年全球市场分布情况

| | 2012 年销售额/百万瑞士法郎 | 2011 年销售额/百万瑞士法郎 | 变化率/% | 占 2012 年总销售额比例/% | 占 2011 年总销售额的比例/% |
|---|---|---|---|---|---|
| 美国 | 2 475 | 2 343 | 0 | 43 | 44 |
| 欧洲 | 1 510 | 1 448 | 6 | 26 | 27 |
| 日本 | 769 | 627 | 16 | 13 | 12 |
| 其他地区 | 1 010 | 874 | 16 | 18 | 17 |
| 全球销售额 | 5 764 | 5 292 | — | — | — |

## 三、BF 单抗的国内市场需求

虽然靶向药物在我国临床还属于二线用药，但是靶向药物数量的增长速度远高于其他类药物。目前临床使用金额过亿元的品种有吉非替尼、厄洛替尼、伊马替尼、索拉非尼、利要昔单抗、曲要珠单抗、西要昔单抗、尼要珠单抗等。值得一提的是，BF 单抗自 2010 年 9 月在国内上市后，2011 年的国内销售额就已经达到 1.35 亿元，排在国内单抗类抗肿瘤药物市场的第 5 位。

在 2012 年样本医院用药中，BF 单抗销售额同比上一年增长了 132%，其 2012 年在国内市场的销售额约为 3.13 亿元。100 mg/4mg 规格的 BF 单抗在国内的售价为 5 398 元/支，2012 年 BF 单抗在国内销售了约 5.8 万支，约有 1 500 人使用。

1. 直结肠癌的国内市场需求预测

20 世纪 70 年代初我国直结肠癌的发病率是的 12/100 000。近些年来，我国直结肠癌的发病率一直保持上升的态势，增长到现在的 56/100 000，升速约为每年 4.2%，远超 2%的国际水平。在我国所有肿瘤发病率中，目前我国直结肠癌发病率排第 5 名，总发病数已超过美国。由于 BF 单抗的价格昂贵，所以其销售对象主要集中在经济较发达地区。按 2010 年我国第六次人口普查的 13.7 亿人计算，我国目前有直结肠癌患者 767 万人。我国经济发这地区的人口占总人口数的 14.65%，BF 单抗的潜在使用人数为 11.2 万人。假如 10%的患者接受 BF 单抗治疗，则市场使用人数为 1.12 万人，年市场需求为 43.7 万支（以 60 kg 体重计量，5 mg/2 周，100 mg/支，治疗期 6 个月）。我们预计公司产品的市场占有率为 10%，年市场需求量为 4.4 万支。

2. 老年性黄斑变性（AMD）的国内市场需求

在我国 40 岁以上的人群中，老年性黄斑变性（AMD）的发病率为 6.5%，平均患病率为 4.8%。随着中国人口老龄化程度的加快，该病有明显上升趋势，按 2010 年我国第六次人口普查的 13.7 亿人计算，我国目前有老年性黄斑变性（AMD）患者 6 576 万人（发病率 4.8%）。美国现有 1 500 万老年性黄斑变性（AMD）患者，按 170 万就诊人数概率计算 AMD 的就诊率为 11.3%。我国老年性黄斑变性（AMD）就诊人数为 743 万。BF 单抗的使用人群范围主要集中在经济较发达地区，我国经济发达地区的人口占总人口数的 14.65%，则 BF 单抗的潜在使用人数为 109 万人。假如 10%的患者接受 BF 单抗治疗，市场使用人数为 10.9 万人。BF 单抗治疗老年性黄斑变性（AMD）的剂量为 15 毫克/年，以 BF 单抗在美国每次治疗老年性黄斑变性(AMD)的费用折算，100 mg/4ml

规格的药品，拆分使用的损耗系数为6，则BF单抗在中国的年市场需求量为9.8万支（100 mg/4ml）。我们预计公司产品的市场占有率为10%，年市场需求量为10 000支。

## 案例二　G公司印度尼西亚天然橡胶投资项目产品市场分析及预测

### 一、国际市场分析及预测

尽管前些年世界经济增长速度缓慢，但随着国际社会逐渐走出世界金融危机的阴影，世界经济开始复苏和发展，天然橡胶作为世界各国生产所需的大宗原料，世界各国对其的需求必然会与日俱增。据统计，2016年全球的天然橡胶消费量达到1 258万吨。在今后经济发展的过程中，随着天然橡胶新用途的开发，以及汽车工业的急速发展，天然橡胶原料需求量也将迎来一个新的高峰。据国际橡胶研究组织（IRSG）预测，2020年全球天然橡胶消费量将超过1 360万吨。

从供需角度阐述，橡胶树的种植对自然环境有着比较严格的要求，全球适合种植橡胶树的地域集中在东南亚地区，种植面积占全球种植面积的90%以上。2010—2012年，九大产胶国橡胶树新种植和重新种植面积创下近年来的新高，2013年以后新种植和重新种植面积大幅减少。橡胶树属于长期生长作物，在种植以后一般需要5~8年才能割胶，可以预见，2020年以后，天然橡胶的供应量增速将下降。然而天然橡胶需求量却因全球经济的复苏和新兴产业的兴起不断攀升，全球供需之间将出现一个缺口，出现难以在短期内弥补的供不应求情况，天然橡胶产业有望步入上升通道。从价格角度阐述，近几年国际天然橡胶价格最高值出现在2011年10月，达到5 745美元/吨，2016年1月为近几年最低值1 040.9美元/吨。然而在2016年的下半年，由于国际大宗商品形势回暖、天然橡胶主产地区遭遇气候灾害及轮胎制造企业的橡胶需求量大增等因素共同影响，天然橡胶价格持续攀升，2016年年末价格涨至1 882美元/吨，全年涨幅达80.8%。从中长期来看，国际天然橡胶价格也走出了下降通道，进入了上升通道，近三年价格从期初的1 385美元/吨左右上涨至2 000美元/吨左右，涨幅达44.4%。G公司在此时进入天然橡胶制造行业，可以占据先机，在产业复苏和橡胶价格上升的过程中分到一杯羹。

### 二、印度尼西亚市场分析及预测

印度尼西亚是世界上最大的天然橡胶生产国之一，其天然橡胶原料的供应量对国际市场影响巨大。印度尼西亚国内橡胶大多由小农场生产（大约占总量的80%），而政府和私人天然橡胶种植园在印度尼西亚国内的行业影响力较小。印度尼西亚天然橡胶主产区为廖内、西加里曼丹、南苏门答腊、北苏门答腊和占碑。

2015年，印度尼西亚国内橡胶种植园的面积达到365万公顷，2016—2017年种植园面积仍有所增加。印度尼西亚国内天然橡胶的出口量占全国产量的85%左右，由表6-2可知，2015—2017年橡胶出口量稳步回升。而出口的橡胶近一半被运到亚洲其他国家，其次是北美和欧洲国家，而中国是进口印度尼西亚天然橡胶量较大的国家之一。印度尼西亚国内天然橡胶消费领域主要集中在轮胎制造业。

表 6-2　印度尼西亚天然橡胶的生产与出口情况

| 年份 | 2008 | 2009 | 2010 | 2011 | 2012 | 2013 | 2014 | 2015 | 2016 | 2017 |
|---|---|---|---|---|---|---|---|---|---|---|
| 生产/百万吨 | 2. 75 | 2. 44 | 2. 73 | 3. 09 | 3. 04 | 3. 20 | 3. 18 | 3. 11 | 3. 16 | 3. 23 |
| 出口/百万吨 | 2. 30 | 1. 99 | 2. 20 | 2. 55 | 2. 80 | 2. 70 | 2. 60 | 2. 30 | 2. 63 | 2. 70 |

G 公司选择在印度尼西亚这个橡胶主产国投资橡胶制造项目，可以充分利用印度尼西亚原料资源优势，以达到降低成本的目的。

**三、中国国内市场分析及预测**

中国的农业种植面积虽大，但适合橡胶种植的面积却小，导致国内天然橡胶产量较低。近几年，我国天然橡胶年平均产量大约在 80 万吨，在 2013 年增长到 87 万吨的最高点后，随着天然橡胶价格的下降，国内生产积极性降温，2014—2016 年产量逐步下降。

中国是制造业大国，天然橡胶作为工业原料之一，中国国内制造业对其需求强劲。全球轮胎生产有一大半都在中国完成，而轮胎行业是消耗天然橡胶量最大的行业，直接导致中国对天然橡胶的需求量十分庞大。据统计，我国 2016 年天然橡胶消费量达到 472 万吨，而国内生产量仅有 76 万吨，缺口将近 400 万吨，导致中国的橡胶原料绝大部分靠进口弥补。近几年国内每年供需缺口量基本维持不变，稳定在 400 万吨左右。由于橡胶种植环境的约束，这种缺口将长期存在。

随着社会经济的发展和科技的进步，我们对天然橡胶的需求量呈上涨趋势。人类尚未发明新的交通工具之前，对汽车的依赖度将继续增加，而作为汽车配件的轮胎，生产量也会越来越大。在中国，70%的天然橡胶原料供应于轮胎制造业，轮胎行业产量的增长，必将带来天然橡胶的需求增长。近几年来，中国轮胎市场行情变化巨大，国内重卡热销、共享单车扩张等因素带来橡胶需求的突然升温，使得天然橡胶消耗量急剧增加。

从价格方面来看，中国国内天然橡胶价格在 2011 年 10 月达到 42 895 元/吨，为近几年最高值；2015 年 11 月为 9 305 元/吨，为近几年最低值。2016 年年初由 9 760 元/吨涨到了年末的 16 380 元/吨，全年涨幅高达 67. 83%。由以上分析可以看出，中国对天然橡胶的需求在不断增加，橡胶价格也在逐步回暖，对于中国市场来说，天然橡胶消费潜力巨大。

## 案例三　我国新能源汽车市场分析及预测

**一、产业发展背景**

伴随着经济社会的高速发展，环境与资源问题也日益突出。传统燃油车保有量的快速增长带来了大量的污染，使社会面临可持续发展问题。在国家对能源与环境高度关注的推动下，汽车的发展模式也正在发生着转变，低碳化和可再生化成为汽车产业的发展趋势。在此背景下，发展新能源汽车成为缓解资源短缺，应对环境污染问题，实现汽车产业结构调整和转型升级的重要手段。在国家政策的推动下，新能源汽车成为新兴产业之一，十多年来销量一路上升，行业总体发展良好。

**二、新能源汽车发展现状**

1. 新能源汽车销量分析

在国家政策的扶持下，中国新能源汽车的产销量快速增长。2014 年，中国新能源汽车销售 1. 78 万辆，2018 年已经增至 125. 6 万辆，这五年中销售量的年增长率在 20%以上，在汽车市场整体萎缩和新能源汽车补贴相较于 2018 年下降近 50%等因素的影响下，2019 年新能源汽车的销售量为 120. 6 万辆，同比下降 4%，为近十年来首次同比下降。总体而言，虽然新能源汽车销售量有所下滑，但是在多种因素的影响下，总体向好的趋势仍然没有改变。

2. 公共充电桩数量快速增长

近年来，中国公共充电桩数量快速增长，基础建设成效显著。为了支持地方做好充电桩建设，中央财政从 2014 年起对地方充电设施建设给予奖励性补助。至 2019 年，公共充电桩数量已达 52 万桩，同比增长 67. 7%。另外，2019 年，私人充电桩的保有量为 70. 3 万桩，充电桩总计 122. 3 万桩。但面对庞大的充电桩需求市场，显然充电设施供应量仍不足，后续我们需要加强基础设施建设，尽快改变车多桩少的局面。

3. 补贴政策持续存在

中央财政从 2009 年起对新能源汽车购置给予补贴，按照原计划，补贴政策将在 2020 年年底退出。但是，新能源汽车在 2019 年补贴缩水时销量同比下降 4%，购车补贴对新能源汽车市场仍有较大影响。2020 年 4 月 23 日，财政部、工业和信息化部、科技部、发展和改革委员会联合发布《关于完善新能源汽车推广应用财政补贴政策的通知》，将原定 2020 年年底到期的补贴政策延长至 2022 年年底，并且大幅减缓了补贴政策的退坡力度和速度。不过新规在延长补贴期限的同时，也首次设置了年度补贴数量上限 200 万辆。

**三、新能源汽车行业发展趋势分析**

此前中国新能源汽车的主要市场在于 B 端和限购限行的一线城市，但 2020 年 B 端市场需求量明显下滑，而限购限行城市的需求也遇到瓶颈，新能源汽车急需开辟新的、更大的市场，而广阔的农村市场是一个很好的潜在市场。在国家“新能源汽车下乡”政策推动下，新能源汽车开拓下沉市场将成为趋势。与此同时各行业巨头的加入侧面证明了新能源汽车产业的巨大潜力。

近年来，新能源汽车行业面临着补贴退坡、产能过剩等问题，从政策方面来看，《能源技术革命创新行动计划（2016—2030 年）》中，国家将氢能源与燃料电池技术创新研究列为重点任务之一；从发展趋势来看，未来我国纯电动车和燃料电池汽车将共同主导我国新能源汽车市场。而目前我国汽车市场仍然是以燃油车为主，所以未来新能源汽车的发展空间广阔，市场需求量巨大。

数据显示，2021 年前 10 个月，国内新能源汽车累计产量和销量分别达 238. 9 万辆和 213. 9 万辆，同比增长 213. 3%和 191. 9%。自主品牌新能源汽车渗透率也在不断提高。2021 年 1 月至 10 月国内新能源汽车零售渗透率为 13%，较 2020 年 5. 8%的渗透率而言提升明显；其中，自主品牌新能源车渗透率为 36%，豪华品牌新能源车渗透率为 12%，主流合资品牌新能源车渗透率为 3. 4%。也正因为自主品牌对于新能源领域的渗透率较高，这一新兴的市场助力中国品牌影响更广。根据乘联会数据，从 2018 年开始，自主品牌的市占率就一路下滑，一直到 2020 年跌至 38. 4%，为 10 年以来的最低点。但是在 2021 年，自主品牌在新能源的渗透率持续走高，同时自主品牌的市占率也出现大幅反弹。2021 年 10 月，中国品牌乘用车销量为 95. 2 万辆，占乘用车销售总量的 47.5%，比最低点反弹近 10 个百分点。由此可见，因为新能源版块的表现亮眼，加大了自主品牌影响力。从数据来看，2021 年前三季度，国内豪华纯电汽车销量同比增长 600%，最高渗透率高达 15.3%，同时，在 35 万元以上的纯电豪华品牌细分市场占比中，中国汽车品牌占比高达 72%。由此，我们可以得出结论，未来我国自主品牌的新能源汽车的发展空间仍然巨大。





## 复习思考题

1. 何谓市场评估？市场评估包括哪些内容？
2. 市场调查包括哪些内容？采用哪些步骤和常用方法？
3. 如何进行产品供需预测？可采用哪些预测和分析方法？
4. 何谓项目建设规模？
5. 项目建设规模的影响因素有哪些？
6. 项目生产规模的确定可采用哪几种方法？

# 第七章 生产建设条件和技术条件评估

## 第一节 生产建设条件和技术条件评估概述

项目建设环境的评估是对投资项目实施的可能性进行评价。当对项目必要性进行评估并确认有必要之后，我们就要对项目的建设环境进行全面分析与评价，只有各方面条件均具备了，方能考虑实施项目；否则，必要性再强，条件不具备，项目也难以实施。项目的建设环境涉及各种条件的评估，主要分为项目的生产建设条件及技术条件。

### 一、生产建设条件评估概述

#### （一）生产建设条件评估的必要性

一个投资项目在经过建设必要性评估之后，对必要性能否成为现实，即项目实施的可能性，还需进一步研究并加以论证。对项目生产建设条件进行评估，实际上就是对项目实施的可能性进行预评。生产建设条件评估在项目评估中占有极其重要的地位。首先，项目生产建设条件评估可以验证投资项目生产规模与产品方案的可能性与合理性；其次，做好项目生产建设条件审查、分析和评价工作，对缩短建设工期、降低工程造价、保证项目顺利建成、投产和正常生产经营、充分发挥设计生产能力、提高投资效益都起着十分重要的促进作用。因此，生产建设条件评估对于项目建设和生产经营是十分必要的。

#### （二）生产建设条件评估的主要内容

投资项目的生产建设条件评估，是审查、分析和评价拟建项目是否具备建设施工条件和生产经营条件，即对项目能否顺利建成、能否投产和项目投产后能否顺利生产经营的可靠性进行的技术经济论证工作。对于不同的项目来说，其性质、类型及生产规模的不同都决定了其对生产建设条件有不同的需求。因此，针对每个具体的项目，我们应依据一定的评价标准从各个方面分析评估其生产建设条件是否满足需求。

项目的生产条件的评估包括自然资源条件评估、原材料供应条件评估、燃料及动力供应条件评估、交通运输和通信条件评估、外部协作配套条件评估及劳动力资源条件评估。项目的建设条件评估包括项目的厂址条件评估、环境影响评估、安全防护条件评估。





## 二、技术条件评估概述

### （一）技术条件评估的含义

项目技术条件评估是可行性研究中的重要环节，是进行项目经济效益评价的前提条件。具体而言，项目技术条件评估是对投资项目所采取的生产工艺、选用的设备及技术措施等技术方案和设计方案进行的分析评价。在项目评估中，在项目建设必要性和生产建设条件评估的基础上，我们必须对项目的技术方案和设计方案进行分析、评价，才能达到保证产品质量，提高劳动生产率，增强项目产品在市场上的竞争能力，确保项目效益实现的目的。需要注意的是，项目技术条件评估是在项目可行性研究的基础上，客观、公正地进一步审查、分析与评价可行性研究报告推荐的技术方案和设计方案的可靠性和合理性，而不是对可行性研究的简单重复，更不是代替设计单位或咨询部门为项目所做的方案论证。

### （二）技术条件评估的相关概念

1. 技术

技术是系统的科学知识、成熟的实践经验和操作技艺综合在一起形成的一种从事生产的专门学问和技能、为实现一定目标所选择的工艺技术方法，以及为落实工艺技术方法而采用的物质手段。它包括三个方面的内容：为完成某种目的的科学知识和技能，为实现一定目标所选择的工艺技术方法，为落实工艺技术方法而采取的物质手段。按表现形式技术可分为有形技术（如工艺图纸、厂房设备等）和无形技术（如人的知识、经验、技能等）。

2. 技术条件

技术条件主要是指以项目工艺技术和设备为基础的技术方案及其与它相适应的设计方案。

3. 技术条件评估

技术条件评估是一种技术政策研究，系统地考察了一种技术的引入扩散可能产生的社会影响，尤其是那些非预期的、间接的、滞后的负面效果。技术评估的目的是趋利避害。一个投资项目的经济效益和社会效益都是在既定的项目设计、工艺、设备方案等前提下取得的。因此，只有在技术上被认为是可行的投资项目，我们才有必要进行财务评价和国民经济评价。

### （三）技术条件评估的主要内容

技术条件评估包括技术总体评估、工艺方案及设备条件评估、软技术条件评估、工程设计方案评估等。

## 第二节　项目生产条件评估

项目生产条件评估要分析项目建成或交付使用后的生产条件是否具备，即项目所需要的资源、原材料及燃料动力是否满足需求，交通运输和通信条件是否完善，外部协作配套条件特别是基础设施条件是否能满足项目的需要，以及劳动力资源的保证程度和经济性。

### 一、自然资源条件评估

在项目的所有生产条件中，自然资源条件是起基础作用的生产条件，因为它构成了项目生存的物质基础，只有具备充分的物质基础，项目才可能得以开展。自然资源是指自然环境中的矿藏、农林、动物、土地、阳光、空气及水资源等。比如，我们要建设一个大型铝厂，就要有丰富的铝土矿产资源和大量的电力，而大量的电力供应要依赖煤炭或者水力资源。这里的铝矿、煤炭、水资源等都是自然资源。人类在实现自身发展的过程中能够将自然资源改造为满足自身生产发展需要的产品。阳光、空气等是取之不尽、用之不竭且无处不在的，但大多数自然资源是有限的，且具有开发过程复杂及分布不均衡等特点。这就使得自然资源具备竞争性和一定程度的不可获得性，在选择生产项目及确定项目方案时，企业既要根据项目自身特点选取满足项目所需求资源的合适地区，又要结合所在地自然资源的品质、储量及开采条件，扬长避短，发挥自身优势。

对于自然资源条件的评价主要遵循以下四个原则：一是环境保护原则，即尽可能地开发利用资源，并积极保护生态环境，维护生态平衡；二是综合利用原则，即尽可能地综合开发利用资源，节约资源；三是经济开发原则，即在开发利用资源的同时必须注意经济合理性，注意资源的供应数量、质量、使用年限、开发方式和利用条件等因素，注意技术进步对资源利用的影响，使其达到最佳的经济开发利用程度；四是连续利用原则，对可再生资源，如森林、农、牧、渔等产品的开发利用，要注重连续作业，保证资源连续补偿，使其能持续地被使用。依据以上原则，我们应从六个方面对自然资源条件进行评价。

（1）以矿产资源为原料的项目，必须向国家矿产委员会报告该资源的储址、品质、开采价值及运输条件，经批准后才能进行建设。

（2）分析项目投入物的性质和种类，确保其质量能够满足项目工艺设计方案和设备选型的基本要求。对于利用矿产资源的项目，我们需评价所需矿产资源的矿床规模（总产量和可采址）、类型特征、矿体形态及其大小、矿石品位和结构、伴生的有用或有害之物、矿石的物理性能和化学性能，以及矿床开采技术和加工条件等；对于利用农业资源的项目，我们应根据过去农产品资源供应量及其部分分布数据，估测有关农产品的当前供应情况及今后可能获得的品种和数量，并注意农村经济发展状况及世界农产品市场的变化。

（3）分析自然资源的可供数量是否足够、供给来源是否稳定、使用年限是否足够。

有些自然资源在质量上能够满足项目的技术和设备要求，但数量上却不够充足；有些自然资源在数量上能够满足，但由于其开采方式或供应方式的特殊性，项目主管方不一定能对其进行高效合理的开采。另外，我们还要考察在项目的整个寿命期内自然资源的使用年限是否足够。比如，当投资项目所投入物为海产品时，我们要估计海产品来源的潜力、产量和采集费用，因为海产品的来源不仅取决于生态因素，还取决于国内政策及国际间的双边、多边协定，特别是官方对海上捕捞数量进行限制的情况下，我们要充分考虑投产后的运营可能性，考虑可能受到的限制。尤其是渔业加工方面的项目，我们更要充分考虑各种可能情况，分析海产品在项目寿命周期内供应的可靠性。

(4) 分析技术进步对充分利用和发挥资源的作用和影响。有些自然资源在当前的技术条件下可能并没有很高的利用率，但若采用更先进的科学技术手段，可以很大程度上提高资源的利用率，甚至发掘资源新的优势和使用价值，显著增加项目的经济效益。针对这类自然资源，我们应更多考虑对其的利用。

(5) 当项目投入物是稀缺资源或其数量供应具有很大的不确定性时，我们应该分析该资源是否有替代资源，提前做好资源供应紧张时的预备处理方案。比如，对于矿山资源开采来说，开采企业应注意寻找接替矿，以保持矿山开采的持续能力。

(6) 工程地质和水文地质的评估。关于工程地质，企业应根据勘察的地质报告，选择合理的地质环境，避开地震强度大、断层、严重流沙等地段，以保证建筑物的稳定性，以达到延长项目使用寿命的目的。另外，项目的所有设施应避免布置在具有工业开采价值的矿床上。在水文地质方面，我们要按照拟建项目用水的实际情况，对水源的可靠性做出分析，判明用水的保证程度。对水的保证程度的要求主要有两个方面：一是水的质量，二是水的数量。我们尤其要注意有些对水的质量有特殊要求的项目。另外，我们还要根据项目所在地全年不同时期的水位变化、流向、流速和地下水等因素，分析建设项目是否搭建在洪水泛滥区、已采矿坑塌陷区范围内及滑坡地区。我们也要分析厂址位置的地下水是否低于建筑物的基准面，如果在基准面之上，我们要制订可靠的措施及治理方案。

## 二、原材料供应条件评估

项目在生产建设期内只有得到足够稳定的原材料供应，方能正常运行。由于原材料的有限性及原材料费用在成本中占有较大比重，为使项目取得较好的经济效益，项目必须合理选择原材料利用途径。原材料主要包括项目建设施工所需的建筑材料和项目生产经营所需的原料材料、半成品等。不同类型的投资项目，所需的原材料品种和规格千差万别，而且每一个投资项目的原材料需求也是多种多样的。如果将一个项目所需的全部原材料都进行分析评估，其工作量必定是相当大的。在项目评估中我们只要选择其中主要或关键性的原材料进行分析评估就可以了，通常是根据项目产品的类型、性质对原材料的要求，从原材料的数量、质量、价格及运输条件等方面加以评估。

### (一) 原材料利用途径的评价

对原材料进行合理而有效的利用，可降低产品成本，提高经济效益。

(1) 审查和分析对原材料是否进行了预处理。原材料经过预处理后，可以提纯并取得精料，从而提高原材料利用水平，相应提高产品质量。

（2）审查和分析是否对原材料进行了综合利用或回收利用。在工业生产过程中，企业利用某种原材料生产出主产品的同时，一些材料被当作废弃物丢掉。随着科技的发展和进步，我们应对这些废弃物进行综合利用，在获得多种产品、提高资源利用率的同时，也有利于保护环境。

**（二）原材料供应条件评价**

1. 对项目所需原材料的种类、数量、质量、规模的评价

不同项目所需原材料不尽相同，我们应根据项目产品的性质，确定所需原材料的种类、数量，进而再分析原材料的质量和规格；在认真研究原材料的物理性能和化学性能的基础上，审查和分析原材料的质量和规格是否符合需要；对可以利用多种原材料生产的产品，则应进行技术经济分析比较，选用经济合理的原材料。

原材料供应的数量要满足项目生产能力的需要。在评估时，我们应根据项目设计生产能力、选用的工艺设备估算所需原材料的数量，并分析原材料在加工过程中所发生的不可避免的损失。原材料的质量要适应生产工艺要求，满足项目产品设计功能的需要。原材料质量性能有物理性能、机械性能、化学性能、电磁性能等表现形式，其质量性能直接影响投资项目的生产工艺、产品质量的资源利用程度。比如，煤炭是火力发电的重要原料，但是不同地点、不同矿井开采的煤炭的化学成分含量、热值是不相同的，这对火电厂的技术、经济代价、环境等都有直接影响。为了保证物尽其用，在进行评估时，我们要注意分析特定项目对各种投入物在质量和性能特征上的各种要求，保证满足项目产品设计功能的要求。

另外，为保证项目产品的连续生产，我们应重视材料存储地的建设。特别是在投入物的来源和运输容易发生困难，以至影响连续生产的情况下，这个问题更显得重要。在原材料供应条件中要包括原材料的技术规格、供应规格和合理的储备量，并计算出仓储设施的费用和仓储费用。

2. 对原材料需求量与供给量的评估

我们要根据年生产量和每个单位消耗原材料的数量核算原材料的需求量，进而分析评估市场原材料的供给量。同时分析供应渠道和采购方式，最后评价项目所需原材料的可靠性和保证程度。项目所需原材料可从多渠道获得，从市场采购的原材料供应量、质量均不可靠，而且价格变动大，风险大。而把原材料的生产或种植企业作为项目的附属单位，则风险小，且供应量和质量均可保证，价格合理稳定。对于国内市场没有或生产不了的原材料，我们要要评价国外市场的供应量。

原材料的供应，首先要立足于国内。如果必须从国外进口，则应对需要进口的原材料和其他投入物进行说明。进口原材料一定要注意供应的稳定性和运输环节，一旦国外供应来源有变化时我们需采取应变措施，并预测用国产原材料替代的前景。此外，对需要生产试验的原材料，我们应按需要分别进行不同阶段的生产试验，以选择工艺生产方法，确定技术参数和消耗指标，测定产品质量，取得主要设备选型等各项数据，并对试验目的、试验名称和试验要求、需要试验的理由、试验方法和试验结果等相关问题进行说明。

原材料的价格及其变动趋势是影响项目产品成本和项目经济效益的关键因素。不同质量、不同来源的原材料，其价格是不一样的。通常情况下，主要原材料的价格及

其来源的可靠保证，对项目的技术可行性、经济合理性及合理经济规模的确定都有决定性影响。分析基本材料的价格，依据过去价格变动趋势预测未来的变化，估计材料供应价格弹性和互补性，是确立项目经济性的关键。通过技术经济分析认证，选择更适用的材料或物美价廉的代用品，是保证资源优化利用的重要途径。

## 三、燃料、动力供应条件评估

燃料和动力是项目建设与正常生产中极其重要的物质条件和保证。燃料主要包括煤、石油和天然气等；动力主要包括电、水、压缩空气、蒸汽、氧气及各种惰性气体。燃料、动力供应条件评估主要包括以下内容：

（1）分析和评价燃料供应条件项目所需燃料的需求量能否得到满足，首先要依据产品生产过程、成本、质量、区域环境对所用燃料的要求，选择燃料种类。其次要分析燃料供应政策、供应数量、质量、来源及供应方式。如果是消耗大宗燃料的项目，我们还要落实燃料的运输及储存设施，合理选择燃料供应来源和品种、数量、质量及运输和仓储条件等。至于选择何种燃料比较合理，主要应分析所选燃料对生产布局、生产过程、产品成本、产品质量及环保等的影响情况。

（2）要计算项目生产和建设所需用水量、供水价格对成本的影响，分析项目对水源和水质的要求；分析是否有节水的循环设施、污水净化设施，并估算水源、供水泵站及管网等供水设施的费用。我们主要分析项目生产建设过程中的原料用水、工业用水、锅炉用水、冷却用水和生活用水等的用水量、水质要求、水源地及其供应设施和条件。

（3）分析和评价供电条件。电力是工业生产的主要动力，对于耗电量大而又要求连续生产的工业项目（如轧钢项目），我们需要分析估算项目最大用电量、高峰负荷、备用量、供电来源，要按生产工艺要求计算日耗电量、年耗电量及对产品成本的影响，还需计算变电所、输电线路及自备电厂的功率及其投资，要尽可能保证动力供应的稳定性；调查分析项目所在地区的电力供应情况及能否保证项目生产建设的稳定用电，还应对建设变电站、高压输电线路和自备电厂的可能性和可行性进行分析并做出结论。

（4）分析和评价其他动力供应条件。在评估时，我们要对产品生产中所需的其他动力（如蒸汽、煤气等）的总需要量进行测算，并分析其对产品成本的影响，分析自备设施投资、规模及设备选型、管网布置的合理性；对项目生产建设中所需的压缩空气、蒸汽、氧气、惰性气体在分析需求数量、质量的基础上，着重研究其生产方法、供应方式或协作配合要求等。

## 四、交通运输与通信条件评估

### （一）交通运输条件评估

交通运输是物资供应的先行官。它关系项目建设和生产所需的物资能否及时保证供应，也关系项目产品的生产成本和投资效益。因此，交通运输条件是项目选址必须考虑的重要条件和关键环节。交通运输条件评估主要是对运输方式的选择，运输中的装、卸、运、储各环节的能力协调及运输条件对生产过程、产品成本的影响所做的审查、分析和评价。运输条件包括厂内运输条件和厂外运输条件两方面。厂内运输条件是指原材料、半成品、产成品的水平和垂直运输，由运输设备和运输环节的协调与组织管理，运输载体的形状、性质和生产工艺要求决定。厂外运输条件是由厂外运输的特性、数量和距离等因素决定。在项目建设条件评估中，我们主要分析评价项目的外部运输条件，因为这是保证项目建设生产供应和产品销售能否顺利的环节。

1. 分析评价运输方式选择的经济合理性

厂外运输有铁路、公路、水路、管道、航空运输等方式。铁路运输条件包括车站的级别、铁路对货物流向的要求、通过能力、运输能力、车站到厂址的距离、是否需建铁路专用线等；公路运输条件主要包括通达地点、距离、路面质量等状况；水路运输条件包括运输航道的通航季节、上下游水深及可泊航船吨位、河流有无疏浚工程量、工厂到码头的距离等；航空运输条件包括飞机场的通航地点、班次、时间，工厂到机场的距离等。对项目运输方式的选择要进行多方案比较，分析所采用的运输方式是否经济合理，在时间上有无保证。我们要分析所选择的运输方式对货物流向的要求、通过能力及运输性能情况，运输设备要与运输方式配套，并满足运输中的各种特殊要求，以确保安全可靠。

2. 分析评价运输环节的协调性

我们要分析运输过程中的装、运、卸、储各个环节是否协调和便于组织管理，能否保证项目建设和生产活动正常进行；同时还要具体分析评价所选择的运输设备和运费的相关关系，寻找既快速又经济的运输方式。

3. 分析评价运输距离的经济合理性

项目的物资运输包括原材料由采购地运进，产成品由项目地运出。由采购地到项目地、项目地到销售地的运距对项目投资效益有很大影响，因此，我们要选择合理的运距，做到经济合理。

### （二）通信条件评估

通信是指电话和网络系统。它们是现代生产系统顺利运转的保证条件之一，是项目建成后与外界进行联络和信息交流的重要手段。通信条件包括电信系统、网络系统和邮电系统。评价通信条件时，我们要着重分析项目所在地的通信能否保证项目与外界信息的正常交流。如果当地通信条件落后，我们就应分析通信条件的发展趋势及与主体项目同步建设通信项目的可能性。

## 五、其他生产条件评估

### （一）外部协作配套条件

在社会化大分工的现代社会，一个企业通常不会亲自包揽项目的所有环节，在项目选址、自然资源勘探、交通与通信设施维护及销售等全部工作中，企业只承担这其中的某一个环节。参与产品生产每个环节的各个企业形成了一条产业链，产业链上的各个企业相互联系、相互制约。为项目生产提供半成品、零部件和包装物的是上游企业，将原材料转化为产品的是下游企业，除此之外，还有为项目建设提供电力、交通运输及通信等设施维护的企业。这些企业共同构成了项目的外部协作配套条件。

对于上游协作企业，评估人员主要调查协作企业对项目所需零部件、半成品、包装品的供应能力、规格型号、交货期和运输条件，以及协作厂的地址及技术力量，从而分析协作企业的保证程度。此外，还要分析协作企业提供的货物的质量、价格、运输费用对项目产品质量和成本的影响。而对于下游协作企业，评估人员应在分析产品需求时考虑本项目与下游企业的配套问题，最好与其签订购销合同，把供需关系固定下来，使产品能顺利售出。

**（二）同步建设条件**

项目的同步建设条件是指项目在生产技术及生产进度方面与其上、下游企业的配合和协调程度。一方面，建设应保证产业链上的企业生产进度互相衔接，不浪费时间，保证生产建设的高效。另一方面，建设应在技术和设备条件上相适应。

**（三）人力资源条件**

人力资源是指项目生产建设过程中的各种工人、设计师、工程师及管理人员等劳动力。这些劳动力的数量、质量、能力等决定了一个企业人力资源条件的优劣。对于知识密集型项目，人力资源对其技术能力的影响更明显，甚至直接决定了其创新能力。比如，华为作为一家创新型高科技企业，在人力资源上具有相当大的投入。人力资源条件评价要注意以下几点：

（1）审查分析项目所需各类人员的数量、素质和技能；

（2）审查分析项目所需各类人员的来源是否得到保证，不符合要求的人员的培训手段是否落实；

（3）分析各类人力成本。

## 第三节　项目建设条件评估

项目建设条件评估，是审查、分析和评价拟建项目是否具备建设施工条件和生产经营条件，即对项目实施的可能性和投产后能否顺利地生产经营的可能性进行的分析评价工作。对于投资项目来说，具备一定的建设和生产条件是投资项目实现预期目标，取得预计经济效益的保证，也是决定项目取舍的重要因素。因此，评估项目的建设和生产条件时我们必须进行全面的分析与评估。

### 一、项目厂址选择评估

投资项目建设地址的选择是一个事关全局性和长远性的战略问题，直接决定了项目当前的建设活动能否顺利完成及项目后续的生产经营活动能否可持续。合理选择项目建设地址，要对项目厂址的选择方案进行评估。一般情况下，我们应该在国家经济布局和发展计划的范围内选择几个合适的项目建厂位置，再进一步根据所选建厂位置的自然地理属性、运输条件、供电给水条件等因素判断其是否能最大限度地满足建设与经营各方面的要求，使项目的建设达到技术上可行，经济上合理，最终确定最佳厂址。项目厂址的选择关系产业的合理布局和区域社会经济的发展，厂址选择的好坏直接影响项目投资、建设速度、施工条件及未来的发展与竞争能力。因此，在项目的可行性研究中，大中型项目都要求编制选址报告，对选址做多方面的技术经济论证。

**（一）厂址选择的原则**

在进行项目选址时我们要考虑很多方面的因素。首先是自然因素，项目厂址所在地的自然资源条件及地形地貌等地质条件对项目后续建设有决定性的影响；其次是经济因素，主要包括厂址所在地区的经济实力、技术水平等；最后是社会政治因素，国家经济发展规划、国家环境保护法案、财税制度等因素都应考虑在内。结合这些因素，在进行项目厂址选择评估时，我们应重点遵循以下原则：

（1）厂址的地区布局应符合国家经济布局、区域经济发展规划、国土开发及管理的有关规定。

（2）厂址选择应执行“控制大城市规模、合理发展中等城市、积极发展小城市”的方针。

（3）厂址选择应按照指向原理，根据原材料、市场、能源、技术、劳动力等生产要素的相对区位综合分析确定，即选择生产要素可获得性最高的厂址。比如，对在产品生产过程中原料失重程度较大，单位产品消耗原料数倍及以上的，选择靠近原料产地建厂，这样原料的外运成本比工厂建在消费地而大量运输原料要合算；对在项目的生产过程中，原料失重程度小，成品不便运输或运输过程损耗大的，一般选择接近消费市场的地区建厂；对于耗电量大的项目，一般应选择在动力基地附近建厂；对属于劳动密集型、资金有机构成低、人工费在产品成本中占绝大部分的项目，应在劳动力供应充足的地区建厂；对属于知识密集型、技术密集型的项目，应考虑技术协作条件，在靠近科技中心的地区建厂。

（4）厂址选择要考虑交通运输和通信设施等条件。

（5）厂址选择要有利于专业化协作，专业化协作生产可以大大节约用地面积和建设投资，并采用先进的工艺技术和设备，提高生产率。

（6）厂址选择要注意环境保护和生态平衡，注意保护自然风景区、名胜古迹和历史文物。

（7）厂址选择既要考虑保证生产的需要，还要考虑职工生活条件，尽可能处理好生产与生活的关系。

**（二）厂址选择的步骤**

确定建设项目的具体地址，我们应首先进行建设地区条件分析，其次再进行建设地址条件分析。地区条件分析又称选点评估，是结合国家的宏观计划和生产力布局的要求在较大范围内研究与选择项目的建设地理区域；建设地址条件分析又称定址评估，是对拟建项目的具体施工建设地点的选择。

1. 建设地区的选择

一个项目很可能选择数个不同地区进行建设，在项目评估报告中应说明选择某些些建厂地区的理由。选择建厂地区要考虑的因素既有政治方面的，也有经济方面的；既有自然方面的，也有社会方面的。具体来说，有以下几个方面：

（1）自然条件。在地理、地形、地貌方面，我们分析该地理位置对拟建项目的投入产出、劳动力来源、经营管理、交通运输、协作化等各种条件的利弊，研究当地各种地理条件和自然灾害的历史资料是否符合建厂条件；对区域地质、地震、防洪等资料进行分析，选择防震、防洪、基础工程属于常规设施的地区；对水文地质条件进行分析，选择在项目有效期内有充分取水保证的地段；对气象条件进行分析，选择气象条件对建厂投资和生产成本无过大影响的地区；有些项目对环境要求很高，如农产品加工项目明显依赖使用的原材料，原材料被污染，会对项目效益带来很大影响，因此对于这类项目还要进行环境分析，选择环境对项目没有影响的地区。

（2）经济条件。经济条件包括工农业生产水平与生产协作条件、经济发展规划、当地人口状况及劳动力资源、交通运输条件、基础设施条件。根据拟建项目的特征和需要，我们要分析生产的协作性、区域经济发展规划、劳动力资源状况等条件能否满足建厂要求；分析建设地区靠近原料、燃料产地或靠近销售市场的利弊，说明拟建地点与原料、燃料供应点和产品销售点的运输距离；分析现有交通运输能力及发展规划，弄清需由拟建项目自建的运输线、桥梁等工程规模，分析项目的承受能力；分析拟建地点现有的公用事业及基础设施情况，分析可供利用的条件，如供电、供水、供热、电信等可被利用的可能性，说明今后发展和建设规划。

（3）社会政治条件。政治因素包括政治局面是否稳定、法制是否健全、税负是否公平等。建厂尤其是在国外建厂时我们必须考虑政治因素，政治局面稳定是发展经济的前提条件。根据具体项目的需要，企业还要分析公共政策方面的各种优惠政策、鼓励或限制政策及土地管理和使用的有关规定。社会因素包括社会文化水平、环境保护等。跨国投资建厂，企业需要考虑文化对企业管理的影响。在国外投资设厂，职工文化背景影响管理者与职工的沟通与交流。即使是同一国家，文化发达的地区职工素质较高，有利于企业的发展；反之，文化落后的地区，职工文化素质低，不利于企业的发展。选址还应考虑环境保护问题，而且这个问题越来越重要，有“三废”污染和噪声、辐射等污染性的建设项目，不能选择在人口密集的地方建厂。

2. 建设厂址的选择

（1）厂区面积与地形应满足厂内总体平面布置的需要，要满足生产区、生活区、“三废”处理场地及其设施的用地要求，并有适当发展空间和绿化美化用地，且土地费用低。

（2）厂址应尽量选在地形平坦或稍有自然坡度的地段，以减少场地平整的土石方量，并便于排水。

（3）厂址应邻近铁路、公路、航道等运输干线的停靠点，以减少运输量；应靠近水源，便于引水。

（4）选择厂址时，我们必须分析工程地质及水文地质条件，要避开断层、岩溶、流沙和洪水地带，并要根据项目生产特点考虑温度、湿度、降水量、风向等气候条件对生产的影响。

（5）厂址应靠近常有生产联系的企业和城镇居民点，基础设施好，以方便生产和生活的地段。

（6）厂址应当尽量靠近水质、水量都能满足生产需要的地方，以便于取水和排放，同时避免项目投入巨资引水的情况。

3. 综合方案比选

如果项目可行性研究提供了几个备选方案，我们应当根据上述的厂址选择原则和要求，再对这几个备选方案进行对比，最后选择一个最合理的项目建设地址方案。如果项目可行性研究只提供一个确定的厂址方案，项目评估人员也应根据厂址选择的原则和要求对其分析论证过程进行审查和评价，检验其是否是最佳厂址选择方案。

**（三）厂址选择方法**

1. 最小运输费用法

最小运输费用法也称重心法。其特点是将运输费用作为厂址选择的重要基点。运输费用主要指原材料、燃料运输费用和销售产品运输费用。假定生产所需要的多种原材料由不同地区供应，而产品又要销售到若干地区用户，要寻找运输距离最短、运输量最少、运输费用最低的方案，厂址往往就是在重心的位置上。所以，此法也称重心法。

2. 盈亏平衡法

选址盈亏平衡分析法用来对多个选址方案进行经济比较，通过定义可变成本、固定成本，并为每个地址计算这两种成本的相关数据并绘制图表，再比较其总成本，选取成本最小的那一个作为厂址。这种图表法也提供生产规模变动情况。

该方法分三个步骤：一是确定每个地址的固定成本与可变成本；二是绘出每个地址的成本，纵轴表示成本，横轴表示年生产量；三是相对于期望产量，选择总成本最小的厂址。

现举例说明如何使用选址盈亏平衡分析法。

**【例 7-1】**一家汽车制造商考虑在北京、天津和上海中挑选一个设立新厂，其成本研究资料表明，三个地址每年的固定成本分别为 30 000 元、60 000 元和 110 000 元。另外，每单位产品的可变成本分别是 75 元、45 元和 25 元，生产出来的产品预期销售价为 120 元。公司希望能为这个年预期生产规模为 2 000 辆的新厂寻找一个最经济合适的厂址。对于各个地址，我们都能在图中表示固定成本（产量为 0 时的成本）及达到预期生产规模时总成本（固定成本加可变成本），这些厂址的盈亏平衡分析图见图 7-1。

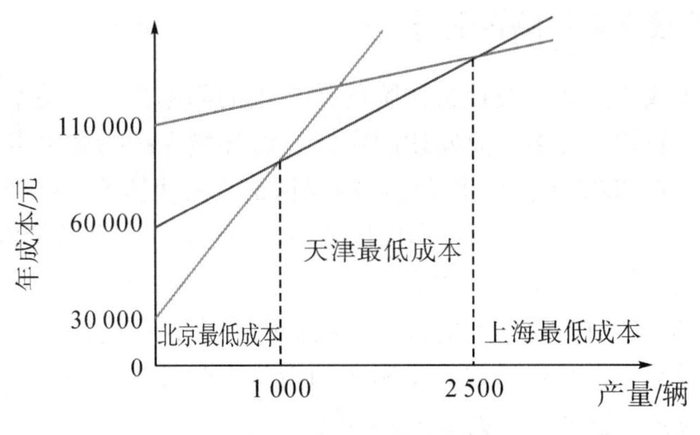


**图 7-1　盈亏平衡分析图**

解：对于各个地址，我们都能在图中表示出它的固定成本（产量为 0 时的成本）及达到预期生产规模时的总成本（固定成本加可变成本）。这些成本的产量线见图 7-1。

如果在北京建厂，总成本 = 30 000+75×2 000 = 180 000（元）。

如果在天津建厂，总成本 = 60 000+45×2 000 = 150 000（元）。

如果在上海建厂，总成本 = 110 000+25×2 000 = 160 000（元）。

如果每年的预期生产量是 2 000 辆，那么在天津建厂的总成本最小，而且每年预期利润=总收入-总成本=120×2 000-150 000=90 000（元）。

由图 7-1 可知，当生产规模小于 1 000 辆时，在北京建厂为最优选择；而当生产规模大于 2 500 辆时，在上海建厂的利润最大，三条直线的两个交叉点分别对应 1 000 辆和 2 500 辆的生产规模。

3. 评分优选法

评分优选法是一种将定性问题定量化分析的方法，是层次分析法的一种应用。通常情况下，每个方案都有优于其他方案的因素，对方案中的共同影响因素赋予权重，并对每种方案的每个因素进行打分，最后结合计算出的每个方案的总评分，便实现了对定性问题的量化分析。

4. 方案比较法

方案比较法的基本思路是从经济上进行分析，以年折算费用（或成本）大小作为择优标准。费用则是由投资和经营费用组成。一般地，在利用投资费用和经营费用比较法进行对比分析时，我们以年折算费用最小或追加投资回收期最短的方案为最佳方案。

年折算费用的计算公式为

年折算费用=投资费用/折算年限（或者考虑资金的时间价值，将投资费用折算为等额年投资成本）+年经营费用

追加投资回收期的计算公式为：

$$T = (K_1 - K_2)/(C_1 - C_2)$$

式中：$T$——追加投资回收期；

$K_1$、$K_2$——方案的投资额；

$C_1$、$C_2$——方案的经营费用。

## 二、项目建设环境影响评估

环境问题已经成为当前人类社会面临的最严重的问题之一，关系经济社会是否能够持续健康发展。目前，许多工业发达国家已经将环境保护措施由事后处理型升级到事前预防型。我国自 2002 年首次将环境影响评估纳入法律体系，已经不断颁发和修订了多部相关法律法规，至今，我国已形成比较完整的建设项目环境影响法律法规体系。

环境影响评估是管理环境的一种有效手段。由于企业和政府进行的生产建设活动不可避免地会对环境造成不同程度的破坏，我们需要在这些生产建设活动开始前对其可能产生的影响及消除、减缓这些不良影响的措施有效性进行分析、预测、评价及跟踪监测，最大限度地保证环境污染影响最小化。

### （一）环境影响评估程序

对投资项目的环境影响进行评估时，我们应按照如下步骤依次展开：

（1）分析投资项目可能造成环境污染的因素；

（2）分析投资项目可能对环境造成的影响；

（3）评估投资项目预计采取的环境保护措施；

（4）分析投资项目环境影响的经济损益；

（5）编制环境影响报告书。

**（二）投资项目环境污染因素**

从环境污染的影响对象来看，环境污染主要分为自然环境污染和社会环境污染两个方面。自然环境污染主要是指人类社会生活对空气、土壤、河流和森林等自然资源形成的不可改变或有害的破坏；而社会环境污染主要是指人类社会活动形成的城市膨胀、交通拥挤、垃圾堆积等影响人类健康发展的问题。

1. 自然环境污染

在投资项目的建设、生产及后续经营的整个生命周期内都有可能造成环境污染，总体来看大部分都是对自然环境造成的污染。

（1）投资项目建成以后在生产过程中投入物带来的环境污染。投资项目建成投产后，只有投入物料才能进行生产，而投入的物料会对周围环境产生污染和影响。比如有毒或易爆的投入物，在没有密封和安全设施的情况下，投料过程可能会污染自然环境；再比如一些危险投入物在存放过程中可能存在不安全的隐患，导致环境污染。

（2）投资项目建成以后生产期间所用能源导致的污染。一般工业项目的生产都会使用矿物能源，如煤、石油、天然气等，这些能源在燃烧过程中会产生大量硫的氧化物、氮的氧化物、烃类、一氧化碳和颗粒粉尘等污染物。它们除危害人类呼吸系统外，还以酸雨形式返回地面，影响生物生长。

（3）投资项目建成以后在生产过程中直接排放“三废”（废水、废气、废渣）造成的污染。废水是工业生产过程中的液态排放物。例如，造纸工业、化学工业、电子工业等排放的废水，都含有一种或多种对人体和其他生物有害的物质。废气是工业生产过程中的气态排放物。废气污染主要指大气环境受到有害气体破坏，从而影响人类活动。尽管大气环境本身有一定的净化能力，但是当排放的气体污染物的数量和浓度超过了大气的净化能力时，就会对人类活动和生物生存带来不利影响。废渣包括矿山的废弃开采物、炉渣、粉煤灰等。废渣的大量排放除直接影响排放地区人们的生活环境外，有些废渣污染物随河流、雨水冲刷渗入土壤，会造成更大范围的污染。

（4）投资项目建成以后其产出物对环境的污染。一些工业产品在使用过程中或使用之后会对环境产生不利的影响或污染，比如某些化肥和农药，在使用时若不遵守使用规则，会对环境产生不良影响。再比如电器产品在其使用价值丧失之后，都会对环境造成一定的污染。

（5）投资项目建成以后生产、管理人员生活对环境造成的生活污染。项目建成投产必然要提供生产、管理人员的生活场所，而生活垃圾可能成为环境污染的重要污染源。

2. 社会环境污染

（1）投资项目建成以后生产期间产生的噪声污染和光污染。投资项目的生产过程常常伴随着噪音和光电污染，比如重型机器所产生的瞬间或者连续的机器轰鸣声，发光物对环境的光刺激等。噪声和光污染现在已越来越引起人们的重视，其对人类的危害也是不容忽视的。

（2）投资项目建设期间对厂址所在地造成的不良影响。一些工业投资项目要在建设过程中利用一定的土地进行建厂，这个过程不仅需要改变建厂地址的地形地貌，对自然环境造成影响，还可能破坏附近居民的生活环境。另外，投资带来的地区经济布局的改变也会给人们的生存带来很多潜在的影响。

**（三）投资项目预计采取的环境保护措施评估**

环境保护措施评估应首先从拟建项目的实际情况出发，收集项目所在地有关地形、气候、农业生产和城市规划等基础资料，根据项目涉及污染物的实际排放情况，分析项目对空气、水质、土壤等自然环境的影响。了解可能产生的环境污染程度，然后对为消除和减轻这些影响，使其达到国家环境质量标准要求而采取的环境保护措施进行分析评估。在评估时，我们应着重分析评价这些环保措施是否能达到环境保护的目的。具体内容如下：

1. 审查环境影响报告书

对环境影响报告书的审查，可以从三个方面着手：一是审查可行性研究阶段是否全面分析了项目建设对周围环境产生的影响，是否形成环境报告书；二是审查环境影响报告书是否经过环保部门批准；三是审查环境影响报告书中是否提出了具体的治理对策，特别是对生产过程中产生的污染源是否提出了科学可靠的控制方案。审查分析可行性研究报告的附件中是否有环境影响评价报告书和各级环保部门的审查意见。

2. 审查治理方案

对治理方案的审查，可从两方面着手：一是审查对投入物、燃料和原材料的使用是否安排处理措施；二是审查设计任务书中的治理措施是否合理可靠，经治理的各种污染物的排放量是否低于国家环保部门规定的排放量，全面分析项目对环境的影响，并提出治理对策。在分析产生污染的种类、可能污染的范围及程度的基础上，对治理对策进行评估。尤其要注意为防止生产过程污染而进行的治理项目与建设的配套设施，是否做到了与主体工程同时设计、同时施工和同时投产。分析评价治理后能否达到有关标准要求。项目在规划治理措施时，必须保证各种污染物的排放量低于国家环保部门规定允许的最大排放量。在评估时，以国家颁发的有关标准作为依据，检测项目的治理是否达到这些标准要求的限度。对于国家尚未颁发标准的一些行业，则应根据项目的具体情况，分析其对环境造成的污染程度，并结合国家关于环境质量的一些标准，如大气环境质量标准、城市噪音标准等，来判断该项目的污染治理措施是否符合环境保护的要求。项目只有符合环保要求，才能进行建设。

3. 审查总投资与总设计

对总投资的审查，看是否包括了环保工程的相关投资，是否单独列项，来源有无保证。对总设计的审查，看是否坚持了环保工程与主体工程同时设计、同时施工、同时使用的方针。分析评价投入环保工程的资金有无保证、是否落实。应贯彻环保工程与主体工程同时设计、同时施工、同时投产使用的方针，以达到控制环境污染和恶化的目的。

4. 分析项目环境影响的经济损益

建设项目本身会对环境造成影响，因此必须采取合适的环境保护措施，但与此同时，环境保护措施的采取又会对项目本身的经济效益产生影响。治理标准既要符合排放物不危害环境的要求，同时又要考虑治理投资的效益问题。治理费用并非越大越好，如果治理费用超出了项目可获得的经济效益，项目就不具备可行性。因此，应从项目社会效益、经济效益、环境效益相统一的角度综合评估项目的可行性，在治理环境所获成效和所付出的经济代价之间进行对比和衡量，尽量用有限的资金获取最大效益。

### （四）编制环境影响报告书

根据《中华人民共和国环境影响评价法》的规定，环境影响评价报告书的内容主要包括以下几个方面：

（1）建设项目概况；

（2）建设项目周围环境现状；

（3）建设项目对环境可能造成影响的分析、预测和评估；

（4）建设项目环境保护措施及其技术、经济论证；

（5）建设项目对环境影响的经济损益分析；

（6）对建设项目实施环境监测的建议；

（7）环境影响评价的结论。

## 三、项目劳动保护与安全防护条件评估

对环境污染的考察不应局限于项目对项目以外的对象造成的污染，项目内部的环境污染问题也应得到重视。因此，为了控制项目的内部环境，企业要遵照劳动部门和消防部门的有关法规及规范，制订必要的劳动与安全防护方案，进行劳动保护与安全防护。

### （一）劳动保护条件评估

在对项目的劳动保护条件进行评估时，我们主要审查和分析企业制订的劳动保护方案是否符合标准。以下是劳动保护方案应包括的内容：

（1）说明生产过程中产生的粉尘和毒气的成分、性质、浓度，并分析对人体可能造的影响，并说明国家规定该粉尘和毒气排放的标准，从而判断哪些粉尘和毒气属应治理的，指出重点治理内容。

（2）要确定采用什么新工艺、新技术、新设备，如防尘设备、密封操作设备等，减少或消灭粉尘和毒气的产生，并达到国家规定的排放标准。凡是从国外引进成套技术设备，在生产使用中产生尘毒危害的，必须同时引进或由国内制造相应配套的防尘防毒技术装备，这些技术装备若由国内配套制造，必须纳入计划，落实生产单位，与主体工种同时安装和投产使用。

（3）拟建项目的外协项目在加工过程中产生尘毒问题的，要同主体项目同时制订治理方案，不得将尘毒问题不加治理而转嫁给其他企业。投资项目的尘毒治理必须与主体工程同时设计、审批，同时施工，同时验收，并同时投入使用。

### （二）安全防护条件评估

在对项目的劳动保护条件进行评估时，我们主要审查和分析其制订的劳动保护方案是否符合标准。以下是劳动保护方案应包括的内容：

（1）应列明生产中使用和生产的易燃易爆物品的名称、数量、性质（燃点、闪点、爆炸极限）和安全要求；明确需要防治的主要物品的名称，并将其作为防护的重点对象。

（2）专设易燃易爆物品仓库、自动控温装置、自动灭火装置等，并建立必要的消

防站、消防供水系统、消防通信、消防用车等。对项目生产建设中容易产生可燃性气体或液体的工序应设置仪器仪表控制系统，以便在爆炸极限前及时报警，消除爆炸危险。对有放射性污染的项目应审查分析项目是否采取防护设施，如设置防护门、防护屏等，以避免或减少放射性污染对人体和环境的危害。

（3）对采用的新材料、新设备、新工艺，必须了解其火灾危险性的特点，并采取相应的消防安全措施。审查分析项目的有关防腐部分是否按有关规定要求采取措施进行防腐，以提高项目的使用寿命。

（4）厂房、仓库、车间的距离要符合安全距离的要求，应按照安全防火的规定或规范，分析项目的耐火等级、防火间距等是否达到有关要求，对易爆工段进行隔绝或保持一定的安全距离等。建筑设计需符合国家关于建筑设计防火规范的规定。投资项目一般不应在9级以上地震强度区建设，对在地震区建设的项目应采取抗震措施，保证建筑物在发生7~9级地震时不发生倒塌。

## 第四节　项目技术条件评估

### 一、项目技术总体评估

项目在运行过程中涉及许多技术的运用，对项目技术的评估不能只注重某项具体技术的优劣，而应按照一定的原则从全局的角度对各种技术进行综合评价，以此来保证具体技术在整体方案中的协调性。项目技术总体评估应遵循协调性、先进性、适用性、可靠性、经济性等原则。

首先，项目技术总体上要具备系统性，各个程序要相互配合、协调一致，这样才能使整个项目运转有序。统一协调的总体方案有助于管理层统筹管理，有利于提高生产效率。其次，项目技术总体上要满足先进性的原则，采用先进的技术可以促进经济发展，加快技术进步，使我国在国际经济技术竞争中占据有利位置。在对投资项目进行技术评估时，我们应尽量选用先进技术，避免使用落后或淘汰的技术。对于投资拟建项目来说，若采用的是引进技术，在项目可以配套消化的基础上，应该比国内现有的技术先进；如果投资项目采用的是国内技术，就应当是国内已经成熟的先进技术。而保证技术的经济性是保证其先进性的前提，不讲经济性的先进性是盲目且不可靠的。所选技术的经济性是指项目所采用的方案各项投资小、生产成本低、投入产出关系合理、能获得较好的经济效益。在评估方案的经济性时我们应处理好局部经济效益与整体经济效益、直接经济效益与间接经济效益、当前效益与长远效益的关系。最后，项目技术总体上还应满足可靠性与适用性，即所采用技术在适应项目设备和建设环境的基础上可以很快转化为生产力，带来明显效益，并且该技术是经过实践检验的可信赖的技术。

### 二、项目工艺方案评估

生产工艺是无形的，设备是有形的，在实际生产过程中，生产工艺和设备相互依存。生产工艺要借助设备实现其生产目的，而设备要采用一定的工艺才能发挥其应有的功能。因此，我们对生产工艺和设备均要进行评估，以判断投资项目是否可行。

生产工艺技术是指劳动者利用生产工具对各种原材料、半成品进行加工或处理，使之成为产品的方法，是人类在劳动中积累起来并经过总结的操作技术经验。工艺技术是设计技术的核心内容，采用什么样的工艺，就会确定与之相适应的生产设备，所以工艺技术方案不仅涉及项目的投资多少、建设周期的长短，而且对未来的产品质量、产量和项目建成后的经济效益都产生直接的影响。搞好项目的工艺技术评估，对整个项目的技术评估都有重要意义。可见，项目生产工艺评估的目的是确定生产全过程技术方法的可行性，因而做好项目工艺评估工作对项目的评估具有重要意义。

对于工业项目来说，选择适当的工艺技术是一个关键问题。这种选择应联系所选定的项目或投资战略，联系社会经济和生态条件，对各种工艺方案进行详细考察、分析评价并选出最合适的工艺方案加以实施。工艺技术评估的内容主要有以下几个方面：

1. 对工艺技术方案市场需求适应性的评估

随着社会经济的发展，市场对商品的需求无论在质量上还是数量上都在不断变化，这就要求产品在品种、性能、规格等方面不断适应社会需要。使用不同的生产工艺，企业可以得到不同质量、性能和品种的产品。投资项目所采用的工艺技术方案应具有一定的适应市场变化的能力，能够做到随着市场需求的变化，及时调整和改变原有的工艺路线。

2. 对工艺技术方案成本经济性的评估

方案的成本经济性具体表现在方案的工艺成本的高低上。工艺技术方案成本经济性评估主要是审查、分析和评价工艺技术方案的成本。投资项目的工艺技术成本包括原材料消耗费、能源消耗费、运转维护费、生产操作和管理人员的工资、工艺装备及厂房的折旧费等，有时还包括无形资产及递延资产的摊销费，如各种研究费、培训费、试运转费等。在对项目的工艺技术成本进行评估时，我们可采用年折旧费用法将备选的各个工艺技术方案的上述费用汇总并加以比较，从中选出技术可靠、产品质量能满足用户要求、成本最低的工艺技术方案。在评价工艺经济性时，我们要对各种工艺技术方案的年产品制造成本进行比较，选取年产品制造成本最低的方案。若只有一个方案，我们可把它的先进水平与同类项目的先进水平进行比较，以评价其经济性。

3. 对工艺技术方案原材料适应性的评估

不同工艺往往要求不同质地的原材料，在评估工艺技术方案时，我们要充分考虑工艺对原材料规格型号、成分等方面的要求。例如，对于含有多种有用元素的矿产资源，我们就应根据矿物的物理和化学性质，选择相应的多次选冶分离工艺，而选择无切削工艺技术方案加工贵金属也可节约和充分利用资源。应该注意的是，选择对原材料质地性质要求较宽的工艺技术方案，可以减少项目风险。另外，我们也应该评估原材料供应量能否满足需要及工艺技术方案能否适应原材料的供应状况。

4. 对工艺技术方案工艺流程均衡协调性的评估

生产过程的均衡协调性是指生产过程的各阶段、各工序之间在生产能力上应有适合产品生产要求的比例关系，也就是各工序配备的工人数量及其技术水平，配置的设备数量及其精度、效率，应和产品加工的技术要求和劳动量互相协调。一个企业，一般由若干车间或工段组成。例如，钢铁联合企业有矿石准备、炼铁、炼钢、轧钢等车间。每个车间或工段都有自己独特的工艺流程，在评估时我们应充分分析各车间或工段之间的生产能否均衡协调运转；否则，有可能造成生产间断、停工待料或中间产品积压等矛盾。这样项目在经济上会产生损失。在评估工艺流程的均衡协调性时，我们应该分析每道工序、每个班组和每个车间的协调和生产能力平衡，保证整个工艺流程的公理性。

5. 对工艺技术过程连续性的评估

连续性是指产品在生产过程中的各个阶段、各个工序之间的流动，在时间上是衔接的和连续的。工艺技术过程的连续性表现为从原材料的投入到成品产出的过程便捷，具有连续性，能够提高劳动生产率和设备利用率，降低产品成本，保证产品质量。企业应用连续化生产缩短工艺流程，相应地减少设备和场地，适应现代化大生产的发展方向和趋势。

6. 对工艺技术方案成熟性的评估

工艺的可靠性是指所选的工艺必须是成熟的，在实践中能发挥预期效益。可靠性是工艺选择的前提，项目的工艺不可靠，企业的生产经营活动就无法正常进行，甚至会造成重大的浪费和损失。新工艺必须经过实验阶段，基本解决了各种技术问题，并经有关部门鉴定后，才能进入生产阶段。对危害性较大，但又必须采用的先进工艺，企业必须有可靠的防范措施，确保生产者的人身安全和环境不受污染后方可使用。为了保证可靠性，我们还应分析该工艺在国外有无成功的先例，在国内是不是第一次使用，有无使用经验，可能会遇到什么风险和困难，利弊大小等，才能确定能否采用。

工艺技术方案的成熟性包括两方面的含义：一是工艺技术方案是经过实践运用并证明是行之有效的，二是工艺技术方案已通过扩大试验并经过鉴定认为是可靠的。一般来说，新工艺的采用必须经过实验室研究、中间实验、工业制造三个阶段。根据基础研究的成果而进行的实验室研究，是以全新的工艺或产品为对象，进行的是应用的可行性研究；中间试验是以实验室研究成果为基础，但未取得必要的技术参数，不能在实践中立即采用，必须进行较长时间的试验，以便验证和改进实验过程；工业制造阶段则是新工艺完成实验阶段，进入工业生产的应用阶段。因此，投资项目所采用的新工艺必须经过实验阶段基本解决各类技术难点并经权威机关鉴定之后，才能进入生产阶段，否则不能被采用。

7. 对工艺技术方案满足产品质量要求的评估

企业选择工艺方案的优劣，决定了产品质量的好坏。随着生产的发展，消费者或用户对商品质量的要求越来越高。产品质量决定了企业的生存和发展。因此，投资项目所采用的工艺必须保证产品的质量。

8. 对工艺技术方案能否做到保护环境的评估

我国目前的环保方针是“以防为主，防治结合”，因此，在评估工艺方案时，我们要分析方案是否建立闭路循环系统，将工业“三废”消灭在生产过程之中，而不是排放后再去治理；还应分析是否采用无污染工艺，以杜绝新污染源的形成，这也是工艺发展的方向。当然，对于在工艺生产过程中必须外排的污染物质，企业应该设计相应的处理办法，达到国家允许排放的标准后才能排放。

9. 对合同条件和条款的评估

在评估时，我们需要着重分析和考察工艺合同的条款和条件。考察重点为：①说明。合同是否明确说明工艺的详细情况，包括产品生产过程及提供的技术服务，考察文件是否齐全。②期限。工艺协定的期限是否符合项目要求。③担保。合同是否说明工艺技术在协定期限内有担保和保证。④付款。合同要明确付款方式，如一次付清或分期付款，还有改进后的工艺是否规定取得使用许可证。

## 三、项目设备评估

设备的选择与工艺技术的选择是紧密联系的，这是因为设备实际上就是工艺技术的物质表现形式，先进的工艺需要先进的设备作为物质基础才能正常发挥其作用，而没有先进的工艺，设备的效率和功能也无法得到最大效率的开发。因此，在工艺技术方案选定之后，我们就要根据所选工艺技术的水平和类型对设备进行选择。

### （一）设备类型

按照在生产过程中作用的不同，设备被划分为生产工艺设备、辅助生产设备、服务性设备及备件和工具四类。

（1）生产工艺设备是直接作用于生产资料，改变其形状和性能，使其成为半成品或成品的设备，如各种机械加工设备（车床、铣床、刨床、磨末、钻床和锻压设备等）、各种专用机床（机器人、机械手臂）、电器设备、工序传递和运输设备（传送带、电瓶车等）、质量检验器具等。

（2）辅助生产设备是指辅助车间内各种生产工艺性设备的正常运转，保证其完成生产目标的设备，如各种供水、供暖、供气的公用设施，运输设备、通信设备、“三废”处理设备、仓库设备等。

（3）服务性设备是指间接为生产服务的各种管理、安全、生产、生活设备，如办公过程中各种管理用的计算机、安全保卫设备、场地清洁设备、医疗卫生设施、住宅和其他福利设施等。

（4）备件和工具是指生产设备的一些易损易磨件的备用品和一般的通用和专用的器具。

### （二）设备评估的原则

在对设备的选择进行评估时，除了应满足技术先进性、可靠性、适用性、协调性、灵活性和经济合理性等基本原则，我们还应注意以下几个方面的问题：

1. 项目设备应与生产能力相匹配

当生产过程中各工序、工段设备的额定生产能力恰好等于拟建项目的设计生产能力时，设备的利用率是最高的。现实中，由于设备的配置是以主导或主要设备的额定生产能力为标准确定的，并且各工序的设备配套不仅要考虑项目的设计生产能力，还要考虑市场的适应性及生产品种、生产能力的变化，所以，设备与生产能力的完全匹配难以实现。

2. 坚持优先适用国产设备

引进技术和进口设备，是为了增强我国自力更生的能力，提高我国的科学技术水平。企业必须对进口成套设备严格控制，着重引进设计、工艺和制造等方面的关键技术、关键设备，以逐步提高我国自己的设计水平和制造能力。凡是国内能提供的设备，国内能够承担设计制造的或采取与国外厂商合作方式能够解决的设备，都应该在国内安排解决，尽量采用国产设备，以提高国产设备的设计水平和制造能力，同时也可节约外汇资金。

### （三）设备评估的步骤

设备评估的步骤如下：

（1）确定各主要设备的生产能力。

（2）选择主要设备类型。首先列出主要设备可选类型清单，其次标明每种备选设备的类型、规格、数量、来源及单价等，最后经过对比选出所用设备。

（3）编制设备投资费用估算表，先以每个车间为单位编制，然后将全厂车间表格汇总。

（4）测算主要设备负荷均衡情况，并说明计算依据。

（5）编制项目整体设备一览表及其主要设备连接图或分布图，结合整体因素综合评估设备选择方案。

## 四、软技术评估

### （一）软技术评估的含义

随着经济活动中的软技术交流越来越频繁，软技术转让活动也变得十分普遍，而软技术评估就是为了使软技术能够以合理的价格转让或引进，并提高项目的整体效益的活动。软技术的转让活动主要包括工业产权的技术转让（如专利权、商标权）、技术服务性的转让（如工程合同、技术援助等）、销售方面的软技术转让（如专门营销）等。一方面，通过国际上软技术的转让，我国能够得到并掌握先进的手段，从而推广到经济建设中去，推动了国民经济的发展。另一方面，对软件技术的引进及其评估也会提高项目的整体效益。因此，在项目评估中加强对软技术转让的评估工作，具有重要的现实意义。

### （二）软技术评估的特点

软技术评估相较于硬件技术而言具有一定难度，这是由软技术本身具备的特点决定的。首先，同硬件技术相比，软技术具有无形性，看不见也摸不着，这就导致交易的双方往往对其估价相差很大，也给两方协商谈判增加了难度；其次，软技术转让普遍具有不等价交换的特点，即其计价不取决于它的成本，而是取决于它能给使用者带来的收益，即软技术使用方实施该项技术后所能取得的总利润额。但与此同时，软技术所能提供的经济效益往往具有很大的不确定性，这主要是因为软技术往往还不太成熟，其使用效果难以单独计量，必须和其他资源一起使用才能发挥作用。这种不确定性也增加了软技术转让定价的难度。

### （三）软技术评估的内容

软技术评估包括专利权评估、专有技术评估、技术帮助评估、商誉标准评估、特种经营权评估、版权转让评估、计算机软件评估、集成电路布图设计评估及土地使用权评估。

项目建设生产活动的进行，不仅要靠各种专业技术和设备支持，还要靠各种工程设计方案来保证项目工程的建设。具体而言，对工程设计方案的评估主要包括三个步骤：对总平面布置方案的评估、建筑工程方案的评估及对施工组织总设计的评估。

## 五、工程设计方案评估

### （一）总平面布置方案评估

总平面布置是指建设场地内各功能区之间、各建筑物之间及各种通道之间的平面位置关系。总平面布置方案的设计要综合考虑生产工艺流程、交通运输条件及施工和管理等因素。在对总平面布置方案进行评估时，我们重点考虑以下内容：

（1）要满足生产工艺的要求，保证工艺流程顺畅，使用方便；

（2）符合土地管理、城市规划及环境保护的要求，对散发粉尘、水雾、酸雾、有害气体的厂房、仓库、储罐或堆场，应布置在常年最小频率风向的上风侧；

（3）布置紧凑，满足场内外运输的要求，考察运输路线的走向是否符合最短距离原则；

（4）注意节约用地、节约投资、经济合理，尽量考虑多层厂房和联合厂房等合并建筑，在考虑后期发展余地时，要避免过早占用大片土地。

### （二）具体工程设计方案评估

在评估论证工程总体布局合理性的基础上，我们需要对每项工程的设计方案的合理性进行评估。工程设计方案一般包括如下内容：

（1）地基工程，如对项目建设场地的平整、地基的处理等；

（2）一般土建工程，一般包括厂房、仓库、生活服务设施的建筑物工程，矿井、铁路、水塔等构筑物工程，各种设备基础工程，水利工程及其他特殊工程；

（3）管道工程，如蒸汽、煤气等的管道工程；

（4）卫生工程，主要是指排水工程、采暖工程和通风工程等；

（5）电气及照明工程，包括线路架设工程、照明线路的安装工程等。

### （三）施工组织总设计评估

施工组织总设计是对工程从施工准备开始，经过工程施工、设备安装，直到试生产的整个施工过程的规划与组织安排。其基本内容主要由四个部分组成：施工方案、施工进度计划、建设材料供应计划、施工总平面图。对施工组织设计的分析与评估的目的，主要是确保工程建设建立在切实可行的基础上，保证项目按期、保质、保量地完成。

# 第五节　案例分析

为了使读者对生产建设条件评估及技术评估的概念有更直观的了解，对评估过程及步骤有更直观的感受，本节选取迁安代庄 35 kV 变化部工程项目进行介绍和分析。

近年来迁安经济发展较快，供电制约因素日益突出，特别是代庄地区，工业企业不断增多且规模不断扩大，当地线路供电情况紧张，经济发展受到很大影响，用电紧张和安全供电问题日益突出，因此迁安迫切需要新建一座 35 kV 变电站，以解决该地区用电紧张问题，为工农业生产和群众生活用电提供可靠保证。

迁安代庄 35 kV 变电站担负代庄及周边地区的电力供应，项目设计安装主变两台，容量均为 20 兆伏安。供电可靠性、电压质量、线路损耗、安全经济供电与设备可靠性等性能指标能够满足 N-1 供电要求。根据当地经济发展与逐步完善基础设施的要求，国家电力规范与国家电网公司要求，本工程符合通用设计、通用设备、通用造价、标准工艺，资源节约型、环境友好型、工业化变电建设的要求。接入系统方案注意节约土地资源，保护生态环境，并服从唐山市及迁安市电网规划。

## 一、迁安代庄 35 kV 变电站工程项目技术评估

对该核电站的技术评估包括土建技术评估、电气一次部分和电气二次部分评估。此处省略电气一次部分和电气二次部分评估，下文主要介绍土建技术评估。

土建技术包括地址气象条件、工程地质、消防设计及给水排水四个部分。

迁安代庄地处华北平原，属于暖温带大陆性气候，四季分明，春季多有风沙，夏季非常炎热并且多降雨，秋季凉爽，冬季干寒。建筑物设计立足于工业设计的基准，符合现行的有关规程规范，满足工艺布局及生产运行的要求，保证建筑物内部的通道能够便利顺畅。建筑风格简约、大方，注意重点的突出。消防设计包括消防部分与采暖及通风。首先，消防部分。各建筑物满足火灾危险性分类及耐火等级的要求，特殊情况采用防火墙或防火门等措施满足防火要求。变、配电室采用向外开启的丙级防火门。其次，采暖及通风。本站主控室、机械室、电容室一共安装了 10 台 5 匹空调。通风设计方面，35 kV 配电室、10 kV 配电室通风换气次数为 6 次/小时；设置事故排风，兼做夏季排除余热；选用低噪音轴流风机，其他房间均为自然通风。按照变电所给水排水设计规程的相关标准与规范，本站属于自然排水。

## 二、迁安代庄 35 kV 变电站工程项目环境影响评估

### （一）环境影响评估

防止电缆着火延燃措施拟按《发电厂、变电所电缆选择与敷设设计规程》进行设计，结合《电力工程电缆设计规范》《电力设备典型消防规程》相关规定。具体落实以下措施：

（1）在电缆夹层与建筑物的接口处，常用主电缆沟（隧道）和其他电缆沟之间的接口处，在屏幕、柜体、箱体的底部，使用耐火材料进行密封。

（2）当电缆沟长度超过 60 m 时，设置防火墙或在电缆局部粉刷防火涂料及局部采用防火带。

（3）控制电缆与中间电力电缆设置层电缆之间耐火隔板的设置。

（4）直流电源、应急照明、消防报警系统的所有电缆，显示屏、机柜、箱底部的电缆，户外电缆进入户内后的电缆，阻火墙两侧的电缆，采用电缆防火涂料，按规定要求进行涂刷。

（5）使用埋管方式的电缆，该电缆接近一个含油轴承装置（如变压器、并联电抗器、电流互感器），以及临近电缆沟盖板，用水泥浆作预密封处理。

迁安一直坚持实施“绿亮净美”工程，已经通过国家级园林城市的审查，争创全国文明城市，以绿色环保扩展城市空间，使人民享有舒适的生活环境，均衡发展社会事业，全面发展教育、卫生和社会保障事业。

变电站作为高效环保的能源运输体系的重要组成部分，在能源生产、转换、输送和使用效率上起到了明显的作用，能够增强能源供给的安全性、经济性、可靠性和环境友好性。其环境效益取决于智能电网在促进经济发展节能减排的能力上。

所以，分析变电站的环境效益，首先应该分析这个地区节能减排的能力。迁安在这一方面坚持量力而行，因地制宜，注重推进城镇组团和新型农村社区建设，保护农村环境，使其能保持长效的环境机制，让人们在干净整洁的环境中生活。迁安下决心治理环境和修复生态，加大综合治理的力度，改善生态环境，扎实地推进全国生态保护和创建建设示范区工作，争取营造良好的生态环境；狠抓重点行业污染治理工作，确保行业排放达标；狠抓大气污染环境综合治理工作，进一步改善空气质量；狠抓地下水治理工作，推进农村污水的治理工作，改善地下水水质；加强环境监察工作，实施全天候的监测。

变电站节能减排的综合能力表现在电源优化、电网增效、负荷整形和用户节能四个方面。迁安各项社会事业进一步发展，把握京津冀协同发展和环渤海地区崛起的历史性机遇，注重城市建设、环保治理、改革创新等方面的发展；充分发挥园区主阵地的作用，严格遵守市场化运作，将基础设施工程有条不紊地实施，具体包括道路、给排水、供热等；突破瓶颈的限制，在土地方面完成工矿废弃地复垦不低于 2 900 亩（1 亩约等于 0. 066 7 公顷，下同），补充耕地 1 600 亩；实施道路建设，绿化升级 23 项工程，使城市的承载能力进一步提高。变电站的建设更好地满足了居民的用电需求，减少了对生态环境的破坏，降低了地质灾害发生的可能性，提高了资源的利用效率。

### （二）社会影响评估

迁安是唐山的一个县级市，变电站建设是能源基础设施建设的重要内容，具有投资巨大、建设周期长、涉及产业广、对上下游产业拉动明显等特点。变电站的建设投资将通过乘数效应带动经济增长；与此同时，随着社会现代化的程度不断提高，电力在国民经济发展中的重要性越来越突出，变电站的建设对经济增长方式转变和实现可持续增长的支撑作用也越发明显。

变电站的建设可以缓解迁安经济发展过程中的电力供需紧张的局面，主要表现在两个方面，一方面是通过提高电网的资源配置能力缓解电力失衡，另一个方面是通过侧响应等优化需求结构。变电站的建设除了作为经济发展的内在支撑之外，还具有较强的投资拉动效应，还可以带动经济增长，转变经济增长方式。

变电站建设项目对就业也有一定的促进作用，尤其是对其上下游产业的促进，比如变电设备制造、变电站设计及建设、设备养护维修等各个行业增加就业岗位。变电机组设备巨大，运输费用高，设备最好能在当地采购，这就为当地机械制造产业提供了发展机会。经济振兴的突破口就是新兴产业的推动和现代服务业的发展。

### （三）环境影响评估结果

有关专家在对以上相关资料进行深入分析的基础上，对该项目的社会效益及经济效益进行主观评估，相关的社会影响分析的评估结果如表 7-1 所示。

表 7-1 迁安代庄 35 kV 变电站项目社会影响评估结果

| 二级指标 | 指标因素 | 等级比例 | | | |
|---|---|---|---|---|---|
| | | 优 | 良 | 中 | 差 |
| 区域社会影响 | 对区域经济的拉动作用 | 0.8 | 0.2 | 0 | 0 |
| | 对就业的拉动作用 | 0.7 | 0.3 | 0 | 0 |
| 区域环境影响 | 区域环境影响 | 0.8 | 0.2 | 0 | 0 |
| | 生活环境影响 | 0.6 | 0.3 | 0.1 | 0 |

## 复习思考题

1. 何谓生产建设条件评估？它应包括哪些内容？
2. 对自然资源条件的评价应遵循哪些原则？主要从哪几个方面进行评价？
3. 交通运输条件评估主要包括哪些内容？
4. 项目的厂址选择应遵循哪些原则？主要步骤有哪些？
5. 项目的厂址选择有哪些方法？各自有何特点？
6. 投资项目环境污染的因素有哪些？
7. 何谓项目的技术条件评估？都包括哪些内容？
8. 在进行设备评估时，应遵循哪些原则？
9. 何谓软技术评估？它有哪些特点？

# 第八章　项目的财务数据估算

## 第一节　项目的总投资估算

### 一、项目总投资的构成

投资是指向某一项目中投入一定的资源以获得未来收益的经济行为。项目的总投资是指投资项目从前期准备工作开始到项目完全建成所发生的全部投资费用。投资投入的资源可以是人力、设备、技术、资金等。在计划投资一项项目前，企业通过对项目总投资额度的准确估算，可以确定筹资金额，选择合适的筹资方式，减少利息支出，提高投资的效益。

项目总投资包括项目的固定资产投资、建设期借款利息、无形资产投资、递延资产投资和流动资金。通过对各个项目的估算最后加总企业可以得出项目总投资的估算额度。其中固定资产投资和建设借款利息形成企业的固定资产价值，无形资产投资形成企业的无形资产，开办费形成企业的递延资产部分，流动资金形成企业的流动资产。项目总投资构成内容如下。

#### （一）固定资产投资

固定资产是指企业为生产商品、提供劳务、出租或经营管理而持有的，使用寿命超过一个会计年度的有形资产，如使用期限超过一年的房屋、建筑物、机器、运输工具及其他与生产经营有关的设备、器具和工具等。固定资产投资是指用于项目固定资产的各种费用，包括工程费用、预备费用和其他费用。

工程费用是指直接形成固定资产的工程项目费用，包括安装工程费用、建筑工程费用和设备购置费用。安装工程费用是指对需要安装的设备进行安装所发生的各种费用；建筑工程费用主要是指土建工程、矿建工程等工程建设所发生的费用；设备购置费是指工程项目必须全部安装的设备费用。

预备费用是指在初步设计和概算中难以预料的工程费用，包括基本预备费用和价差预备费用。基本预备费用是指为弥补项目设计规划中难以预料而在项目规划实施中可能增加的工程量的费用；价差预备费又称涨价预备费，是指项目在建设期由市场价格变化等因素引起工程造价变化的预留费用。

工程建设其他费用是指除建筑安装工程费用和设备工具购置费用以外的费用，包括土地和青苗等补偿费、安置补助费、建设单位管理费、研究试验费、生产职工培训费、办公生活家具购置费、联合试运转费、勘察设计费、供电贴费、施工机构迁移费、矿山巷道维修费、引进技术和进口设备项目的其他费用等。

### （二）建设期借款利息

建设期借款利息是指项目建设期间建设投资借款的应计利息，主要包括建设贷款、出口信贷、债券等的借款利息和融资费用。项目建设期的借款利息应计入项目总投资内，并摊入固定资产。

### （三）流动资金

流动资金是流动资产的表现形式，即企业可以在一年内或者超过一年的一个生产周期内变现或者耗用的资产合计，包括现金、存货、应收账款、有价证券、预付款等项目。生产过程中流动资金的事物形态会不断变化，最终其价值会转移到产品中去。

### （四）无形资产投资

无形资产投资是指形成企业无形资产的初始投资。无形资产指企业能长期使用而没有实物形态的资产，代表企业所拥有的知识产权和其他法定权利，如专有技术、专营权、商标权等。

### （五）递延资产投资

递延资产投资又称开办费，指形成项目投产后的递延资产会在项目投产后的前几年内逐步摊销。开办费是企业在筹建期间发生的各种费用，包括筹建人员开支的费用、企业登记费、验资费、税务登记费、筹资支付的手续费及不计入固定资产和无形资产的汇兑损益、引进设备和技术需要消化吸收的费用，选派一些职工在筹建期间外出进修学习的费用或聘请专家进行技术指导和培训的劳务费及相关的人员培训费，企业资产的摊销、报废和毁损及筹建期间发生的办公费、广告费、交际应酬费。递延资产实质上是一种费用，但由于这些费用的效益要期待于未来，并且这些费用支出的数额较大，是一种资本性支出，其受益期在一年以上，若把它们与支出年度的收入相配比，就不能正确计算当期经营成果，所以应把它们作为递延处理，在受益期内分期摊销。

## 二、项目固定资产投资评估

### （一）固定资产投资评估的目的与意义

固定资产投资是项目的重要投入和项目成本的重要组成部分，具有内容复杂、数量大、投入集中等特点。在项目评估中，固定资产投资是直接计算项目经济效益的重要因素，也是估算产品生产成本、规划资金来源和估算贷款还本付息等财务费用的主要依据。因此，准确地估算固定资产投资，对于保证项目其他财务数据的正确估算，真实地反映项目的经济效果，避免投资决策失误有着重要的作用。固定资产投资的估算与评价，必须在生产建设条件和项目设计方案评估的基础上进行，项目采用的生产设备和技术达到适用、可靠和先进的要求，项目构成和平面布置合理，这时评估投资支出才具有实际意义。

### （二）固定资产投资的估算方法

固定资产投资的估算方法有很多，有概略估算和详细估算两类。国外常用的单位生产能力投资估算法、生产规模指数法、分项按比例估算法等都属于概略估算法。编制概算就是一种详细估算方法。编制概算的方法是以单项工程为对象，利用各种概算指标精确地估算固定资产的一种方法，编制过程较复杂，但估算的精确度较高。下面分别介绍几种常用的概略投资估算方法。

1. 单位生产能力投资估算法

单位生产能力投资估算法是指根据同类项目单位生产能力所耗费的固定资产投资额估算拟建项目固定资产投资额的一种方法，单位生产能力投资是指每单位的设计生产能力所需要的建设投资。该方法简单地将同类项目的固定资产投资额与其生产能力的关系视为线性关系，与实际情况的差距较大。运用该方法时，我们应当注意拟建项目与同类项目的可比性，尽量减少误差，一般是据行业设计部门或主管部门提供的资料，以已建成的可比建设项目的单位生产能力投资额，近似估算拟建项目固定资产投资额。计算公式如下

$$I_2 = N_2(I_1 / N_1)P$$

其中：

$I_2$—— 拟建项目所需固定资产投资额；

$I_1$—— 可比项目实际固定资产投资额；

$N_2$—— 拟建项目生产规模；

$N_1$—— 可比项目生产规模；

$P$—— 物价换算系数。

**【例 8-1】** 某项目年产量拟为 100 万吨的钢铁，3 年前国内同类钢铁产量为 80 万吨，项目的固定资产投资规模为 8 000 万元，现在的主要物资价格比 3 年前上升 10%，则拟建钢铁投资额为

100×(8 000÷80)×(1+10%)= 11 000（万元）

单位生产能力投资估算法是把建设项目的生产能力和建设投资额看作简单的线性关系，一般适用于拟建项目与同类项目的生产能力比较接近的情况。否则，误差较大。另外，我们要根据拟建项目与同类项目时间、装备水平的差异进行调整，不能简单套用。因为单位生产能力投资要受劳动生产率和市场物价变动的影响，所以不同地点、不同时间、不同装备水平也会对投资产生很大影响。

2. 生产规模指数法

生产规模指数法又称指数估算法，是指根据已建成的、性质类似的建设项目的投资额和生产能力与拟建项目的生产能力估算拟建项目的投资额的方法。计算公式为

$$\text{该项目投资额} = \text{已知项目投资额} \times (\text{已知项目/该项目规模})^{n} \times \text{调整系数}$$

上式表明造价与规模呈非线性关系，且单位造价随工程规模的增大而减小。运用这种方法估算项目投资的条件是要有合理的生产能力指数，不同生产率水平的国家和不同性质的项目中，生产能力指数是不相同的。若已建类似项目的规模和拟建项目的规模相差不大，生产规模比值为 0.5~2，则指数 $n$ 的取值近似 1；若已建类似项目的规模和拟建项目的规模相差较大，但不大于 50 倍，且拟建项目规模的扩大仅靠增大设备

规模来达到时，$n$ 取值为 0.6～0.7；若已建类似项目的规模和拟建项目的规模相差较大，但不大于 50 倍，且项目规模的扩大靠增加相同规格设备的数量时，$n$ 取值为 0.8～0.9。下面举例说明：

**【例 8-2】** 某拟建钢厂，规划设计生产能力为年产 600 万吨钢材，若某类似企业设计生产能力为年产 400 万吨的钢材，其固定资产投资为 200 亿元，若不考虑物价上涨因素，则新钢厂投资金额为

$I = 200 \times (600 \div 400)^{0.6} = 255.084$（亿元）

由以上计算可知，当 $n$ 取值为 0.6 时，生产能力扩大 50%时，固定资产投资只需增加 27.5%，这反映了生产能力与固定资产投资增加的比例关系。

生产规模指数法与单位生产能力估算法相比精确度略高，其误差可控制在-20%～20%，尽管估价误差仍较大，但它有独特的好处：这种估价方法不需要详细的工程设计资料，只知道工艺流程及规模就可以；对于总承包工程而言，可作为估价的旁证，在总承包工程报价时，承包商大都采用这种方法估价。但要求类似工程的资料可靠，条件基本相同，否则误差就会增大。生产能力指数法主要应用于拟建装置或项目与用来参考的已知装置或项目的规模不同的场合。采用生产能力指数法时，要求类似项目的资料可靠，条件与拟建项目基本相同，否则误差就会增大。本方法不适用于已建类似项目的规模和拟建项目的规模相差大于 50 倍的情况。

单位生产能力投资估算法是把固定资产投资与其生产能力视作线性关系，然而，在一般的情况下固定资产投资与生产能力的增加并非完全线性关系，生产能力指数法就是考虑了二者的增长关系，以两个类似项目或设备生产能力增长的比例为参照，用指数的乘方来调整其投资增长比例，以此估算拟建项目所需的投资就比较客观些。生产能力指数一般是根据行业的经验数据而定，国内没有统一取值标准，一般根据工程项目规模的扩大方式不同而有所区别。

3. 比例估算法

比例法要先进行调查分析，找出主要设备投资或主要生产车间投资占整个项目建设总投资的比例，作为投资估算的基础，然后比较细致地计算拟建项目中主要设备或主要生产车间的投资数，以此推算拟建项目的总投资额，其计算公式为

$$I_2 = Y_2/(I_1/Y_1) = Y_2 \times I_1/Y_1$$

其中：

$Y_1$—— 已建成项目总投资额；

$Y_2$—— 拟建项目总投资额；

$I_1$—— 已建成同类项目的主要设备或主要生产车间投资额；

$I_2$—— 拟建项目的主要设备或主要生产车间投资额。

例如，已知同类已建项目的主要生产设备投资占建成项目总投资额的 60%，拟建项目的主要生产设备投资为 100 万元，则拟建项目总投资额为

100÷60% = 166.67（万元）

4. 系数法

系数法是以拟建项目的主体工程费或主要设备购置费为基数，以其他工程费与主体工程费的百分比为系数估算项目的静态投资的方法。这种方法简单易行，但是精度

较低，一般用于项目建议书阶段。系数估算法的种类很多，在我国常用的方法有设备系数法和主体专业系数法，朗格系数法是世界银行项目投资估算常用的方法。

（1）设备系数法。

设备系数法以拟建项目的设备购置费为基数，根据已建成的同类项目的建筑安装费和其他工程费等与设备价值的百分比，求出拟建项目建筑安装工程费和其他工程费，进而求出项目的静态投资。其计算公式为

$$C = E(1 + f_1 P_1 + f_2 P_2 + f_3 P_3 + \cdots) + I$$

式中，$C$ 为拟建项目的静态投资，$E$ 为拟建项目根据当时当地价格计算的设备购置费，$P_1$、$P_2$、$P_3$ 为已建项目中建筑安装工程费及其他工程费等与设备购置费的比例，$f_1$、$f_2$、$f_3$ 为由时间因素引起的定额、价格、费用标准等变化的综合调整系数，$I$ 为拟建项目的其他费用。

（2）主体专业系数法。

主体专业系数法以拟建项目中投资比重较大，并与生产能力直接相关的工艺设备投资为基数，根据已建同类项目的有关统计资料，计算拟建项目各专业工程（总图、土建、采暖、给排水、管道、电气、自控等）与工艺设备投资的百分比，据以求出拟建项目各专业投资额，然后加总即为拟建项目的静态投资。其计算公式为

$$C = E(1 + f_1 P_1 + f_2 P_2 + f_3 P_3 + \cdots) + I$$

式中，$P_1$、$P_2$、$P_3$ 为已建项目中各专业工程费用与工艺设备投资的比重。其他符号含义同设备系数法公式符号。

（3）朗格系数法。

朗格系数法是以设备购置费为基数，乘以适当系数推算项目的静态投资。这种方法在国内不常见，是世行项目投资估算常采用的方法。该方法的基本原理是分别计算项目建设的总成本费用中的直接成本和间接成本，再合为项目的静态投资。其计算公式为

$$C = E\left(1 + \sum K_i\right) K_c$$

式中，$K_i$ 为管线、仪表、建筑物等费用的估算系数，$K_c$ 为管理费、合同费、应急费等间接费在内的总估算系数，其他符号含义同设备系数法公式符号。

5. 分项类比估算法

分项类比估算法是比例估算法与分项估算法结合运用的一种方法。它是通过分项类比已有类似项目各组成部分的实际投资指标，对拟建项目建设投资进行估算。先分别计算出已有同类项目土建工程费和其他基建费占设备费用的比例，估算拟建项目设备费，再分别将求出的已有同类项目的有关比例乘以拟建项目设备费、拟建项目的土建工程费和其他基建费的估算值，然后将三部分的总和乘以预备费系数，得出拟建项目固定资产投资的估算值。分项类比估算法的表达式为

$$I = (I_A + I_B + I_D) \times (1 + S)$$

$$I_A = I_B \times I_{A1} / I_{B1}$$

$$I_B = \sum_{i=1}^{n} [Q_i \times P_i \times (1 + L_i)]$$

$$I_D = I_B \times I_{D1} / I_{B1}$$

其中，$I$ 为拟建项目固定资产投资估算值，$I_A$ 为拟建项目土建工程估算值，$I_B$ 为拟建项目

设备估值，$I_D$ 为拟建项目其他基建费估算值，$S$ 为预备费系数，$I_{A1}$ 为已有同类项目的土建工程费，$I_{D1}$ 为已有同类项目的其他基建费，$I_{B1}$ 为已有同类项目的设备费，$Q_i$ 为同类项目第 $I$ 种设备的数量，$P_i$ 为同类项目第 $I$ 种设备的单价，$L_i$ 为同类项目第 $I$ 种设备的运输安装费系数。

**【例 8-3】**现企业计划用一年时间建设一个农产品加工车间，已知某同类企业的土建工程费与其他基建费分别占其设备费的 200%与 150%。预测拟建项目的设备费用为 100 万元。预备费系数取 10%（基本预备 4%、涨价预备费 6%），估算期为建设期的前一年，试计算拟建项目的固定资产投资是多少？

解：先计算拟建项目土建工程投资与其他基建投资再加总，拟建项目固定资产投资估算值为

$I_A=100\times2=200$（万元）

$I_D=100\times1.5=150$（万元）

$I=(100+200+150)\times(1+0.1)=495$（万元）

分项类比估算法充分考虑了项目内容的组成情况，估算精度较高。但确定项目固定资产投资的关键在于正确地选定工程项目各部分投资的百分比。而估算方法中的百分比是随企业的性质和具体条件而变化的，目前国内各行业还没有规范的标准数据，各部门和行业往往根据实际经验确定百分比。

6. 单项工程投资估算法

单项工程投资估算法是将一个综合项目划分为多个单项工程，分别计算各单项工程建设费用，最后将各单项工程的建设投资相加所得总额就是该项目建设投资总额。项目单项工程建设投资，一般包括以下几个方面的内容：

（1）建筑工程投资。它是指项目单项工程建造中所必须投资的建筑物和构筑物，如房屋、水电、道路、通信等土建工程设施所需要的费用投资。

（2）设备、工具、仪器等购置费用投资，如加工机械、运输机械、测量仪器等所需的费用投资。

（3）设备安装费用。它是指安装各种设备、仪器、机械所需的费用投资。

（4）其他基建投资。它主要包括土地征用和补偿、勘察设计、筹建管理、生产准备、项目区域绿化、人员培训、技术转让和专利购置等费用。

（5）不可预见费用。不可预见费用是指由于在估算时对某些工程内容、费用开支及项目执行期物价上涨，事先很难估计的支出费用。

**（三）固定资产投资的评价**

第一，项目固定资产投资估算的内容是否完整，项目的投资构成是否符合设计和有关部门的规定要求，有无漏项或重复计算，估算的价值是否准确无误。

第二，对项目固定资产投资的各项工程费用估算的方法和依据，是否符合工程概预算规定和要求，各项费用计算是否符合财税部门和其他有关部门的规定。例如，对涨价预备费的审查分析，要考察物价上涨指数选用得是否合适，是否切合国内物价水平的实际；汇率的选用是否考虑外汇汇率的变动与通货膨胀的因素等。

第三，对建筑工程投资的评价，应参照同类项目建筑物和构筑物的建筑面积造价，结合项目的工艺技术要求，分析建筑工程设计方案中所提出的各项建筑物和构筑物的

面积和结构是否合理，是否符合工艺技术和设备的操作要求，然后，用近期各类建筑物、构筑物的单位面积造价指标测算其造价是否合适。在评估造价时，应考虑建筑材料和人工费用的价格变化情况。

第四，对安装工程投资费用的评价主要审查其估算依据是否合理可靠，而后再审查其安装费用是否估算得正确。

第五，对固定资产投资方向调节税的审查分析主要考察调节税率、税目和调节税的计算方法是否符合国家规定及投资方向调节税额的计算是否准确无误。

第六，对建设期利息的考察分析，首先应审查利息的计算期是否与项目建设期一致，利息的计算基数是否与分年投资用款计划一致；其次再考察分析利率的选用是否与投资的来源和贷款的种类相吻合，以及贷款利息的计算方法是否正确。

## 三、无形资产投资估算与评估

### （一）无形资产的概念

无形资产是指企业拥有或者控制的没有实物形态的可辨认非货币性资产。无形资产主要包括专利权、专有技术、商标权、著作权、土地使用权、特许权等。

专利权是指政府有关部门向发明人授予的在一定期限内生产、销售或以其他方式使用发明的排他权利。专利分为发明、实用新型和外观设计三种。专有技术又称秘密技术或技术诀窍，是指从事生产、管理和财务等活动领域的一切符合法律规定条件的秘密知识、经验和技能，其中包括工艺流程、公式、配方、技术规范、管理和销售的技巧与经验等。商标权是商标专用权的简称，是指商标使用人依法对所使用的商标享有的专用权利，是商标注册人依法支配其注册商标并禁止他人侵害的权利，包括商标注册人对其注册商标的排他使用权、收益权、处分权、续展权和禁止他人侵害的权利。著作权是指文学、艺术、科学作品的作者依法对他的作品享有的一系列的专有权。著作权是一种特殊的民事权利，与工业产权构成知识产权的主要内容。在广义上，它也包括法律赋予表演者、音像制作者、广播电台、电视台或出版者对其表演活动、音像制品、广播电视节目或版式设计的与著作权有关的权利。根据我国的著作权制度，著作权是一种包含若干特殊的人身权和财产权的混合权利，行使著作权中的财产权往往涉及其中的人身权。例如，作者将他的作品首次交给出版社出版时，不仅是在行使出版权，往往也是在行使发表权。土地使用权是指国家机关、企事业单位、农民集体和公民个人，以及三资企业，凡具备法定条件者，依照法定程序或依约定对国有土地或农民集体土地所享有的占有、利用、收益和有限处分的权利。土地使用权是外延比较大的概念，这里的土地包括农用地、建设用地、未利用地。特许权指由政府部门授予或通过协议由一方授予另一方行使某一特定功能或销售某一产品的权利。专营权包括专卖和专买权。政府授予的专营主要是具有垄断性质的服务或某些特殊权利，如邮电等公用事业、烟草专卖、进口权等特许经营权。常见的公司间的专营权是公司授予另一公司使用商标、专利、专有技术，如饮食业的肯德基、旅馆业的假日饭店。

### （二）无形资产投资估算的意义

无形资产投资估算可以培养品牌意识和加强品牌维护。市场经济下，知识就是财富，知识产权就是财富，客观上的评价标准之一就是其市场化的价值。在市场经济的作用下，各行各业都在想方设法对自身现有的无形资产进行挖掘、开发、整合，通过评估将各种附加值体现出来。品牌已经成为主体宣传自己，开展竞争的有力武器。另外，品牌的维护比创建更加重要，对无形资产进行价值评估可以在客观上说明评估对象的市场价值，但如果缺乏对其内涵的维护，就会出现品牌的市场价值和其需求背道而驰的情况。无形资产的价值也不是一成不变的，会随着市场因素发生起伏。当前，无形资产交易越来越广泛，促成无形资产交易成功的不仅仅是其技术水平和应用后创造的经济效益，公正的交易价格也是极为重要的因素之一。无形资产的交易不像有形资产那样有可参考的市场价格，作为中介的无形资产评估机构可以依据无形资产的综合因素，合理公正地做出评估，为无形资产经营交易提供价格依据。无形资产的价格如果能够很好地与其所带来的经济效益和社会效益相适应，就会促进无形资产经营的进行，这样就可以促进知识产品向现实生产力转化，提高无形资产运用效果。

#### （三）无形资产投资估算的方法

1. 市场价值法

市场价值法根据市场交易确定无形资产的价值，适用于专利、商标和版权等，一般是根据交易双方达成的协定以收入的百分比计算上述无形资产的许可使用费。该方法存在的主要问题是：首先，大多数无形资产并不具有市场价格，有些无形资产是独一无二的，难以确定交易价格；其次，无形资产一般都是与其他资产一起交易，很难单独分离其价值。

2. 收益法

收益法根据无形资产的经济利益或未来现金流量的现值计算无形资产价值，如商誉、特许代理等。使用此方法的关键是确定适当的折现率或资本化率。这种方法同样存在难以分离某种无形资产的经济收益问题。此外，当某种技术尚处于早期开发阶段时，其无形资产可能不存在经济收益，因此不能应用此方法进行计算。

3. 成本法

成本法是计算替代或重建某类无形资产所需的成本，适用于那些能被替代的无形资产的价值计算，也可估算无形资产使生产成本下降，原材料消耗减少或价格降低，浪费减少和更有效利用设备等所带来的经济收益，从而评估这部分无形资产的价值。但受无形资产获得替代技术或开发替代技术的能力及产品生命周期等因素的影响，无形资产的经济收益很难被确定，此法在应用上受到限制。

### 四、流动资金的估算与评价

#### （一）流动资金的构成

项目流动资金是项目建成后保证其生产经营活动得以正常进行所必需的资金。由于这部分资金需要在投产前后集中使用以形成企业的流动资产，在项目整个生产期内长期保持和周转使用，因此流动资金投资是项目投资的重要组成部分。流动资金根据其在再生产过程的价值形态，可由储备资金、生产资金、成品资金、结算资金和货币资金五部分组成。储备资金包括生产准备阶段购置的各种原材料、辅助材料、燃料、包装物、外购半成品、低值易耗品、修理备件等；生产资金是指生产阶段投入的各项在制品、自制半成品的费用和待摊费用；成品资金包括产出后待销售的各种库存产成品及外购商品；结算资金是指正在结算中的各种款项，如发出商品后应收的账款、预付的购料款及短期负债等；货币资金是指库存现金、备用金及银行存款。

**（二）流动资金估算方法**

不同类型的项目，其流动资金的需要量差异较大，一般可根据项目的类型与同类项目的经验数据加以估算。流动资金常用的估算方法主要有以下几种：

1. 扩大指标计算法

扩大指标估算法是根据类似企业的实际资料，求出各种资金率指标，依次估算项目流动资金需要量的一种方法。

（1）销售收入资金率估算法。

销售收入资金率是指项目流动资金需要量与一定时期内的销售收入的比率。用该比率计算流动资金需要量的公式如下：

流动资金需要量=项目年销售收入×销售收入资金率

式中，项目年销售收入取项目达到设计生产能力时的数值，销售收入资金率根据同类项目的经验数据加以确定。一般加工工业项目多采用该法进行流动资金估算。

（2）总成本资金率法。

总成本（或经营成本）资金率是指项目流动资金需要量与一定时期内总成本的比率。用该比率计算流动资金需要量的公式如下：

流动资金=项目总成本×总成本资金率

式中，项目年总成本取达到生产能力时的数值，总成本资金率根据同类项目的经验数据加以确认。

（3）固定资产价值资金率法。

固定资产价值资金率是指项目流动资金的需要量与固定资产价值的比率。用该比率计算流动资金需要量的公式如下：

流动资金需要量=固定资产价值×固定资产价值资金率

式中，固定资产价值根据前述方法得出，固定资产价值资金率根据同类项目的经验数据加以确定。某些特定的项目（如火力发电厂、港口项目等）可采用该法进行流动资金估算。

（4）单位产量资金率法。

单位产量资金率是指项目单位产量所需的流动资金金额。用该比率计算流动资金需要量的公式如下：

流动资金需要量=年产量×单位产量资金率

式中，单位产量资金率根据同类项目经验数据加以确定。某些特定的项目可采用该法进行流动资金估算。

2. 分项详细估算法

分项详细估算法是指在分项估算储备资金、生产资金和成品资金的基础上加以汇总，进而得出流动资金需要量的一种估算方法。

（1）储备资金估算。

储备资金是指为保证生产经营活动的正常进行，需要储备一定数量的材料、商品等物资而占用的那部分流动资金。对于占用资金较多的材料、商品等，要按品种类别逐项分别计算。储备资金估算的公式如下：

某投入物流动资金需要量=（该投入物的价格×年耗用量）÷360×储备天数

储备天数=在途天数+（平均供应间隔天数×供应间隔系数）+验收天数+整理准备天数+保险天数

式中，供应间隔系数取50%~60%。各项投入物流动资金除以其所占储备资金的百分比，即为项目的储备资金需要量。

（2）生产资金估算。

生产资金是指从投入生产到产品完成这一阶段所占用的那部分流动资金。其计算公式如下：

生产资金在产品每日需要量=平均生产费用×生产周期天数

在产品成本系数=(单位产品成本中的材料费+单位产品成本在产品中的其他费用/2)÷单位产品成本

式中，在产品成本系数是指在产品平均单位成本与产成品单位成本的比值。产品的生产费用是在生产过程中逐渐形成的，随着生产的进行而不断积累，因此，在产品成本系数根据生产费用逐渐增加的程度而定。如果生产费用集中在生产开始时投入，在产品成本系数就大；反之亦然。如果生产费用在生产过程中均衡发生，在产品成本系数可以按照50%计算。在上式中，假定原材料费用在生产开始时发生，其他费用在生产过程中均衡发生。

（3）成品资金估算。

成品资金是指从生产完成到产品售出这一阶段所占用的流动资金。成品资金应按品种类别分别计算后汇总。其计算公式为

成品资金需要量=产品平均日销售量×工厂单位产品成本×定额天数

（4）非定额流动资金估算。

非定额流动资金可按定额流动资金的一定比例估算，也可按下述方法进行估算：

非定额流动资金=现金+应收账款-应付账款-应付工资

式中，现金包括备用金、库存现金和银行存款，应收账款主要是发出商品到收回货款所垫支的资金。由于这两类资金经常发生变化，很难准确地确定其每日资金需要量和占用天数，我们可按下述方法进行简略估算。

现金=(年经营成本-外购原材料、燃料、动力成本-年维修费用)÷360×周转天数

应收账款是销售产品所形成的垫付资金，但同时要考虑在投入物供应过程中购买原材料、燃料和外购动力时所形成的应付账款，以及工资发放形成的应付工资等抵补资金来源。因此，我们既要计算应收账款，也要计算应付账款及应付工资所形成的抵补资金。各项资金量的计算方法为

应收账款=年经营成本÷360×结算天数（周转天数）

应付账款=年外购原材料、燃料、动力费用÷360×结算天数

应付工资=年工资总额÷360×发放工资间隔天数

式中，应收及应付账款的结算天数，取30~60天，发放工资间隔天数可按15天或30天估算。上述两类资金需要量的总和减去应付账款及应付工资就是项目非定额流动资金总额。

### （三）流动资金的审查与评价

流动资金是保证项目建成后，维持企业正常经营活动必须占用的资金。对流动资金需要量的估算与决策将直接影响企业的盈利水平与清偿能力。因为评价项目清偿能力的主要指标是流动比率，即流动资产与流动负债的比率。流动资金也影响企业的流动负债成本，也将影响企业的资金结构和资金预算。因此，项目的流动资金的审查和评价需要注意审查流动资金估算总额能否满足项目的正常生产经营活动的基本要求，即应审核流动资金的占用量与周转期是否符合企业经营要求。若有缺口，我们应予以调整。同时，流动资金的定额指标能达到行业的平均水平要求。企业在审查、评价中发现问题时要及时修改调整，并编制流动资金估算表。

# 第二节　项目生产成本与费用的估算

## 一、测算成本与费用的意义

生产成本与费用是指以货币形式表示的一定时期内在产品生产和销售过程中所消耗的物化劳动和活劳动的总和，是维持企业正常生产经营活动不断进行的重要条件，构成了产品价格的重要基础。企业发生的成本和费用是企业生产经营活动的综合性质量指标。项目投产后企业产量的多少、质量的好坏、设备利润的好坏、劳动生产率的高低、物质消耗的节约或者浪费都会通过成本、费用指标综合表现出来。因此，费用、成本预测提供的资料能综合反映项目投产后的生产经营水平和工作质量，是确定和计量盈利的基础。同时，成本和费用是定价的最低界限，成本费用预测提供的资料是定价决策的重要依据。

## 二、总成本费用的构成

总成本费用由生产成本和期间费用两部分构成。

### （一）生产成本的构成

生产成本亦称制造成本，是指企业生产经营过程中实际消耗的直接材料、直接工资、其他直接支出和制造费用。

1. 直接材料

直接材料包括企业生产经营过程中实际消耗的原材料、辅助材料、设备配件、外购半成品、燃料、动力、包装物、低值易耗品及其他直接材料。

2. 直接工资

直接工资包括企业直接从事产品生产人员的工资、奖金、津贴和补贴。

3. 其他直接支出

其他直接支出包括直接从事产品生产人员的职工福利费等。

4. 制造费用

制造费用是指企业各个生产单位（分厂、车间）为组织和管理生产所发生的各项费用，如管理人员工资、职工福利费、折旧费、维简费、修理费、物料消耗费、低值易耗品摊销、劳动保护费、水电费、办公费、差旅费、运输费、保险费、租赁费（不包括融资租赁费）、设计制图费、试验检验费、环境保护费及其他制造费用。

**（二）期间费用的构成**

期间费用是指在一定会计期间发生的与生产经营没有直接关系和关系不密切的管理费用、财务费用和销售费用，期间费用不计入产品的生产成本，直接体现为当期损益。

1. 管理费用

管理费用是指企业行政管理部门为管理和组织经营活动发生的各项费用，包括公司经费（工厂总部管理人员工资、职工福利费、差旅费、办公费、折旧费、修理费、物料消耗费、低值易耗品摊销及其他公司经费）、工会经费、职工教育经费、劳动保险费、董事会费、咨询费、顾问费、交际应酬费、税金（企业按规定支付的房产税、车船使用税、土地使用税、印花税等）、土地使用费（海域使用费）、技术转让费、无形资产摊销、开办费摊销、研究发展费及其他管理费用。

2. 财务费用

财务费用是指企业为筹集资金而发生的各项费用，包括企业生产经营期间的利息净支出、汇兑净损失、调剂簿记手续费、金融机构手续费及筹资发生的其他财务费用等。

3. 销售费用

销售费用是指企业在销售产品、自制半成品和提供劳务等过程中发生的各项费用及专设销售机构的各项经费，包括应由企业负担的运输费、装卸费、包装费、保险费、委托代销费、广告费、展览费、租赁费（不包括融资租赁费）和销售服务费用、销售部门人员工资、职工福利费、差旅费、办公费、折旧费、修理费、物料消耗费、低值易耗品摊销及其他经费。

## 三、总成本费用的估算

为便于计算，在总成本费用中，我们将工资及福利费、折旧费、修理费、摊销费、利息支出进行归并后分别列出，该表中的“其他费用”是指在制造费用、管理费用、财务费用和销售费用中扣除工资及福利费、折旧费、修理费、摊销费、维简费、利息支出后的费用。按照总成本费用估算表的内容，总成本费用的计算公式为

总成本费用=外购原材料费+外购燃料动力费+工资及福利费+折旧费+修理费+维简费+摊销费+利息支出+其他费用=经营成本+折旧费+维简费+摊销费+利息支出=固定成本+可变成本

**（一）外购原材料成本的估算**

原材料成本是总成本费用的重要组成部分，其计算公式为

原材料成本=全年产量×单位产品原材料成本

式中，全年产量可根据测定的设计生产能力和生产负荷加以确定，单位产品原材料成本是依据原材料消耗定额及单价确定的。工业项目生产所需要的原材料种类繁多，在评估时，我们可根据具体情况，选取耗用量较大的、主要的原材料为估算对象，依据国家有关规定和经验数据估算原材料成本。

### （二）外购燃料动力成本的估算

外购燃料动力成本估算公式为

外购燃料动力成本=全年产量×单位产品燃料动力成本

### （三）工资及福利费的估算

如前所述，工资及福利费包括在制造成本、管理费用和销售费用之中。为便于计算和进行项目经济评估，我们需将工资及福利费单独估算。

1. 工资的估算

工资的估算可采取以下两种方法：

一是按全厂职工定员数和人均年工资额计算年工资总额。其计算公式为

年工资成本=全厂职工定员数×人均年工资数

二是按照不同的工资级别对职工进行划分，分别估算同一级投资项目评估中职工的工资，然后再加以汇总。一般可分为五个级别：高级管理人员、中级管理人员、一般管理人员、技术工人和一般工人。若有国外的技术和管理人员，我们要单独列出。

2. 福利费的估算

职工福利费主要用于职工的医药费、医务经费、职工生活困难补助及按国家规定开支的其他职工福利支出，不包括职工福利设施的支出，一般可按照职工工资总额的一定比例提取。

### （四）折旧费的估算

折旧费包括在制造成本、管理费用和销售费用中。为便于进行项目的经济评估，我们可将折旧费单独估算和列出。所谓折旧，就是固定资产在使用过程中，通过逐渐损耗（包括有形损耗和无形损耗）而转移到产品成本或商品流通费中的那部分价值。计提折旧是企业回收其固定资产投资的一种手段。按照国家规定的折旧制度，企业把已发生的资本性支出转移到产品成本费用中去，然后通过产品的销售，逐步回收初始的投资费用。根据国家有关规定，计提折旧的固定资产范围是：企业的房屋、建筑物、在用的机器设备、仪器仪表、运输车辆、工具器具、季节性停用和修理停用的设备、以经营租赁方式租出的固定资产、以融资租赁方式租入的固定资产。结合我国的企业管理水平，我们可将企业固定资产分为三大部分、二十二类，按大类实行分类折旧评估时，我们可分类计算折旧，也可综合计算折旧，要视项目的具体情况而定。我国现行固定资产折旧方法一般采用平均年限法或工作量法。

1. 平均年限法

平均年限法亦称直线法，即根据固定资产的原值估计的净残值率和折旧年限计算折旧。其计算公式为

年折旧率=（1-预计净残值率）/预计使用年限×100%

月折旧率=年折旧率÷12

月折旧额=固定资产原价×月折旧率

上述计算的折旧率是按个别固定资产单独计算的，称为个别折旧率，即某项固定资产在一定期间的折旧额与该固定资产原价的比率。通常，企业按分类折旧计算折旧率，计算公式为

$$某类固定资产年折旧额=\frac{某类固定资产原值-预计残值+清理费用}{该类固定资产的使用年限}$$

$$某类固定资产月折旧额=某类固定资产年折旧额÷12$$

$$某类固定资产年折旧率=\frac{该类固定资产年折旧额}{该类固定资产原价}\times 100\%$$

采用分类折旧率计算固定资产折旧，计算方法简单，但准确性不如个别折旧率。采用平均年限法计算固定资产折旧虽然简单，但也存在一些局限性。例如，固定资产在不同使用年限提供的经济效益不同，平均年限法没有考虑这一事实。又如，固定资产在不同使用年限发生的维修费用不一样，平均年限法没有考虑这一因素。因此，只有当固定资产各期的负荷程度相同，各期应分摊相同的折旧费时，采用平均年限法计算折旧才是合理的。

（1）固定资产原值是根据固定资产投资额、预备费和建设期利息计算求得的。

（2）预计净残值率是预计的企业固定资产净残值与固定资产原值的比率，根据行业会计制度规定，企业净残值率按照固定资产原值的3%~5%确定。特殊情况下，净残值率低于3%或高于5%时，企业自主确定净残值率，并报主管财政机关备案在项目评估中，折旧年限是由项目的固定资产经济寿命期决定的，因此固定资产的残余价值较大，净残值率一般可选择为10%，个别行业如港口等可选择高于此数的数值。

（3）折旧年限。国家有关部门在考虑现代生产技术发展快、世界各国实行加速折旧的情况下，为适应资产更新和资本回收的需要，对各类固定资产折旧的最短年限做出了规定：房屋、建筑物为20年，火车、轮船、机器、机械和其他生产设备为10年，电子设备和火车、轮船以外的运输工具及与生产、经营业务有关的器具、工具、家具等为5年。若采用综合折旧，项目的生产期即为折旧年限。在项目评估中，对轻工、机械、电子等行业的折旧年限可确定为8~15年，有些项目的折旧年限可确定为20年，对港口、铁路、矿山等项目的折旧年限可超过30年。

2. 工作量法

工作量法是指以固定资产能提供的工作量为单位计算折旧额的方法。工作量可以是汽车的总行驶里程，也可以是机器设备的总工作台班、总工作小时等。对于下列专用设备，我们可采用工作量法计提折旧。

（1）按照行驶里程计算折旧，其计算公式如下

$$单位里程折旧额=原值\times（1-预计净残值率）÷总行驶进程$$

（2）按工作小时计算折旧，其计算公式如下：

$$每工作小时折旧额=原值\times（1-预计净残值率）÷工作总小时$$

（3）按台班计算折旧的公式：

$$每台班折旧额=原值\times（1-预计净残值率）÷工作总台班数$$

$$年折旧额=每工作小时折旧额\times年工作小时$$

根据规定，企业专业车队的客、货运汽车、大型设备及大型建筑施工机械可采用工作量法计提折旧。由于各种专业设备具有不同的工作量指标，因而，工作量法又有行驶里程折旧法和工作小时折旧法之分。工作量法假定折旧是一项变动的，而不是固定的费用，即假定资产价值的降低不是由于时间的推移，而是由于使用。对于许多种

资产来讲，工作量法这一假定是合理的，特别是有形磨损比经济折旧更为重要。因而，如果某项资产在年度内没有使用，就不应计列折旧费用，因为资产的服务价值并没有降低。即使折旧是确定资产预期使用年限的一个重要因素，如其折旧是可以被预见的，并且，资产的大概使用状况是可以被估计的，就可以使用以经营活动为依据的折旧方法，使用这种折旧方法的主要目的是按每个服务单位分配投入价值，对服务价值降低的计量则是次要的。

3. 加速折旧法

加速折旧法又称递减折旧费用法，是指在固定资产使用前期提取折旧较多，在后期提得较少，使固定资产价值在使用年限内尽早得到补偿的折旧计算方法。它是一种鼓励投资的措施，国家先让利给企业，加速回收投资，增强还贷能力，促进技术进步，因此只对某些确有特殊原因的企业，才准许采用加速折旧。加速折旧的方法很多，有双倍余额递减法和年数总和法等。

（1）双倍余额递减法。

双倍余额递减法是以平均年限法确定的折旧率的双倍乘以固定资产在每一会计期间的期初账面净值，从而确定当期应提折旧的方法。其计算公式为

$$\text{年折旧率}=2\div\text{折旧年限}\times100\%$$

$$\text{年折旧额}=\text{年初固定资产账面原值}\times\text{年折旧率}$$

实行双倍余额递减法的固定资产，应当在其固定资产折旧年限到期前两年内，将固定资产净值扣除预计净残值后的净额平均摊销。

（2）年数总和法。

年数总和法是以固定资产原值扣除预计残值后的余额作为计提折旧的基础，按照逐年递减的折旧率计提折旧的一种方法。采用年数总和法的关键是每年都要确定一个不同的折旧率。其计算公式为

$$\text{折旧率}=\frac{\text{尚可使用年限}}{\text{各年尚可使用年限之和}}$$

$$=\frac{\text{预计使用年限}-\text{已使用年限}}{\text{预计使用年限}\times(\text{预计使用年限}+1)/2}$$

$$\text{年折旧额}=(\text{固定资产原值}-\text{预计净残值})\times\text{年折旧率}$$

**（五）修理费的估算**

修理费与折旧费相同，修理费包括在制造成本、管理费用和销售费用之中。进行项目经济评估时，我们可以单独计算修理费。修理费包括大修理费用和中小修理费用。在现行财务制度中，修理费按实际发生额计入成本费用中。其当年发生额较大时，可计入递延资产在以后年度摊销，摊销年限不能超过 5 年。但在项目评估时无法确定修理费具体发生的时间和金额，一般是按照折旧费的一定比例计算的。该比率可参照同类行业的经验数据加以确定。

**（六）维简费的估算**

维简费是指采掘、采伐工业按生产产品数量（采矿按每吨原产量，林区按每立方米原木产量）提取的固定资产更新和技术改造资金，即维持简单再生产的资金，简称维简费。企业发生的维简费直接计入成本，其计算方法和折旧费相同。

### （七）摊销费的估算

摊销费是指无形资产和开办费在一定期限内分期摊销的费用。无形资产的原始价值和开办费也要在规定的年限内，按年度或产量转移到产品的成本之中，这一部分被转移的无形资产原始价值和开办费，称为摊销。企业通过计提摊销费，回收无形资产及开办费的资本支出。摊销方法：不留残值，采用直线法计算。无形资产的摊销关键是确定摊销期限，无形资产应按规定期限分期摊销，即法律和合同或者企业申请书分别规定有法定有效期和受益年限的，按照法定有效期与合同或者企业申请书规定的收益年限孰短的原则确定；没有规定期限的，按不少于10年的期限分期摊销。开办费按照不短于5年的期限分期摊销，无形资产和开办费发生在项目建设期或筹建期间，而应在生产期分期平均摊入管理费用中，在经济评估时，也可单独列出。若各项无形资产摊销年限相同，可根据全部无形资产的原值和摊销年限计算出各年的摊销费；若各项无形资产摊销年限不同，则要根据无形及递延资产摊销估算表计算各项无形资产的摊销费，然后将其相加，即可得到生产期各年的无形资产摊销费，开办费的摊销费计算与无形资产摊销费的计算同理。

### （八）利息支出的估算

利息支出是指筹集资金而发生的各项费用，包括生产经营期间发生的利息净支出，即在生产期发生的建设投资借款利息和启动资金借款利息之和。建设投资借款在生产期发生的利息计算公式为

$$每年支付利息=年初累计借款余额\times年利率$$

为简化计算，还款当年按年末偿还，全年计息。

流动资金借款利息计算公式为

$$流动资金利息=流动资金累计借款额\times年利率$$

### （九）其他费用的估算

如前所述，其他费用是指在制造费用、管理费用、财务费用和销售费用中扣除工资及福利费、折旧费、修理费、摊销费、利息支出后的费用。在项目评估中，其他费用一般是根据总成本费用中前七项（外购原材料成本、外购燃料动力成本、工资及福利费、折旧费、修理费、维简费及摊销费）之和的一定比率计算的，其比率应按照同类企业经验数据加以确认。根据总成本费用估算表将上述各项合计，即得出生产期的总成本费用。

### （十）经营成本的估算

经营成本是指项目总成本费用扣除折旧费、维简费、摊销费和利息支出以后的成本费用。

$$经营成本=总成本费用-折旧费-维简费-摊销费-利息支出$$

经营成本是工程经济学特有的概念，涉及产品生产及销售、企业管理过程中的物料、人力和能源的投入费用，反映企业生产和管理水平。同类企业的经营成本具有可比性，在项目评估的经济评估中，被应用于现金流量的分析之中。之所以要从总成本费用中剔除折旧费、维简费、摊销费和利息支出，原因主要有两点：一是现金流量表反映项目在计算期内逐年发生的现金流入和流出。与常规会计方法不同，现金收支何时发生，就在何时计算，不做分摊。投资已按其发生的时间作为一次性支出被计入现金

流出，所以，不能再以折旧、提取维简费和摊销的方式计为现金流出，否则会发生重复计算。因此，作为经常性支出的经营成本中不包括折旧费和摊销费，同理也不包括维简费。二是因为全部投资现金流量表以全部投资作为计算基础，不分投资资金来源，利息支出不作为现金流出，也有资金现金流量表将利息支出单列。因此，经营成本中不包括利息支出。

**（十一）固定成本与可变成本的估算**

从理论上讲，成本可分为固定成本、可变成本和混合成本三大类。

（1）固定成本是指在一定的产量范围内不随产量变化而变化的成本费用，如按直线法计提的固定资产折旧费、计时工资及修理费等。

（2）可变成本是指随着产量的变化而变化的成本费用，如原材料费用、燃料动力费用等。

（3）混合成本是指介于固定成本和可变成本之间，既随产量变化又不成正比例变化的成本费用，又被称为半固定成本或半可变成本，即同时具有固定成本和可变成本的特征。在线性盈亏平衡分析时，要求对混合成本进行分解，以区分其中的固定成本和可变成本，并分别计入固定成本和可变成本总额之中。在项目评估中，我们将总成本费用中的前两项（外购原材料费用和外购燃料动力费用）视为可变成本，而其余各项均被视为固定成本。划分的主要目的就是为盈亏平衡分析提供前提条件，经营成本、固定成本和可变成本根据总成本估算表直接计算。

## 第三节　项目收益与利润估算

### 一、项目销售收入估算

项目销售收入估算是指测算拟建项目投产后，出售各种产品和副产品或提供劳务所能获得的货币收入。销售收入的预测是评估项目经济效益的前提。销售税金的测算和贷款偿还期的预测，都要以预测的销售收入为基本数据。准确地预测销售收入取决于正确地确定各类产品的销售数量与销售价格。确定销售量首先要确定拟建项目达到设计能力的时间。项目建成投产后通常并不能立即达到设计的生产能力，技术设备的调试、生产技艺的熟练和管理经验的积累等都要经历一定的时日。项目销售收入估算公式为

销售收入=产品销售单价×产品年销售量

投资项目评估式中，产品销售单价一般是经过测算的不变价格，也可根据需要采用不同的价格，如现行价格产品销售量等于年产量，这样年销售收入等于年产值，在现实的经济生活中产值不一定等于销售收入。但在项目评估中，一般运用这种假设，可以根据投产后各年的生产负荷确定销售量。如果项目的产品比较单一，用产品的单价乘以产量可以得到每年的销售收入；如果项目的产品品种比较多，要根据销售收入和销售税金及附加估算表进行估算，即首先计算每一种产品的销售收入，然后再汇总到一起，求出项目生产期的各年销售收入。如果产品部分销往外国，应计算外汇收入，并按外汇牌价折算成人民币，然后再计入项目的年销售收入总额中。

## 二、税费及附加的估算

税费及附加指在项目评价时需按规定计入项目投资，从成本或效益中直接扣除的税金、费用及附加费，根据我国税制改革实施方案，一般计征的税费及附加包括消费税、城市维护建设税、教育费附加、资源税、环境保护税、增值税、房产税、城镇土地增值税、车船税、印花税、耕地占用税、契税、车辆购置税等。

### （一）增值税

1. 增值税定义

增值税是以商品（含应税劳务）在流转过程中产生的增值额作为计税依据而征收的一种流转税。增值税是对销售商品或者劳务过程中实现的增值额征收的一种税。它是我国现阶段税收收入规模最大的税种。

2. 增值税征税范围

增值税的征税范围包括在中华人民共和国境内销售货物和提供加工、修理修配劳务和进口货物。下面主要列出六种常用的征税范围。

（1）销售货物。

在中国境内销售货物，是指销售货物的起运地或者所在地在中国境内。

销售货物是指有偿转让货物的所有权。货物是指有形动产，包括电力、热力、气体在内。有偿是指从购买方取得货币、货物或者其他经济利益。

（2）销售劳务。

在中国境内销售劳务，是指提供的劳务发生地在中国境内。

销售劳务是指有偿提供加工、修理修配劳务。单位或者个体工商户聘用的员工为本单位或者雇主提供加工、修理修配劳务不包括在内。

加工是指受托加工货物，即委托方提供原料及主要材料，受托方按照委托方的要求，制造货物并收取加工费的业务；修理修配是指受托对损伤和丧失功能的货物进行修复，使其恢复原状和功能的业务。

（3）销售服务。

销售服务是指提供交通运输服务、邮政服务、电信服务、建筑服务、金融服务、现代服务、生活服务。

交通运输服务是指利用运输工具将货物或者旅客送达目的地，使其空间位置得到转移的业务活动，包括陆路运输服务、水路运输服务、航空运输服务和管道运输服务。

邮政服务是指中国邮政集团公司及其所属邮政企业提供邮件寄递、邮政汇兑和机要通信等邮政基本服务的业务活动，包括邮政普遍服务、邮政特殊服务和其他邮政服务。

电信服务是指利用有线、无线的电磁系统或者光电系统等各种通信网络资源，提供语音通话服务，传送、发射、接收或者应用图像、短信等电子数据和信息的业务活动，包括基础电信服务和增值电信服务。

建筑服务是指各类建筑物、构筑物及其附属设施的建造、修缮、装饰，线路、管道、设备、设施等的安装及其他工程作业的业务活动，包括工程服务、安装服务、修缮服务、装饰服务和其他建筑服务。

金融服务是指经营金融保险的业务活动，包括贷款服务、直接收费金融服务、保险服务和金融商品转让。

现代服务是指围绕制造业、文化产业、现代物流产业等提供技术性、知识性服务的业务活动，包括研发和技术服务、信息技术服务、文化创意服务、物流辅助服务、租赁服务、鉴证咨询服务、广播影视服务、商务辅助服务和其他现代服务。

生活服务是指为满足城乡居民日常生活需求提供的各类服务活动，包括文化体育服务、教育医疗服务、旅游娱乐服务、餐饮住宿服务、居民日常服务和其他生活服务。

（4）销售无形资产。

销售无形资产是指转让无形资产所有权或者使用权的业务活动。无形资产是指不具有实物形态，但能带来经济利益的资产，包括技术、商标、著作权、商誉、自然资源使用权和其他权益性无形资产。

技术包括专利技术和非专利技术。

自然资源使用权包括土地使用权、海域使用权、探矿权、采矿权、取水权和其他自然资源使用权。

其他权益性无形资产包括基础设施资产经营权、公共事业特许权、配额、经营权（包括特许经营权、连锁经营权、其他经营权）、经销权、分销权、代理权、会员权、席位权、网络游戏虚拟道具、域名、名称权、肖像权、冠名权、转会费等。

（5）销售不动产。

销售不动产是指转让不动产所有权的业务活动。不动产是指不能移动或者移动后会引起性质、形状改变的财产，包括建筑物、构筑物等。

建筑物包括住宅、商业用房等可供居住、工作或者进行其他活动的建造物。

构筑物包括道路、桥梁、隧道、水坝等建造物。

（6）进口货物。

进口货物是指申报进入中国海关境内的货物。根据《中华人民共和国增值税暂行条例》，只要是报关进口的应税货物，均属于增值税的征税范围，除享受免税政策外，在进口环节缴纳增值税。

3. 增值税税率

（1）纳税人销售货物、有形动产租赁服务或者进口货物，除按规定适用9%税率的货物以外，适用13%的基本税率。采取填埋、焚烧等方式进行专业化处理后产生货物，且货物归属委托方的，受托方属于提供“加工劳务”，其收取的处理费用适用13%的税率。

（2）纳税人销售交通运输、邮政、基础电信、建筑、不动产租赁服务，销售不动产，转让土地使用权，销售或者进口下列货物，税率为9%。

①粮食等农产品、食用植物油、食用盐；

②自来水、暖气、冷气、热水、煤气、石油液化气、天然气、二甲醚、沼气、居民用煤炭制品；

③图书、报纸、杂志、音像制品、电子出版物；

④饲料、化肥、农药、农机、农膜；

⑤国务院规定的其他货物。

（3）纳税人销售增值电信服务、金融服务、现代服务（不动产租赁除外）、生活服务以及销售无形资产（转让土地使用权除外），税率为6%。

（4）纳税人出口货物，税率为零，国务院另有规定的除外。

（5）境内单位和个人跨境销售国务院规定范围内的服务、无形资产，税率为零。

各个税目详细税率见表8-1。





**表8-1 各个税目详细税率**

| 序号 | 税目 | 税率 |
|---|---|---|
| 1 | 销售或者进口货物（除9~12项外） | 13% |
| 2 | 加工、修理修配劳务 | 13% |
| 3 | 有形动产租赁服务 | 13% |
| 4 | 不动产租赁服务 | 9% |
| 5 | 销售不动产 | 9% |
| 6 | 建筑服务 | 9% |
| 7 | 运输服务 | 9% |
| 8 | 转让土地使用权 | 9% |
| 9 | 饲料、化肥、农药、农机、农膜 | 9% |
| 10 | 粮食等农产品、食用植物油、食用盐 | 9% |
| 11 | 自来水、暖气、冷气、热水、煤气、石油液化气、天然气、二甲醚、沼气、居民用煤炭制品 | 9% |
| 12 | 图书、报纸、杂志、音像制品、电子出版物 | 9% |
| 13 | 邮政服务 | 9% |
| 14 | 基础电信服务 | 9% |
| 15 | 增值电信服务 | 6% |
| 16 | 金融服务 | 6% |
| 17 | 现代服务 | 6% |
| 18 | 生活服务 | 6% |
| 19 | 销售无形资产（除土地使用权外） | 6% |
| 20 | 出口货物 | 0% |
| 21 | 跨境销售国务院规定范围内的服务、无形资产 | 0% |

改革开放后，我国实施增值税政策，为配合经济发展阶段，不断对增值税政策进行改进，整个发展过程大致可以分为五个阶段：

引进试点阶段（1979—1993年）：税种设立。我国于1979年引进增值税并进行试点工作。1984年国务院发布《中华人民共和国增值税条例（草案）》，仅对机器、机械等12类商品改征增值税，标志着增值税正式纳入我国税种。此后纳税范围逐渐扩大，截至1994年4月，已涵盖原260个工业品税目中的174个税目。1994年国内增值税税收收入2 308.34亿元，同比增长113.4%。

初步建立阶段（1994—2003年）：征收范围扩大。1994年我国实施分税制改革，以完善增值税制度为主。本次改革使得增值税的增收范围扩大到全部工业生产环节和商品流通领域。1994—1999 年，增值税增速缓慢下滑；2000 年受国内需求增加和原油价格与国际接轨等因素影响，增值税增速上升至 17.3%；直至 2003 年，增值税增速在 17%上下波动。

转型改革阶段（2004—2011 年）：向消费型过渡。由于此前实施的生产型增值税已经具有抑制消费和投资的作用，2004 年 7 月起开始实施增值税转型试点，由生产型转向消费型。2008 年，国务院颁布新修订《中华人民共和国增值税暂行条例》，自 2009 年 1 月 1 日起实施，在全国范围内实施增值税转型改革，机器设备等进项税额可全额抵扣，2009 年增值税同比增速降至 2.7%。

全面推广阶段（2012—2016 年）：以营改增为主要任务。增值税、营业税并存导致重复征税，我国开始进行"营改增"试点，2016 年 5 月 1 日营改增全面铺开，试点范围扩大到建筑业、房地产业、金融业、生活服务业，全部企业新增不动产也可进行增值税抵扣。

深化改革阶段（2017 至今）：以减档降税为主。2017 年我国开始增值税改革，主要以减税并档为主；2018 年政府工作报告中提出的"今年要改革完善增值税制度，按照三档并两档方向调整税率水平，重点降低制造业、交通运输等行业税率"。为贯彻落实党中央、国务院决策部署，推进增值税实质性减税，2019 年财政部、国家税务总局、海关总署联合发布《关于深化增值税改革有关政策的公告》，进一步调整纳税人购进农产品、出口退税、进口货物等税率，切实保障纳税人的合法权益。

4. 增值税估算

（1）一般纳税人计算公式为

应纳税额=当期销项税额-当期进项税额

销项税额=销售额×税率

销售额=含税销售额÷（1+税率）

（2）小规模纳税人计算公式为

应纳税额=销售额×征收率

销售额=含税销售额÷（1+征收率）

### （二）企业所得税

企业所得税是对我国内资企业和经营单位的生产经营所得和其他所得，征收的一种税。纳税人范围比公司所得税大。企业所得税纳税人即所有实行独立经济核算的中华人民共和国境内的内资企业或其他组织，包括以下企业：国有企业、集体企业、私营企业、联营企业、股份制企业、有生产经营所得和其他所得的其他组织。企业所得税的征税对象是纳税人的所得。包括销售货物所得、提供劳务所得、转让财产所得、股息红利所得、利息所得、租金所得、特许权使用费所得、接受捐赠所得和其他所得。

企业所得税实行比例税率。居民企业及在中国境内设立机构、场所且取得的所得与其所设机构、场所有实际联系的非居民企业，应当就其来源于中国境内、境外的所得缴纳企业所得税，适用税率为 25%；非居民企业在中国境内未设立机构、场所的，或者虽设立机构、场所但取得的所得与其所设机构、场所没有实际联系的，应当就其来源于中国境内的所得缴纳企业所得税，通用税率为 20%。

应纳税额计算公式为

企业所得税应纳税所得额=收入总额-不征税收入-免税收入-抵扣项目-允许弥补的以前年度的亏损

应纳税额=应纳税所得额×适用税率-减免税额-抵免税额

**（三）城市维护建设税**

城市维护建设税是以纳税人实际缴纳的流通转税额为计税依据征收的一种税，纳税环节确定在纳税人缴纳的增值税、消费税的环节上，从商品生产到消费流转过程中只要发生增值税、消费税的当中一种税的纳税行为，就要以这种税为依据计算缴纳城市维护建设税。

税率按纳税人所在地区的不同设置了两档比例税率：纳税人所在地在市区的，税率为7%；纳税人所在地不在市区的，税率为5%。计算公式为

应纳税额=(实际缴纳的增值税+消费税税额+出口货物、劳务或者跨境销售服务、无形资产增值税免抵税额）×适用税率

**（四）教育费附加**

教育费附加是由税务机关负责征收，同级教育部门统筹安排，同级财政部门监督管理，专门用于发展地方教育事业的预算外资金。其征费范围同增值税、消费税的征收范围相同，计算公式为

应纳教育费附加=（实际缴纳的增值税+消费税）×3%

## 三、项目销售利润估算

利润是企业一定期间的经营成果，反映了企业的生产经营效益，首先表现为销售利润，其计算公式为

销售利润=销售收入-销售税金及附加-总成本费用

销售利润用于计算所得税及所得税后利润。

## 四、项目税后利润及其分配

利润分配是企业在一定时期内对所实现的利润总额及从联营单位分得的利润，按规定在国家与企业、企业与企业之间的分配。利润分配的程序一般分为三个阶段：以企业实现的利润总额加上从联营单位分得的利润，即企业全部所得额，以此为基数，在缴纳所得税和调节税前，按规定对企业的联营者、债权人和企业的免税项目，采取扣减的方法进行初次分配。所扣除的免税项目主要有：分给联营企业的利润、归还基建借款和专用借款的利润、归还借款的利润、提取的职工福利基金和奖励基金、弥补以前年度亏损的利润及企业各种单项留利等。对于实行承包经营责任制的企业，在进行税前利润分配后，应在承包经营期内按承包合同规定的形式上交承包利润，不再计征所得税和调节税。全部所得额扣除初次分配后的余额，即为企业应税所得额。以企业应税所得额为基数，按规定的所得税率和调节税率计算应交纳的税额，在国家和企业之间进行再次分配。应税所得额扣除应纳税额后的余额，即为企业留利，以企业留利为基数，按规定比率将企业留利转作各项专用基金。

## 第四节　项目的筹资与使用方案评估

### 一、项目筹资方案评估的意义

资金筹措方案是确定筹资方式，解决资金来源的具体计划方案。投资资金是项目建设和生产经营活动的重要前提。任何投资项目在规划初期均需要考虑筹措资金的问题，项目筹资方案只是根据可能提供的资金来源提出筹措资金的设想，仅是一种意向性的安排。当项目进入可行性研究阶段，资金的筹措应作为一项重要任务，在项目投资估算的基础上，与设想中可能提供资金的部门或机构商谈，确定为项目提供资金的可能性与条件，据以拟订各项费用最低、风险最小的方案。项目只有通过一系列的筹资工作，确定了资金来源及筹资方式的条件下，项目的可行性研究与评估才具有实际意义；否则，设计方案再合理，但资金不能落实。项目在市场经济条件下，国内外的物价、汇率、利率等因素均会发生变动，筹资工作是一项既复杂又充满风险的工作。这就要求在制订筹资方案时考虑诸多影响因素。总之，企业应比较各种筹资渠道，制订科学的资金筹措方案与资金使用计划。

### 二、项目筹资来源

项目的筹资渠道主要有两大类：一是投资者自有资金，可作为资本金投入；二是外部筹资，通常采用借贷或发行债券的方式。

#### （一）资本金

根据我国《企业财务通则》规定："设立企业必须有法定的资本金。资本金是指企业在工商行政管理部门登记的注册资金。"《中华人民共和国公司法》实行认缴资本制，即实缴资本与注册资金不一致的原则。资本金在不同类型的企业中的表现形式有所不同。股份有限公司的资本金被称为股本，股份有限公司以外的一般企业的资本金被称为实收资本。

项目资本金的出资方式，即项目投资资本金可以用货币出资，也可以用实物、工业产权、非专利技术、土地使用权等出资，但必须经过有资格的资产评估机构依照法律、法规评估作价。以工业产权、非专利技术作价出资的比例不得超过投资项目资本金总额的20%，国家对采用高新技术成果有特别规定的除外。根据2015年《国务院关于调整和完善固定资产投资项目资本金制度的通知》，各行业固定资产投资项目的最低资本金比例按以下规定执行。城市和交通基础设施项目：城市轨道交通项目为20%，港口、沿海及内河航运、机场项目为25%，铁路、公路项目为20%；房地产开发项目：保障性住房和普通商品住房项目维持20%，其他项目为25%；产能过剩行业项目：钢铁、电解铝项目为40%，水泥项目为35%，煤炭、电石、铁合金、烧碱、焦炭、黄磷、多晶硅项目维持为30%；其他工业项目：玉米深加工项目为20%，化肥（钾肥除外）项目为25%；电力等其他项目为20%；城市地下综合管廊、城市停车场项目，以及经国务院批准的核电站等重大建设项目，可以在规定最低资本金比例基础上适当降低。

**（二）外部资金来源**

1. 国内资金来源

（1）银行信贷。

银行信贷是国内银行利用信贷资金向建设项目发放的固定资产贷款或流动资金贷款，是项目国内筹资的重要来源，主要分为政策性银行借款和商业银行贷款。

政策性银行借款一般是指执行国家政策性借款业务的银行向企业发放的贷款。政策性贷款是目前中国政策性银行的主要资产业务。一方面，它具有指导性、非营利性和优惠性等特殊性，在贷款规模、期限、利率等方面提供优惠；另一方面，它明显有别于可以无偿占用的财政拨款，而是以偿还为条件，与其他银行贷款一样具有相同的金融属性——偿还性。例如，国家开发银行为满足企业承建国家重点建设项目的资金需要提供贷款，进出口银行为大型设备的进出口提供买方或卖方信贷。

商业银行贷款是指由商业银行向企业发放的贷款。目前企业银行贷款类型有流动贷款、固定资产贷款、信用贷款、担保贷款、股票质押贷款、外汇质押贷款、单位定期存单质押贷款、黄金质押贷款、银团贷款、银行承兑汇票、银行承兑汇票贴现、商业承兑汇票贴现、买方或协议付息票据贴现、有追索权国内保理、出口退税账户托管贷款等十几种。最常见的企业银行贷款类型是公司信用贷款。它是指公司贷款申请无须提供抵押，银行根据公司的信用放款。公司信用是由信用评级机构对公司进行信用调查、信用分析和信用建模确定的。按贷款期限，公司信用贷款分为短期贷款、中期贷款和长期贷款。

（2）发行股票。

股票融资是指资金不通过金融中介机构，借助股票这一载体直接从资金盈余部门流向资金短缺部门，资金供给者作为所有者享有对企业控制权的融资方式。股票融资具有永久性，无到期日，不需归还，没有还本付息的压力等特点，因而筹资风险较小。股票市场可促进企业转换经营机制，真正成为自主经营、自负盈亏、自我发展、自我约束的法人实体和市场竞争主体。一方面，股票市场为资产重组提供了广阔的舞台，优化了企业组织结构，提高了企业的整合能力。另一方面，股票融资也有以下弊端。上市时间跨度长，竞争激烈，无法满足企业紧迫的融资需求；当企业发行新股时，出售新股票，引进新股东，会导致公司控制权的分散；新股东分享公司未发行新股前积累的盈余，会降低普通股的净收益，从而可能引起股价的下跌。

（3）发行债券。

企业债券也称公司债券，是企业依照法定程序发行、约定在一定期限内还本付息的有价证券，表示发债企业和投资人之间是一种债权债务关系。债券持有人不参与企业的经营管理，但有权按期收回约定的本息。在企业破产清算时，债权人优先于股东享有对企业剩余财产的索取权。企业债券与股票一样，同属有价证券，可以自由转让。债券融资和股票融资是企业直接融资的两种方式，在国际成熟的资本市场上，债券融资往往更受企业的青睐，企业的债券融资额通常是股权融资的3~10倍。之所以会出现这种现象，是因为企业债券融资同股票融资相比，在财务上具有许多优势。

首先是债券融资的税盾作用。债券的税盾作用来自债务利息和股利的支出顺序不同，世界各国税法基本上都准予利息支出在税前列支，而股息则在税后支付。这对企业而言相当于债券筹资成本中的相当一部分是由国家负担的，因而负债经营能为企业带来税收节约价值。我国企业所得税税率为25%，也就意味着企业举债成本中有将近1/4是由国家承担，因此，企业举债可以合理地避税，从而使企业的每股税后利润增加。

其次是债券融资的财务杠杆作用。财务杠杆是指企业负债对经营成果具有放大作用。股票融资可以增加企业的资本金和抗风险能力，但股票融资同时也使企业的所有者权益增加，其结果是通过股票发行筹集资金所产生的收益或亏损会被全体股东均摊。债券融资则不然，企业发行债券除了按事先确定的票面利率支付利息外，其余的经营成果将被原来的股东分享。如果纳税付息前利润率高于利率，负债经营就可以增加税后利润，从而形成财富从债权人到股东之间的转移，使股东收益增加。

最后是债券融资的资本结构优化作用。罗斯的信号传递理论认为，企业的价值与负债率正相关，越是高质量的企业，负债率越高。

（4）非银行金融机构的贷款。

非银行金融机构贷款是指向除银行之外从事金融业务的机构借入的用于企业自身经营的各项贷款。我国的非银行金融机构包括城市信用社、农村信用社、保险公司、金融信托投资公司、证券公司、财务公司、金融租赁公司、融资租赁公司等。

（5）融资租赁。

融资租赁是指由租赁公司预先垫付资金，购买项目所需的主要技术设备并租给企业，在租赁期间企业按期交付资金，租赁期满，承租人有权续租、退租或作价购买。这种融资性租赁业务在西方比较发达，是项目建设中常用的一种筹资形式。它的具体内容是指出租人根据承租人对租赁物件的特定要求和对供货人的选择，出资向供货人购买租赁物件，并租给承租人使用，承租人则分期向出租人支付租金，在租赁期内租赁物件的所有权属于出租人所有，承租人拥有租赁物件的使用权。租期届满，租金支付完毕并且承租人根据融资租赁合同的规定履行完全部义务后，租赁物件所有权即转归承租人所有。尽管在融资租赁交易中，出租人也有设备购买人的身份，但购买设备的实质性内容如供货人的选择、对设备的特定要求、购买合同条件的谈判等都由承租人享有和行使，承租人是租赁物件实质上的购买人。融资租赁是集融资与融物、贸易与技术更新于一体的新型金融产业。由于其融资与融物相结合的特点，出现问题时租赁公司可以回收、处理租赁物，因而在办理融资时对企业资信和担保的要求不高，所以非常适合中小企业融资。此外，融资租赁属于表内融资（资产负债表），不体现在企业财务报表的负债项目中，不影响企业的资信状况。这对需要多渠道融资的中小企业而言是非常有利的。

融资租赁的主要特征是：由于租赁物件的所有权只是出租人为了控制承租人偿还租金的风险而采取的一种形式所有权，在合同结束时最终有可能转移给承租人，因此租赁物件的购买由承租人负责，维修保养也由承租人负责，出租人只提供金融服务。租金计算原则是：出租人以租赁物件的购买价格为基础，按承租人占用出租人资金的时间为计算依据，根据双方商定的利率计算租金。它实质是依附于传统租赁上的金融交易，是一种特殊的金融工具。

融资租赁的种类有简单融资租赁、杠杆融资租赁 、委托融资租赁、项目融资租赁。①简单融资租赁是指由承租人选择需要购买的租赁物件，出租人通过对租赁项目进行风险评估后出租租赁物件给承租人使用。在整个租赁期间承租人没有所有权但享有使用权，并负责维修和保养租赁物件。出租人对租赁物件的好坏不负任何责任，设备折旧在承租人一方。②杠杆租赁的做法类似银团贷款，是一种专门做大型租赁项目的有税收好处的融资租赁，主要是由一家租赁公司牵头作为主干公司，为一个超大型的租赁项目融资。首先成立一个脱离租赁公司主体的操作机构——专为本项目成立资金管理公司，提供项目总金额20%以上的资金，其余部分资金来源主要是吸收银行和社会闲散游资，利用100%享受低税的好处，"以二博八"的杠杆方式，为租赁项目取得巨额资金。其余做法与融资租赁基本相同，只不过合同的复杂程度因涉及面广而随之增大。由于可享受税收好处、操作规范、综合效益好、租金回收安全、费用低，该做法一般用于飞机、轮船、通信设备和大型成套设备的融资租赁。③委托融资租赁是指拥有资金或设备的人委托非银行金融机构从事融资租赁，第一出租人同时是委托人，第二出租人同时是受托人。出租人接受委托人的资金或租赁标的物，根据委托人的书面委托，向委托人指定的承租人办理融资租赁业务。在租赁期内租赁标的物的所有权归委托人，出租人只收取手续费，不承担风险。这种委托租赁的一大特点就是让没有租赁经营权的企业，可以"借权"经营。电子商务租赁即依靠委托租赁作为商务租赁平台。④项目融资租赁是指承租人以项目自身的财产和效益为保证，与出租人签订项目融资租赁合同，出租人对承租人项目以外的财产和收益无追索权，租金的收取也只能以项目的现金流量和效益确定。出卖人（租赁物品生产商）通过自己控股的租赁公司采取这种方式推销产品，扩大市场份额。通信设备、大型医疗设备、运输设备甚至高速公路经营权都可以采用这种方法。其他还包括返还式租赁（售后租回融资租赁）和融资转租赁（转融资租赁）。

2. 国外资金的筹集方式

项目国外资金的筹资方式，主要是借贷和吸收外国直接投资，主要有以下几种形式：

（1）外国政府贷款。

外国政府贷款是指一国政府向另一国政府提供的，具有一定赠予性质的优惠贷款。它具有政府间开发援助或部分赠予的性质，在国际统计上又叫双边贷款，与多边贷款共同组成官方信贷。其资金来源一般分两部分：软贷款和出口信贷。软贷款部分多为政府财政预算内资金，出口信贷部分为信贷金融资金。双边政府贷款是政府之间的信贷关系，由两国政府机构或政府代理机构出面谈判，签署贷款协议，确定具有契约性偿还义务的外币债务。

外国政府贷款一般根据贷款国的经济实力、经济政策和具有优势的行业，确定贷款投向范围和项目。经济发达的国家，如法国、英国、德国等，贷款一般投向能源、交通、通信、原材料及其他工业项目。某些行业比较先进的发达国家则侧重于该行业的项目贷款，如丹麦重点选择其先进的乳品加工、制糖、冷冻设备方面的项目贷款，卢森堡侧重钢铁工业的项目贷款，瑞士选择精密机械、机床项目贷款，奥地利侧重于水电、火电等项目贷款。

（2）国际金融机构贷款。

国际金融机构贷款是指世界银行、国际货币基金组织、亚洲开发银行等国际金融机构提供的贷款。这种贷款是附有一定的贷款条件的。例如，国际货币基金组织一般只对其会员国或地区，提供短期或中期贷款，利率随期限递增，对数额较大的贷款，要求借款国提供其国际收支情况的报表。世界银行的贷款，也只对其会员，而且贷款必须由借款方的政府担保，且贷款的使用要由该行的代表监督。国际金融组织的贷款一般利率较低，期限较长。例如，国际开发协会主要是对低收入的贫困国家提供开发项目及文教建设方面的长期贷款，最长期限可达 50 年，只收 0.75%的手续费。国际金融组织的贷款审查严格，从项目申请到获得贷款，往往需要很长的时间。

（3）出口信贷。

出口信贷是指工业发达的国家，为促进和扩大本国产品出口，加强国际贸易竞争，为本国商业银行设立的一种贷款方式。一般出口信贷的利率低于商业信贷利率，其差额由政府补贴。根据提供贷款的对象不同，出口信贷有卖方信贷和买方信贷两类。

卖方信贷是指外国银行向外商提供的贷款，外商向我方提供技术设备，我方则延期付款。关于这种贷款方式，一方面，出口商和出口银行要承担一定风险；另一方面，出口商将一切费用加在产品售价中，转价给买方。因此，有些国家已不用这种信贷方式。

买方信贷是指外国银行直接向买方（进口商或进口国银行）提供贷款。采用此方式时，买卖双方签约后由买方先预付 15%定金，其余 85%由出口国银行贷给进口国银行，以后再转给买方，买方则今后分期以现汇支付贷款。通常是在设备投产后，买方通过其银行分期向出口国银行归还本息，使用买方信贷，进口厂家易于了解技术设备的真实价格，便于比较选择。

（4）外国银行贷款。

外国银行贷款，即一般商业借贷或自由外汇贷款。这种贷款不必与一定的进口项目联系，也不受使用地点和用途的限制，可以自由运用，其贷款利率通常较高，随行就市。一般是按伦敦银行同业拆放利率再加上一定费用计息。欧洲货币市场是国际货币市场的中心。欧洲货币市场上的商业银行贷款分为短、中、长期三种。短期一般不超过 1 年，其中以 30~90 天的短期借贷较多。借贷利率经双方商定，一般低于国内商业银行对客户的放款利率，借入单位的资信条件对借款额度、期限、利率均有影响。存放款利率相差 0.25%~1%。中、长期信贷的期限一般为 2 年、3 年、5 年、7 年，最高为 10 年。贷款额度较大、期限较长的长期贷款有时由多家银行组成银团联合贷放，这样既可加强资金供应能力，又可分担可能的风险。贷款利率还要附加利率，大多定为浮动利率，每 3 个月或半年调整一次，把利率定死不变的虽然有，但为数极少。

（5）补偿贸易。

补偿贸易由外商提供技术设备，我方用本项目的产品或双方商定的其他产品归还，其性质与出口信贷类似。按照偿付标的不同，补偿贸易大体上可分为直接产品补偿、其他产品补偿、劳务补偿三类。

直接产品补偿，即双方在协议中约定，由设备供应方向设备进口方承诺购买一定数量或金额的，由该设备直接生产出来的产品。这种做法的局限性在于，要求生产出来的直接产品及其质量必须是对方所需要的，或者在国际市场上是可销的，否则不易为对方所接受。

其他产品补偿指当所交易的设备本身并不生产物质产品，或设备所生产的直接产品并非对方所需或在国际市场上不好销时，可由双方根据需要和可能进行协商，用回购其他产品来代替的补偿方式。

劳务补偿常见于同来料加工或来件装配相结合的中小型补偿贸易中。具体做法是：双方根据协议，往往由对方代为购进所需的技术、设备，货款由对方垫付。我方按对方要求加工生产后，从应收的加工费中分期扣还所欠款项。

上述三种做法还可结合使用，即进行综合补偿。有时，根据实际情况的需要，我们还可以部分用直接产品或其他产品或劳务补偿，部分用现汇支付等。

（6）国际租赁。

国际租赁是指一国承租人以支付一定租金的方式向他国出租人，租用所需生产设备的交易活动，为克服价值巨大商品在国际贸易中面临困难而产生的一种商品信贷和金融信贷同时进行的筹措资金的特殊形式，是利用外资的方式之一。在这种安排下，租赁公司垫付资金，购买设备，租给用户使用，用户支付租金，取得设备使用权，期满后，承租人有权退租、续租或留购。国际租赁又分为融资性租赁和经营性租赁。目前国际较多采用的杠杆租赁和出售与返租式租赁即是融资性租赁派生出来的两种特殊形式。杠杆租赁大多涉及较大资本项目。出租人一般只出全部设备金额的20%~40%资金，其余资金以出租设备为抵押，由金融机构贷款。出售与返租租赁是企业将所拥有设备出售给租赁公司，再向租赁公司将设备租回继续使用。

（7）国外直接投资。

国外直接投资包含举办中外合资企业、中外合作经营企业，以及建立外商独资企业等形式，这是我国改革开放以来，引进技术、设备和资金的重要途径。中外合资经营企业，是由中外双方的企业、公司或个人，按照中国法律规定，共同组建的有限责任公司，其特点是中外双方将各自的出资额作为股权，共同投资、共同管理，按注册资金比例分配利润和分担风险。

（8）证券市场筹资。

发行外币债券和股票，是建设项目筹集和利用外资的一条重要渠道。目前在国际证券市场上，政府机构、企业集团、公司和民营企业等均可发行债券。发行外币债券具有期限长、利率费用合理、方便灵活、易于操作等优点，我国建设单位发行国际债券，要经主管部门批准，并由国家授权的金融机构（如中国银行、中国国际信托投资公司等）负责办理。发行股票分为两种，一种是在我国的证券市场上发行外币股票，另一种是直接在国外证券市场发行股票筹资。

## 三、资金成本计算与筹资方案的选择

### （一）资金成本的含义和作用

企业筹资需付出一定代价，资金成本就是企业使用资金所需支付的费用，包括资金占用费和资金的筹集费用。资金占用费用包括股息、利息、资金占用税等；资金筹集费用是指资金筹措过程中所发生的费用，包括注册费、代办费、手续费、承诺费等。资金成本又称资金成本率，是企业使用资金所负担的费用与筹集资金的净额之比率，其表达式为

$$资金成本率=\frac{资金占用费用}{资金成本率筹集资金总额-资金筹集费用}\times 100\%$$

资金成本是资金使用者向资金所有者和中介人支付的占用费和筹资费，是市场经济条件下资金所有权和使用权分离的产物。资金成本是企业的耗费，企业使用资金要付出代价，但这种代价最终要作为企业收益的扣除额得到补偿。首先，资金成本是确定项目基准收益率的重要因素，而项目基准收益率是评价方案取舍的标准，只有当方案的预期收益足以弥补资金成本时，方案才可以被接受，因此资金成本是影响项目可行性的重要经济参数；其次，资金成本是选择资金来源，拟定筹资方案的依据，不同的筹资方式，其资金成本各不相同，分析比较各种资金来源的成本，合理调整资本结构，就可以达到以最低的综合资金成本筹集项目所需资金的目的。

**（二）资金成本计算**

资金成本是企业或项目业主为取得和使用各种来源的资金需要付出的综合费用，即各种单项来源资金成本的加权平均值。由于现实条件的制约，企业不可能只从某一种资金成本较低的来源中筹集全部资金，一般都是从多种来源取得资金以形成各种筹资方式的组合。因此，为了筹资决策，企业首先应广开财源，计算各种资金筹措方式的单项资金成本率，其次计算各个资金筹措方案的综合资金成本率，最后通过比较各方案的综合资金成本率选出最佳筹资方案。下面简略介绍西方企业计算资金成本的几个常用公式：

1. 借贷资金成本

借贷资金一般采取银行借款、公司债券等形式，但无论哪种形式都要按照契约利率（借据或债券上所注明的利率）向资金借出者支付报酬，借贷资金的成本主要来自利息的支出。但是，契约利率不一定就是实际的资金成本率，资金成本率应该是借债企业支付的实际利率。实际利率是根据具体情况对契约利率进行调整、修正后的利率。调整、修正的因素包括：债券的折价或溢价发行的影响、债券不同类型的影响、借款契约的限定条件及所得税、资金筹集费的影响。税法规定应征所得税额为应纳税收入所得税率乘以应纳税收入，是公司部分收入扣除规定支出项目后的净收入。在所得税率一定的条件下，应纳税收入越少，应纳税额越少。公司为借贷资金支付的利息属于应扣除的支出项目，把它从总收入中扣除后，必然要减少应纳税收入，并带来税金的节约。借贷资金的成本率，即公司为借贷资金支付的实际利率，公式如下：

$$K=i\times(1-T)$$

式中，$K$ 为借贷资金成本率，$i$ 为契约利率，$T$ 为所得税率。

2. 股票筹资的成本

当企业通过发行股票筹资时，股东将以股票形式投资，并以股利形式获得报酬，所以股利是计算股票筹资成本的基础。股票的种类虽多，但主要可分为优先股与普通股。优先股是享有优先权的股票。优先股的股东对公司资产、利润分配等享有优先权，其风险较小。但是优先股股东对公司事务无表决权。优先股股东没有选举及被选举权，一般来说对公司的经营没有参与权，优先股股东不能退股，只能通过优先股的赎回条款被公司赎回，但是能稳定分红。普通股是享有普通权利、承担普通义务的股份，是公司股份的最基本形式。普通股的股东对公司的管理、收益享有平等权利，根据公司经营效益分红，风险较大。在公司的经营管理和盈利及财产的分配上享有普通权利的股份，代表满足所有债权偿付要求及优先股东的收益权与求偿权要求后，对企业盈利和剩余财产的索取权。它构成公司资本的基础，是股票的一种基本形式，也是发行量最大，最为重要的股票。

普通股票的成本计算公式：

$$K = D/P(1-f) + G$$

式中，$K$为普通股资金成本率，$D$为第一年发放的普通股总额的股利，$P$为普通股股金总额，$f$为筹资费率，$G$为普通股股利预计每年增长率。

优先股成本率计算公式：

$$K = \frac{D}{V(1-f)}$$

式中，$K$为优先股成本率，$D$为优先股股利，$V$为每股的发行价格，$f$为发行有限股的手续费。

3. 保留盈余的成本

保留盈余是指企业从税后利润总额中扣除股利之后的剩余部分。它是企业经营的直接成果，属于企业主或股东。使用保留利润的资金成本的计算，要根据机会成本原则。在资金总额有限的条件下投资人往往不得不放弃一部分有利的投资机会及与之相应的利润，故可认为企业所采纳的投资项目是以放弃其他项目的盈利机会为代价的，一般把这种代价称为机会成本。故机会成本率等于企业所放弃的最有利的投资机会的利润率，所以，从机会成本的观点来看，即使项目使用的是自有资金，也是付出了代价的，故也应计算其成本。站在股东立场分析，公司用于固定资产投资的那一部分保留利润也可作为股利支付给股东，并由他们自行进行其他有利的投资。可见企业保留利润是以股东放弃上述盈利机会为前提的，因此，我们应按照机会成本原则确定保留利润的成本。保留盈余的机会成本可按下式计算：

$$K = R(1-T)(1-B)$$

式中，$K$为保留利润的资金成本率，$R$为保留盈余可获得的利润率，$B$为经纪人手续费率，$T$为投资者应缴纳的所得税率。

4. 综合资金成本的计算

综合资金成本率，即筹资方案中各种资金筹措方式的单项资金成本率的加权平均值。其计算公式为

$$K = \sum_{i=1}^{n} P_i K_i$$

式中，$K$为综合资金成本率，$P$为第$i$种来源资金占全部资金比重，$K$为第$i$种来源资金的成本率，$n$为筹资方式的种类。

**【例8-4】**甲公司的长期资本总额为1 000万元，其中长期借款为300万元，长期债券为200万元，普通股为300万元，保留盈余为200万元，长期借款利率为6%，长期债券利率为7%，公司普通股资金成本为8%，保留盈余成本为6%，该公司综合资本成本率是多少？

解：综合资本成本率=6%×30%+7%×20%+8%×30%+6%×20%=6.68%

筹资方案的优化选择，就是从诸多筹资方案中寻求综合资金成本率最低的筹资方案。其步骤如下：其一，计算各种资金筹措方式的单项资金成本率。其二，分别计算每个筹资方案的各种筹资方式筹集资金占各方案全部资金的比重。其三，通过加权求和，计算各个资金筹措方案的加权平均资金成本率（方案的综合资金成本率）。其四，比较各方案的综合资金成本率，选取最小者为最佳筹资方案。

## 四、筹资方案综合分析评价

### （一）筹资方式的分析评价

在资本金的筹措上，国家预算拨款、地方财政拨款、专业投资公司的投资，是必须争取的最可靠的资金来源；对其他法人企业的参股控股的投资，我们应评价其资金的合法性和可靠性，借入资金应注意其筹资成本。国内借资，我们首先要争取有政府贴息的政策性贷款，如国家优先发展的能源、电力交通运输和基础产业项目，但这是有政策限制的；在银行信贷融资性租赁和发行债券上我们应比较其筹资成本和其他筹资条件。在利用外资方面，外国政府和国际金融组织的优惠贷款，一般不易争取；在一般商业银行贷款、国际融资租赁、补偿贸易和债券发行上，我们既要比较其筹资条件，也要考虑国际金融市场形势。一般商业信贷，因利率高，不宜采用中长期投资借款。至于出口信贷，常与提供技术设备相联系，通常以买方信贷方式为宜，便于了解技术设备的真实筹资条件，也要考虑国际金融市场形势。

项目需要引进先进技术，则可选择现汇引进或合资经营方式；项目如果需要扩大出口，增加外汇，则可采用合资、合作、补偿贸易等方式；若项目投资大、见效慢、利润低，则可申请外国政府低息贷款或国际金融机构贷款等。固定资产投资需验证资金落实证件，贷款要有贷款银行意见，自筹或滚动投资要有测算依据，并分析其资金来源的合理性和筹资能力的可靠性。利用外资项目，我们需复核外汇来源和外汇额度是否被落实和是否可靠，外汇数额能否满足项目的要求。

### （二）筹资结构的分析评价

在分析各筹资方案的组合结构中，重要的是考虑自有资金与贷款的比例。自有资金（或股本）与借款资金是两种性质不同的资金，自有资金经过经营而分取利润，借款资金用以经营后要按期还本付息。通常情况下，当投资项目的收益率大于借款利率时，企业通过适度举债，可以提高企业的自有资金利润率，但借款太多，也必然承担更大的利息负担。一旦企业经营不利，将难以承受利息负担。因此，贷款和自有资金应选择合适的比例。西方国家和日本的企业中，贷款往往大于自有资金，必须保证投资收益率高于资金成本，负债多少要与企业资金结构及偿债能力相适应。

### （三）筹资数量及投放时间的分析评价

在筹资方案评价中，对于投资需要量的测算，应从市场价格变化、筹资费用及建设期借款利息等方面进一步分析核查，以评价筹措的资金数量能否保证建设方案的顺利进行。同时，要注意年度资金的投入量，以便合理安排资金投放和回收，减少资金占用，加快资金周转。

### （四）利率和汇率风险分析评价

特别是项目的国外贷款筹资方案，应重点对国外贷款利率和汇率的变化可能引起项目投资效益下降的风险进行分析。我们应充分估计利率与汇率的变化趋势，选择理想的筹资方案，避免重大的风险和损失。总之，对筹资方案的分析评价，主要是对其安全性、经济性和可靠性进一步地分析论证。安全性是指筹资风险对筹资目标的影响程度；经济性是指筹资成本最低；可靠性是指筹资渠道有无保证，是否符合国家政策规定。最后我们对资金筹措方案进行综合分析，提出最优投资方案建议。





## 五、资金使用规划评估

### （一）资金使用计划编制依据

资金使用计划应根据项目实施进度与资金来源渠道进行编制，合理安排资金的使用，保证投入的资金与需要完成的工作量相符，使其衔接，保证在资金使用过程中能满足项目实施的进度。在编制资金使用计划时我们需要注意各项投资支出，应根据项目设计方案和其他有关数据资料，经过分析、审查和调整后，结合项目的实施规划确定分年支出额。投资需用外汇支付各种款项时，各年的投资支付应分别以外汇与人民币计算，便于确定不同货币的资金来源和计算外汇投资效益。流动资金支出，应根据投产后的年产量计算，并随产量的增加，分年度安排流动资金增加额，以尽量减少资金的占用和流动资金的贷款利息支出。

### （二）资金平衡表

资金平衡表由“资金来源”“资金使用”“资金结余”和“累计资金结余”四项组成。编制资金平衡表的基本公式是：

$$资金来源=资金使用+资金结余$$

$$累计资金结余=上年累计资金结余+本年资金结余$$

注意：上年的累计资金结余，不作为本年资金来源中的项目。若累计资金结余为正时，则项目有盈利；若其为负值时，则项目亏损，当某些年份累计资金结余出现负值时，则表明收入不足，难以支付费用，此时，企业必须筹集资金弥补缺口，直到该年累计资金结余不为负值。否则，即使全部累计资金结余为正，项目投资效益很好，也是无法实施的，在财务上是不可行的。

编制资金平衡表时也需要注意一些问题。有时某年度会出现资金不足，即使加上上年累计资金结余也仍不足，通过短期贷款可弥补资金缺口，累计资金结余全部等于或大于零，财务上方可行。注意不能将销售收入的全部作为资金来源，而只能将折旧和利润作为资金来源。同理在资金使用项中，也没有出现经营成本、流动资金贷款利息，这样就简化了分析。此外，我们还可编制外汇平衡表，反映项目外汇平衡能力，即项目在计算期内以其外汇收入抵消偿付外汇支出的能力。

### （三）资金使用规划方案的分析评估

对项目资金使用规划方案的分析与评价，应重点考虑项目的实施进度规划是否能与筹资规划相吻合，有无调整和修改的建议；资金使用规划能否与项目的实施进度规划相衔接；各项资金来源的使用是否合理，是否符合国家政策规定，资金的使用特别是外汇的使用要考虑未来的偿还和还贷安排；投资使用规划的安排是否科学合理，是否能保证项目顺利实施和达到资金的最佳利用目的。

## 第五节 案例分析

某城市建设一条免费通行的道路工程，与项目相关的信息如下：

（1）根据项目的设计方案及投资估算，该项目建设投资为 100 000 万元，建设期 2 年，建设投资全部形成固定资产。

（2）该项目拟采用 PPP 模式投资建设，政府与社会资本出资人合作成立了项目公司。项目资本金为项目建设投资的 30%。其中，社会资本出资人出资 90%，占项目公司股权 90%；政府出资 10%，占项目公司股权 10%，政府不承担项目公司亏损，不参与项目公司利润分配。

（3）除项目资本金外的项目建设投资由项目公司贷款，贷款年利率为 6%（按年计息）。贷款合同约定的还款方式为项目投入使用后 10 年内等额还本付息。项目资本金和贷款均在建设期内均衡投入。

（4）该项目投入使用（通车）后。前 10 年年均支出费用 2 500 万元，后 10 年年均支出费用 4 000 万元，用于项目公司经营、项目维护和修理，道路两侧的广告收益权归项目公司，预计广告业务收入每年为 800 万元。

（5）固定资产采用直线折旧，项目公司适用的企业所得税税率为 25%，为简化计算，不考虑销售环节相关税费。

（6）PPP 项目合同约定，项目投入使用（通车）后连续 20 年内，在达到项目运营绩效的前提下，政府每年给项目公司等额支付一定的金额作为项目公司的投资回报，项目通车 20 年后，项目公司需将该道路无偿移交给政府。

解答以下问题：

（1）计算项目建设期贷款利息和固定资产投资额。

（2）计算投入使用第 1 年项目公司应偿还银行的本金和利息。

（3）计算投入使用第 1 年的总成本费用。

（4）项目投入使用第 1 年，政府给予项目公司的款项至少达到多少万元时，项目公司才能除广告收益外不依赖其他资金来源，仍满足项目运营和还款要求？

（5）若社会资本出资人对社会资本的资本金净利润率的最低要求为：以贷款偿还完成后的正常年份的数据计算不低于 12%，则社会资本出资人能接受的政府各年应支付给项目公司的资金额最少应为多少万元？

解：

（1）计算项目建设期贷款利息和固定资产投资额。

建设期贷款额 = 100 000×70% = 70 000（万元）

第 1 年建设期贷款利息 = 70 000×50%×1/2×6% = 1 050（万元）

第 2 年建设期贷款利息 =（1 050+70 000×50%+70 000×50%×1/2）×6%

= 3 213（万元）

建设期贷款利息 = 1 050+3 213 = 4 263（万元）

固定资产投资额=100 000+4 263=104 263（万元）

（2）计算投入使用第1年项目公司应偿还银行的本金和利息。

我们采用等额还本付息计算投入使用第1年项目公司应偿还银行的本金和利息。

项目投入使用第1年项目公司应偿还银行的本利和

=(70 000+4 263)(A/P,6%,10)=10 089.96（万元）

项目投入使用第1年项目公司应偿还银行的利息=（70 000+4 263）×6%

=4 455.78（万元）

项目投入使用第1年项目公司应偿还银行的本金=10 089.96−4 455.78

=5 634.18（万元）

（3）计算投入使用第1年的总成本费用。

政府出资=100 000×30%×10%=3 000（万元）

固定资产折旧费=(104 263−3 000)/20=5 063.15（万元）

总成本费用=经营成本+折旧+摊销+利息+维持运营投资

=2 500+5 063.15+4 455.78

=12 018.93（万元）

（4）设政府给予的补贴应至少为 $X$ 万元。

净利润 = (800 + $X$ − 12 018.93) × (1 − 25%)

净利润+折旧+摊销>该年应偿还的本金

(800 + $X$ − 12 018.93) × (1 − 25%) + 5 063.15 > 5 634.18

计算得：$X$ >11 980.30 万元。故项目投入使用第1年，政府给予项目公司的款项至少达到11 980.30万元时，项目公司才能除广告收益外不依赖其他资金来源，仍满足项日运营和还款要求。

（5）假设政府各年应支付的金额为 $Y$ 万元。

正常年份的每年总成本费用=4 000+5 063.15=9 063.15（万元）

正常年份的净利润 = [(800 + $Y$) − 9063.15] × (1 − 25%)

社会资本出资人的资本金=30 000−3 000=27 000（万元）

资本金净利润率=正常年份的净利润/资本金×100%

[(800 + $Y$) − 9 063.15] × (1 − 25%) /27 000 × 100% = 12%

Y=12 583.15（万元）

故社会资本出资人能接受的政府各年应支付给项目公司的资金额最少应为12 583.15万元。

## 复习思考题

1. 试述项目的总投资构成？
2. 固定资产投资的估算方法有哪些？各有何特点？
3. 流动资金的估算方法有哪些？各有何特点？

4. 总成本费用的估算包括哪些内容？

5. 如何进行折旧费的估算？主要有哪几种方法？

6. 试述股票融资和债券融资各自的优缺点。

7. 华明公司于2021年1月1日购入设备1台，设备价款1 500万元，预计使用3年，预计期末无残值，采用直线法按3年计提折旧（均符合税法规定）。该设备于购入当日投入使用，预计能使公司未来3年的销售收入分别增长1 200万元、2 000万元和1 500万元，经营成本分别增长400万元、1 000万元和600万元。购置设备所需资金通过发行债券方式予以筹措，债券面值为1 500万元，票面年利率为8%，每年年末付息，债券按面值发行，发行费率为2%。该公司适用的所得税税率为33%，要求的投资收益率为10%，复利现值系数和年金现值系数见表8-2。

**表8-2　复利系数和年金现值系数**

| | 1元复利现值系数 | | 1元年金现值系数 | |
|---|---|---|---|---|
| | 8% | 10% | 8% | 10% |
| 1 | 0.925 9 | 0.909 1 | 0.925 9 | 0.909 1 |
| 2 | 0.857 3 | 0.826 4 | 1.783 3 | 1.735 5 |
| 3 | 0.793 8 | 0.751 3 | 2.577 1 | 2.486 9 |

（1）计算债券资金成本；

（2）计算设备每年折旧额；

（3）预测公司未来三年增加的净利润；

（4）预测该项目各年经营的净现金流量；

（5）计算该项目的净现值。

8. 某家电科技产业公司拟投资9 500万元，从事新建微型磁记录设备和磁疗器项目。经主管部门批准，公司采用股份制形式，除发行公司债券融资外，还向社会公开发行人民币个人股进行融资。项目的长期投资资金构成情况是：①向银行申请固定资产贷款2 500万元，年贷款利率为10.8%，并且采用担保方式，担保费总额100万元，担保期限为4年。②发行一次还本付息的单利公司债券1 900万元，委托某证券公司代理发行，发行费用总额40万元，5年期，年利率为15.5%。③向社会公开发行个人普通股300万股，每股发行价格12元，每股股利为0.9元，每年预期增长率为5%。④接受海外某慈善机构捐赠的现金100万美元，折合人民币总额约700万元。⑤企业留存收益1 000万元，企业建成投产后的所得税税率为25%。问该项目的综合资本成本是多少？

9. 某公司拟投资建设一个生化制药厂。这一建设项目的基础数据如下：

①该项目建设期为3年，计划进度为：第一年完成项目全部投资的20%；第二年完成项目全部投资的55%；第三年完成项目全部投资的25%；第四年项目投产，投产当年项目的生产能力达到设计生产能力的70%；第五年项目的生产能力达到

设计生产能力的90%；第六年项目的生产能力达到设计生产能力的100%。项目的运营期为15年。

②本项目工程费与工程建设其他费的估算额为56 180万元，预备费（包括基本预备费和涨价预备费）为4 800万元。

③本项目的资金来源为自有资金和贷款。贷款总额为40 000万元，其中外汇贷款为2 300万美元，外汇牌价为1美元兑换6.15人民币。贷款中的人民币部分，从中国工商银行获得，年利率为12.48%（按季计息）。贷款的外汇部分，从中国银行获得，年利率为8%（按年计息）。

④建设项目达到设计生产能力以后，全厂定员为1 200人，工资和福利费按照每人每年12 000元估算，每年的其他费用为860万元（其中其他制造费用为650万元，年外购原材料、燃料及动力费估算为20 200万元，年经营成本为25 000万元，年修理费占年经营成本11%，年营业费用忽略不计）。各项流动资金的最低周转天数分别为：应收账款30天，现金45天，应付账款30天，存货40天（计算结果均保留两位小数）。请根据以上信息回答下列问题：

（1）估算项目建设期分年贷款利息；

（2）用分项详细估算法估算拟建项目的流动资金；

（3）估算拟建项目的总投资金额。

10. 某项目投产后的年营业收入为500万元，年营业成本为380万元，其中折旧费用为150万元，所得税率为33%，求投产后年净现金流量。

# 第九章 项目的财务评估

项目财务评估是在国家现行财税制度和有关法律法规的基础上，鉴定、分析项目可行性研究报告提出的投资、成本、收入、税金和利润等财务费用和效益，从项目（企业）出发测算项目建成投产后的获利能力、清偿能力和财务外汇效果等财务状况，以评价和判断项目财务上是否可行，是项目评估的重要组成部分。本章首先进行政策解读，然后从项目财务评估的定义、内容和程序入手，全面详细地介绍了各部分的主要分析内容和方法。关于财务评估部分重点讲述了基本财务报表的预测；关于财务效益评估部分，主要围绕财务盈利能力、外汇效果和清偿能力三方面进行了详细介绍。

## 第一节 相关政策

### 中华人民共和国财政部令第 81 号
### ——基本建设财务规则

《基本建设财务规则》已经财政部部务会议审议通过，现予公布，自 2016 年 9 月 1 日起施行。

部长 楼继伟

2016 年 4 月 26 日

### 基本建设财务规则

#### 第一章 总则

第一条 为了规范基本建设财务行为，加强基本建设财务管理，提高财政资金使用效益，保障财政资金安全，制定本规则。

第二条 本规则适用于行政事业单位的基本建设财务行为，以及国有和国有控股企业使用财政资金的基本建设财务行为。

基本建设是指以新增工程效益或者扩大生产能力为主要目的的新建、续建、改扩建、迁建、大型维修改造工程及相关工作。

第三条　基本建设财务管理应当严格执行国家有关法律、行政法规和财务规章制度，坚持勤俭节约、量力而行、讲求实效，正确处理资金使用效益与资金供给的关系。

第四条　基本建设财务管理的主要任务是：

（一）依法筹集和使用基本建设项目（以下简称项目）建设资金，防范财务风险；

（二）合理编制项目资金预算，加强预算审核，严格预算执行；

（三）加强项目核算管理，规范和控制建设成本；

（四）及时准确编制项目竣工财务决算，全面反映基本建设财务状况；

（五）加强对基本建设活动的财务控制和监督，实施绩效评价。

第五条　财政部负责制定并指导实施基本建设财务管理制度。

各级财政部门负责对基本建设财务活动实施全过程管理和监督。

第六条　各级项目主管部门（含一级预算单位，下同）应当会同财政部门，加强本部门或者本行业基本建设财务管理和监督，指导和督促项目建设单位做好基本建设财务管理的基础工作。

第七条　项目建设单位应当做好以下基本建设财务管理的基础工作：

（一）建立、健全本单位基本建设财务管理制度和内部控制制度；

（二）按项目单独核算，按照规定将核算情况纳入单位账簿和财务报表；

（三）按照规定编制项目资金预算，根据批准的项目概（预）算做好核算管理，及时掌握建设进度，定期进行财产物资清查，做好核算资料档案管理；

（四）按照规定向财政部门、项目主管部门报送基本建设财务报表和资料；

（五）及时办理工程价款结算，编报项目竣工财务决算，办理资产交付使用手续；

（六）财政部门和项目主管部门要求的其他工作。

按照规定实行代理记账和项目代建制的，代理记账单位和代建单位应当配合项目建设单位做好项目财务管理的基础工作。

## 第二章　建设资金筹集与使用管理

第八条　建设资金是指为满足项目建设需要筹集和使用的资金，按照来源分为财政资金和自筹资金。其中，财政资金包括一般公共预算安排的基本建设投资资金和其他专项建设资金，政府性基金预算安排的建设资金，政府依法举债取得的建设资金，以及国有资本经营预算安排的基本建设项目资金。

第九条　财政资金管理应当遵循专款专用原则，严格按照批准的项目预算执行，不得挤占挪用。

财政部门应当会同项目主管部门加强项目财政资金的监督管理。

第十条　财政资金的支付，按照国库集中支付制度有关规定和合同约定，综合考虑项目财政资金预算、建设进度等因素执行。

第十一条　项目建设单位应当根据批准的项目概（预）算、年度投资计划和预算、建设进度等控制项目投资规模。

第十二条　项目建设单位在决策阶段应当明确建设资金来源，落实建设资金，合理控制筹资成本。非经营性项目建设资金按照国家有关规定筹集；经营性项目在防范风险的前提下，可以多渠道筹集。

具体项目的经营性和非经营性性质划分，由项目主管部门会同财政部门根据项目建设目的、运营模式和盈利能力等因素核定。

第十三条　核定为经营性项目的，项目建设单位应当按照国家有关固定资产投资项目资本管理的规定，筹集一定比例的非债务性资金作为项目资本。

在项目建设期间，项目资本的投资者除依法转让、依法终止外，不得以任何方式抽走出资。

经营性项目的投资者以实物、知识产权、土地使用权等非货币财产作价出资的，应当委托具有专业能力的资产评估机构依法评估作价。

第十四条　项目建设单位取得的财政资金，区分以下情况处理：

经营性项目具备企业法人资格的，按照国家有关企业财务规定处理。不具备企业法人资格的，属于国家直接投资的，作为项目国家资本管理；属于投资补助的，国家拨款时对权属有规定的，按照规定执行，没有规定的，由项目投资者享有；属于有偿性资助的，作为项目负债管理。

经营性项目取得的财政贴息，项目建设期间收到的，冲减项目建设成本；项目竣工后收到的，按照国家财务、会计制度的有关规定处理。

非经营性项目取得的财政资金，按照国家行政、事业单位财务、会计制度的有关规定处理。

第十五条　项目收到的社会捐赠，有捐赠协议或者捐赠者有指定要求的，按照协议或者要求处理；无协议和要求的，按照国家财务、会计制度的有关规定处理。

## 第三章　预算管理

第十六条　项目建设单位编制项目预算应当以批准的概算为基础，按照项目实际建设资金需求编制，并控制在批准的概算总投资规模、范围和标准以内。

项目建设单位应当细化项目预算，分解项目各年度预算和财政资金预算需求。涉及政府采购的，应当按照规定编制政府采购预算。

项目资金预算应当纳入项目主管部门的部门预算或者国有资本经营预算统一管理。列入部门预算的项目，一般应当从项目库中产生。

第十七条　项目建设单位应当根据项目概算、建设工期、年度投资和自筹资金计划、以前年度项目各类资金结转情况等，提出项目财政资金预算建议数，按照规定程序经项目主管部门审核汇总报财政部门。

项目建设单位根据财政部门下达的预算控制数编制预算，由项目主管部门审核汇总报财政部门，经法定程序审核批复后执行。

第十八条　项目建设单位应当严格执行项目财政资金预算。对发生停建、缓建、迁移、合并、分立、重大设计变更等变动事项和其他特殊情况确需调整的项目，项目建设单位应当按照规定程序报项目主管部门审核后，向财政部门申请调整项目财政资金预算。

第十九条　财政部门应当加强财政资金预算审核和执行管理，严格预算约束。

财政资金预算安排应当以项目以前年度财政资金预算执行情况、项目预算评审意见和绩效评价结果作为重要依据。项目财政资金未按预算要求执行的，按照有关规定调减或者收回。

第二十条　项目主管部门应当按照预算管理规定，督促和指导项目建设单位做好项目财政资金预算编制、执行和调整，严格审核项目财政资金预算、细化预算和预算调整的申请，及时掌握项目预算执行动态，跟踪分析项目进度，按照要求向财政部门报送执行情况。

## 第四章 建设成本管理

第二十一条 建设成本是指按照批准的建设内容由项目建设资金安排的各项支出，包括建筑安装工程投资支出、设备投资支出、待摊投资支出和其他投资支出。

建筑安装工程投资支出是指项目建设单位按照批准的建设内容发生的建筑工程和安装工程的实际成本。

设备投资支出是指项目建设单位按照批准的建设内容发生的各种设备的实际成本。

待摊投资支出是指项目建设单位按照批准的建设内容发生的，应当分摊计入相关资产价值的各项费用和税金支出。

其他投资支出是指项目建设单位按照批准的建设内容发生的房屋购置支出，基本畜禽、林木等的购置、饲养、培育支出，办公生活用家具、器具购置支出，软件研发和不能计入设备投资的软件购置等支出。

第二十二条 项目建设单位应当严格控制建设成本的范围、标准和支出责任，以下支出不得列入项目建设成本：

（一）超过批准建设内容发生的支出；

（二）不符合合同协议的支出；

（三）非法收费和摊派；

（四）无发票或者发票项目不全、无审批手续、无责任人员签字的支出；

（五）因设计单位、施工单位、供货单位等原因造成的工程报废等损失，以及未按照规定报经批准的损失；

（六）项目符合规定的验收条件之日起3个月后发生的支出；

（七）其他不属于本项目应当负担的支出。

第二十三条 财政资金用于项目前期工作经费部分，在项目批准建设后，列入项目建设成本。

没有被批准或者批准后又被取消的项目，财政资金如有结余，全部缴回国库。

## 第五章 基建收入管理

第二十四条 基建收入是指在基本建设过程中形成的各项工程建设副产品变价收入、负荷试车和试运行收入以及其他收入。

工程建设副产品变价收入包括矿山建设中的矿产品收入，油气、油田钻井建设中的原油气收入，林业工程建设中的路影材收入，以及其他项目建设过程中产生或者伴生的副产品、试验产品的变价收入。

负荷试车和试运行收入包括水利、电力建设移交生产前的供水、供电、供热收入，原材料、机电轻纺、农林建设移交生产前的产品收入，交通临时运营收入等。

其他收入包括项目总体建设尚未完成或者移交生产，但其中部分工程简易投产而发生的经营性收入等。

符合验收条件而未按照规定及时办理竣工验收的经营性项目所实现的收入，不得作为项目基建收入管理。

第二十五条　项目所取得的基建收入扣除相关费用并依法纳税后，其净收入按照国家财务、会计制度的有关规定处理。

第二十六条　项目发生的各项索赔、违约金等收入，首先用于弥补工程损失，结余部分按照国家财务、会计制度的有关规定处理。

## 第六章　工程价款结算管理

第二十七条　工程价款结算是指依据基本建设工程发承包合同等进行工程预付款、进度款、竣工价款结算的活动。

第二十八条　项目建设单位应当严格按照合同约定和工程价款结算程序支付工程款。竣工价款结算一般应当在项目竣工验收后2个月内完成，大型项目一般不得超过3个月。

第二十九条　项目建设单位可以与施工单位在合同中约定按照不超过工程价款结算总额的5%预留工程质量保证金，待工程交付使用缺陷责任期满后清算。资信好的施工单位可以用银行保函替代工程质量保证金。

第三十条　项目主管部门应当会同财政部门加强工程价款结算的监督，重点审查工程招投标文件、工程量及各项费用的计取、合同协议、施工变更签证、人工和材料价差、工程索赔等。

## 第七章　竣工财务决算管理

第三十一条　项目竣工财务决算是正确核定项目资产价值、反映竣工项目建设成果的文件，是办理资产移交和产权登记的依据，包括竣工财务决算报表、竣工财务决算说明书以及相关材料。

项目竣工财务决算应当数字准确、内容完整。竣工财务决算的编制要求另行规定。

第三十二条　项目年度资金使用情况应当按照要求编入部门决算或者国有资本经营决算。

第三十三条　项目建设单位在项目竣工后，应当及时编制项目竣工财务决算，并按照规定报送项目主管部门。

项目设计、施工、监理等单位应当配合项目建设单位做好相关工作。

建设周期长、建设内容多的大型项目，单项工程竣工具备交付使用条件的，可以编报单项工程竣工财务决算，项目全部竣工后应当编报竣工财务总决算。

第三十四条　在编制项目竣工财务决算前，项目建设单位应当认真做好各项清理工作，包括账目核对及账务调整、财产物资核实处理、债权实现和债务清偿、档案资料归集整理等。

第三十五条　在编制项目竣工财务决算时，项目建设单位应当按照规定将待摊投资支出按合理比例分摊计入交付使用资产价值、转出投资价值和待核销基建支出。

第三十六条　项目竣工财务决算审核、批复管理职责和程序要求由同级财政部门确定。

第三十七条　财政部门和项目主管部门对项目竣工财务决算实行先审核、后批复的办法，可以委托预算评审机构或者有专业能力的社会中介机构进行审核。对符合条件的，应当在6个月内批复。

第三十八条　项目一般不得预留尾工工程，确需预留尾工工程的，尾工工程投资不得超过批准的项目概（预）算总投资的5%。

项目主管部门应当督促项目建设单位抓紧实施项目尾工工程，加强对尾工工程资金使用的监督管理。

第三十九条　已具备竣工验收条件的项目，应当及时组织验收，移交生产和使用。

第四十条　项目隶属关系发生变化时，应当按照规定及时办理财务关系划转，主要包括各项资金来源、已交付使用资产、在建工程、结余资金、各项债权及债务等的清理交接。

## 第八章　资产交付管理

第四十一条　资产交付是指项目竣工验收合格后，将形成的资产交付或者转交生产使用单位的行为。

交付使用的资产包括固定资产、流动资产、无形资产等。

第四十二条　项目竣工验收合格后应当及时办理资产交付使用手续，并依据批复的项目竣工财务决算进行账务调整。

第四十三条　非经营性项目发生的江河清障疏浚、航道整治、飞播造林、退耕还林（草）、封山（沙）育林（草）、水土保持、城市绿化、毁损道路修复、护坡及清理等不能形成资产的支出，以及项目未被批准、项目取消和项目报废前已发生的支出，作为待核销基建支出处理；形成资产产权归属本单位的，计入交付使用资产价值；形成资产产权不归属本单位的，作为转出投资处理。

非经营性项目发生的农村沼气工程、农村安全饮水工程、农村危房改造工程、游牧民定居工程、渔民上岸工程等涉及家庭或者个人的支出，形成资产产权归属家庭或者个人的，作为待核销基建支出处理；形成资产产权归属本单位的，计入交付使用资产价值；形成资产产权归属其他单位的，作为转出投资处理。

第四十四条　非经营性项目为项目配套建设的专用设施，包括专用道路、专用通讯设施、专用电力设施、地下管道等，产权归属本单位的，计入交付使用资产价值；产权不归属本单位的，作为转出投资处理。

非经营性项目移民安置补偿中由项目建设单位负责建设并形成的实物资产，产权归属集体或者单位的，作为转出投资处理；产权归属移民的，作为待核销基建支出处理。

第四十五条　经营性项目发生的项目取消和报废等不能形成资产的支出，以及设备采购和系统集成（软件）中包含的交付使用后运行维护等费用，按照国家财务、会计制度的有关规定处理。

第四十六条　经营性项目为项目配套建设的专用设施，包括专用铁路线、专用道路、专用通讯设施、专用电力设施、地下管道、专用码头等，项目建设单位应当与有关部门明确产权关系，并按照国家财务、会计制度的有关规定处理。

## 第九章　结余资金管理

第四十七条　结余资金是指项目竣工结余的建设资金，不包括工程抵扣的增值税进项税额资金。

第四十八条　经营性项目结余资金，转入单位的相关资产。

非经营性项目结余资金，首先用于归还项目贷款。如有结余，按照项目资金来源属于财政资金的部分，应当在项目竣工验收合格后3个月内，按照预算管理制度有关规定收回财政。

第四十九条　项目终止、报废或者未按照批准的建设内容建设形成的剩余建设资金中，按照项目实际资金来源比例确认的财政资金应当收回财政。

## 第十章　绩效评价

第五十条　项目绩效评价是指财政部门、项目主管部门根据设定的项目绩效目标，运用科学合理的评价方法和评价标准，对项目建设全过程中资金筹集、使用及核算的规范性、有效性，以及投入运营效果等进行评价的活动。

第五十一条　项目绩效评价应当坚持科学规范、公正公开、分级分类和绩效相关的原则，坚持经济效益、社会效益和生态效益相结合的原则。

第五十二条　项目绩效评价应当重点对项目建设成本、工程造价、投资控制、达产能力与设计能力差异、偿债能力、持续经营能力等实施绩效评价，根据管理需要和项目特点选用社会效益指标、财务效益指标、工程质量指标、建设工期指标、资金来源指标、资金使用指标、实际投资回收期指标、实际单位生产（营运）能力投资指标等评价指标。

第五十三条　财政部门负责制定项目绩效评价管理办法，对项目绩效评价工作进行指导和监督，选择部分项目开展重点绩效评价，依法公开绩效评价结果。绩效评价结果作为项目财政资金预算安排和资金拨付的重要依据。

第五十四条　项目主管部门会同财政部门按照有关规定，制定本部门或者本行业项目绩效评价具体实施办法，建立具体的绩效评价指标体系，确定项目绩效目标，具体组织实施本部门或者本行业绩效评价工作，并向财政部门报送绩效评价结果。

## 第十一章　监督管理

第五十五条　项目监督管理主要包括对项目资金筹集与使用、预算编制与执行、建设成本控制、工程价款结算、竣工财务决算编报审核、资产交付等的监督管理。

第五十六条　项目建设单位应当建立、健全内部控制和项目财务信息报告制度，依法接受财政部门和项目主管部门等的财务监督管理。

第五十七条　财政部门和项目主管部门应当加强项目的监督管理，采取事前、事中、事后相结合，日常监督与专项监督相结合的方式，对项目财务行为实施全过程监督管理。

第五十八条　财政部门应当加强对基本建设财政资金形成的资产的管理，按照规定对项目资产开展登记、核算、评估、处置、统计、报告等资产管理基础工作。

第五十九条　对于违反本规则的基本建设财务行为，依照《预算法》《财政违法行为处罚处分条例》等有关规定追究责任。

## 第十二章　附则

第六十条　接受国家经常性资助的社会力量举办的公益服务性组织和社会团体的基本建设财务行为，以及非国有企业使用财政资金的基本建设财务行为，参照本规则执行。

使用外国政府及国际金融组织贷款的基本建设财务行为执行本规则。国家另有规定的，从其规定。

第六十一条　项目建设内容仅为设备购置的，不执行本规则；项目建设内容以设备购置、房屋及其他建筑物购置为主并附有部分建筑安装工程的，可以简化执行本规则。

经营性项目的项目资本中，财政资金所占比例未超过50%的，项目建设单位可以简化执行本规则，但应当按照要求向财政部门、项目主管部门报送相关财务资料。国家另有规定的，从其规定。

第六十二条　中央项目主管部门和各省、自治区、直辖市、计划单列市财政厅（局）可以根据本规则，结合本行业、本地区的项目情况，制定具体实施办法并报财政部备案。

第六十三条　本规则自2016年9月1日起施行。2002年9月27日财政部发布的《基本建设财务管理规定》（财建〔2002〕394号）及其解释同时废止。

本规则施行前财政部制定的有关规定与本规则不一致的，按照本规则执行。《企业财务通则》（财政部令第41号）、《金融企业财务规则》（财政部令第42号）、《事业单位财务规则》（财政部令第68号）和《行政单位财务规则》（财政部令第71号）另有规定的，从其规定。

2017年12月4日，《财政部关于修改〈注册会计师注册办法〉等6部规章的决定》经财政部部长办公会审议通过，其中修改了《基本建设财务管理》第二十九条和第五十九条，自2018年1月1日起施，将《基本建设财务规则》第二十九条修改为“项目建设单位可以与施工单位在合同中约定按照不超过工程价款结算总额的3%预留工程质量保证金，待工程交付使用缺陷责任期满后清算。资信好的施工单位可以用银行保函替代工程质量保证金”；将第五十九条修改为“各级财政部门、项目主管部门和项目建设单位及其工作人员在基本建设财务管理过程中，存在违反本规则规定的行为，以及其他滥用职权、玩忽职守、徇私舞弊等违法违纪行为的，依照《中华人民共和国预算法》《中华人民共和国公务员法》《中华人民共和国行政监察法》《财政违法行为处罚处分条例》等国家有关规定追究相应责任；涉嫌犯罪的，依法移送司法机关处理”。

## 第二节　项目财务评估的内容

### 一、项目财务评估的意义

项目财务评估是对拟建项目可行性研究报告中的财务分析部分，进行分析审核和再评价，即从企业的财务角度出发，按照国家现行的财税制度和价格体系分析、论证项目投入的费用和产出的收益，进而考察项目的财务盈利水平、贷款的偿还能力，以及项目的外汇效果等状况，据以评估项目的财务可行性。项目财务评估仅从项目或企业角度进行分析，预测投入的费用、产出的收益，从而计算项目的经济效果。也就是说，项目的财务评估只分析由项目的直接费用和直接收益产生的内部效果，不考虑由项目引起的但不能在财务效果上反映的间接费用与间接收益，即项目的外部效果问题。例如，项目开工后，对周围空气、水源及生态环境的污染给其他企业或社会造成一定的影响，属于项目的间接费用，是不能计入项目的费用项；由于项目的投产，增加了对某种产品的需求，生产该产品的企业销售量增加，从而提高了企业收益，这属于项目带来的间接收益，也不能计入项目的收益项。项目财务评估对企业投资决策有重要意义，是判断项目是否可行的重要决策过程。

## 二、财务评估的主要内容与步骤

### （一）财务评估的主要内容

1. 财务分析预测

在对投资项目进行总体了解和对市场、环境、技术方案进行充分调查、研究、掌握的基础上，收集、预测财务分析所需的基础数据资料，这一步骤可称为财务分析预测。财务分析预测是整个财务分析的基础，是决定项目财务分析质量和成败的关键环节。财务分析预测的结果可归纳整理为若干辅助计算用表，以便进一步地分析。

2. 制订资金规划

这一步骤包括：寿命期内各年度资金需要量预测；对可能的资金来源与数量进行调查和估算；制订债务偿还计划；在此基础上编制项目寿命期内资金来源与运用计划，这个计划可用资金平衡表表示出各年度资金的来源与使用情况。一个好的资金规划要能满足资金平衡的需要，即在每年度的资金来源方案中挑选最经济、效益最优的方案。一个项目的盈利能力越大、清偿能力越强，外汇效果越佳，该方案越优。在财务效果计算与分析中最重要的是编制现金流量表，然后计算一系列评价指标，进行分析。此项内容常常和资金规划交叉进行，利用财务效果分析的结果可反过来分析、调整资金规划，以达到进一步的优化。

3. 财务效益的计算与分析

我们要根据财务基础数据及资金规划，计算项目的财务盈利能力，分析其清偿能力。若项目涉及产品出口创汇或替代进口节汇，我们还需分析外汇效果。

### （二）财务评估的步骤

1. 分析与评价项目的财务基础数据

分析与评价项目的财务基础数据是指对项目总投资、资金规划、销售成本、销售收入、销售税金和销售利润，以及其他与项目有关的财务基础数据进行分析与评价。这些财务数据主要都来自可行性研究报告的投资、成本、估算、资金规划、利润估算等部分，几乎涉及项目可行性研究的所有实际环节，因此对项目财务数据的分析、审查与评价，离不开对项目实体部分的考察与评价。因此，对于财务数据的评价不仅要分析各种数据及辅助报表的准确性，还应注意审查财务数据与各实际环节的协调与一致性。

2. 分析审查项目的财务基本报表

财务基本报表包括资产负债表、损益表和现金流量表。它是计算反映项目的盈利水平、偿债能力和外汇平衡分析等各种评价指标的依据，对基本报表的审查，主要是审查其格式是否规范，表中所填列的数据是否准确。

3. 审查与评价项目财务效益指标

在分析与审查项目财务基础数据和财务基本报表的基础上，审查项目财务效果指标计算方法是否正确，指标体系和基准折现率等评价参数的选择是否合理，各种财务效果指标的计算是否准确。有必要注意一下，在项目的财务评估中，财务数据的分析、整理、测算和财务报表的编制等工作是项目财务分析成败的关键所在，因此，在财务数据的预测与估算中应力求测算方法科学、数据准确、财务报表客观。项目评估的财务报表可分为两类，一类是基本报表，另一类是辅助报表。基本报表有资金来源与运用表、现金流量表、利润表、资产负债表和对外平衡表等；辅助报表有固定资产投资估算表、流动资金估算表、投资计划与资金筹措表、主要投入产出物价格表、单位产品生产成本估算表、固定资产折旧估算表、无形资产及递延资产摊销估算表、总成本费用估算表、销售收入和资金估算表、借款还本付息计算表等。

## 三、财务数据评估的原则

财务数据估算是一项政策性、技术性和科学性很强的工作，在进行这项工作的过程中，我们必须遵循以下原则：

### （一）合法性原则

在进行财务数据的估算时，我们必须严格执行国家现行的法律法规，不应以项目评估人员的主观想象作为财务数据估算的依据。这一原则的目的在于保证财务数据估算工作的合法性和可行性。随着我国社会主义市场经济的不断发展和经济体制改革的不断深入，国家的各项经济法规也会不断完善。因此，项目评估人员应该随时注意收集和掌握有关的法规和制度。

### （二）真实性原则

财务数据估算必须体现严肃性、科学性和现实性的统一，应本着实事求是的精神，真实地反映客观情况。对于比较重要的数据和参数，评估人员应该从不同的方面进行调查和核实，根据各种可靠的数据，测算基础数据，不应以假设为测算的基础。

### （三）科学性原则

科学适用的估算技术和方法是财务数据估算顺利进行的基本要求。在财务估算中，我们既要保证估算的数学模型、计算公式、技术方法的科学性，又要从实际出发，坚持简明适用的原则。

### （四）准确性原则

财务数据估算的各项数据准确与否直接关系经济评估正确与否，因此，评估人员必须把握准确性原则：在数据的选择上，要注意客观性；在预测和分析时，要注意防止主观性和片面性；还应考虑比较重要的基础数据和参数的变动趋势，以保证财务数据估算和经济评估结果的准确性。

## 四、基本财务报表预测

### （一）财务预测方法

财务预测使用的方法一般为销售百分比法。预测的时间范围涉及预测基期和预测期。基期是指作为预测基础的时期，通常是预测工作的上一年度。确定基期数据的方法有两种：一种是以上年实际数据作为基期数据库，另一种是以修正后的上年数据作为基期数据。通过分析历史财务报表，如果上年财务数据具有可持续性，我们则以上年实际数据作为基期数据；如果上年财务数据不具有可持续性，我们就应适当调整，使之适合未来情况。预测期数据按计划期的长短确定，一般为3~5年，通常不超过10年。

任何方法都是建立在一定的假设基础上的，销售百分比法也不例外。归纳起来，销售百分比法的假设条件有以下几个：

（1）资产负债表的各项目可以划分为敏感项目与非敏感项目。凡是随销售变动而变动并呈现一定比例关系的项目，称为敏感项目；凡不随销售变动而变动的项目，称为非敏感项目。敏感项目在短时期内随销售的变动而发生比例变动，其隐含的前提是：现有的资产负债水平对现在的销售是最优的，即所有的生产能力已经被全部使用。这个条件直接影响敏感项目的确定。例如，只有当固定资产利用率已经达到最优状态，产销量的增加将导致机器设备、厂房等固定资产的增加，此时固定资产净值才应被列为敏感资产；如果当前固定资产的利用率并不完全，则在一定范围内的产量增加就不需要增加固定资产的投入，此时固定资产净值不应被列为敏感项目。

（2）敏感项目与销售额之间呈正比例关系。这一假设又包含两方面意义：一是线性假设，即敏感项目与销售额之间为正相关；二是直线过原点，即销售额为零时，项目的初始值也为零。这一假设与现实的经济生活不相符，比如现金的持有动机除了与销售有关的交易动机外，还包括投机动机和预防动机，所以即使销售额为零也应持有一部分现金。又如存货应留有一定数量的安全库存以应付意外情况，这也导致存货与销售额并不总呈现正比例关系。

（3）基期与预测期的情况基本不变。这一假设包含三重含义：一是基期与预测期的敏感项目和非敏感项目的划分不变；二是敏感项目与销售额之间呈固定比例，或称比例不变；三是销售结构和价格水平与基期相比基本不变。由于实际经济情况总是处于不断变动之中，基期与预测期的情况不可能一成不变。一般来说，各个项目的利用不可能同时达到最优，所以基期与预测期的敏感项目与非敏感项目的划分会发生一定的变化，同样，敏感项目与销售额的比例也可能发生变化。

（4）企业的内部资金来源仅包括留用利润，或者说，企业当期计提的折旧在当期全部用来更新固定资产。但是，企业固定资产的更新是有一定周期的，各期计提的折旧在未使用以前可以作为内部资金来源使用，与之类似的还有无形资产和递延资产的摊销费用。

（5）销售预测比较准确。销售预测是销售百分比法应用的重要前提之一，只有销售预测准确，我们才能比较准确地预测资金需要量。但是，产品的销售受市场供求、同业竞争及国家宏观经济政策等的影响，销售预测不可能是一个准确的数值。

**（二）预计资产负债表**

1. 资产负债表

资产负债表是反映企业在某一特定日期全部资产、负债和所有者权益情况的会计报表，是企业经营活动的静态体现，根据“资产=负债+所有者权益”这一平衡公式，依照一定的分类标准和一定的次序，将某一特定日期的资产、负债、所有者权益的具体项目予以适当的排列编制而成。它表明权益在某一特定日期所拥有或控制的经济资源、所承担的现有义务和所有者对净资产的要求权。它是一张揭示企业在一定时点财务状况的静态报表。资产负债表利用会计平衡原则，将合乎会计原则的“资产、负债、股东权益”交易科目分为“资产”和“负债及股东权益”两大区块，在经过分录、转账、分类账、试算、调整等会计程序后，以特定日期的静态企业情况为基准，浓缩成一张报表。其报表功用除了企业内部除错、显现经营方向、防止弊端外，也可让所有阅读者在最短时间了解企业经营状况。资产负债表的作用如下：

（1）反映企业资产的构成及其状况，分析企业在某一日期所拥有的经济资源及其分布情况，可以揭示公司的资产及其分布结构。流动资产方面，我们可了解公司在银行的存款及变现能力，掌握资产的实际流动性与质量；长期投资方面，我们掌握公司从事的是实业投资还是股权债权投资及是否存在新的利润增长点或潜在风险；通过了解固定资产工程物资与在建工程及与同期比较，我们可以掌握固定资产消长趋势；通过了解无形资产与其他资产，我们可以掌握公司资产潜质。

（2）可以反映企业某一日期的负债总额及其结构，揭示公司的资产来源及其构成。根据资产、负债、所有者权益之间的关系，如果公司负债比重高，相应的所有者权益即净资产就低，说明主要靠债务“撑大”了资产总额，真正属于公司自己的财产（所有者权益）不多。我们还可进一步分析流动负债与长期负债，如果短期负债多，若对应的流动资产中货币资金与短期投资净额与应收票据、股利、利息等可变现总额低于流动负债，说明公司不但还债压力较大，而且借来的钱成了被他人占用的应收账款与滞销的存货，反映了企业经营不善、产品销路不好、资金周转不灵。

（3）可以反映企业所有者权益的情况，了解企业现有投资者在企业投资总额中所占的份额。实收资本和留存收益是所有者权益的重要内容，反映了企业投资者对企业的初始投入和资本累计的多少，也反映了企业的资本结构和财务实力，有助于报表使用者分析、预测企业生产经营安全程度和抗风险的能力。

（4）可以解释、评价和预测企业的长期偿债能力和资本结构。企业的长期偿债能力主要指企业以全部资产清偿全部负债的能力。一般认为资产越多，负债越少，其长期偿债能力越强；反之，若资不抵债，则企业缺乏长期偿债能力。资不抵债往往由企业长期亏损、蚀耗资产引起，还可能是举债过多所致。所以，企业的长期偿债能力一方面取决于它的获利能力，另一方面取决于它的资本结构。资本结构通常指企业权益总额中负债与所有者权益，负债中流动负债与长期负债，所有者权益中投入资本与留存收益或普通股与优先股的关系。负债与所有者权益的数额表明企业所支配的资产有多少为债权人提供，又有多少为所有者提供。这两者的比例关系，既影响债权人和所有者的利益分配，又牵涉债权人和所有者投资的相对风险，以及企业的长期偿债能力。资产负债表为管理部门和债权人信贷决策提供重要的依据。

2. 预计资产负债表编制程序

预计资产负债表是依据当前的实际资产负债表和全面预算中的其他预算所提供的资料编制而成的总括性预算表格，可以反映企业预算期末的财务状况。编制预计资产负债表的程序如下：

（1）区分敏感项目与非敏感项目（针对资产负债表项目）。所谓敏感项目是指直接随销售额变动的资产、负债项目，如现金、存货、应付账款、应付费用等项目。所谓非敏感项目是指不随销售额变动的资产、负债项目，如固定资产、对外投资、短期借款、长期负债、实收资本、留存收益等项目。

（2）计算敏感项目的销售百分比=基期敏感项目/基期销售收入。

（3）计算预计资产、负债、所有者权益。

预计资产：非敏感资产不变，敏感资产=预计销售收入×敏感资产销售百分比。

预计负债：非敏感负债不变，敏感负债=预计销售收入×敏感负债销售百分比。

预计所有者权益：实收资本不变，留存收益=基期数+增加留存收益。

（4）预算需从外部追加资金=预计资产-预计负债-预计所有者权益。

### （三）预计现金流量表

1. 现金流量表

现金流量表是财务报表的三个基本报告之一，所表达的是在一固定期间（通常是每月或每季）内，一家机构的现金的增减变动情形。作为一个分析的工具，现金流量表的主要作用是决定公司短期生存能力，特别是缴付账单的能力。它是反映一家公司在一定时期现金流入和现金流出动态状况的报表。其组成内容与资产负债表和利润表相一致。现金流量表可以概括反映经营活动、投资活动和筹资活动对企业现金流入流出的影响，对于评价企业的实现利润、财务状况及财务管理，要比传统的利润表提供更好的基础。现金流量表提供了一家公司经营是否健康的证据。如果一家公司经营活动产生的现金流无法支付股利与保持股本的生产能力，从而它得用借款的方式满足这些需要，那么这就给出了一个警告，这家公司从长期来看无法维持正常情况下的支出。现金流量表通过显示经营中产生的现金流量的不足和不得不用借款来支付无法永久支撑的股利水平，从而揭示了公司内在的发展问题。

一个正常经营的企业，在创造利润的同时，还应创造现金收益，通过对现金流入来源分析，就可以对创造现金能力做出评价，并可对企业未来获取现金能力做出预测。现金流量表所揭示的现金流量信息可以从现金角度对企业偿债能力和支付能力做出更可靠、更稳健的评价。企业的净利润是以权责发生制为基础被计算出来的，而现金流量表中的现金流量表是以收付实现制为基础的。通过对现金流量和净利润的比较分析，我们可以对收益的质量做出评价。投资活动是企业将一部分财力投入某一对象，以谋取更多收益的一种行为，筹资活动是企业根据财力的需求，进行直接或间接融资的一种行为，企业的投资和筹资活动和企业的经营活动密切相关，因此，对于现金流量中所揭示的投资活动和筹资活动所产生的现金流入和现金流出信息，我们可以结合经营活动所产生的现金流量信息和企业净收益进行具体分析，从而对企业的投资活动和筹资活动做出评价。

2. 预计现金流量表

预计现金流量表是反映企业一定期间现金流入和现金流出的一种财务预算。它是从现金的流入和流出两个方面，揭示企业一定期间经营活动、投资活动和筹资活动所产生的现金流量。预计现金流量表是按照现金流量表主要项目内容和格式编制的反映企业预算期内一切现金收支及其结果的预算。它以业务预算、资本预算和筹资预算为基础，是其他预算有关现金的汇总，主要作为企业资金头寸调控管理的依据，是企业能否持续经营的基本保障预算。

编制预计现金流量表可以弥补编制现金预算的不足，有利于了解计划期内企业的资金流转状况和企业经营能力，而且能突出表现一些长期的资金筹集与使用的方案对计划期内企业的影响。预计现金流量表的编制以销售收入的收现数为起算点，然后分别列出其他收入与费用项目的收现数、付现数，以直接反映最终的现金净流量。

**（四）预计利润表**

1. 利润表



利润表是反映企业在一定时期内经营成果的报表。利用利润表，我们可以评价一个企业的经营成果和投资效率，分析企业的盈利能力及未来一定时期的盈利趋势。利润表属于动态报表。利润表反映的会计信息，可以用来评价一个企业的经营效率和经营成果，评估投资的价值和报酬，进而衡量一个企业在经营管理上的成功程度。具体来说有以下几个方面的作用：



（1）利润表可作为经营成果的分配依据。利润表反映企业在一定期间的营业收入、营业成本、营业费用、各项期间费用和营业外收支等项目，我们据此最终计算出利润综合指标。利润表上的数据直接影响许多相关集团的利益，如国家的税收收入、管理人员的奖金、职工的工资与其他报酬、股东的股利等。正是由于这方面的作用，利润表的地位曾经超过资产负债表，成为最重要的财务报表。

（2）利润表能综合反映生产经营活动的各个方面，可以有助于考核企业经营管理人员的工作业绩。企业在生产、经营、投资、筹资等各项活动中的管理效率和效益都可以从利润数额的增减变化中综合地表现出来。通过将收入、成本费用、利润与企业的生产经营计划进行对比，我们可以考核生产经营计划的完成情况，进而评价企业管理当局的经营业绩和效率。

（3）利润表可用来分析企业的获利能力、预测企业未来的现金流量。利润表揭示了经营利润、投资净收益和营业外的收支净额的详细资料，我们可据以分析企业的盈利水平，评估企业的获利能力。同时，报表使用者关注的各种预期的现金来源、金额、时间和不确定性，如股利或利息、出售证券的所得及借款的清偿，都与企业的获利能力密切相关，因此，收益水平在预测未来现金流量方面具有重要作用。

2. 预计利润表

预计利润表是以货币形式综合反映预算期内企业经营活动成果（包括利润总额、净利润）计划水平的一种财务预算。该预算需要在销售预算、产品成本预算、应交税金及附加预算、制造费用预算、销售费用预算、管理费用预算和财务费用预算等日常业务预算的基础上编制。

（1）预计利润表中，营业成本这部分内容是编制的重点，包括耗用的主要材料、辅助材料、直接人工、制造费用。每一部分内容根据企业成本费用的特点，列示出其重要项目。

（2）在预计利润表中加入每个项目占销售收入的比例，简称销售百分比。在生产比较稳定，产品品种比较稳定的情况下，每个项目占销售收入的比例是基本保持不变的，企业在刚开始编制预算时需根据历史水平做一个合理的估计，之后再根据实际数据逐月更新，一般取最近半年或三个月的平均数。比如，关于原材料部分，如果当前管理层觉得原材料价格偏高，可以加入对采购部业绩的考核指标；如果当前产品结构发生变化，可以加入对某个原材料的考核指标等。关于直接人工部分，生产员工的排班情况将影响直接人工中加班费的数据，任何对员工的福利变动或整体薪资的变动都会影响直接人工。因此，这些重要因素都可以作为考核指标被加在调整项里。关于制造费用部分，固定资产的投资会影响折旧总额，生产能力的不足会影响外发加工的成本，生产线的大修理或保养支出会影响修理费等，厂房或大型设施的维修会影响设施维修费，还有水、电的价格及日常消耗性物资的使用量或价格都会影响制造费用。因此，根据企业的费用特点，我们可以将需要进行重点管控的内容加进来作为月末考核各项业绩的指标。

(3) 数据的填列。一个企业开始编制预算利润表时首先必须确定每一项目占销售收入的比例，这个比例正如上文所说先根据历史水平做一个合理的估计之后，再根据实际数据逐月更新，一般取最近半年或三个月的平均数。如果产品结构变化、技术更新或市场价格波动较大影响比例时，我们需对预期比例做出适当的调整。确定了这个比例之后，我们根据公式可以很快计算每一项目的金额并得出一个初步的营业利润。如果此营业利润没有达到企业的预计利润目标，我们再对相关项进行调整。每一个调整项都是企业成本控制的目标，月末时企业将调整项分解到具体项目上与实际数进行对比，分析预算与实际的差异从而评价每一个执行部门的业绩。通过此方法编制的滚动预计利润表，不仅可以反映企业预期最近一年的利润目标及公司的战略目标，同时也可以反映企业成本控制的内容。

#### (五) 财务外汇平衡表

外汇平衡表是指专门反映项目计算期内各年外汇收支及余缺程度的一种报表。该表可用于外汇平衡分析，适用于有外汇收支的项目财务数据分析。外汇平衡表由外汇来源、外汇运用和外汇余缺额三部分构成。外汇来源包括产品外销的外汇收入、外汇贷款和自筹外汇等，自筹外汇包括在其他外汇收入项目中。外汇运用主要是进行投资、进口原料及零部件、支付技术转让费和清偿外汇借款本息及其他外汇支出。外汇余缺额直接反映了项目计算期内外汇平衡程度。对于外汇不能平衡的项目，企业应根据外汇余缺程度提出具体解决方案。

## 第三节　财务效益评估

### 一、财务效益评估的内容

#### (一) 清偿能力分析

投资项目的清偿能力包括两个部分：一是项目的财务清偿能力，即项目全部收回投资的能力，回收的时间越短，说明项目清偿能力越好，这是投资者考察投资效果的依据；二是项目的债务清偿能力，即项目清偿建设投资借款的能力，这主要是贷款银行考察项目的还款期限是否符合银行的有关规定。

#### (二) 盈利能力分析

盈利能力分析是项目财务效益评估的最主要部分，也是项目能否成立的先决条件。投资项目的盈利主要是指项目建成投产后所产生的利润、税金与净现金流量。

#### (三) 财务外汇效果分析

对于项目建设运营利用了国外资源、产品出口创汇、替代进口节汇等涉及外汇收支的投资项目，除了以上两方面的指标外，我们还需要单独考虑项目外汇使用的财务效益，保证有限的外汇资金被配置到最优的项目中去。

## 二、财务效益评估的程序

### （一）分析估算项目财务数据

在整理基础财务数据时，我们已经测算了项目总投资、资金筹措方案、产品成本费用、销售收入及利润等数据。项目评估的任务是对这些数据进行分析审查，并与自己所掌握的信息资料进行对比分析，必要时需要重新估算。

### （二）建立财务基本报表

基础财务报表包括现金流量表、利润表、资产负债表等，在利用这些报表的数据进行项目财务效益评估之前，我们需要进行以下工作：一是审查报表的格式是否符合规范要求，二是审查所填列的数据是否准确。如果要求不符合，我们需重新编制表格，按评估人员估算的数据填列。

### （三）评价财务效益指标

投资项目评估评价财务效益指标包括三个方面内容：盈利能力指标、静态指标和动态指标。其中静态指标包括投资利润率、投资利税率、资本金净利润率等；动态指标包括财务内部收益率、财务净现值、财务净现值率等。清偿能力指标，包括投资回收期、借款偿还期、资产负债率、流动比率和速动比率等。外汇效果指标，包括财务外汇净现值与财务换汇成本两个指标。项目评估主要从可行性研究所采用的方法与分析结果两方面的正确性入手。

### （四）提出财务评估结论

我们将评估结果与国家或行业的基准指标进行对比，从财务角度做出项目是否可行的决定。

### （五）不确定性分析

不确定性分析主要包括盈亏平衡分析、敏感性分析与概率分析三个方面，主要分析项目的抗风险能力。

## 三、项目盈利能力分析

### （一）静态盈利能力指标

静态盈利能力指标是指不考虑资金的时间价值进行计算的，反映项目在生产期内某个代表年份或平均年份的盈利能力的技术经济指标，主要有投资利润率、投资利税率和资本金利润率三种。

1. 投资利润率

投资利润率是指项目达到设计生产能力后的一个正常生产年份的年利润总额（所得税前利润）或生产期内年平均利润总额占总投资额的比率。计算公式为

$$总投资利润率=息税前利润/总投资\times100\%$$

式中，年利润总额通常为项目达到正常生产能力的息税前利润，也可以是生产期平均年息税前利润，即：

$$息税前利润=年利润总额+利息支出$$

总投资=建设投资+流动资金投资+建设期借款利息

2. 投资利税率

投资利税率是指项目达到设计生产能力后的一个正常生产年份的，销售利润与销售税金及附加之和（或项目生产期内的平均销售利润与销售税金及附加之和）与静态总投资的比率。计算公式为

投资利税率=年利税总额或平均利税总额/总投资×100%

式中，年利税总额可以是正常生产年份的年利润总额与销售税金之和，也可以是生产期平均年利润总额与销售税金之和，即：

年利税总额=年利润总额+年销售税金及附加=年产品销售收入-年总成本费用

总投资包括建设投资、建设期利息及流动资金。

投资利税率是将政府作为项目的净受益者来考虑项目的盈利能力，将计算出的项目的投资利税率与行业的平均或标准投资利税率进行比较，在项目的投资利税率大于或等于后者时项目才是可行的。投资利税率高于或等于行业基准投资利税率时，项目可以被采纳。

投资利税率和投资利润率不同，在效益中较多考虑税金。这是因为在财务效益分析中，为了从国家财政收入的角度衡量项目为国家所创造的积累，特别是一些税大利小的企业，用投资利润率衡量往往不够准确，用投资利税率能较合理地反映项目的财务效益。在市场经济条件下，使用投资利税率指标更具有现实意义。

3. 资本金利润率

资本金利润率是指项目达到设计生产能力后的一个正常生产年份的年利润总额（所得税前）或生产期内年平均利润总额占资本金的比率。该指标反映投入项目的资本金的盈利能力，计算公式如下：

资本金利润率=年利润总额或年平均利润总额/资本金×100%

资本金利润率与企业财务分析中的关键指标净资产收益率很相似，只是资本金利润率的分子是利润总额，而净资产利润率的分子为税后净利润。

其中，项目总投资是建设投资、建设期借款利息和流动资金之和。项目总投资是静态概念下的总投资，即由各年投资简单加起来而形成，与动态的总投资概念是不同的，动态的现值总投资是各年投资折现之后加起来形成的。前面三个指标都是静态收益指标，分子是静态的年利润（利税）或年平均利润，分母是静态概念的总投资或资本金，完全符合静态指标的本质。静态指标只是考虑了价值的一部分，时间价值被忽略了，因此，只作为项目评估中的辅助指标，而不是决定性指标。自有资金是一部分，另一部分是资本溢价。一般情况下，资本金与注册资本一致。很明显，资本金收益率并不能真实反映权益资本的收益率，因为权益资本包含资本溢价，而有时资本溢价的数额是很大的。但前面已经提到，资本金收益率只是一个辅助指标，这一指标能否真实反映权益资本收益率，并不影响项目投资的决策。

静态财务效益指标在项目评估的作用主要体现在，这些效益指标一般要高于或等于同行业的平均效益指标，从而有利于做出决策。下面举例说明静态财务效益指标。

**【例 9-1】**某一项目建设期为 3 年，第一年投入自有资金 1 000 万元，第二年投入自有资金 800 万元，第三年投入银行贷款 1 000 万元。投资贷款利率为 10%，该项目可使用 20 年，从生产期第三年开始，达到设计能力的 100%。正常年份生产某产品

10 000 吨，总成本费用为 1 500 万元，销售税金为产品销售收入的 10%。产品销售价格为 2 000 元/吨，并且当年没有库存。流动资金为 600 万元。该项目的静态盈利指标是多少？

解：总投资＝建设投资利息+建设投资总额+流动资金

＝1 000×10%+1 000+800+1 000+600＝3 500（万元）

正常年份利润＝年产品销售收入－年总成本－年销售税金

＝（2 000－1 500－2 000×10%）×10 000＝300（万元）

正常年份利税＝年产品销售收入－年总成本费用

＝(2 000－1 500)×10 000＝500（万元）

投资利润率＝正常年份利润总额/总投资×100%

＝300÷3 500×100%＝8.57%

投资利税率＝正常年份利税/总投资×100%

＝500÷3 500×100%＝14.29%

资本金利润率＝正常年份利润总额/资本金总额×100%

＝300÷1 800×100%＝16.67%

### （二）动态盈利能力指标

1. 财务净现值

财务净现值（FNPV）亦称累计净现值。拟建项目按部门或行业的基准收益率或设定的折现率，将计算期内各年的净现金流量折现到建设起点年份的现值累计数，是企业经济评价的辅助指标。当财务净现值大于或等于零的时候，表明项目的盈利率不低于投资机会成本的折现率，项目被认为是可以接受的。而当财务净现值为负值时，项目在财务上不可行。在进行投资额相等的项目方案选择时，企业应选财务净现值大的方案；当各方案的投资额不等时，企业需用财务净现值率来比选方案。计算公式为

$$FNPV = \sum_{t=0}^{n} (CI - CO)_t (1+i)^{-t}$$

式中，CI 为现金流入，CO 为现金流出，$(CI - CO)_t$ 为第 $t$ 年净现金流量，$i$ 为基准收益率。

FNPV>0，表示项目实施后，除保证可实现预定的收益率外，企业尚可获得更高的收益，项目可行；

FNPV<0，表示项目实施后，未能达到预定的收益率水平，企业可能已亏损，项目不可行；

FNPV＝0，表示项目实施后的投资收益率正好达到预期，而不是投资项目盈亏平衡，一定条件下项目可行。

很显然，在用财务净现值进行评估时，我们选择的折现率不同，得到的结果就不同。确定项目评估中的折现率一般有下面几种方法：

（1）银行利率。银行利率可以代表资金使用的机会成本，因此可以使用银行相同期限的利率作为折现率。

（2）加权平均成本。根据企业不同的资金来源确定的加权平均资金成本反映了企业使用资金的平均成本水平，因此我们也可以使用加权平均成本计算项目的财务净现值。

（3）国家或行业主管部门规定的行业基准收益率。为了指导项目评估工作，国家

计委与建设部制定并颁布了各行业的基准收益率，作为不同行业的统一的标准进行实行。

【例 9-2】甲、乙两个方案每年净现金流量如表 9-1 所示，已知基准收益率为 10%，试求两方案的净现值。

表 9-1　甲、乙两个方案净现金流量表　　　金额单位：万元

| 时间/年 | 0 | 1 | 2 | 3 | 4 | 5 |
|---|---|---|---|---|---|---|
| 甲方案净现金流量 | -1 000 | 300 | 300 | 300 | 300 | 300 |
| 乙方案净现金流量 | -1 000 | 100 | 200 | 300 | 400 | 500 |

解：

甲方案现金流量图（见图 9-1）及净现值计算过程如下：

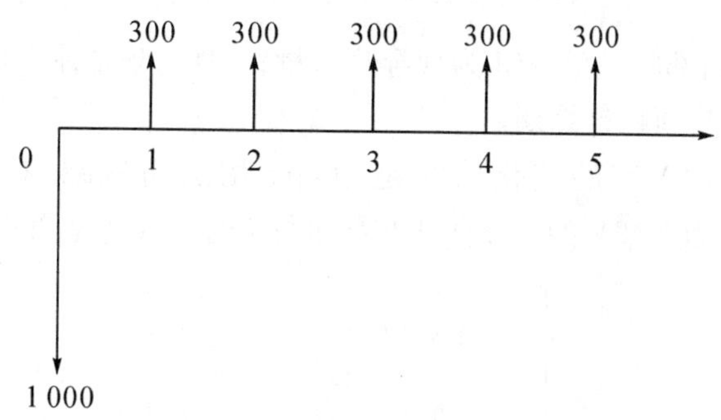


图 9-1　甲方案现金流量图

$$FNPV_{甲} = A\left(\frac{P}{A},\ 10\%,\ 5\right) - P = A\frac{(1+i)^n - 1}{i(1+i)^n} - P = 137.24(\text{万元})$$

乙方案现金流量图（见图 9-2）及净现值计算过程如下：

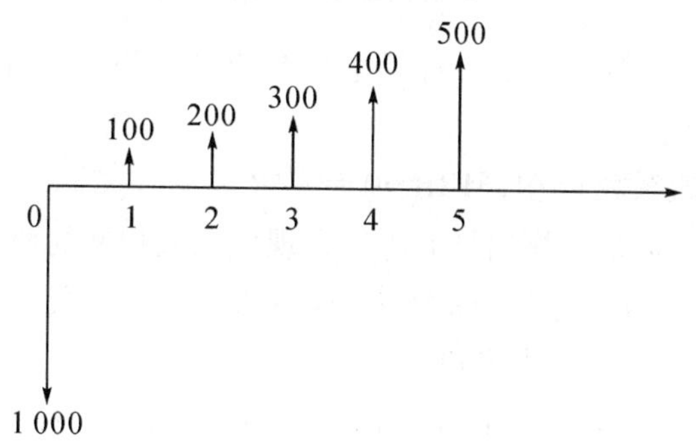


图 9-2　乙方案现金流量图

$$\begin{aligned} FNPV_{乙} &= 100(P/F,10\%,1) + 200(P/F,10\%,2) + 300(P/F,10\%,3) + \\ &\quad 400(P/F,10\%,4) + 500(P/F,10\%,5) - 1\ 000 \\ &= 65.25(\text{万元}) \end{aligned}$$

2. 财务净现值率

财务净现值率是项目财务净现值与项目总投资现值之比。它是对投资项目进行企业经济评价，判断投资项目盈利能力及其财务上是否可行的主要指标。计算公式为

$$FNPVR = FNPV / I_p$$

其中，$I_p$ 表示投资现值，即总投资；FNPV 为项目净现值。

财务净现值率是一个衡量投资方案获利水平的指标，常见于投资项目的财务评价，表示单位投资现值所能带来的财务净现值，是一个考察项目、单位投资所能带来盈利的指标。净现值率是在净现值基础上发展来的，可作为净现值的补充标准，反映了净现值与投资现值的关系。净现值率的最大化，有利于实现优先投资的净贡献最大化，在多方案选择中有重要作用。

3. 财务内部收益率

财务内部收益率（FIRR），是指项目在整个计算期内各年财务净现金流量的现值之和等于零时的折现率，也就是使项目的财务净现值等于零时的折现率。

$$\sum_{t=1}^{n}(CI-CO)_t \cdot (1+FIRR)^{-t}=0$$

式中，FIRR 为财务内部收益率，CI 为现金流入量，CO 为现金流出量，$(CI-CO)_t$ 为第 $t$ 期的净现金流量，$n$ 为项目计算期。

财务净现值（FNPV）的变化曲线是随着 $i$ 增加而递减的，财务内部收益率（FIRR）的几何含义为 FNPV 的变化曲线与横坐标 $i$ 的交点（见图 9-3）。

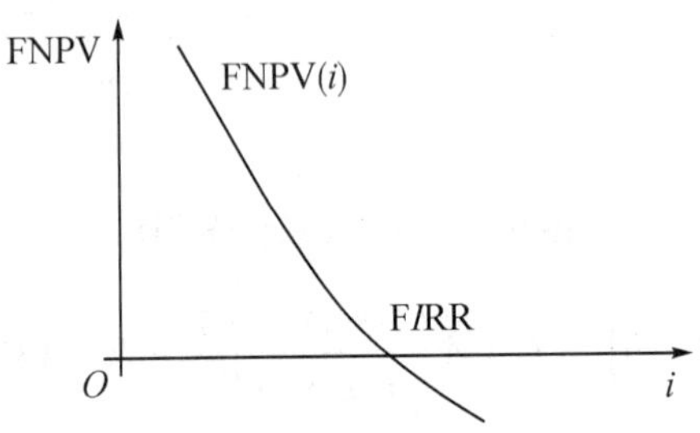


**图 9-3　财务内部收益率的几何意义**

若建设项目期初一次投资，项目各年净现金流量相等时，财务内部收益率的计算过程如下：

（1）计算年金现值系数 $(p/A, FIRR, n)=K/R$；

（2）查年金现值系数表，找到与上述年金现值系数相邻的两个系数 $(p/A, i_1, n)$ 和 $(p/A, i_2, n)$ 及对应的 $i_1$、$i_2$，满足 $(p/A, i_1, n) > K/R > (p/A, i_2, n)$；

（3）用插值法（内插法）计算 FIRR：

$$(FIRR-i_1)/(i_1-i_2)=[(p/A,\ i_1,\ n)-K/R]/[(p/A,\ i_2,\ n)-(p/A,\ i_1,\ n)]$$

若建设项目现金流量为一般常规现金流量，财务内部收益率的计算过程为：

（1）首先根据经验确定一个初始折现率 $i_c$。

（2）根据投资方案的现金流量计算财务净现值 FNPV（$i$）。

（3）若 FNPV（$i$）$=0$，则 FIRR$=i$；

若 FNPV（$i$）$>0$，则继续增大 $i$；

若 FNPV（$i$）$<0$，则继续减小 $i$。

（4）重复步骤 3，直到找到这样两个折现率 $i_1$ 和 $i_2$，满足 $FNPV(i_1) > 0$，$FNPV(i_2) < 0$，其中 $i_2 - i_1$ 一般为 2%～5%。

(5) $(FIRR - i_1)/(i_2 - i_1) = NPV_1/(NPV_1 - NPV_2)$

财务内部收益率（FIRR）指标考虑了资金的时间价值及项目在整个计算期内的经济状况，不仅能反映投资过程的收益程度，而且 FIRR 的大小不受外部参数影响，完全取决于项目投资过程净现金流量系列的情况。这样避免了像财务净现值之类需事先确定基准收益率这个难题，而只需要知道基准收益率的大致范围即可。但财务内部收益率计算比较麻烦，对于具有非常规现金流量的项目来讲，其财务内部收益率在某些情况下甚至不存在或存在多个内部收益率。动态分析指标运用表见表 9-2。

**表 9-2 动态分析指标运用表**

| 用途 | 净现值（NPV） | 净现值率（NPVR） | 内部收益率（FIRR） |
|---|---|---|---|
| 项目评估 | $NPV \geq 0$ 可接受 | $NPVR \geq 0$ 可接受 | $FIRR \geq i_s$ 可接受 |
| 不同方案 | 投资额相同时，选择 NPV 较大的；投资额不同时，结合 NPVR 一起考虑 | 有资金限制时，优先考虑较大的 NPVR | 不能直接使用 |

注：$i_s$为社会折现率。

## 四、项目外汇效果分析

### （一）财务外汇净现值

财务外汇净现值（financial net present value of foreign exchange，FNPVF）是指把项目寿命期内各年的净外汇流量用设定的折现率（一般取外汇借款综合利率）折算到第零年的现值之和。它是分析、评估项目实施后对国家外汇状况影响的重要指标，用以衡量项目对国家外汇的净贡献。

$$FNPVF = \sum_{t=0}^{n} (FI - FO)_t \cdot (1 + i_s)^{-t}$$

式中，FI 表示外汇流入量；FO 表示外汇流出量；$(FI - FO)_t$ 为第 $t$ 年的净外汇流量；$i_s$ 为折现率，一般取外汇借款综合利率；$n$ 为项目寿命期。

### （二）财务换汇成本

项目财务换汇成本是指项目投产为换取一个货币单位的外汇所需要的以人民币计量抵偿的代价，亦称换汇率。评估生产出口产品的项目是否值得兴建，其产品在国际市场上是否有竞争能力，必须做项目财务换汇成本的预测，即计算项目整个寿命期内为生产出口产品所投入的国内资源（包括投资、原材料、工资及其他投入）的现值与产品出口创汇的净现值之比。在评估时，评估人员将项目的换汇成本与法定汇率比较。财务换汇成本的计算公式为

$$FC_E = \frac{\sum_{t=0}^{n} DR_t (1 + i_c)^{-t}}{\sum_{t=0}^{n} (FI - FO)_t (1 + i_c)^{-t}}$$

式中，$FC_E$ 为财务换汇成本；$DR_t$ 为项目在第 $t$ 年生产出口产品投入的国内资源价值（包括工资、原材料和投资等）。

一般来说，低于或等于法定汇率的项目才是可取的。不然，除非项目必不可少，国家要采取相应的保护措施以外，项目将是缺乏竞争力和不合算的。

## 五、项目清偿能力分析

### （一）项目资金流动性分析

在企业财务评价中，反映项目资金流动比率的主要指标有：资产负债比率、流动比率和速动比率，评估人员可根据资产负债表中的有关数据进行计算。

1. 资产负债率

资产负债率又称举债经营比率，是用以衡量企业利用债权人提供资金进行经营活动的能力，以及反映债权人发放贷款的安全程度的指标。这项指标不仅在项目筹集资金时具有重要作用，也是衡量投资者承担风险程度的尺度。这一比率越小，则说明回收借款的保障就越大；反之，投资风险程度就越高。因此投资者希望这一比率接近于1。这项指标不仅能衡量企业利用债权人提供的资金进行投资和生产经营活动的能力，而且也能反映债权人发放借款的安全程度。此比率按下式计算：

$$资产负债率=负债总额/资产总额\times100\%$$

式中，负债总额是指公司承担的各项负债的总和，包括流动负债和长期负债；资产总额指公司拥有的各项资产的总和，包括流动资产和长期资产。

关于企业资产负债率，首先要看企业当年实现的利润是否较上年同期有所增长，利润的增长幅度是否大于资产负债率的增长幅度。如果大于，给企业带来的是正面效益，这种正面效益使企业所有者权益变大，随着所有者权益的变大，资产负债率就会相应降低。其次要看企业净现金流入情况。当企业大量举债，实现较高利润时，就会有较多的现金流入，这说明企业在一定时间内有一定的支付能力，能够偿债和保证债权人的权益，同时说明企业的经营活动是良性循环的。

2. 流动比率

流动比率是流动资产对流动负债的比率，用来衡量企业流动资产在短期债务到期以前，可以变为现金用于偿还负债的能力。一般说来，比率越高，说明企业资产的变现能力越强，短期偿债能力亦越强；反之则弱。一般认为流动比率应在 2 以上，表示流动资产是流动负债的 2 倍，即使流动资产有一半在短期内不能变现，也能保证全部的流动负债得到偿还。其计算公式为

$$流动比率=流动资产合计/流动负债合计\times100\%$$

项目能否偿还短期债务，要看有多少债务，以及有多少可变现偿债的流动资产。因此流动比率越高，偿债能力越强。一般认为，生产项目合理的最低流动比率是 2。这是因为流动资产中变现能力最差的存货总额约占流动资产总额的一半，余下的流动性较大的流动资产至少要等于流动负债，企业的短期偿债能力才会有保证。这项指标也有其缺点：流动性代表企业运用足够的现金流入以平衡所需现金流出的能力，而流动比率各项要素都来自资产负债表的时点指标，只能表示企业在某一特定时刻一切可用资源及需偿还债务的状态或存量，与未来资金流量并无因果关系。因此，流动比率无法用以评估企业未来资金的流动性。

3. 速动比率

速动比率又称酸性测验比率，是指企业速动资产与流动负债的比率。速动资产是

企业的流动资产减去存货和预付费用后的余额，主要包括现金、短期投资、应收票据、应收账款等项目。它是衡量企业流动资产中可以立即变现，用于偿还流动负债的能力，可以在较短时间内变现。而流动资产中存货及1年内到期的非流动资产不应计入。

速动比率=速动资产/流动负债

速动资产=流动资产-存货-预付账款-待摊费用

计算速动比率时，流动资产中扣除存货，是因为存货在流动资产中变现速度较慢，有些存货可能滞销，无法变现。至于预付账款和待摊费用根本不具有变现能力，只是减少企业未来的现金流出量，所以理论上也应加以剔除。但实际中，它们在流动资产中所占的比重较小，计算速动资产时也可以不扣除。

传统经验认为，速动比率维持在1∶1较为正常，表明企业的每1元流动负债就有1元易于变现的流动资产来抵偿，短期偿债能力有可靠的保证。速动比率过低，企业的短期偿债风险较大；速动比率过高，企业在速动资产上占用资金过多，会增加企业投资的机会成本。但以上评判标准并不是绝对的。实际工作中，我们应考虑企业的行业性质。例如，商品零售行业采用大量现金用于销售，几乎没有应收账款，速动比率低于1，也是合理的；相反，有些企业速动比率虽然大于1，但速动资产中大部分是应收账款，并不代表企业的偿债能力强，因为应收账款能否收回具有很大的不确定性。因此，在评价速动比率时，我们还应分析应收账款的质量。

速动比率的高低能直接反映企业短期偿债能力的强弱，是对流动比率的补充，并且比流动比率反映得更加直观可信。如果流动比率较高，但流动资产的流动性却很低，则企业的短期偿债能力仍然不高。在流动资产中有价证券一般可以立刻在证券市场上被出售，转化为现金、应收账款、应收票据等项目，可以在短时期内变现；而存货、预付账款、待摊费用等项目变现时间较长，特别是存货很可能发生积压、滞销、残次、冷背等情况，其流动性较差。因此，流动比率较高的企业，偿还短期债务的能力并不一定很强，速动比率就避免了这种情况的发生。速动比率一般应保持在100%以上。

### （二）借款偿还期

借款偿还期是指在有关财税规定及企业具体财务条件下，项目投产后可以用作还款的利润、折旧及其他收益偿还建设投资借款本金和利息所需要的时间，一般以年为单位表示。该指标可由借款偿还计划表推算。不足整年的部分可用线性插值法计算。指标值应能满足贷款机构的期限要求。项目偿还借款的方式有以下几种：

1. 等本偿还

等本偿还是指每年偿还的本金相同、利息递减的一种偿还方式。等本偿还时，应在投产开始年份将借款本息总额（包括建设期利息）平摊到预计的偿还年限中，每年偿还的利息以年初的本息合计为基数结合年利率计算。其计算公式如下：

$$A_t = \frac{I_p}{n} + I_P\left(1 - \frac{t-1}{n}\right) \cdot i$$

式中，$A_t$ 为第 $t$ 年的还本付息额，$I_p$ 为建设期末投资借款本息和，$n$ 为借款方要求的还款年限，$i$ 为借款利率。

选择等本偿还方式时，具体的偿还时间要根据投产后的实际还款来源确定。

2. 等额偿还

等额偿还是指每年偿还的总金额相同，本金递增，利息递减的一种偿还方式。每期偿还的金额由下式确定：

$$A_t = I_p(A/p, i, n)$$

式中，$A_t$ 为第 $t$ 年的还本付息额，$I_p$ 为建设期末投资借本息和，$i$ 为借款利率，$n$ 为借款方要求的借款偿还年限。

每期偿还利息=期初本总合计×每期利率

每期偿还金额与每期偿还利息之差就是每期偿还的本金。

与选择等本偿还方式一样，选择等额偿还方式也要根据项目投产后的实际还款资金来源，确定偿还的开始年和偿还的年数。

3. 最大可能还款

最大可能还款是指每年偿还的金额等于企业每年所有可以用来还款的资金来源，偿还总额中超过利息的部分是本年偿还的本金。按照最大可能法，借款偿还期是不固定的，要根据项目运营的不同而有所变化。估计的借款偿还期的计算公式如下：

借款偿还期=借款偿还后出现盈余的年份-开始借款的年份+当年应偿还借款额/当年可用于还款的资金来源

由于最大可能还款会根据项目的收益情况改变还款期，对借款银行不利，因此现在一般使用前两种方法，由借款双方协商确定还款期。

**（三）项目投资回收期分析**

1. 静态投资回收期

投资回收期是以项目的净收益抵偿全部投资（包括建设投资与流动资金）所需的时间。投资回收期是反映项目投资回收能力的重要指标。全部投资回收期的计算假定了全部投资都是由投资者的自有资金完成的，因此所有的利息，包括固定资产贷款利息与流动资金利息都不被考虑。投资回收期的计算也要以全部投资的现金流量表为基础。计算静态投资回收期方法有公式法和列表法。

（1）公式法。

如果某一项目的投资均集中发生在建设期内，投产后一定期间内每年经营净现金流量相等，且其合计大于或等于原始投资额，我们可按以下简化公式直接求出不包括建设期的投资回收期：

不包括建设期的投资回收期=原始投资合计/投产后前若干年每年相等的净现金流量

包括建设期的投资回收期=不包括建设期的投资回收期+建设期

（2）列表法。

列表法指通过列表计算“累计净现金流量”的方式，来确定包括建设期的投资回收期，进而再推算出不包括建设期的投资回收期的方法。因为不论在什么情况下，我们都可以通过这种方法确定静态投资回收期，所以此法又称为一般方法。该法的原理是：按照回收期的定义，包括建设期的投资回收期满足以下关系式，即：这表明在财务现金流量表的“累计净现金流量”一栏中，包括建设期的投资回收期恰好是累计净现金流量为零的年限。无法在“累计净现金流量”栏上找到零，我们必须按下式计算包括建设期的投资回收期：

包括建设期的投资回收期=最后一项为负值的累计净现金流量对应的年数+最后一项为负值的累计净现金流量绝对值÷下年净现金流量

静态投资回收期的优点是能够直观地反映原始总投资的返本期限，便于理解，计算也比较简单，可以直接利用回收期之前的净现金流量信息因方式不同对项目产生的影响；缺点是没有考虑资金时间价值因素和回收期满后继续发生的现金流量，不能正确反映投资项目是否具有财务可行性。

2. 动态全部投资回收期

动态投资回收期也称现值投资回收期，指按现值计算的投资回收期。动态投资回收期法克服了传统的静态投资回收期法不考虑货币时间价值的缺点，即考虑时间因素对货币价值的影响，使投资指标与利润指标在时间上具有可比性条件下，计算投资回收期。计算公式如下：

动态全部投资回收期=累计财务净现值出现正值的年份-1+上年累计财务净现值的绝对值/当年财务净现值

【例 9-3】项目的建设期为三年，第一年投资 150 万元，第二年投资 100 万元，第三年投资 50 万元，第四年开始生产。第四年销售收入为 150 万元，随后每年的销售收入为 200 万元，经营成本与销售税金之和为 100 万元，第八年项目结束，有 50 万元的残值收入。不考虑所得税，求项目的投资回收期。

解：根据题意得到项目各年现金流量表，如表 9-3 所示。

**表 9-3 项目各年现金流量表** 金额单位：万元

| 时间/年 | 1 | 2 | 3 | 4 | 5 | 6 | 7 | 8 |
|---|---|---|---|---|---|---|---|---|
| 现金流入 | — | — | — | 150 | 200 | 200 | 200 | 250 |
| 现金流出 | 150 | 100 | 50 | 100 | 100 | 100 | 100 | 100 |
| 净现金流量 | -150 | -100 | -50 | 50 | 100 | 100 | 100 | 150 |
| 累计净现金流量 | -150 | -250 | -300 | -250 | -150 | -50 | 50 | 200 |

从建设期开始的项目投资回收期为

投资回收期=7-1+50÷100=6.5（年）

与静态投资回收期相比，动态投资回收期考虑了现金收支的时间因素，能够反映资金的时间价值，而比静态投资回收期能够更科学地反映资金的回收情况；但是动态投资回收期的计算比较麻烦，而且在折现率比较小时，与静态投资回收期相差不大。不管是静态回收期法还是动态回收期法，计算出投资回收期后，我们还应将计算结果与企业对该投资预先设定的投资回收年限 $N$ 加以比较，且符合以下决策规则：

（1）在只有一个备选方案的采纳决策中，如果计算出的投资回收期小于或等于 $N$ 时，则投资方案可行，应予采纳；反之，则拒绝。

（2）在有多个备选方案的互斥的择优决策中，应在计算出的各备选方案的回收期短于预计回收期 $N$ 的有关方案中，选最短回收期方案为最优方案；而计算出的回收期长于预计回收期 $N$ 的方案都是舍弃方案，投资决策中不予考虑。

# 第四节　案例分析

某国际公司拟投资建厂，生产某种化工产品，年产量为 2.3 万吨。已知条件如下。

## 一、项目建设实施进度计划

该项目第一年完成投资计划的 20%，第二年完成投资计划的 55%，第三年完成全部投资，第四年投产，当年生产负荷达到设计能力的 70%，第五年达设计能力的 90%，第六年达产。项目生产期按 15 年计算。

## 二、建设投资估算

本项目固定资产投资估算额为 52 000 万元，其中需外汇 300 万美元（当时外汇牌价：1 美元约等于 8.3 元人民币）。本项目无形与递延资产额为 180 万元，预备费用为 5 000 万元，按国家规定，本项目的固定资产投资方向调节税税率为 5%。

## 三、建设投资资金来源

该公司投资本项目的自有资金为 12 000 万元，其余为贷款。贷款额为 40 000 万元，其中外汇贷款为 2 300 万美元。贷款的人民币部分从中国建设银行获得，年利率为 12.48%（名义利率，按季结息）。贷款的外汇部分从中国银行获得，年利率为 8%（实际利率）。

## 四、生产经营费用估计

达产后，全厂定员为 1 100 人，工资及福利费按每人每年 7 200 元估算，每年其他费用为 860 万元。存货占用流动资金估算为 7 000 万元。年外购原材料、燃料及动力费估算为 19 200 万元。年经营成本约为 2 100 万元。各项流动资金的最低周转天数为：应收账款 30 天，现金 40 天，应付账款 30 天。

试进行下列投资估算：

（1）使用分项估算法计算流动资金；

（2）估算建设期利息；

（3）估算总投资。

解：

（1）流动资金估算。

应收账款＝年经营成本/周转次数＝1 750（万元）

存货＝7 000（万元）

现金＝（工资及福利费+年其他费用）/周转次数＝183.56（万元）

流动资产＝应收账款+存货+现金＝1 750+7 000+183.56＝8 993.56（万元）

流动负债＝应付账款＝1 600（万元）

流动资金＝流动资产−流动负债＝8 933.56− 1 600＝7 333.56（万元）

（2）建设期利息估算。

$$人民币贷款年实际利率 = \left(1 + \frac{12.48\%}{4}\right)^4 - 1 = 13.08\%$$

$$每年应计利息 = （年初借款本息累计 + \frac{本年借款额}{2}）\times 年实际利率$$

建设期利息=国内银行贷款利息+外汇贷款利息=3 629.2+ 238.6×8.3

=5 609.58（万元）

项目建设期各年应计利息计算表如表9-4所示。

**表9-4　项目建设期各年应计利息计算表**

| | | 第一年（20%） | 第2年（55%） | 第3年（25%） | 合计 |
|---|---|---|---|---|---|
| 银行贷款/万元 | 本金部分 | 4 182 | 11 500.5 | 5 527.5 | 20 901 |
| | 利息部分 | 273.5 | 1 334.9 | 2 020.8 | 3 629.2 |
| | 本利合计 | 4 455.5 | 12 835.4 | 7 248.3 | 24 539.2 |
| 外汇贷款/万美元 | 本金部分 | 460 | 1 265 | 575 | 2 300 |
| | 利息部分 | 18.4 | 88.9 | 131.3 | 238.6 |
| | 本利合计 | 478.4 | 1 353.9 | 706.3 | 2 538.6 |

（3）总投资估算。

建设投资=固定资产投资+无形与递延资产投资+预备费

固定资产投资方向调节税=固定资产投资额×税率

项目总投资=52 000+180+5 000+52 000×5%+（3 629.2+238.6×8.3）+7 333.56

=72 723.14（万元）

## 复习思考题

1. 请简述项目财务评估的主要内容及意义。

2. 基本的财务报表预测都包括哪些报表？每一部分的作用和特点是什么？

3. 对项目进行财务评估，主要包括对哪些参数的测算与选用？应当如何进行评估？

4. 项目盈利能力分析评估需要参考哪些评估指标？应根据哪个财务报表数据进行计算和判别？

5. 项目清偿能力分析评估需要参考哪些评估指标？应根据哪个财务报表数据进行计算和判别？

6. 请举例说明投资回收期的应用。

7. 某房地产投资项目投资450万元，建成租给某公司，第一年净收入为75万元，以后每年净收入为120万元，第十年年末残值为50万元，折现率12%，该项目从财务效益上讲是否可行？

8. 某项目各年财务数据表如表 9-5 所示，基准折现率为 10%，

(1) 分别计算静态投资回收期和动态投资回收期。

(2) 若基准动态回收期为 8 年，试评价方案。

**表 9-5　某项目各年财务数据表**

| 序号 | 目录 | 时间/年 | | | | | | |
|---|---|---|---|---|---|---|---|---|
| | | 0 | 1 | 2 | 3 | 4 | 5 | 6 |
| 1 | 投资支出/万元 | 20 | 500 | 100 | | | | |
| 2 | 其他支出/万元 | | | | 300 | 450 | 450 | 450 |
| 3 | 收入/万元 | | | | 450 | 700 | 700 | 700 |
| 4 | 净现值流量/万元 | | | | | | | |
| 5 | 累计净现值流量/万元 | -20 | -520 | -620 | -470 | -220 | 30 | 280 |
| 6 | 净现值流量折现值/万元 | | | | | | | |
| 7 | 累计折现值/万元 | | | | | | | |

# 第十章　项目的融资方案

众所周知，资本是企业经济活动的第一动力和持续动力。企业能否顺利地进行经营和发展，往往很大程度上取决于企业能否获得稳定的资金来源，并及时筹集生产要素组合所需的资金。项目融资方案是确定筹资方式，解决资金来源的具体计划方案，其是以项目的名义筹措一年期以上的资金，以项目营运收入承担债务偿还责任的融资形式。彼德·内维特在其《项目融资》一书中为项目融资做出如下定义：项目融资是"为一个特定经济实体所安排的融资，其贷款人在最初考虑安排贷款时，满足于使用该经济实体的现金流量和收益作为偿还贷款的资金来源，并且满足于使用该经济实体的资产作为贷款的安全保障"。本章首先介绍了相关项目融资的法律文件，继而对项目融资主体的概念、来源进行阐述，最后是对项目融资中的成本及其中存在的风险进行分析，并讲述如何制订资金筹措方案及如何使用资金。

## 第一节　相关政策

### 一、行业法规

《中国银监会关于印发〈项目融资业务指引〉的通知》银监发〔2009〕71 号文件内容抄录如下：

机关各部门，各银监局，各政策性银行、国有商业银行、股份制商业银行，中国邮政储蓄银行：

为加强项目融资业务风险管理，促进项目融资业务健康发展，银监会制定了《项目融资业务指引》，现印发给你们，请遵照执行。

请各银监局将本通知转发至辖内银监分局和银行业金融机构。

中国银行业监督管理委员会

二〇〇九年七月十八日

## 项目融资业务指引

第一条　为促进银行业金融机构项目融资业务健康发展，有效管理项目融资风险，依据《中华人民共和国银行业监督管理法》《中华人民共和国商业银行法》《固定资产贷款管理暂行办法》以及其他有关法律法规，制定本指引。

第二条　中华人民共和国境内经国务院银行业监督管理机构批准设立的银行业金融机构（以下简称贷款人）开展项目融资业务，适用本指引。

第三条　本指引所称项目融资，是指符合以下特征的贷款：

（一）贷款用途通常是用于建造一个或一组大型生产装置、基础设施、房地产项目或其他项目，包括对在建或已建项目的再融资；

（二）借款人通常是为建设、经营该项目或为该项目融资而专门组建的企事业法人，包括主要从事该项目建设、经营或融资的既有企事业法人；

（三）还款资金来源主要依赖该项目产生的销售收入、补贴收入或其他收入，一般不具备其他还款来源。

第四条　贷款人从事项目融资业务，应当具备对所从事项目的风险识别和管理能力，配备业务开展所需要的专业人员，建立完善的操作流程和风险管理机制。贷款人可以根据需要，委托或者要求借款人委托具备相关资质的独立中介机构为项目提供法律、税务、保险、技术、环保和监理等方面的专业意见或服务。

第五条　贷款人提供项目融资的项目，应当符合国家产业、土地、环保和投资管理等相关政策。

第六条　贷款人从事项目融资业务，应当充分识别和评估融资项目中存在的建设期风险和经营期风险，包括政策风险、筹资风险、完工风险、产品市场风险、超支风险、原材料风险、营运风险、汇率风险、环保风险和其他相关风险。

第七条　贷款人从事项目融资业务，应当以偿债能力分析为核心，重点从项目技术可行性、财务可行性和还款来源可靠性等方面评估项目风险，充分考虑政策变化、市场波动等不确定因素对项目的影响，审慎预测项目的未来收益和现金流。

第八条　贷款人应当按照国家关于固定资产投资项目资本金制度的有关规定，综合考虑项目风险水平和自身风险承受能力等因素，合理确定贷款金额。

第九条　贷款人应当根据项目预测现金流和投资回收期等因素，合理确定贷款期限和还款计划。

第十条　贷款人应当按照中国人民银行关于利率管理的有关规定，根据风险收益匹配原则，综合考虑项目风险、风险缓释措施等因素，合理确定贷款利率。贷款人可以根据项目融资在不同阶段的风险特征和水平，采用不同的贷款利率。

第十一条　贷款人应当要求将符合抵质押条件的项目资产或项目预期收益等权利为贷款设定担保，并可以根据需要，将项目发起人持有的项目公司股权为贷款设定质押担保。贷款人应当要求成为项目所投保商业保险的第一顺位保险金请求权人，或采取其他措施有效控制保险赔款权益。

第十二条　贷款人应当采取措施有效降低和分散融资项目在建设期和经营期的各类风险。贷款人应当以要求借款人或者通过借款人要求项目相关方签订总承包合同、投保商业保险、建立完工保证金、提供完工担保和履约保函等方式，最大限度降低建设期风险。贷款人可以以要求借款人签订长期供销合同、使用金融衍生工具或者发起人提供资金缺口担保等方式，有效分散经营期风险。

第十三条　贷款人可以通过为项目提供财务顾问服务，为项目设计综合金融服务方案，组合运用各种融资工具，拓宽项目资金来源渠道，有效分散风险。

第十四条　贷款人应当按照《固定资产贷款管理暂行办法》的有关规定，恰当设计账户管理、贷款资金支付、借款人承诺、财务指标控制、重大违约事项等项目融资合同条款，促进项目正常建设和运营，有效控制项目融资风险。

第十五条　贷款人应当根据项目的实际进度和资金需求，按照合同约定的条件发放贷款资金。贷款发放前，贷款人应当确认与拟发放贷款同比例的项目资本金足额到位，并与贷款配套使用。

第十六条　贷款人应当按照《固定资产贷款管理暂行办法》关于贷款发放与支付的有关规定，对贷款资金的支付实施管理和控制，必要时可以与借款人在借款合同中约定专门的贷款发放账户。采用贷款人受托支付方式的，贷款人在必要时可以要求借款人、独立中介机构和承包商等共同检查设备建造或者工程建设进度，并根据出具的、符合合同约定条件的共同签证单，进行贷款支付。

第十七条　贷款人应当与借款人约定专门的项目收入账户，并要求所有项目收入进入约定账户，并按照事先约定的条件和方式对外支付。贷款人应当对项目收入账户进行动态监测，当账户资金流动出现异常时，应当及时查明原因并采取相应措施。

第十八条　在贷款存续期间，贷款人应当持续监测项目的建设和经营情况，根据贷款担保、市场环境、宏观经济变动等因素，定期对项目风险进行评价，并建立贷款质量监控制度和风险预警体系。出现可能影响贷款安全情形的，应当及时采取相应措施。

第十九条　多家银行业金融机构参与同一项目融资的，原则上应当采用银团贷款方式。

第二十条　对文化创意、新技术开发等项目发放的符合项目融资特征的贷款，参照本指引执行。

第二十一条　本指引由中国银行业监督管理委员会负责解释。

第二十二条　本指引自发布之日起三个月后施行。

## 二、中央有关文件

### （一）《关于做好地方政府专项债券发行及项目配套融资工作的通知》

2019年6月10日，中共中央办公厅、国务院办公厅印发了《关于做好地方政府专项债券发行及项目配套融资工作的通知》，全文如下：

为贯彻落实党中央、国务院决策部署，加大逆周期调节力度，更好发挥地方政府专项债券（以下简称专项债券）的重要作用，着力加大对重点领域和薄弱环节的支持力度，增加有效投资、优化经济结构、稳定总需求，保持经济持续健康发展，经中央领导同志同意，现就有关事项通知如下。

#### 一、总体要求和基本原则

（一）总体要求。以习近平新时代中国特色社会主义思想为指导，全面贯彻党的十九大和十九届二中、三中全会精神，认真落实党中央、国务院决策部署，坚决打好防范化解重大风险攻坚战。坚持以供给侧结构性改革为主线不动摇，坚持结构性去杠杆的基本思路，按照坚定、可控、有序、适度要求，进一步健全地方政府举债融资机制，推进专项债券管理改革，在较大幅度增加专项债券规模基础上，加强宏观政策协调配合，保持市场流动性合理充裕，做好专项债券发行及项目配套融资工作，促进经济运行在合理区间。

（二）基本原则

——坚持疏堵结合。坚持用改革的办法解决发展中的矛盾和问题，把“开大前门”和“严堵后门”协调起来，在严控地方政府隐性债务（以下简称隐性债务）、坚决遏制隐性债务增量、坚决不走无序举债搞建设之路的同时，加大逆周期调节力度，厘清政府和市场边界，鼓励依法依规市场化融资，增加有效投资，促进宏观经济良性循环，提升经济社会发展质量和可持续性。

——坚持协同配合。科学实施政策“组合拳”，加强财政、货币、投资等政策协同配合。积极的财政政策要加力提效，充分发挥专项债券作用，支持有一定收益但难以商业化合规融资的重大公益性项目（以下简称重大项目）。稳健的货币政策要松紧适度，配合做好专项债券发行及项目配套融资，引导金融机构加强金融服务，按商业化原则依法合规保障重大项目合理融资需求。

——坚持突出重点。切实选准选好专项债券项目，集中资金支持重大在建工程建设和补短板并带动扩大消费，优先解决必要在建项目后续融资，尽快形成实物工作量，防止形成“半拉子”工程。

——坚持防控风险。始终从长期大势认识当前形势，坚持推动高质量发展，坚持举债要同偿债能力相匹配。专项债券必须用于有一定收益的重大项目，融资规模要保持与项目收益相平衡。地方政府加强专项债券风险防控和项目管理，金融机构按商业化原则独立审批、审慎决策，坚决防控风险。

——坚持稳定预期。既要强化宏观政策逆周期调节，主动预调微调，也要坚持稳中求进工作总基调，精准把握宏观调控的度，稳定和提振市场预期。必须坚持结构性去杠杆的改革方向，坚决不搞“大水漫灌”。对举借隐性债务上新项目、铺新摊子的要坚决问责、终身问责、倒查责任。

**二、支持做好专项债券项目融资工作**

（一）合理明确金融支持专项债券项目标准。发挥专项债券带动作用和金融机构市场化融资优势，依法合规推进专项债券支持的重大项目建设。对没有收益的重大项目，通过统筹财政预算资金和地方政府一般债券予以支持。对有一定收益且收益全部属于政府性基金收入的重大项目，由地方政府发行专项债券融资；收益兼有政府性基金收入和其他经营性专项收入（以下简称专项收入，包括交通票款收入等），且偿还专项债券本息后仍有剩余专项收入的重大项目，可以由有关企业法人项目单位（以下简称项目单位）根据剩余专项收入情况向金融机构市场化融资。

（二）精准聚焦重点领域和重大项目。鼓励地方政府和金融机构依法合规使用专项债券和其他市场化融资方式，重点支持京津冀协同发展、长江经济带发展、“一带一路”建设、粤港澳大湾区建设、长三角区域一体化发展、推进海南全面深化改革开放等重大战略和乡村振兴战略，以及推进棚户区改造等保障性安居工程、易地扶贫搬迁后续扶持、自然灾害防治体系建设、铁路、收费公路、机场、水利工程、生态环保、医疗健康、水电气热等公用事业、城镇基础设施、农业农村基础设施等领域以及其他纳入“十三五”规划符合条件的重大项目建设。

（三）积极鼓励金融机构提供配套融资支持。对于实行企业化经营管理的项目，鼓励和引导银行机构以项目贷款等方式支持符合标准的专项债券项目。鼓励保险机构为符合标准的中长期限专项债券项目提供融资支持。允许项目单位发行公司信用类债券，支持符合标准的专项债券项目。

（四）允许将专项债券作为符合条件的重大项目资本金。对于专项债券支持、符合中央重大决策部署、具有较大示范带动效应的重大项目，主要是国家重点支持的铁路、国家高速公路和支持推进国家重大战略的地方高速公路、供电、供气项目，在评估项目收益偿还专项债券本息后专项收入具备融资条件的，允许将部分专项债券作为一定比例的项目资本金，但不得超越项目收益实际水平过度融资。地方政府要按照一一对应原则，将专项债券严格落实到实体政府投资项目，不得将专项债券作为政府投资基金、产业投资基金等各类股权基金的资金来源，不得通过设立壳公司、多级子公司等中间环节注资，避免层层嵌套、层层放大杠杆。

（五）确保落实到期债务偿还责任。省级政府对专项债券依法承担全部偿还责任。组合使用专项债券和市场化融资的项目，项目收入实行分账管理。项目对应的政府性基金收入和用于偿还专项债券的专项收入及时足额缴入国库，纳入政府性基金预算管理，确保专项债券还本付息资金安全；项目单位依法对市场化融资承担全部偿还责任，在银行开立监管账户，将市场化融资资金以及项目对应可用于偿还市场化融资的专项收入，及时足额归集至监管账户，保障市场化融资到期偿付。市场化转型尚未完成、存量隐性债务尚未化解完毕的融资平台公司不得作为项目单位。严禁项目单位以任何方式新增隐性债务。

**三、进一步完善专项债券管理及配套措施**

（一）大力做好专项债券项目推介。地方政府通过印发项目清单、集中公告等方式，加大向金融机构推介符合标准专项债券项目力度。金融管理部门积极配合地方政府工作，组织和协调金融机构参与。金融机构按照商业化原则、自主自愿予以支持，加快专项债券推介项目落地。

（二）保障专项债券项目融资与偿债能力相匹配。地方政府、项目单位和金融机构加强对重大项目融资论证和风险评估，充分论证项目预期收益和融资期限及还本付息的匹配度，合理编制项目预期收益与融资平衡方案，反映项目全生命周期和年度收支平衡情况，使项目预期收益覆盖专项债券及市场化融资本息。需要金融机构市场化融资支持的，地方政府指导项目单位比照开展工作，向金融机构全面真实及时披露审批融资所需信息，准确反映偿还专项债券本息后的专项收入，使项目对应可用于偿还市场化融资的专项收入与市场化融资本息相平衡。金融机构严格按商业化原则审慎做好项目合规性和融资风险审核，在偿还专项债券本息后的专项收入确保市场化融资偿债来源的前提下，对符合条件的重大项目予以支持，自主决策是否提供融资及具体融资数量并自担风险。

（三）强化信用评级和差别定价。推进全国统一的地方政府债务信息公开平台建设，由地方政府定期公开债务限额、余额、债务率、偿债率以及经济财政状况、债券发行、存续期管理等信息，形成地方政府债券统计数据库，支持市场机构独立评级，根据政府债务实际风险水平，合理形成市场化的信用利差。加快建立地方政府信用评级体系，加强地方政府债务风险评估和预警结果在金融监管等方面的应用。

（四）提升地方政府债券发行定价市场化程度。坚持地方政府债券市场化发行，进一步减少行政干预和窗口指导，不得通过财政存款和国库现金管理操作等手段变相干预债券发行定价，促进债券发行利率合理反映地区差异和项目差异。严禁地方政府及其部门通过金融机构排名、财政资金存放、设立信贷目标等方式，直接或间接向金融机构施压。

（五）丰富地方政府债券投资群体。落实完善相关政策，推动地方政府债券通过商业银行柜台在本地区范围内向个人和中小机构投资者发售，扩大对个人投资者发售量，提高商业银行柜台发售比例。鼓励和引导商业银行、保险公司、基金公司、社会保险基金等机构投资者和个人投资者参与投资地方政府债券。合理确定地方政府债券柜台发售的定价机制，增强对个人投资者的吸引力。适时研究储蓄式地方政府债券。指导金融机构积极参与地方政府债券发行认购，鼓励资管产品等非法人投资者增加地方政府债券投资。积极利用证券交易所提高非金融机构和个人投资地方政府债券的便利性。推出地方政府债券交易型开放式指数基金，通过“债券通”等机制吸引更多境外投资者投资。推动登记结算机构等债券市场基础设施互联互通。

（六）合理提高长期专项债券期限比例。专项债券期限原则上与项目期限相匹配，并统筹考虑投资者需求、到期债务分布等因素科学确定，降低期限错配风险，防止资金闲置。逐步提高长期债券发行占比，对于铁路、城际交通、收费公路、水利工程等建设和运营期限较长的重大项目，鼓励发行10年期以上的长期专项债券，更好匹配项目资金需求和期限。组合使用专项债券和市场化融资的项目，专项债券、市场化融资期限与项目期限保持一致。合理确定再融资专项债券期限，原则上与同一项目剩余期限相匹配，避免频繁发债增加成本。完善专项债券本金偿还方式，在到期一次性偿还本金方式基础上，鼓励专项债券发行时采取本金分期偿还方式，既确保分期项目收益用于偿债，又平滑债券存续期内偿债压力。

（七）加快专项债券发行使用进度。地方政府要根据提前下达的部分新增专项债务限额，结合国务院批准下达的后续专项债券额度，抓紧启动新增债券发行。金融机构按市场化原则配合地方政府做好专项债券发行工作。对预算拟安排新增专项债券的项目通过先行调度库款的办法，加快项目建设进度，债券发行后及时回补。各地要均衡专项债券发行时间安排，力争当年9月底前发行完毕，尽早发挥资金使用效益。

**四、依法合规推进重大项目融资**

（一）支持重大项目市场化融资。对于部分实行企业化经营管理且有经营性收益的基础设施项目，包括已纳入国家和省市县级政府及部门印发的“十三五”规划并按规定权限完成审批或核准程序的项目，以及发展改革部门牵头提出的其他补短板重大项目，金融机构可按照商业化原则自主决策，在不新增隐性债务前提下给予融资支持，保障项目合理资金需求。

（二）合理保障必要在建项目后续融资。在严格依法解除违法违规担保关系基础上，对存量隐性债务中的必要在建项目，允许融资平台公司在不扩大建设规模和防范风险前提下与金融机构协商继续融资。鼓励地方政府合法合规增信，通过补充有效抵质押物或由第三方担保机构（含政府出资的融资担保公司）担保等方式，保障债权人合法权益。

（三）多渠道筹集重大项目资本金。鼓励地方政府通过统筹预算收入、上级转移支付、结转结余资金，以及按规定动用预算稳定调节基金等渠道筹集重大项目资本金。允许各地使用财政建设补助资金、中央预算内投资作为重大项目资本金，鼓励将发行地方政府债券后腾出的财力用于重大项目资本金。

**五、加强组织保障**

（一）严格落实工作责任。财政部、国家发展改革委和金融管理部门等按职责分工和本通知要求，抓紧组织落实相关工作。省级政府对组合使用专项债券和市场化融资的项目建立事前评审和批准机制，对允许专项债券作为资本金的项目要重点评估论证，加强督促检查。地方各级政府负责组织制定本级专项债券项目预期收益与融资平衡方案，客观评估项目预期收益和资产价值。金融机构按照商业化原则自主决策，在不新增隐性债务前提下给予融资支持。

（二）加强部门监管合作。在地方党委和政府领导下，建立财政、金融管理、发展改革等部门协同配合机制，健全专项债券项目安排协调机制，加强地方财政、发展改革等部门与金融单位之间的沟通衔接，支持做好专项债券发行及项目配套融资工作。财政部门及时向当地发展改革、金融管理部门及金融机构提供有关专项债券项目安排信息、存量隐性债务中的必要在建项目信息等。发展改革部门按职责分工做好建设项目审批或核准工作。金融管理部门指导金融机构做好补短板重大项目和有关专项债券项目配套融资工作。

（三）推进债券项目公开。地方各级政府按照有关规定，加大地方政府债券信息公开力度，依托全国统一的集中信息公开平台，加快推进专项债券项目库公开，全面详细公开专项债券项目信息，对组合使用专项债券和市场化融资的项目以及将专项债券作为资本金的项目要单独公开，支持金融机构开展授信风险评估，让信息“多跑路”、金融机构“少跑腿”。进一步发挥主承销商作用，不断加强专项债券信息公开和持续监管工作。出现更换项目单位等重大事项的，应当第一时间告知债权人。金融机构加强专项债券项目信息应用，按照商业化原则自主决策，及时遴选符合条件的项目予以支持；需要补充信息的，地方政府及其相关部门要给予配合。

（四）建立正向激励机制。研究建立正向激励机制，将做好专项债券发行及项目配套融资工作、加快专项债券发行使用进度与全年专项债券额度分配挂钩，对专项债券发行使用进度较快的地区予以适当倾斜支持。适当提高地方政府债券作为信贷政策支持再贷款担保品的质押率，进一步提高金融机构持有地方政府债券的积极性。

（五）依法合规予以免责。既要强化责任意识，谁举债谁负责、谁融资谁负责，从严整治举债乱象，也要明确政策界限，允许合法合规融资行为，避免各方因担心被问责而不作为。对金融机构依法合规支持专项债券项目配套融资，以及依法合规支持已纳入国家和省市县级政府及部门印发的“十三五”规划并按规定权限完成审批或核准程序的项目，发展改革部门牵头提出的其他补短板重大项目，凡偿债资金来源为经营性收入、不新增隐性债务的，不认定为隐性债务问责情形。对金融机构支持存量隐性债务中的必要在建项目后续融资且不新增隐性债务的，也不认定为隐性债务问责情形。

（六）强化跟踪评估监督。地方各级政府、地方金融监管部门、金融机构动态跟踪政策执行情况，总结经验做法，梳理存在问题，及时研究提出政策建议。国务院有关部门要加强政策解读和宣传培训，按职责加大政策执行情况监督力度，尤其要对将专项债券作为资本金的项目加强跟踪评估，重大事项及时按程序请示报告。



**（二）《地方政府专项债券用途调整操作指引》**

2021 年 11 月 11 日财务部发布《关于印发〈地方政府专项债券用途调整操作指引〉的通知》，全文如下：



各省、自治区、直辖市、计划单列市财政厅（局），新疆生产建设兵团财政局：

为贯彻落实党中央、国务院决策部署，进一步规范和加强地方政府专项债券管理，提高专项债券资金使用绩效，防范化解地方政府债务风险，根据《中华人民共和国预算法》及其实施条例、《国务院关于加强地方政府性债务管理的意见》（国发〔2014〕43 号）、《中共中央办公厅 国务院办公厅关于做好地方政府专项债券发行及项目配套融资工作的通知》《财政部关于印发〈地方政府专项债务预算管理办法〉的通知》（财预〔2016〕155 号）、《财政部关于加快地方政府专项债券发行使用有关工作的通知》（财预〔2020〕94 号）、《财政部关于印发〈财政总预算会计制度〉的通知》（财库〔2015〕192 号）等法律和政策规定，我们制定了《地方政府专项债券用途调整操作指引》。现予印发，请参照执行。

特此通知。

附件：地方政府专项债券用途调整操作指引

财政部

2021 年 9 月 8 日

**附件：**

### 地方政府专项债券用途调整操作指引

#### 第一章　总则

第一条　为规范和加强地方政府专项债券（以下简称专项债券）管理，提高专项债券资金使用绩效，防范地方政府债务风险，根据《中华人民共和国预算法》及其实施条例、《国务院关于加强地方政府性债务管理的意见》（国发〔2014〕43 号）、《中共中央办公厅 国务院办公厅关于做好地方政府专项债券发行及项目配套融资工作的通知》《财政部关于印发〈地方政府专项债务预算管理办法〉的通知》（财预〔2016〕155 号）、《财政部关于加快地方政府专项债券发行使用有关工作的通知》（财预〔2020〕94 号）、《财政部关于印发〈财政总预算会计制度〉的通知》（财库〔2015〕192 号）等法律法规和制度规定，制定本指引。

第二条　专项债券用途调整，属于财政预算管理范畴，主要是对新增专项债券资金已安排的项目，因债券项目实施条件变化等原因导致专项债券资金无法及时有效使用，需要调整至其他项目产生的专项债券资金用途变动。

第三条　专项债券资金使用，坚持以不调整为常态、调整为例外。专项债券一经发行，应当严格按照发行信息公开文件约定的项目用途使用债券资金，各地确因特殊情况需要调整的，应当严格履行规定程序，严禁擅自随意调整专项债券用途，严禁先挪用、后调整等行为。

第四条　专项债券用途调整，由省级政府统筹安排，省级财政部门组织省以下各级财政部门具体实施。

## 第二章　项目调整条件

第五条　专项债券资金已安排的项目，可以申请调整的具体情形包括：

（一）项目实施过程中发生重大变化，确无专项债券资金需求或需求少于预期的；

（二）项目竣工后，专项债券资金发生结余的；

（三）财政、审计等发现专项债券使用存在违规问题，按照监督检查意见或审计等意见确需调整的；

（四）其他需要调整的。

第六条　专项债券用途调整，应符合以下原则：

（一）调整安排的项目必须经审核把关具备发行和使用条件。项目属于有一定收益的公益性项目，且预期收益与融资规模自求平衡。项目前期准备充分、可尽早形成实物工作量。项目周期应当与申请调整的债券剩余期限相匹配。

（二）调整安排的专项债券资金，优先支持党中央、国务院明确的重点领域符合条件的重大项目。

（三）调整安排的专项债券资金，优先选择与原已安排的项目属于相同类型和领域的项目。确需改变项目类型的，应当进行必要的解释说明。

（四）调整安排的专项债券资金，严禁用于置换存量债务，严禁用于楼堂馆所、形象工程和政绩工程以及非公益性资本支出项目，依法不得用于经常性支出。

第七条　调整安排的专项债券资金，优先用于本级政府符合条件的项目，确无符合条件项目的，省级财政部门可以收回专项债券资金和对应的专项债务限额统筹安排。

## 第三章　项目调整程序

第八条　省级财政部门原则上每年9月底前可集中组织实施1到2次项目调整工作。地方各级财政部门会同有关部门组织梳理本级政府专项债券项目实施情况，确需调整专项债券用途的，要客观评估拟调整项目预期收益和资产价值，编制拟调整项目融资平衡方案、财务评估报告书、法律意见书，经同级政府同意后，及时报送省级财政部门。

拟调整项目融资平衡方案应当准确反映项目基本情况、前期手续、投融资规模、收益来源、建设周期、分年度投资计划、原债券期限内预期收益与融资平衡情况、原已安排的项目调整原因、潜在风险评估、主管部门责任、调整后债券本息偿还安排等。

第九条　省级财政部门负责汇总各地调整申请，统筹研究提出包括专项债务限额和专项债券项目在内的调整方案，于10月底前按程序报省级政府批准后，报财政部备案。

## 第四章　项目调整执行管理

第十条　按照预算法等法律法规规定，规范专项债券项目调整涉及的预算调整和调剂管理。省级政府批准后，对专项债券用途调整涉及增加或减少预算总支出、调减预算安排的专项债券重点支出数额、增加举借债务数额的，地方财政部门应当编制预算调整方案按程序提请同级人大常委会审议；其他预算调剂事项，地方财政部门应当按程序办理。

第十一条　按照《财政总预算会计制度》规定，规范专项债券项目调整涉及的预算执行管理。对专项债券用途调整，地方各级财政部门应按有关规定及时对原项目对应的预算科目收入、支出进行调减，对调整安排的项目对应的预算科目收入、支出进行调增。原项目调减的金额应等于调整安排的项目调增的金额。涉及跨地区专项债券调整的，要对专项债券的债务（转贷）收入、债务（转贷）支出等预算科目进行相应调整。涉及跨年度专项债券调整的，要按照收付实现制核算要求，在当年预算收支中对相关预算科目进行调整。

第十二条　省级财政部门在地区间调整债券资金用途时，应与相关地区重新签署转贷协议或通过预算指标文件明确调整事宜。

## 第五章　信息公开

第十三条　专项债券用途调整，省级财政部门要按以下原则及时进行信息公开：

（一）专项债券用途调整，不改变原专项债券注册信息，包括债券发行量、期限、代码、名称、利率、兑付安排等。

（二）专项债券用途调整，要发布调整公告，重点说明调整事项已经省级政府批准，一并公开本地区经济社会发展指标、地方政府性基金预算情况、专项债务情况等。

（三）专项债券用途调整，要公布项目调整信息，包括调整前原已安排的项目名称、调整金额，以及调整后项目概况、分年度投资计划、项目资金来源、预期收益和融资平衡方案、潜在风险评估、主管部门责任、第三方评估信息（包括财务评估报告书、法律意见书、信用评级报告等）等。

（四）其他按规定需要公开的信息。

第十四条　省级财政部门应当于省级政府批准后（涉及预算调整的按程序报省级人大或其常委会批准后）的10个工作日内，在全国统一的地方政府债务信息公开平台（www.celma.org.cn），以及省级政府或财政部门门户网站、发行登记托管机构门户网站等公开相关预算调整和项目调整信息。

市县级财政部门应当在省级政府、市县人大或其常委会批准后的10个工作日内，在本级政府或财政部门门户网站公开本地区专项债券用途调整相关信息。

## 第六章　监督管理

第十五条　地方各级财政部门应当按照预算管理一体化要求，通过信息管理系统全过程登记专项债券用途调整情况，督促相关部门和项目单位及时规范使用债券资金，提高使用绩效。

第十六条　财政部各地监管局依法对专项债券用途调整实施监督，确保发挥债券资金使用效益。

第十七条　专项债券资金已安排的项目调整规模大、频次多的地区或部门，省级财政部门可适当扣减下一年度新增专项债券额度，引导各地区、各部门提升专项债券项目储备和安排的精准性、规范性。

第十八条　各地不得违规调整专项债券用途，严禁假借专项债券用途名义挪用、套取专项债券资金。对违反法律法规和政策规定的，依法依规追究相关责任单位和责任人的责任。

## 第七章　附则

第十九条　本指引自印发之日起施行。

### （三）“十四五”规划相关政策

中华人民共和国国家发展和改革委员会高技术司于2021年11月29日发布《“十四五”新型基础设施建设解读稿之九：新型基础设施建设呼唤新型投融资体系》，全文如下：

近年来，中央经济工作会议和政府工作报告多次提出要加快新型基础设施建设。

新型基础设施是我国“十四五”时期的建设重点，“十四五”规划《纲要》对此作出明确部署。为使各方更好理解“十四五”时期新型基础设施建设的形势，国家发展改革委组织有关专家学者对热点问题发表意见。特别推出“新型基础设施建设呼唤新型投融资体系”主题。

新型基础设施建设包括信息基础设施、融合基础设施、创新基础设施，是支撑新业态、新产业、新服务发展的战略性基石，是引领新一轮科技革命与产业变革、打造中长期经济发展新动能的先导性布局。以习近平同志为核心的党中央高度重视新型基础设施建设工作，总体部署推进5G、数据中心、人工智能等新型基础设施建设。“十四五”时期，新型基础设施建设在疫情冲击下逆势而上，成为“两新一重”投资的重点领域，全国有20多个省份出台实施新型基础设施建设计划。

**一、新型基础设施建设投融资具有鲜明特征**

新型基础设施建设既是立足当前、也是面向未来的投资，新型基础设施建设把短期的需求和长期的潜在增长机遇相结合，在许多行业、许多领域都带来空前的发展机会。据有关研究机构估算，2020年我国新基建投资规模超万亿元，未来新基建投资将持续扩大，投资增速达到两位数，在基建投资中的占比将逐步提高至15%~20%，到2025年带动累计投资规模有望达到20万亿元。与传统基础设施建设的投融资方式不同，新型基础设施建设的投融资方式具有明显独特性。

（一）新型基础设施建设投融资规模更加差异化。新型基础设施建设项目投融资规模从几十万到数千亿元不等，项目形式更多样、范围更广泛、规模更分散、技术更高端，不能简单套用传统基础设施建设的一种或几种投融资模式。

（二）新型基础设施建设投融资主体更加多元化。公路、铁路、机场等传统基础设施建设多由政府、地方平台公司或大型国有企业作为主要投资主体，新型基础设施建设的投资主体主要由通信运营商、互联网平台企业以及其他社会投资机构，各级地方政府参与融合基础设施的投资建设。

（三）新型基础设施建设投融资运营更加市场化。传统基础设施建设运营模式相对固定，已形成较成熟的收费模式、定价机制等，通过服务收费、特许经营、财政补贴、土地补偿等方式取得收入，以土地、设施等固定资产为抵押，利用债券、信贷、租赁、信托等金融工具获得社会资金。新型基础设施能够有效激发新的产业和市场需求，不断拓宽应用场景、突破技术瓶颈、验证商业模式，这决定了新型基础设施建设的投融资更加具有市场化的特点。

**二、新型基础设施建设投融资面临诸多挑战**

新型基础设施建设是高达万亿级的新兴投融资领域，各地积极布局推进新型基础设施建设，但仍然面临“谁来投”“怎样投”“钱哪来”等问题困难，尚未形成政府引导、企业主导、市场运作的投融资格局。

（一）新型基础设施建设具有较大技术迭代风险。新型基础设施建设既包括5G基站、数据中心设施、充电桩等硬件设施，又包括网络平台、操作系统等软件设施，新型基础设施所依赖的5G、人工智能、区块链等新一代信息技术更新速度快、迭代周期短，而基站设施、数据中心等新型基础设施前期投入大、资金回收慢，投资不确定性风险较大，影响社会资本进入新型基础设施建设的积极性。

（二）传统投资主体投资新型基础设施面临限制。各级政府、银行等是传统基础设施项目的主要投资主体，各级政府通过发行专项债券和增加赤字率为基础设施项目提供专项资金支持，但近年来国家对政府隐性债务和非标融资的监管力度不断加大，各级政府对新型基础设施建设的增量投资受限。而新型基础设施建设项目普遍是轻资产、缺乏抵押品，较难适应银行贷款对抵押品的要求。

（三）新型基础设施建设的盈利模式存在不确定性。信息基础设施建设的价值在“用”不在“建”，由于不少行业、企业信息化程度和设备联网率较低，“信息孤岛”状态尚未完全打破，面临数据共享、商业合作等壁垒，部分创新和融合基础设施有较强的社会公益属性和正外部性，社会化资本受资金、技术和人才制约，对新型基础设施应用的参与度不高、主动性不强，限制了新型基础设施的有效市场规模。

**三、建立健全新型基础设施建设投融资体系**

新型基础设施建设“不能穿新鞋走老路”，要发挥政府资金对投资的引导带动作用，充分利用市场手段、发挥市场力量，拓宽资金来源、创新投融资方式，有效调动社会资本参与积极性，加快构建政府引导、企业主导、市场运作的新型基础设施投融资模式。

（一）创新政府资金投入模式。按照“资金跟着项目走、项目跟着规划走”的原则，引导各地加快新型基础设施建设的规划与项目储备。建立国家、省市基金联动机制，加大对新型基础设施建设的支持力度。用好中央预算内投资、中央专项建设资金和地方政府专项债券资金，发挥政府资金“四两拨千斤”的引导作用，通过产业引导基金、担保基金、信托基金、社会资本合作（PPP）等方式不断吸引市场资本参与新型基础设施建设。将云计算、大数据、人工智能等新型基础设施产品和服务列入政府采购目录。通过税收优惠、财政补贴等方式支持新型基础设施建设项目。例如天津通过专项债筹措新基建项目资本金，并发挥财政资金撬动作用，吸引社会资本投资新基建。

（二）创新金融信贷投入模式。针对新型基础设施建设投入大、专业性强、风险高等特点，引导金融机构开展金融产品创新。鼓励开发性金融机构发挥“投贷债租证”综合金融优势，提供新型基础设施建设相关的全产业链金融服务。针对新型基础设施相关科技项目前期投入大、研发周期长等特点，支持商业性金融机构开展股权基金投资、投贷联动产品、“软贷款+期权”等新模式。建立新型基础设施建设优惠利率信贷专项，加大新型基础设施建设中长期贷款投放力度。例如浙江地区金融机构创新差异化金融服务，有效解决新基建企业融资问题。

（三）创新投融资产品与服务。针对新型基础设施建设涉及产业链长的特点，鼓励发挥龙头企业对上下游的辐射带动作用，延伸新型基础设施建设的金融服务链条。例如河北、上海、山西等地通过建立政银企对接长效机制，提高新基建融资服务效率。鼓励符合条件的新型基础设施项目积极参与基础设施领域不动产投资信托基金（REITs）试点，盘活存量资产形成投资良性循环。根据有关机构介绍，REITs 诞生以来的60余年间，现已发展至美国、澳大利亚、日本、新加坡、中国香港等40多个国家和地区，基础资产从商业物业逐步拓展到了交通、能源、零售、医疗等领域，如2019年美国 REITs 市值达一万亿美元左右。

（四）创新企业参与投融资机制。支持新型基础设施建设领域企业登陆资本市场，特别是到科创板、创业板上市，支持到“新三板”、区域性股权市场挂牌融资。放开新型基础设施项目投资的市场准入，为企业和社会资本拓宽投资渠道、放开投资限制。实施市场准入负面清单，给予各类市场主体公平参与的机会，科学合理地确定新型基础设施项目的投资资格，不设置超过新型基础设施项目实际需要的注册资本金、资产规模、银行存款证明或融资意向函等条件，不设置与新型基础设施项目投融资、建设、运营无关的准入条件。

（五）培育可持续的投资收益闭环。探索新型基础设施的应用场景，规划可持续的商业模式，推动新型基础设施与配套产业协同发展，促进产业经济反哺新型基础设施建设，发挥新型基础设施建设的“乘数效应”和“裂变功能”。在5G网络、人工智能、云计算、工业互联网等领域，加强新型基础设施建设与应用场景协同发展，基于场景应用构建产业链分享收入和盈利。

## 第二节　项目融资相关理论

### 一、项目融资主体

项目融资主体是指进行融资活动，并承担融资责任和风险的项目法人单位。确定项目融资主体应该考虑项目投资的规模和行业的特点、项目自身的盈利能力等因素。它主要包括家庭、企业及特定的政府部门，如个人和家庭通过办理住房储蓄业务或购买房地产金融市场上的各类有价证券，而成为房地产金融市场的资金供给者，或者为了购、建、修住房向房地产金融机构申请贷款而成为资金的需求者。项目融资主体主要分为既有法人融资主体和新设法人融资主体。

#### （一）既有法人融资主体适用条件

（1）既有法人为扩大生产能力而新建的扩建项目或原有生产线的技术改造项目。

（2）既有法人为新增生产经营所需水、电、气等动力供应及环境保护设施而兴建的项目。

（3）项目与既有法人的资产及经营活动联系密切。

（4）现有法人具有为项目进行融资和承担全部融资责任的经济实力。

（5）项目盈利能力较差，但项目对整个企业的持续发展具有重要作用，需要利用既有法人的整体资信获得债务资金。

**（二）新设法人融资主体适用条件**

（1）项目发起人希望拟建项目的生产经营活动相对独立，且一些拟建项目与既有法人的经营活动联系不密切。

（2）拟建项目的投资规模较大，既有法人财务状况较差，不具有为项目进行融资和承担全部融资责任的经济实力，需要新设法人募集股本金。

（3）项目自身具有较强的盈利能力，依靠项目自身未来的现金流量可以按期偿还债务。

## 二、项目筹资来源

投资资金能否按期足额地投入，是保证项目得以顺利实施的基本前提。在总投资估算和年度投资计划估算的基础上，企业应根据资金供应者的条件分析比较各种投资渠道，制订科学的资金筹措方案与资金使用计划。项目的筹资渠道主要有两大类：一是投资者自有资金可作为资本金投入；二是外部筹资，通常采用借贷或发行债券的方式。

**（一）资本金**

资本金是投资者自身投入的资金，我国《企业财务通则》规定，资本一般指企业在工商行政管理部门登记的注册资金，根据《国务院关于固定资产投资项目试行资本金制度的通知》（以下简称《通知》），从1996年开始，对各种经营性项目，包括国有单位的基本建设、技术改造、房地产开发项目和集体投资项目，试行资本金制度，投资项目必须首先落实资本金才能建设。投资项目资本金，是指在项目总投资中，由投资者认缴的出资额，是项目的非债务性资本金。资本金投资能够帮助投资者增强风险意识，促进投资效益的提高。

根据《通知》规定，项目资本金可以用货币出资，也可以用实物、工业产权、非专利技术、土地使用权作价出资。对于后者，必须经过有资格的资产评估机构依照法律法规评估作价。以工业产权、非专利技术作价出资比例不得超过资本金总额的20%，国家对采用高新技术成果有特别规定的除外。投资者以货币方式认缴的资本金，其资金来源有：中央和地方各级政府预算内资金；国家批准的各种专项建设资金；“拨改贷”和经营性基本建设基金回收的本息；土地批租收入；国有企业产权转让收入；地方政府按国家有关规定收取的各种规费及其他预算外资金；国家授权的投资机构及企业法人的所有者权益（包括资本金、资本公积金、盈余公积金、未分配利润、股票上市收益等）；企业折旧基金及投资者按照国家规定从资本市场上筹措的资金；经批准，发行股票或可转换债券；国家规定的其他可用作项目资本金的资金。

资本金占总投资的比例，根据项目所在行业和项目的经济效益等因素确定。我国有关法律规定，从1996年开始，国家对经营性项目试行资本金制度（除公益性项目外），规定了经营性项目的建设要有一定数额的资本金，提出了各行各业项目资本金的最低要求。随着经济社会的不断发展，我国又对资本金的最低比例要求进行了适当的调整。根据国发〔2019〕第26号文件等一系列相关文件，现阶段各行各业投资项目资本金占项目总投资的比例要求见表10-1。

表 10-1　各行业投资项目资本金占项目总投资的比例要求

| 序号 | 投资行业 | 项目资本金占项目总投资的比例/% |
|---|---|---|
| 1 | 钢铁、电解铝项目 | 40 |
| 2 | 水泥 | 35 |
| 3 | 煤炭、电石、铁合金、烧碱、焦炭、黄磷、多晶硅 | 30 |
| 4 | 机场项目、其他房地产开发项目、化肥（钾肥除外） | 25 |
| 5 | 城市轨道交通、铁路、公路、保障性住房、普通商品住房、玉米深加工、港口、沿河及内河航运、电力、其他 | 20 |

其中，公路（含政府收费公路）、铁路、城建、物流、生态环保、社会民生等领域的补短板基础设施项目，在投资回报机制明确、收益可靠、风险可控的前提下，可以适当降低项目最低资本金比例，但下调不得超过 5 个百分点。实行审批制的项目，审批部门应明确项目单位可以按此规定合理确定投资项目资本金比例。实行核准或备案制的项目，项目单位与金融机构可以按此规定自主调整投资项目资本金比例。

外商投资项目包括外商投资、中外合资、中外合作经营项目，目前不执行上述项目资本金制度，而是按照外商投资企业的有关法规执行。外商投资企业注册资本要求见表 10-2。

表 10-2　外商投资企业注册资本要求

| 序号 | 投资总额 | 注册资本比例 |
|---|---|---|
| 1 | 300 万美元（含 300 万美元）以下的 | 不得低于 70% |
| 2 | 300 万美元以上至 1 000 万美元（含 1 000 万美元） | 不得低于 50% |
| 3 | 1 000 万美元以上至 3 000 万美元（含 3 000 万美元） | 不得低于 40% |
| 4 | 3 000 万美元以上 | 不得低于 1/3 |

其中，投资总额在 420 万美元以下的，注册资本不得低于 210 万美元；投资总额在 1 250 万美元以下的，注册资本不得低于 500 万美元；其中投资总额在 3 600 万美元以下的，注册资本不得低于 1 200 万美元。

需要说明的是，以上作为计算基数的总投资包括建设投资、建设期利息和流动资金。

### （二）外部资金来源

1. 国内资金来源

（1）银行贷款。银行贷款是指银行采取有偿的方式向建设单位提供的资金。从我国的现实情况来看，银行贷款是项目筹资的主要渠道。

银行贷款优点：目前银行贷款优惠政策比较多，尤其是对于中小企业的扶持政策还是非常多的，很多银行也响应国家的号召，因而对企业而言减缓了经济压力；银行贷款速度加快，企业只要按照银行的要求提交贷款资料，就可以快速获得所需资金；利率成本低，相比较民营贷款机构及小额贷款公司来说，银行利率肯定要低很多，这对于借款人来说可以降低还款成本；费用少，一般可以说是目前市面上贷款成本最低的一个渠道，一般贷款的利率是根据具体情况定的，对于信用高的企业一般贷款利率低，对于信用低的企业贷款利率相对会高；资金来源稳定，对于银行，其实力是非常有优势的，并且资金充足，对于中小企业申请的贷款，只要这些企业通过了审查，那么就能和银行签订合同，银行随即进行贷款发放。

银行贷款的缺点：办理手续繁琐，在银行办理贷款业务相对来讲手续比较多；抵押物要求较为严格，银行贷款对于中小企业来讲需要抵押物或第三方担保，而且银行对抵押物要求严格；对信用要求较高，企业及企业法人需要具有较高的信用记录，否则很难通过审核。

（2）国家预算贷款。国家预算贷款是指由国家预算拨交政策性银行作为贷款资金，由政策性银行对实行独立核算、有偿还能力的事业单位和更新改造的企业发放的有偿贷款。

（3）国家预算拨款。它是指由国家预算直接拨付给建设部门、建设单位等企业无偿使用的建设资金。这种拨款包括中央预算拨款和地方预算拨款两种。随着我国社会主义市场经济体制的不断完善，对于项目（尤其是盈利性项目）来说，预算拨款已经不再是主要的资金来源。

（4）发行债券。债券是筹资者为筹措一笔数额可观的资金，向众多的出资者出具的表明债务金额的凭证。这种凭证由发行者发行，由投资者认购并持有。债券是表明发行者与认购者双方债权债务关系的具有法律效力的契据。

债券筹资的优点：资本成本较低，与股票的股利相比，债券的利息允许在所得税前支付，公司可享受税收上的利益，故公司实际负担的债券成本一般低于股票成本；可利用财务杠杆，无论发行公司的盈利多少，持券者一般只收取固定的利息，若公司用资后收益丰厚，增加的收益大于支付的债息额，则会增加股东财富和公司价值；保障公司控制权，持券者一般无权参与发行公司的管理决策，因此发行债券一般不会分散公司控制权；便于调整资本结构，在公司发行可转换债券及可提前赎回债券的情况下，便于公司主动地合理调整资本结构。

债券筹资的缺点：财务风险较高，债券通常有固定的到期日，企业需要定期还本付息，财务上始终有压力；在公司不景气时，还本付息将成为公司严重的财务负担，有可能导致公司破产。限制条件多，发行债券的限制条件较长期借款、融资租赁的限制条件而言多且严格，从而限制了公司对债券融资的使用，甚至会影响公司以后的筹资能力。筹资规模受制约，公司利用债券筹资一般受一定额度的限制。《中华人民共和国公司法》规定，发行公司流通在外的债券累计总额不得超过公司净产值的40%。

2. 国外资金来源

（1）外国政府贷款。

外国政府贷款是指一国政府利用财政资金向另一国政府提供的援助性贷款。目前，尽管政府贷款在国际间接投资中并不占主导地位，但其独特的作用和优势是其他国际间接投资形式无法替代的。外国政府贷款一般具有贷款期限长特点及经济援助的性质，并且一般都要规定特定的使用范围。它的优点是利率较低，项目应该尽量争取这种贷款。但同时也应当看到，投资国的政府贷款也是其实现对外政治经济目标的重要工具，特别是西方发达国家往往打着对外经济援助的旗号干涉别国内政，我们要警惕。政府贷款除要求贷以现汇（可自由兑换外汇）外，有时还要附加一些其他条件。

（2）外国银行贷款。

外国银行贷款又叫商业信贷，是指为项目筹措资金而在国际金融市场上向国外银行借入的资金。外国银行贷款的利率主要决定于世界经济中的平均利润率和国际金融市场上的借贷供求关系，并处于不断变化之中。从实际运行情况来看，外国银行贷款利率比政府贷款和国际金融机构贷款的利率要高，依据贷款国别、货款币种和贷款期限的不同而又有所差异。

对于中长期贷款，一般采取加息的方法，即在伦敦银行同业拆放利率的基础上，加一个附加利率。附加利率一般不固定，参考贷款金额、期限长短、贷款风险、资金供求状况、借款者信誉等因素，由借贷双方商定。中长期贷款的利息在计息期末（三个月或六个月的期末）支付一次。

外国银行贷款可划分为短期贷款、中期贷款和长期贷款，其划分的标准是：短期贷款的期限在一年以内，有的甚至为几天；中期贷款的期限为一到五年；长期贷款的期限在五年以上。银行贷款的偿还方法主要有到期一次偿还、分次等额偿还、分次等本偿还和提前偿还四种方式。银行贷款所使用的货币是银行贷款条件的重要组成部分。在贷款货币的选择上，借贷双方难免有分歧。就借款者而言，在其他因素不变的前提下，更倾向于使用汇率取向贬值的货币，以便从该货币未来的贬值中受益，而贷款者则相反。

（3）出口信贷。

出口信贷又称长期贸易信贷，是指商品出口国的官方金融机构或者商业银行以优惠利率向本国出口商、进口商银行或者进口商提供的一种贴补性贷款，是争夺国际市场的一种融资手段。第二次世界大战以后，随着大型成套设备进出口的增长，世界出口信贷的规模也得到了极大的发展。目前，各国较为普遍采用的出口信贷主要有卖方信贷、买方信贷和福费廷三种方式。

卖方信贷只针对大型设备出口，为便于出口商以延期付款的方式出口设备，由出口商本国的银行向出口商提供的信贷。卖方信贷的具体操作程序是：出口商与出口方银行签订信贷合同，取得为进口商垫付的资金；进口商在订货时，只支付一定比例的定金（一般为合同货价的10%~15%），其余货款在设备全部交付或投产后陆续偿还，同时支付延期付款利息；出口商收到货款后，归还出口方银行信贷。出口商要向出口方银行支付利息、管理费和保险费。从出口方银行提供货款给出口商的行为来讲，出口信贷属于银行信用；从出口商赊销商品给进口商的行为来讲，出口信贷属于商业信用。因此，从本质上讲，出口信贷是一种以银行信用为后盾的国际商业信用。

买方信贷是由出口方银行直接向进口商或进口方银行提供的信贷。信贷额度一般为进出口商品额的85%，其余15%为定金。签订合同时进口商支付10%的定金，第一次交货时再付5%的定金。进口商或进口方银行则于进口货物全部交清后的一段时间内，分次偿还借款本金，并支付利息。

福费廷是指在延期付款的大型设备进出口贸易中，出口商将进口商承兑的、期限为半年到六年的远期汇票，无追索权地售与出口商所在国的银行或大型金融公司，以便提前取得现款的一种资金融通形式。这里所讲的无追索权是指出口商将远期汇票出售后，该汇票是否遭到拒付，与出口商无关，亦即在出售汇票的同时，将拒付风险也转移给银行。

(4) 混合贷款、联合贷款和银团贷款。

混合贷款又称政府混合贷款，是指政府贷款、出口信贷和商业银行贷款混合组成的一种优惠贷款形式。目前各国政府向发展中国家提供的贷款，大都采用这种形式。

联合贷款是指商业银行与世界性、区域性国际金融组织及各国的发展基金、对外援助机构共同联合起来，向某一国家提供资金的一种形式。此种贷款比一般贷款具有更大的灵活性和优越性。其特点是政府与商业金融机构共同经营；援助与融资互相结合，利率比较低，贷款期限比较长；有指定用途。

银团贷款又称辛迪加贷款，是指由一家或几家银行牵头，多家国际商业银行参加，共同向一国政府、企业的某个项目（一般是大型的基础设施项目）提供金额较大、期限较长的贷款。其特点是：必须有一家牵头银行，该银行与借款人共同协定一切贷款的初步条件和相关文件，然后再由其安排企业与其他银行协商贷款额，达成正式协议后，即把下一步工作移交代理银行，当然牵头银行也可以转化为代理银行；必须有一家代理银行，代表银团严格按照贷款协议，履行其权利和义务，并按各行份额比例提款、计息和分配收回等；贷款管理十分严密，贷款利率比较优惠，贷款期限也比较长，并且没有指定用途。

(5) 国际金融机构贷款。

国际金融机构贷款是指为了达到共同目标，有数国联合兴办的在各国间从事金融活动的机构贷款。根据业务范围和参加国的数量，我们可将国际金融机构划分为全球性国际金融机构和地区性国际金融机构两大类。前者主要有国际货币基金组织和世界银行，后者主要有国际经济合作银行、国际投资银行、国际清算银行、亚洲开发银行、泛美开发银行、非洲开发银行、阿拉伯货币基金组织等。就我国而言，主要利用世界银行、国际货币基金组织和亚洲开发银行的贷款。

3. 融资租赁

融资租赁又称金融租赁或资本租赁，是指不带维修条件的设备租赁业务。融资租赁与分期付款购入设备相类似，实质上是承租者向设备租赁公司筹措设备投资的一种方式。融资租赁获得的设备的租赁费总额构成投资额，实际付款则是在设备使用后，根据租赁合同分期进行的。融资租赁既是一种筹措国内资金的方式，又是一种利用外资的方式。

在融资租赁方式下，设备（租赁物件）是由出租人完全按照承租人的要求选定的，所以出租人对设备的性能、物理性质、老化风险及维修保养不负任何责任。在大多数情况下，出租人在租期内分期回收全部成本、利息和利润，租赁期满后，出租人通过收取名义货价的形式，将租赁物件的所有权转移给承租人。

融资租赁的方式很多，主要有以下三种：

(1) 自营租赁。自营租赁亦称直接租赁，是融资租赁的典型形式。其一般程序为：用户根据自己所需设备，先与制造厂商或经销商洽谈供货条件，然后向租赁公司申请租赁预约，经租赁公司审查合格后，双方签订租赁合同，由租赁公司支付全部设备款，并让供货者直接向承租人供货，货物经验收并开始使用后，租赁期即开始，承租人根据合同规定向租赁公司分期交付租金，并负责租赁设备的安装、维修和保养。

（2）回租租赁。回租租赁亦称售出与回租，是先由租赁公司买下企业正在使用的设备，然后再将原设备租赁给该企业的租赁方式。

（3）转租赁是指国内租赁公司在国内用户与国外厂商签订设备买卖合同的基础上，选定一家国外租赁公司或厂商，以承租人身份与其签订租赁合同，然后再以出租人身份将该设备转租给国内用户，并收取租金，转付给国外租赁公司的一种租赁方式。

融资租赁是一种融通资金的全新途径，是以金融、贸易和工业三者相结合，租赁设备的所有权与使用权相分离为特征的新型信贷方式。就全世界而言，融资租赁已成为仅次于贷款的信贷方式。

## 三、融资成本与风险分析

### （一）融资成本分析

融资成本是资金所有权与资金使用权分离的产物，融资成本的实质是资金使用者支付给资金所有者的报酬。由于项目融资是一种市场交易行为，所以有交易就会有交易费用，资金使用者为了能够获得资金使用权，就必须支付相关的费用，如委托金融机构代理发行股票、债券而支付的注册费和代理费，向银行借款时需支付的手续费等。企业融资成本实际上包括两部分，即融资费用和资金使用费。

融资费用是企业在资金筹集过程中发生的各种费用；资金使用费是指企业因使用资金而向其提供者支付的报酬，如股票融资向股东支付股息、红利，发行债券和借款支付的利息，借用资产支付的租金，等等。需要指出的是，上述融资成本的含义仅仅只是项目融资的财务成本，或称显性成本。除了财务成本外，项目融资还存在机会成本或隐性成本。机会成本是经济学的一个重要概念，是指把某种资源用于某种特定用途而放弃其他各种用途中的最高收益。我们在分析企业融资成本时，机会成本是一个必须考虑的因素，特别是在分析企业自有资金的使用时，机会成本非常关键。因为，企业使用自有资金一般是无偿的，无须实际对外支付融资成本。但是，如果从社会各种投资或资本所取得平均收益的角度看，自有资金也应在使用后取得相应的报酬，这和其他融资方式是没有区别的，不同的只是自有资金不需对外支付，而其他融资方式必须对外支付。

一般情况下，融资成本指标以融资成本率表示：融资成本率=资金使用费÷（融资总额-融资费用）。这里的融资成本是资金成本，是一般企业在融资过程中着重分析的对象。但从现代财务管理理念看，这样的分析和评价不能完全满足现代理财的需要，我们应该从更深层次的意义上考虑融资的几个其他相关成本：

首先是项目融资的机会成本。就企业内源融资来说，一般是无偿使用的。它无须实际对外支付融资成本（这里主要指财务成本）。但是，如果从社会各种投资或资本所取得平均收益的角度看，内源融资的留存收益也应于使用后取得相应的报酬，这和其他融资方式是没有区别的，不同的只是内源融资不需对外支付，而其他融资方式必须对外支付，以留存收益为代表的企业内源融资的融资成本应该是普通股的盈利率，只不过它没有融资费用而已。

其次是风险成本。企业融资的风险成本主要指破产成本和财务困境成本。企业债务融资的破产风险是企业融资的主要风险，与企业破产相关的企业价值损失就是破产成本，也就是企业融资的风险成本。财务困境成本包括法律、管理和咨询费用。其间接成本包括财务困境影响企业经营能力，市场对企业产品需求减少，以及没有债权人许可不能做决策，管理层花费的时间和精力，等等。

最后，企业融资还必须支付代理成本。资金的使用者和提供者之间会产生委托代理关系，这就要求委托人为了约束代理人行为而必须进行监督和激励，如此产生的监督成本和约束成本便是所谓的代理成本。另外，资金的使用者还可能进行偏离委托人利益最大化的投资行为，从而发生整体的效率损失。

**（二）融资成本计量模型**

在公司资本成本计量方面，从20世纪90年代以来，西方公司财务研究基本上认可了资本资产定价模型（CAPM），确定风险调整之后其在所有者权益成本中的主流地位。在借鉴相关研究的基础上，顾银宽等（2004）建立了中国上市公司的债务融资成本、股权融资成本和融资总成本的计量模型。

1. 资本计算

融资资本包括债务融资资本和股权融资资本，DK代表债务融资资本，EK代表股权融资资本，分别有：

$$DK = SD_1 + SD_2 + LD$$

其中，$SD_1$代表短期借款，$SD_2$代表一年内到期的长期借款，LD代表长期负债合计。

$$EK = \sum_{j=1}^{5} EK_j + \sum_{j=1}^{5} ER_j$$

式中，$EK_1$代表股东权益合计，$EK_2$代表少数股东权益，$EK_3$代表坏账准备，$EK_4$代表存货跌价准备，$EK_5$代表累计税后营业外支出，$ER_1$代表累计税后营业外收入，$ER_2$代表累计税后补贴收入。

2. 债务成本

对上市公司来说，债务融资应该是一种通过银行或其他金融机构进行的长期债券融资，而股权融资应属长期融资。根据大多数上市公司募集资金所投资项目的承诺完成期限为3年左右，我们可以将债务融资和股权融资的评估期限定为3年。以DC代表债务融资成本，DC可直接按照3~5年中长期银行贷款基准利率计算。

3. 股权成本

股权融资成本$E_c$必须根据资本资产定价模型（CAPM）计算。CAPM模型为

$$r_i = r_f + \beta(r_m - r_f)$$

式中，$r_i$为股票$i$的收益率，$r_f$为无风险资产的收益率，$r_m$为市场组合的收益率，$\beta_i$代表股票$i$收益率相对于股市大盘的收益率。

**【例10-1】**假设你个人认为IBM的预期回报率是12%，如果它的$\beta$值是1.25，无风险利率为3.5%，市场期望收益率是10.5%。则根据CAPM模型，对IBM的估价是过高、过低还是公正的?

解：CAPM模型预测的IBM的回报率为

$3.5\% + 1.25 \times (10.5\% - 3.5\%) = 12.25\%$

市场预期IBM的回报率是12.25%，高于我个人认为的回报率12%，因此市场的估值偏高。

4. 总成本

上市公司的总成本是债务融资与股权融资成本的加权平均，公式为

$$C = \mathrm{DC} \cdot (\mathrm{DK}/V) \cdot (1 - T) + \mathrm{EC} \cdot (\mathrm{EK}/V)$$

其中，$C$ 代表融资总成本，$T$ 代表所得税率，$V$ 代表上市公司总价值。并且有

$$V = E + D_S + D_L$$

式中，$E$ 代表上市公司股票总市值，$D_S$ 代表上市公司短期债务账面价值，$D_L$ 代表上市公司长期债务账面价值。

5. 实际计算中的若干技术性处理

（1）无风险收益率的确定。在我国股市目前的条件下，关于无风险收益率的选择，实际上并没有什么统一的标准。从上市公司角度来看，在实际计算中我们可以采用当年在上海证券交易所挂牌交易的期限最长的国债的内部收益率（折成年收益率）。

（2）市场风险溢价的估计。在明确了无风险收益率的计算依据之后，计算市场风险溢价的关键就是如何确定股票市场的市场组合收益率，实际中我们可以采用自上市公司实施股权融资之后的三年时间内上证综合指数累计收益率（折成年收益率）。

（3）融资总成本中的上市公司总价值 $V$ 的计算。由于中国上市公司的市值存在总市值和流通市值之分，而债务资本的账面值的确定也存在不确定因素，因此，直接计算上市公司总价值是有困难的，在实际计算时我们可以采用总投入资本即债务融资资本与股权融资资本之和 1( = EK + DK) 代替上市公司总价值 $V$。

**（三）项目融资的风险分析**

融资风险亦称财务风险，是非系统风险的一种。股票发行公司的融资方式可以有多种，如可以发行股票或举债经营（发行债券或优先股）。当公司在举债经营的情况下，公司必须要按期付出固定数量的利息。这样，当经营状况良好时，经营的资本报酬率大大高于举债利率，举债经营可为公司带来较高的收益，该类公司的股票持有者也由此获得较高的报酬。但如果经营状况不好甚至亏损时，公司也必须照样付出这笔利息。因此，公司的收益下降幅度更大，股票持有者也因此受到损失。这样，融资方式的不同造成了资本结构的不同，给公司及该公司的股票持有者带来了融资风险。这种风险并非是每个公司都会遇到的，而是取决于不同公司的经营战略，因此，融资风险是非系统风险，是可避免的风险。

1. 表现类型

（1）信用风险。信用风险又称违约风险，是指借款人、证券发行人或交易对方因种种因素，不愿或无力履行合同条件而构成违约，致使银行、投资者或交易对方遭受损失的可能性。项目融资所面临的信用风险是指项目有关参与方不能履行协定责任和义务而出现的风险。与提供贷款资金的银行一样，项目发起人也非常关心各参与方的可靠性、专业能力和信用。

（2）完工风险。完工风险是指项目无法完工、延期完工或者完工后无法达到预期运行标准而带来的风险。项目的完工风险存在于项目建设阶段和试生产阶段，是项目融资的主要核心风险之一。完工风险对项目公司而言意味着利息支出的增加、贷款偿还期限的延长和市场机会的错过，主要指项目不能按照预定的目标，按时、按量、按质地投入生产。其表现形式主要为：项目建设期的拖延；项目建设成本的超支；或者

达不到设计要求的技术经济指标；由于资金、技术或者其他不可控的外部因素，完全放弃项目。项目出现完工风险的直接表现是投资成本的增加。项目不能产生预期的现金流量，从而影响银行贷款的如期归还。

（3）生产风险。生产风险是指在项目试生产阶段和生产运营阶段中存在的技术、资源储量、能源和原材料供应、生产经营、劳动力状况等风险因素的总称。它是项目融资的另一个主要核心风险。生产风险主要表现在以下方面：①原材料。原材料持续、稳定的供给应能得到保证，要防止原材料价格的变化对生产可能带来的不利影响。②生产设备。企业现有的生产设备能否满足新产品生产的要求，以及企业能否获得新产品生产所必需的专用设备，是决定企业生产能否正常进行的关键。生产设备的正确选择对产品的生产效率及成本预算有重大影响。③生产工艺。产品的生产工艺应根据产品具体的性能要求，同时也应考虑经济效益指标的情况而制定，如果生产工艺不适合，可能使产品的次品率升高，产品质量下降。④技术人员的获得。高新技术产品的生产一般对技术人员要求比较高，能否获得满足企业要求的技术人员是生产能否顺利进行的关键。

（4）市场风险。市场风险是指在一定的成本水平下能否按计划维持产品质量与产量，以及产品市场需求量与市场价格波动所带来的风险。市场风险主要有价格风险、竞争风险和需求风险，这三种风险之间相互联系，相互影响。

（5）金融风险。金融风险指的是与金融有关的风险，如金融市场风险、金融产品风险、金融机构风险等。一家金融机构发生的风险所带来的后果，往往超过对其自身的影响。金融机构在具体的金融交易活动中出现的风险，有可能对该金融机构的生存构成威胁。一家金融机构因经营不善而出现危机，有可能对整个金融体系的稳健运行构成威胁。一旦发生系统风险，金融体系运转失灵，必然会导致全社会经济秩序的混乱，甚至引发严重的政治危机。

项目的金融风险主要表现在项目融资中利率风险和汇率风险两个方面。项目发起人与贷款人必须对自身难以控制的金融市场上可能出现的变化加以认真分析和预测，如汇率波动、利率上涨、通货膨胀、国际贸易政策的趋向等，这些因素会引发项目的金融风险。

（6）政治风险。政治风险是东道国的政治环境或东道国与其他国家之间政治关系发生改变而给外国投资企业的经济利益带来的不确定性。给外国投资企业带来经济损失的可能性的事件包括：没收、征用、国有化、政治干预、东道国的政权更替、战争、东道国国内的社会动荡和暴力冲突、东道国与母国或第三国的关系恶化等。

项目的政治风险可以分为两大类：一类是国家风险，如借款人所在国现存政治体制的崩溃，对项目产品实行禁运、联合抵制、终止债务的偿还等；另一类是国家政治、经济政策稳定性风险，如税收制度的变更、关税及非关税贸易壁垒的调整、外汇管理法规的变化等。在任何国际融资中，借款人和贷款人都承担政治风险，项目的政治风险可以涉及项目的各个方面和各个阶段。

（7）环境保护风险。环境保护风险是指由于满足环保法规要求而增加的新资产投入或迫使项目停产等风险。随着公众愈来愈关注工业化进程对自然环境的影响，许多国家颁布了日益严厉的法令控制辐射、废弃物、有害物质的运输及低效使用能源和不可再生资源。“污染者承担环境债务”的原则已被广泛接受。因此，我们也应该重视项目融资期内有可能出现的任何环境保护方面的风险。

2. 融资风险的内因分析

（1）负债规模。负债规模是指企业负债总额的大小或负债在资金总额中所占比重的高低。企业负债规模大，利息费用支出增加，收益降低导致丧失偿付能力或破产的可能性也增大。同时,负债比重越高,企业的财务杠杆系数[税息前利润/(税息前利润-利息)]越大,股东收益变化的幅度也随之增加。所以负债规模越大，财务风险也越大。

（2）负债的利息率。在同样负债规模的条件下，负债的利息率越高，企业所负担的利息费用支出就越多，企业面临破产危险的可能性也随之增大。同时，利息率对股东收益的变动幅度有影响，因为在税息前利润一定的条件下，负债的利息率越高，财务杠杆系数越大，股东收益受影响的程度也越大。

（3）负债的期限结构。负债的期限结构是指企业所使用的长短期借款的相对比重。如果负债的期限结构安排不合理，如应筹集长期资金却采用了短期借款，或者相反，都会增加企业的筹资风险。原因在于：第一，如果企业使用长期借款筹资，利息费用在相当长的时期内将固定不变；但如果企业用短期借款筹资，利息费用可能会有大幅度的波动。第二，如果企业大量举借短期借款，并将短期借款用于长期资产，当短期借款到期时，可能会出现难以筹措足够的现金偿还短期借款的风险。此时，若债权人由于企业财务状况差而不愿意将短期借款展期，企业有可能被迫宣告破产。第三，长期借款的融资速度慢，取得成本通常较高，而且还会有一些限制性条款。

3. 融资风险的外因分析

（1）经营风险。经营风险是企业生产经营活动本身所固有的风险，其直接表现为企业税息前利润的不确定性。经营风险不同于筹资风险，但又影响筹资风险。当企业完全用股本融资时，经营风险即为企业的总风险，完全由股东均摊。当企业采用股本与负债融资时，由于财务杠杆对股东收益的扩张性作用，股东收益的波动性会更大，所承担的风险将大于经营风险，其差额即为筹资风险。企业如果经营不善，营业利润不足以支付利息费用，股东收益会化为泡影，还要用股本支付利息，严重时企业会丧失偿债能力，被迫宣告破产。

（2）预期现金流入量和资产的流动性。负债的本息一般要求以现金（货币资金）偿还，因此，即使企业的赢利状况良好，但其能否按合同、契约的规定按期偿还本息，还要看企业预期的现金流入量是否足额及时和资产的整体流动性如何，现金流入量反映的是现实的偿债能力，资产的流动性反映的是潜在偿债能力。如果企业投资决策失误，或信用政策过宽，不能足额或及时地实现预期的现金流入量，以支付到期的借款本息，就会面临财务危机。此时企业为了防止破产可以变现其资产，但各种资产的流动性（变动能力）是不一样的，其中库存现金的流动性最强，而固定资产的变现能力最弱。企业资产的整体流动性不同，即各类资产在资产总额中所占比重不同，对企业的财务风险关系甚大。当企业资产的总体流动性较强，变现能力强的资产较多时，其财务风险就较小；当企业资产的整体流动性较弱，变现能力弱的资产较多时，其财务风险就较大。很多企业破产不是因为没有资产，而是因为其资产不能在较短时间内变现，结果不能按时偿还债务，只好宣告破产。

（3）金融市场。金融市场是资金融通的场所。企业负债经营要受金融市场的影响，如负债利息率就取决于取得借款时金融市场的资金供求情况，而且金融市场的波动，如利率、汇率的变动，都会导致企业产生筹资风险。当企业主要采取短期贷款方式融资时，如遇到金融紧缩、银根抽紧、短期借款利率大幅度上升等情况，就会引起利息费用剧增，利润下降，更有甚者，一些企业由于无法支付高涨的利息费用而破产清算。

融资风险的内因和外因相互联系、相互作用，共同诱发筹资风险。一方面受经营风险、预期现金流入量和资产的流动性及金融市场等因素的影响，只有在企业负债经营的条件下，才有可能导致企业产生筹资风险，而且负债比率越大，负债利息越高，负债的期限结构越不合理，企业的筹资风险越大。另一方面，虽然企业的负债比率较高，但企业已进入平稳发展阶段，经营风险较低，并且金融市场的波动不大，那么企业的筹资风险相对就较小。

## 四、制订资金筹措方案与资金使用方案

### （一）制订资金筹措方案

资金筹措方案的编制依据主要是总投资额和年度投资支出额，测算的内容主要包括项目的筹资渠道和每一种渠道所提供的资金数量。

在制订资金筹措方案时，我们应注意以下问题：

（1）严格按照投资的支出计划确定筹资方案，既要防止留缺口，又要避免高估冒算。

（2）根据资金来源渠道的供应条件（如使用期限、使用范围、可靠程度）和供应成本（筹资成本），实现筹资方案的最优组合，以达到降低筹资风险和筹资成本的目的。

（3）利用国外资金时，应考虑不同币种可能发生的汇率风险。

### （二）制订资金使用计划

资金使用计划应根据项目实施进度与资金来源渠道进行编制，合理安排资金的使用，保证投入的资金与需要完成的工作量相符。

根据资金筹措方案与资金使用计划，我们可以编制投资来源与使用计划表（见表10-3）。

**表 10-3　投资来源与使用计划表**

| 序号 | 项目 | 第一年 | | | 第二年 | | |
|---|---|---|---|---|---|---|---|
| | | 外汇 | 人民币 | 小计 | 外汇 | 人民币 | 小计 |
| 1 | 建设投资 | | | | | | |
| 1.1 | 资本金投资 | | | | | | |
| 1.2 | 商业银行人民币贷款 | | | | | | |
| 1.3 | 外国银行贷款 | | | | | | |
| | 小计 | | | | | | |
| 2 | 流动资金 | | | | | | |
| 2.1 | 资本金投资 | | | | | | |
| 2.2 | 银行贷款 | | | | | | |
| | 小计 | | | | | | |
| | 合计 | | | | | | |

# 第三节 案例分析

以上海迪士尼乐园项目为例，项目介绍如下。

## 一、项目背景

2009 年 1 月，迪士尼宣布与上海市政府签订项目建议书，将联合上海市政府，在浦东兴建全球第 6 个迪士尼乐园。2010 年 11 月 5 日，上海申迪与美国迪士尼签署上海迪士尼乐园项目合作协议，标志着上海迪士尼乐园项目正式启动。这也意味着中国迄今为止规模最大的中外合资现代服务业项目正式落地。2009 年 11 月 4 日，上海迪士尼项目申请报告获国家有关部门核准，上海迪士尼乐园项目启动。

2009 年 11 月 23 日，国家发改委在网站上发布信息："2009 年 10 月，经报请国务院同意，我委正式批复核准上海迪士尼乐园项目。该项目由中方公司和美方公司共同投资建设。项目建设地址位于上海市浦东新区川沙新镇，占地 116 公顷。项目建设内容包括游乐区、后勤配套区、公共事业区和一个停车场。"上海迪士尼项目一期建设的迪士尼乐园及配套区占地 3.9 平方千米，以 1.16 平方千米的主题乐园和约 0.39 平方千米的中心湖泊为核心。主要建设内容包括：游乐设施（主题乐园）、中心湖与围场河、商业娱乐、旅馆、公共停车场（游客停车场）、公共交通设施、办公（管理服务中心）、市政设施等，总投资超过 245 亿元。上海迪士尼乐园是中国第二个、亚洲第三个、世界第六个迪士尼主题乐园，迪士尼乐园向来是全球建造成本较高的主题乐园之一。2011 年 3 月 9 日，上海国际旅游度假区核心区控制性详细规划（草案）在网上公示，上海迪士尼乐园也在此规划中，乐园主体工程于 2011 年 4 月 8 日正式破土动工。

## 二、项目概况

从 2004 年开始，上海市政府就同美国迪士尼集团开始了长达六年的谈判，终于在 2010 年签订了合作协议。2010 年 8 月，负责上海迪士尼建设、开发、运营工作的上海申迪集团有限公司（以下简称"上海申迪"）宣布成立，其注册资本为 120 亿元，股东主要为上海锦江国际控股公司、上海文广发展有限公司、上海陆家嘴集团有限公司、百联集团，股权比例分别为 25%、20%、45%、10%。

上海申迪下设三家全资子公司，分别为上海申迪旅游度假开发有限公司、上海申迪建设有限公司、上海申迪发展有限公司。其中上海申迪旅游度假开发有限公司与美国迪士尼集团的全资子公司 WD HOLDINGS（SHANGHAI），LLC（以下简称"迪士尼子公司"）达成合作协议，成立了三家合资合作分公司，即上海国际主题乐园配套设施有限公司、上海国际主题乐园有限公司、上海国际主题乐园和度假区管理有限公司。这三家公司的注册资本、股权结构、主营业务情况如表 10-4 所示，股权融资结构图如图 10-1 所示。由此可见，上海迪士尼项目在成立时采用的是股权融资方式，并且是中外两方按比例出资，成立了一个专门负责上海迪士尼经营活动的中外合资的集团公司。

上海迪士尼的公共配套设施建设融资由上海市人民政府的财政投入完成，其主题乐园部分计划投资 245 亿元，酒店及零售餐饮娱乐部分计划投资 45 亿元。

上海市政府还联合区域旅游度假区建设迪士尼乐园旅游度假区，该度假区及其周边公共配套建设的投资约为 720 亿元，因此上海迪士尼及上海国际旅游度假区整体投资在 1 000 亿元以上。





表 10-4　注册资本、股权结构、主营业务情况

| | 注册资本/亿元 | 股权结构 | 主营业务 |
|---|---|---|---|
| 上海国际主题乐园配套设施有限公司 | 171.36 | 上海申迪旅游度假开发有限公司占 57%，迪士尼子公司占 43% | 上海迪士尼乐园的开发、建造、运营，并提供园区内各种服务 |
| 上海国际主题乐园有限公司 | 31.68 | 上海申迪旅游度假开发有限公司占 57%，迪士尼子公司占 43% | 上海迪士尼乐园周边配套设施的开发、建造及运营 |
| 上海国际主题乐园和度假区管理有限公司 | 0.20 | 上海申迪旅游度假开发有限公司占 30%，迪士尼子公司占 70% | 在授权范围内对主题乐园及配套设施进行日常管理和日供服务工作 |

数据来源：上海迪士尼乐园中美双方合作协议。

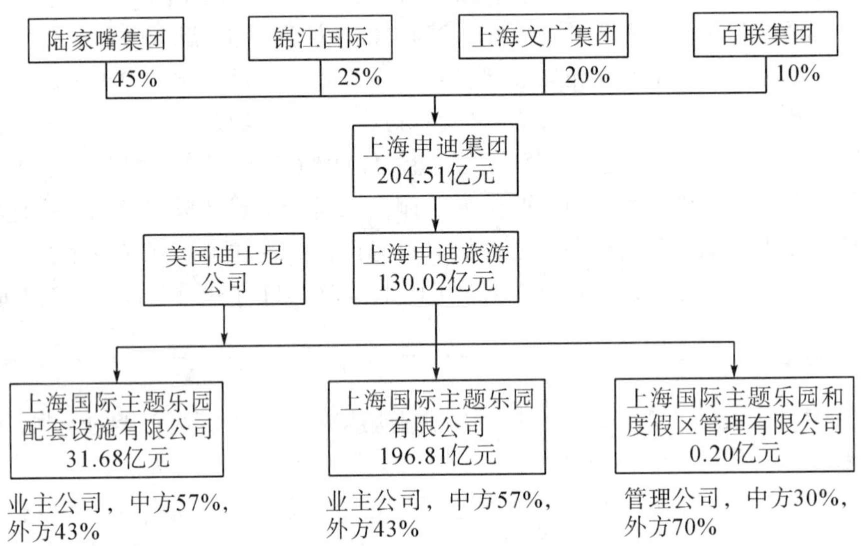


图 10-1　上海迪士尼乐园股权融资结构

## 三、项目融资结构

上海迪士尼项目主要采用的是借贷融资方式。上海迪士尼项目的融资由两部分构成，其中债务融资占 30%，权益出资占 70%。而所有投资中 40%的资金为中美双方共同持有的股权，其中中方占 57%，美方占 43%；余下的 60%的资金则为债权，其中政府占 80%，另外 20%则为商业机构所有。

先行成立的上海申迪集团与迪士尼公司采用注资的方式提供 67%的资金，剩下的 33%资金采用银团贷款方式解决，其银行信贷融资主要由国家开发银行、浦东发展银行、交通银行这三家银行牵头，同中国银行、中国农业银行、中国工商银行、中国建设

银行外加十多家中小商业银行联合提供银团贷款。上海迪士尼融资结构如表 10-5 所示。

2011 年 7 月国家开发银行首先提供了 20 亿元的土地储备贷款。到 2013 年上海迪士尼第一期建设已经吸收了 120 亿元的银行贷款。上海迪士尼的银团贷款有 3~5 年的宽限期，预计整个项目的还款期限长达 20 年，而且可以获得基准利率下浮 10%的优惠贷款利率。可见我国商业银行和上海市政府都为上海迪士尼提供了优惠政策支持。

在直接融资上，上海国际集团公司牵头发起了设立上海国和现代服务业股权投资基金（以下简称“国和基金”），并于 2011 年上半年成功募集了 50 亿元人民币。上海陆家嘴集团有限公司也是此基金的发起人之一，国和基金宣称要参与上海迪士尼的建造过程。

**表 10-5　上海迪士尼融资结构**

| 资金来源 | 款额/亿元 | 占比/% |
| --- | --- | --- |
| 股本 | 227.1 | 67 |
| ——上海申迪集团 | 129.45 | 38.2 |
| ——迪士尼公司 | 97.65 | 28.8 |
| 债务 | 111.9 | 33 |
| ——银团贷款 | 111.9 | 33 |
| 总数 | 339 | 100 |

## 四、项目融资评价

### （一）项目融资特点

第一，政府主导、国企投资参与的股权融资模式。上海迪士尼确立了以政府主导、国企投资参与的股权融资模式。申迪集团注册资本 204.51 亿元，股东均具有国资背景，陆家嘴集团、锦江国际、上海文广集团、百联集团均隶属上海国资委。申迪集团子公司申迪旅游具体负责与迪士尼公司的合作经营，共同投资、建设和运营上海迪士尼主题乐园及配套设施，以及完成相关产业发展任务。其余公共建设费用由上海地方财政支付。

第二，银团贷款替代政府贷款，减轻政府压力，拓宽融资渠道。回顾香港迪士尼，总计 84 亿港元的贷款由商业贷款和政府贷款组成，其中，政府贷款总额 61 亿港元，接近商业贷款的三倍。上海迪士尼的投资规模远高于香港迪士尼，仅初期工程贷款总额就达百亿元，再考虑到后期的扩建开发，将会产生非常庞大的贷款金额，仅依靠上海市政府作为资金的主要来源是很难实现的。因此，上海迪士尼采用银团贷款替代政府贷款，不仅减轻了政府的压力，更拓宽了项目的融资渠道。该项目的贷款银团共由 12 家银行组成，其中，国家开发银行、上海浦东发展银行和交通银行是共同委托安排行，中国银行、中国工商银行、中国农业银行和中国建设银行则担任银团联合牵头行，其他参加行有中国进出口银行、中信银行、华夏银行、上海银行和上海农村商业银行。采用银团贷款的方式不仅为上海迪士尼的巨额融资开辟了渠道，同时还分散了贷款机构的风险。国际上众多大型 PPP 融资案例因其资金需求规模巨大、结构复杂，都是通过大型跨国银行和金融机构联合组织起来完成融资，这种融资方式被称为国际辛迪加贷款。国际辛迪加贷款是指借款人按照贷款协议的规定，向由不同国家的数家银行联合组成的银行团筹集巨额中长期国际贷款。

第三，融资有助于上海向第三产业转型。上海作为全国经济的排头兵，近年来经济增速放缓，面临着经济结构调整及向第三产业转型的压力。上海斥巨资引入迪士尼，承担大浦东联动开发重任，通过游客经济拉动观光、购物、餐宿消费等，大力发展旅游业，彰显了向第三产业转型的决心和魄力。上海迪士尼的融资模式，实质是“政府搭台+国企运营+银团贷款”运作模式，有助于上海向第三产业转型。

**（二）融资的不足之处**

第一，股东背景单一，缺少社会资本介入。从前面分析可以看出，上海迪士尼的运作平台申迪集团、申迪旅游股东均有国资背景，没有民营等社会资本介入。股东背景单一，导致所有者缺位。上海迪士尼作为文化旅游娱乐产业，需要有创新、有活力、有相关背景的民营资本介入，以增强公司运营效率和生机活力。

第二，债务融资以银团长期借款为主，融资手段单一。从申迪集团的财务报表可以看出，上海迪士尼的债务融资模式以银团的长期借款为主，兼有债券发行和部分短期借款，并利用了部分下游供应商的商业信用。总体而言，融资手段单一，主要依靠银行贷款和发行债券，缺少专门针对主题乐园的信贷产品。

第三，债务融资结构不佳，利息成本高。申迪集团债务融资结构不佳，借款金额偏高且时间长。长期借款金额为22亿元，同时还有1.85亿元短期借款，但资金利用效率不高。借款虽然可发挥财务杠杆作用，可进行抵税，但过高的利息费用增加了公司的财务成本，影响了公司的盈利能力。

## 复习思考题

1. 请简述项目财务融资方案的任务。

2. 什么是项目融资主体？如何确定？它的适用条件是什么？

3. 项目筹资来源主要有哪些？它们各自的特点都是什么？

4. 请简述项目融资成本的概念，并区分与其相关的几类成本。

5. 请简述项目融资风险都有哪几类，并对它们的成因进行分析。

6. 制订资金筹措方案与资金使用方案需要注意的问题有哪些？

7. 在2009年，短期国库券的收益率为5%。假定$\beta$值为1的资产组合市场要求的期望收益率是12%，根据CAPM模型计算：

（1）市场组合的期望收益率是多少？

（2）$\beta$值为零的股票的期望收益率是多少？

（3）假定投资者正考虑买入1股股票，价格为40元，该股票预计第二年派发红利3元。投资者预期可以41元卖出。股票的$\beta$值为-0.5，该股票是被高估了还是被低估了？

# 第十一章　项目的国民经济效益及社会与环境影响评估

国民经济效益评估是按照资源合理配置的原则，从国家整体角度考虑项目的效益和费用，用货物影子价格、影子工资、影子汇率和社会折现率等经济参数分析、计算项目对国民经济的净贡献，评价项目的经济合理性。项目的社会与环境影响评估，是指对规划和建设项目实施后可能造成的环境影响进行分析、预测和评估，提出预防或者减轻不良环境影响的对策和措施，进行跟踪监测的方法与制度。两者均为项目评估的重要内容，是投资决策的主要依据。

本章首先介绍了相关国民经济效益和环境评估的法律文件，继而主要论述了项目国民经济效益及社会与环境影响评估两部分内容。其中，详细介绍了国民经济效益评估的概念、作用与程序，以及国民经济评估的参数以及指标，简要说明了项目经济费用和项目社会与环境影响评估部分相关的内容。

## 第一节　相关政策

### 一、关于国民经济效益评估

**国务院关于中国国民经济核算体系（2016）的批复**

国函〔2017〕91号

国家统计局：

你局《关于报请印发〈中国国民经济核算体系（2016）〉的请示》（国统字〔2017〕5号）收悉。现批复如下：

一、原则同意《中国国民经济核算体系（2016）》（以下简称《核算体系》），由国家统计局印发实施。

二、《核算体系》实施要全面贯彻党的十八大和十八届三中、四中、五中、六中全会精神，深入贯彻习近平总书记系列重要讲话精神和治国理政新理念新思想新战略，认真落实党中央、国务院决策部署，统筹推进“五位一体”总体布局和协调推进“四个全面”战略布局，牢固树立和贯彻落实创新、协调、绿色、开放、共享的发展理念，立足我国经济社会发展实际，充分吸收借鉴国际经验，遵循统计工作客观规律，深化统计管理体制改革，充分发挥国民经济核算体系在推进国家治理体系和治理能力现代化中的重要作用，着力增强统计工作科学性权威性和统计数据真实性准确性，更好服务宏观调控和经济社会发展。

三、国家统计局要牵头做好《核算体系》的组织实施工作，加强跟踪分析，做好综合协调，及时发现和研究解决《核算体系》实施中出现的问题。有关核算方法改革事项要按程序向国务院请示报告。国务院各有关部门要充分认识实施《核算体系》的重要意义，密切协调配合，加强信息共享，及时提供核算所需的财务统计、业务统计和行政记录资料，并按《核算体系》要求改革各自行业统计制度方法。地方各级人民政府要加强组织领导，切实负起责任，结合各自实际，扎实稳妥推进，并给予必要的人力、财力和物力保障。

国务院

2017 年 7 月 3 日

## 国务院关于加强国民经济和社会发展规划编制工作的若干意见

国发〔2005〕33 号

各省、自治区、直辖市人民政府，国务院各部委、各直属机构：

国民经济和社会发展规划是国家加强和改善宏观调控的重要手段，也是政府履行经济调节、市场监管、社会管理和公共服务职责的重要依据。科学编制并组织实施国民经济和社会发展规划，有利于合理有效地配置公共资源，引导市场发挥资源配置的基础性作用，促进国民经济持续快速协调健康发展和社会全面进步。为推进国民经济和社会发展规划编制工作的规范化、制度化，提高规划的科学性、民主性，更好地发挥规划在宏观调控、政府管理和资源配置中的作用，现提出以下意见：

**一、建立健全规划体系**

（一）建立三级三类规划管理体系。国民经济和社会发展规划按行政层级分为国家级规划、省（区、市）级规划、市县级规划；按对象和功能类别分为总体规划、专项规划、区域规划。

国家总体规划和省（区、市）级、市县级总体规划分别由同级人民政府组织编制，并由同级人民政府发展改革部门会同有关部门负责起草；专项规划由各级人民政府有关部门组织编制；跨省（区、市）的区域规划，由国务院发展改革部门组织国务院有关部门和区域内省（区、市）人民政府有关部门编制。

（二）明确总体规划、专项规划和区域规划的定位。总体规划是国民经济和社会发展的战略性、纲领性、综合性规划，是编制本级和下级专项规划、区域规划以及制定有关政策和年度计划的依据，其他规划要符合总体规划的要求。专项规划是以国民经济和社会发展特定领域为对象编制的规划，是总体规划在特定领域的细化，也是政府指导该领域发展以及审批、核准重大项目，安排政府投资和财政支出预算，制定特定领域相关政策的依据。区域规划是以跨行政区的特定区域国民经济和社会发展为对象编制的规划，是总体规划在特定区域的细化和落实。跨省（区、市）的区域规划是编制区域内省（区、市）级总体规划、专项规划的依据。

国家总体规划、省（区、市）级总体规划和区域规划的规划期一般为5年，可以展望到10年以上。市县级总体规划和各类专项规划的规划期可根据需要确定。

（三）严格编制国家级专项规划的领域。编制国家级专项规划原则上限于关系国民经济和社会发展大局、需要国务院审批和核准重大项目以及安排国家投资数额较大的领域。主要包括：农业、水利、能源、交通、通信等方面的基础设施建设，土地、水、海洋、煤炭、石油、天然气等重要资源的开发保护，生态建设、环境保护、防灾减灾，科技、教育、文化、卫生、社会保障、国防建设等公共事业和公共服务，需要政府扶持或者调控的产业，国家总体规划确定的重大战略任务和重大工程，以及法律、行政法规规定和国务院要求的其他领域。

（四）合理确定编制国家级区域规划的范围。国家对经济社会发展联系紧密的地区、有较强辐射能力和带动作用的特大城市为依托的城市群地区、国家总体规划确定的重点开发或保护区域等，编制跨省（区、市）的区域规划。其主要内容包括：对人口、经济增长、资源环境承载能力进行预测和分析，对区域内各类经济社会发展功能区进行划分，提出规划实施的保障措施等。

**二、完善规划编制的协调衔接机制**

（五）遵循正确的规划编制原则。坚持以人为本、全面协调可持续的科学发展观；坚持从实际出发，遵循自然规律、经济规律和社会发展规律；坚持科学化、民主化，广泛听取社会各界和人民群众的意见；坚持统筹兼顾，加强各级各类规划之间的衔接和协调；坚持社会主义市场经济体制的改革方向，充分发挥市场配置资源的基础性作用。

（六）做好规划编制的前期工作。编制规划前，必须认真做好基础调查、信息搜集、课题研究以及纳入规划重大项目的论证等前期工作，及时与有关方面进行沟通协调。编制国家级专项规划，编制部门要拟订规划编制工作方案，明确规划编制的必要性、衔接单位、论证方式、进度安排和批准机关等，并送有关部门进行协调。需由国务院批准的专项规划，要拟订年度计划，由国务院发展改革部门商有关部门报国务院批准后执行。编制跨省（区、市）区域规划，由国务院发展改革部门会同有关省（区、市）人民政府提出申请，经国务院批准后实施。规划编制工作所需经费，应按照综合考虑、统筹安排的原则，由编制规划的部门商同级财政部门后列入部门预算。

（七）强化规划之间的衔接协调。要高度重视规划衔接工作，使各类规划协调一致，形成合力。规划衔接要遵循专项规划和区域规划服从本级和上级总体规划，下级政府规划服从上级政府规划，专项规划之间不得相互矛盾的原则。编制跨省（区、市）区域规划，还要充分考虑土地利用总体规划、城市规划等相关领域规划的要求。

省（区、市）级总体规划草案在送本级人民政府审定前，应由省（区、市）发展改革部门送国务院发展改革部门与国家总体规划进行衔接，并送相关的相邻省（区、市）人民政府发展改革部门与其总体规划进行衔接，必要时还应送国务院其他有关部门与国家级专项规划进行衔接。相邻地区间规划衔接不能达成一致意见的，可由国务院发展改革部门进行协调，重大事项报国务院决定。

专项规划草案由编制部门送本级人民政府发展改革部门与总体规划进行衔接，送上一级人民政府有关部门与其编制的专项规划进行衔接，涉及其他领域时还应当送本级人民政府有关部门与其编制的专项规划进行衔接。同级专项规划之间衔接不能达成一致意见的，由本级人民政府协调决定。

跨省（区、市）的区域规划草案由国务院发展改革部门送国务院其他有关部门与相关专项规划进行衔接。

各有关部门要积极配合规划编制部门，认真做好衔接工作，并自收到规划草案之日起30个工作日内，以书面形式向规划编制部门反馈意见。

**三、建立规划编制的社会参与和论证制度**

（八）建立健全规划编制的公众参与制度。编制规划要充分发扬民主，广泛听取意见。各级各类规划应视不同情况，征求本级人民政府有关部门和下一级人民政府以及其他有关单位、个人的意见。除涉及国家秘密的外，规划编制部门应当公布规划草案或者举行听证会，听取公众意见。

国务院发展改革部门、省（区、市）人民政府发展改革部门在将国家总体规划、省（区、市）级总体规划草案送本级人民政府审定前，要认真听取本级人民代表大会、政治协商会议有关专门委员会的意见，自觉接受指导。

（九）实行编制规划的专家论证制度。为充分发挥专家的作用，提高规划的科学性，国务院发展改革部门和省（区、市）人民政府发展改革部门要组建由不同领域专家组成的规划专家委员会，并在规划编制过程中认真听取专家委员会的意见。规划草案形成后，要组织专家进行深入论证。对国家级、省（区、市）级专项规划组织专家论证时，专项规划领域以外的相关领域专家应当不少于1/3。规划经专家论证后，应当由专家出具论证报告。

**四、加强规划的审批管理**

（十）规范审批内容。规划编制部门向规划批准机关提交规划草案时应当报送规划编制说明、论证报告以及法律、行政法规规定需要报送的其他有关材料。其中，规划编制说明要载明规划编制过程，征求意见和规划衔接、专家论证的情况以及未采纳的重要意见和理由。

（十一）明确审批权限。总体规划草案由各级人民政府报同级人民代表大会审议批准。关系国民经济和社会发展全局、需要国务院审批或者核准重大项目以及安排国家投资数额较大的国家级专项规划，由国务院审批；其他国家级专项规划由国务院有关部门批准，报国务院备案。跨省（区、市）的区域规划由国务院批准。

除法律、行政法规另有规定以及涉及国家秘密的外，规划经法定程序批准后应当及时公布。未经衔接或专家论证的规划，不得报请批准和公布实施。

**五、建立规划的评估调整机制**

（十二）实行规划评估制度。规划编制部门要在规划实施过程中适时组织开展对规划实施情况的评估，及时发现问题，认真分析产生问题的原因，提出有针对性的对策建议。评估工作可以由编制部门自行承担，也可以委托其他机构进行评估。评估结果要形成报告，作为修订规划的重要依据。有关地区和部门也要密切跟踪分析规划实施情况，及时向规划编制部门反馈意见。

（十三）适时对规划进行调整和修订。经评估或者因其他原因需要对规划进行修订的，规划编制部门应当提出规划修订方案（需要报批、公布的要履行报批、公布手续）。总体规划涉及的特定领域或区域发展方向等内容有重大变化的，专项规划或区域规划也要相应调整和修订。

各地区、各部门要结合本地区、本部门实际，认真做好贯彻落实工作。要不断总结经验教训，改革规划管理体制，创新规划编制方式，规范规划编制程序，使规划编制工作更好地适应社会主义市场经济体制的要求和经济社会发展的需要。

国务院

二〇〇五年十月二十二日

## 二、关于环境评估及其影响

### 中华人民共和国环境影响评价法

（2002 年 10 月 28 日第九届全国人民代表大会常务委员会第三十次会议通过，根据 2016 年 7 月 2 日第十二届全国人民代表大会常务委员会第二十一次会议《关于修改〈中华人民共和国节约能源法〉等六部法律的决定》第一次修正，根据 2018 年 12 月 29 日第十三届全国人民代表大会常务委员会第七次会议《关于修改<中华人民共和国劳动法>等七部法律的决定》第二次修正）。

目　录



#### 第一章　总　则

第一条　为了实施可持续发展战略，预防因规划和建设项目实施后对环境造成不良影响，促进经济、社会和环境的协调发展，制定本法。

第二条　本法所称环境影响评价，是指对规划和建设项目实施后可能造成的环境影响进行分析、预测和评估，提出预防或者减轻不良环境影响的对策和措施，进行跟踪监测的方法与制度。

第三条　编制本法第九条所规定的范围内的规划，在中华人民共和国领域和中华人民共和国管辖的其他海域内建设对环境有影响的项目，应当依照本法进行环境影响评价。

第四条　环境影响评价必须客观、公开、公正，综合考虑规划或者建设项目实施后对各种环境因素及其所构成的生态系统可能造成的影响，为决策提供科学依据。

第五条　国家鼓励有关单位、专家和公众以适当方式参与环境影响评价。

第六条　国家加强环境影响评价的基础数据库和评价指标体系建设，鼓励和支持对环境影响评价的方法、技术规范进行科学研究，建立必要的环境影响评价信息共享制度，提高环境影响评价的科学性。

国务院生态环境主管部门应当会同国务院有关部门，组织建立和完善环境影响评价的基础数据库和评价指标体系。

## 第二章　规划的环境影响评价

第七条　国务院有关部门、设区的市级以上地方人民政府及其有关部门，对其组织编制的土地利用的有关规划，区域、流域、海域的建设、开发利用规划，应当在规划编制过程中组织进行环境影响评价，编写该规划有关环境影响的篇章或者说明。

规划有关环境影响的篇章或者说明，应当对规划实施后可能造成的环境影响作出分析、预测和评估，提出预防或者减轻不良环境影响的对策和措施，作为规划草案的组成部分一并报送规划审批机关。

未编写有关环境影响的篇章或者说明的规划草案，审批机关不予审批。

第八条　国务院有关部门、设区的市级以上地方人民政府及其有关部门，对其组织编制的工业、农业、畜牧业、林业、能源、水利、交通、城市建设、旅游、自然资源开发的有关专项规划（以下简称专项规划），应当在该专项规划草案上报审批前，组织进行环境影响评价，并向审批该专项规划的机关提出环境影响报告书。

前款所列专项规划中的指导性规划，按照本法第七条的规定进行环境影响评价。

第九条　依照本法第七条、第八条的规定进行环境影响评价的规划的具体范围，由国务院生态环境主管部门会同国务院有关部门规定，报国务院批准。

第十条　专项规划的环境影响报告书应当包括下列内容：

（一）实施该规划对环境可能造成影响的分析、预测和评估；

（二）预防或者减轻不良环境影响的对策和措施；

（三）环境影响评价的结论。

第十一条　专项规划的编制机关对可能造成不良环境影响并直接涉及公众环境权益的规划，应当在该规划草案报送审批前，举行论证会、听证会，或者采取其他形式，征求有关单位、专家和公众对环境影响报告书草案的意见。但是，国家规定需要保密的情形除外。

编制机关应当认真考虑有关单位、专家和公众对环境影响报告书草案的意见，并应当在报送审查的环境影响报告书中附具对意见采纳或者不采纳的说明。

第十二条　专项规划的编制机关在报批规划草案时，应当将环境影响报告书一并附送审批机关审查；未附送环境影响报告书的，审批机关不予审批。

第十三条　设区的市级以上人民政府在审批专项规划草案，作出决策前，应当先由人民政府指定的生态环境主管部门或者其他部门召集有关部门代表和专家组成审查小组，对环境影响报告书进行审查。审查小组应当提出书面审查意见。

参加前款规定的审查小组的专家，应当从按照国务院生态环境主管部门的规定设立的专家库内的相关专业的专家名单中，以随机抽取的方式确定。

由省级以上人民政府有关部门负责审批的专项规划，其环境影响报告书的审查办法，由国务院生态环境主管部门会同国务院有关部门制定。

第十四条　审查小组提出修改意见的，专项规划的编制机关应当根据环境影响报告书结论和审查意见对规划草案进行修改完善，并对环境影响报告书结论和审查意见的采纳情况作出说明；不采纳的，应当说明理由。

设区的市级以上人民政府或者省级以上人民政府有关部门在审批专项规划草案时，

应当将环境影响报告书结论以及审查意见作为决策的重要依据。

在审批中未采纳环境影响报告书结论以及审查意见的，应当作出说明，并存档备查。

第十五条 对环境有重大影响的规划实施后，编制机关应当及时组织环境影响的跟踪评价，并将评价结果报告审批机关；发现有明显不良环境影响的，应当及时提出改进措施。

## 第三章 建设项目的环境影响评价

第十六条 国家根据建设项目对环境的影响程度，对建设项目的环境影响评价实行分类管理。

建设单位应当按照下列规定组织编制环境影响报告书、环境影响报告表或者填报环境影响登记表（以下统称环境影响评价文件）：

（一）可能造成重大环境影响的，应当编制环境影响报告书，对产生的环境影响进行全面评价；

（二）可能造成轻度环境影响的，应当编制环境影响报告表，对产生的环境影响进行分析或者专项评价；

（三）对环境影响很小、不需要进行环境影响评价的，应当填报环境影响登记表。

建设项目的环境影响评价分类管理名录，由国务院生态环境主管部门制定并公布。

第十七条 建设项目的环境影响报告书应当包括下列内容：

（一）建设项目概况；

（二）建设项目周围环境现状；

（三）建设项目对环境可能造成影响的分析、预测和评估；

（四）建设项目环境保护措施及其技术、经济论证；

（五）建设项目对环境影响的经济损益分析；

（六）对建设项目实施环境监测的建议；

（七）环境影响评价的结论。

环境影响报告表和环境影响登记表的内容和格式，由国务院生态环境主管部门制定。

第十八条 建设项目的环境影响评价，应当避免与规划的环境影响评价相重复。

作为一项整体建设项目的规划，按照建设项目进行环境影响评价，不进行规划的环境影响评价。

已经进行了环境影响评价的规划包含具体建设项目的，规划的环境影响评价结论应当作为建设项目环境影响评价的重要依据，建设项目环境影响评价的内容应当根据规划的环境影响评价审查意见予以简化。

第十九条 建设单位可以委托技术单位对其建设项目开展环境影响评价，编制建设项目环境影响报告书、环境影响报告表；建设单位具备环境影响评价技术能力的，可以自行对其建设项目开展环境影响评价，编制建设项目环境影响报告书、环境影响报告表。

编制建设项目环境影响报告书、环境影响报告表应当遵守国家有关环境影响评价标准、技术规范等规定。

国务院生态环境主管部门应当制定建设项目环境影响报告书、环境影响报告表编制的能力建设指南和监管办法。

接受委托为建设单位编制建设项目环境影响报告书、环境影响报告表的技术单位，不得与负责审批建设项目环境影响报告书、环境影响报告表的生态环境主管部门或者其他有关审批部门存在任何利益关系。

第二十条　建设单位应当对建设项目环境影响报告书、环境影响报告表的内容和结论负责，接受委托编制建设项目环境影响报告书、环境影响报告表的技术单位对其编制的建设项目环境影响报告书、环境影响报告表承担相应责任。

设区的市级以上人民政府生态环境主管部门应当加强对建设项目环境影响报告书、环境影响报告表编制单位的监督管理和质量考核。

负责审批建设项目环境影响报告书、环境影响报告表的生态环境主管部门应当将编制单位、编制主持人和主要编制人员的相关违法信息记入社会诚信档案，并纳入全国信用信息共享平台和国家企业信用信息公示系统向社会公布。

任何单位和个人不得为建设单位指定编制建设项目环境影响报告书、环境影响报告表的技术单位。

第二十一条　除国家规定需要保密的情形外，对环境可能造成重大影响、应当编制环境影响报告书的建设项目，建设单位应当在报批建设项目环境影响报告书前，举行论证会、听证会，或者采取其他形式，征求有关单位、专家和公众的意见。

建设单位报批的环境影响报告书应当附具对有关单位、专家和公众的意见采纳或者不采纳的说明。

第二十二条　建设项目的环境影响报告书、报告表，由建设单位按照国务院的规定报有审批权的生态环境主管部门审批。

海洋工程建设项目的海洋环境影响报告书的审批，依照《中华人民共和国海洋环境保护法》的规定办理。

审批部门应当自收到环境影响报告书之日起六十日内，收到环境影响报告表之日起三十日内，分别作出审批决定并书面通知建设单位。

国家对环境影响登记表实行备案管理。

审核、审批建设项目环境影响报告书、报告表以及备案环境影响登记表，不得收取任何费用。

第二十三条　国务院生态环境主管部门负责审批下列建设项目的环境影响评价文件：

（一）核设施、绝密工程等特殊性质的建设项目；

（二）跨省、自治区、直辖市行政区域的建设项目；

（三）由国务院审批的或者由国务院授权有关部门审批的建设项目。

前款规定以外的建设项目的环境影响评价文件的审批权限，由省、自治区、直辖市人民政府规定。

建设项目可能造成跨行政区域的不良环境影响，有关生态环境主管部门对该项目的环境影响评价结论有争议的，其环境影响评价文件由共同的上一级生态环境主管部门审批。

第二十四条　建设项目的环境影响评价文件经批准后，建设项目的性质、规模、地点、采用的生产工艺或者防治污染、防止生态破坏的措施发生重大变动的，建设单位应当重新报批建设项目的环境影响评价文件。

建设项目的环境影响评价文件自批准之日起超过五年，方决定该项目开工建设的，其环境影响评价文件应当报原审批部门重新审核；原审批部门应当自收到建设项目环境影响评价文件之日起十日内，将审核意见书面通知建设单位。

第二十五条　建设项目的环境影响评价文件未依法经审批部门审查或者审查后未予批准的，建设单位不得开工建设。

第二十六条　建设项目建设过程中，建设单位应当同时实施环境影响报告书、环境影响报告表以及环境影响评价文件审批部门审批意见中提出的环境保护对策措施。

第二十七条　在项目建设、运行过程中产生不符合经审批的环境影响评价文件的情形的，建设单位应当组织环境影响的后评价，采取改进措施，并报原环境影响评价文件审批部门和建设项目审批部门备案；原环境影响评价文件审批部门也可以责成建设单位进行环境影响的后评价，采取改进措施。

第二十八条　生态环境主管部门应当对建设项目投入生产或者使用后所产生的环境影响进行跟踪检查，对造成严重环境污染或者生态破坏的，应当查清原因、查明责任。对属于建设项目环境影响报告书、环境影响报告表存在基础资料明显不实，内容存在重大缺陷、遗漏或者虚假，环境影响评价结论不正确或者不合理等严重质量问题的，依照本法第三十二条的规定追究建设单位及其相关责任人员和接受委托编制建设项目环境影响报告书、环境影响报告表的技术单位及其相关人员的法律责任；属于审批部门工作人员失职、渎职，对依法不应批准的建设项目环境影响报告书、环境影响报告表予以批准的，依照本法第三十四条的规定追究其法律责任。

## 第四章　法律责任

第二十九条　规划编制机关违反本法规定，未组织环境影响评价，或者组织环境影响评价时弄虚作假或者有失职行为，造成环境影响评价严重失实的，对直接负责的主管人员和其他直接责任人员，由上级机关或者监察机关依法给予行政处分。

第三十条　规划审批机关对依法应当编写有关环境影响的篇章或者说明而未编写的规划草案，依法应当附送环境影响报告书而未附送的专项规划草案，违法予以批准的，对直接负责的主管人员和其他直接责任人员，由上级机关或者监察机关依法给予行政处分。

第三十一条　建设单位未依法报批建设项目环境影响报告书、报告表，或者未依照本法第二十四条的规定重新报批或者报请重新审核环境影响报告书、报告表，擅自开工建设的，由县级以上生态环境主管部门责令停止建设，根据违法情节和危害后果，处建设项目总投资额百分之一以上百分之五以下的罚款，并可以责令恢复原状；对建设单位直接负责的主管人员和其他直接责任人员，依法给予行政处分。

建设项目环境影响报告书、报告表未经批准或者未经原审批部门重新审核同意，建设单位擅自开工建设的，依照前款的规定处罚、处分。

建设单位未依法备案建设项目环境影响登记表的，由县级以上生态环境主管部门责令备案，处五万元以下的罚款。

海洋工程建设项目的建设单位有本条所列违法行为的，依照《中华人民共和国海洋环境保护法》的规定处罚。

第三十二条　建设项目环境影响报告书、环境影响报告表存在基础资料明显不实，内容存在重大缺陷、遗漏或者虚假，环境影响评价结论不正确或者不合理等严重质量问题的，由设区的市级以上人民政府生态环境主管部门对建设单位处五十万元以上二百万元以下的罚款，并对建设单位的法定代表人、主要负责人、直接负责的主管人员和其他直接责任人员，处五万元以上二十万元以下的罚款。

接受委托编制建设项目环境影响报告书、环境影响报告表的技术单位违反国家有关环境影响评价标准和技术规范等规定，致使其编制的建设项目环境影响报告书、环境影响报告表存在基础资料明显不实，内容存在重大缺陷、遗漏或者虚假，环境影响评价结论不正确或者不合理等严重质量问题的，由设区的市级以上人民政府生态环境主管部门对技术单位处所收费用三倍以上五倍以下的罚款；情节严重的，禁止从事环境影响报告书、环境影响报告表编制工作；有违法所得的，没收违法所得。

编制单位有本条第一款、第二款规定的违法行为的，编制主持人和主要编制人员五年内禁止从事环境影响报告书、环境影响报告表编制工作；构成犯罪的，依法追究刑事责任，并终身禁止从事环境影响报告书、环境影响报告表编制工作。

第三十三条　负责审核、审批、备案建设项目环境影响评价文件的部门在审批、备案中收取费用的，由其上级机关或者监察机关责令退还；情节严重的，对直接负责的主管人员和其他直接责任人员依法给予行政处分。

第三十四条　生态环境主管部门或者其他部门的工作人员徇私舞弊，滥用职权，玩忽职守，违法批准建设项目环境影响评价文件的，依法给予行政处分；构成犯罪的，依法追究刑事责任。

**第五章　附　则**

第三十五条　省、自治区、直辖市人民政府可以根据本地的实际情况，要求对本辖区的县级人民政府编制的规划进行环境影响评价。具体办法由省、自治区、直辖市参照本法第二章的规定制定。

第三十六条　军事设施建设项目的环境影响评价办法，由中央军事委员会依照本法的原则制定。

第三十七条　本法自2003年9月1日起施行。

## 第二节　国民经济效益评估

### 一、国民经济评价的含义

国民经济评价是按照资源合理配置的原则，从国家整体角度考察项目的效益和费用，用货物影子价格、影子工资、影子汇率和社会折现率等经济参数分析、计算项目对国民经济的净贡献，评价项目的经济合理性。它是项目评估的重要内容，是投资决策的主要依据。

## 二、国民经济评价的作用

对投资项目进行国民经济评价的重要作用，主要表现在以下三个方面：

### （一）经济评价是宏观上合理配置国家有限资源的需要

国家的资源（包括资金、外汇、土地、劳动力及其他自然资源）总是有限的，我们必须在资源的各种相互竞争的用途中做出选择。而这种选择必须借助于经济评价，从国家整体的角度考虑。把国民经济当作一个大系统，项目的建设作为这个大系统中的一个子系统，项目的建设与生产，要从国民经济这个大系统中汲取大量的投入物（资金、劳力、物资、土地等），同时也向国民经济这个大系统提供一定数量的产出（产品、服务等）。经济评价就是评价项目从国民经济中所汲取的投入与向国民经济提供的产出对国民经济这个大系统的经济目标的影响，从而选择对大系统目标优化最有利的项目或方案。

经济评价是一种宏观评价，对于建设社会主义市场经济具有十分重要的意义。只有多数项目的建设符合整个国民经济发展的需要，并充分合理利用有限资源，国家才能获得最大的净效益。

### （二）经济评价是真实反映项目对国民经济净贡献的需要

我国和大多数发展中国家一样，不少商品的价格不能反映价值，也不能反映供求关系。在这种商品价格严重失真的条件下，按现行价格计算项目的投入或产出，不能确切地反映项目建设给国民经济带来的效益与费用支出。因此，我们就必须运用能反映资源真实价值的影子价格，计算投资项目的费用和效益，考察该项目的建设对达成国民经济总目标的作用。

### （三）国民经济评价是投资决策科学化的需要

国民经济评价是投资决策科学化的需要，主要体现在以下三个方面：

（1）有利于引导投资方向。国民经济评价运用经济净现值、经济内部收益率等指标及体现宏观意图的影子价格、影子汇率等参数，可以起到鼓励或抑制某些行业或项目发展的作用，促进国家资源的合理分配。

（2）有利于控制投资规模。最明显的是国家可以通过调整社会折现率这个重要的参数调控投资总规模。当投资规模膨胀时，国家可以适当提高社会折现率，控制一些项目的通过率。

（3）有利于提高计划质量。项目是计划的基础，有了足够数量、经过充分论证和科学评价的备选项目，各级计划部门才便于从宏观经济角度对项目进行排队和取舍。

## 三、国民经济评价的程序

项目的国民经济评价是在项目财务评价基础之上进行的，其程序为：

### （一）收集整理数据资料

评估人员根据计算和分析的需要，收集有关的信息资料，然后进行整理、分类。在进行项目财务基础数据测算和财务评价中收集到的有关方面的资料，是国民经济评价的重要基础资料，但仅这些还是不够的，评估人员还需要收集更广泛的信息资料。资料收集工作完成后，评估人员要根据评价的要求对资料进行分类，对一些资源进行核实，力争数据准确，来源可靠。

### （二）调整价格

根据收集整理的资料和国家有关部门颁发的影子价格及调整方法，我们要对现行的价格进行调整。

### （三）计算费用和效益

价格调整以后，我们要用调整过的价格度量项目分年的费用和效益，根据需要进行汇总。评估要求各类费用和效益尽可能地完全，不能漏项和加项。这就需要项目评估人员事先列好项目的费用和效益细目表，不但包括直接费用和效益，还要包括间接费用和效益，对定量和不可定量的分别列项处理，计算可定量的部分，不可定量的可作定性分析的依据。

### （四）计算现金流量和评价指标

根据计算出来的费用和效益数据，评估人员首先要建立经济现金流量表，然后根据此表计算经济内部收益率、经济净现值等评价指标。另外，还可以计算有关静态指标，如投资净收益率等。

### （五）分析评价

计算出评价指标以后，评估人员根据国家颁发的标准进行分析评价，达到或超过国家规定标准的就是可行的。

## 四、国民经济效益评估与财务效益评估的关系

### （一）联系

（1）评估目的相同，即以最小的投入获得最大的产出。

（2）评价基础相同。

（3）基本方法与主要指标的计算方法类同。

### （二）区别

二者的主要区别是：由于两者的出发点及角度不同，所以在评估的角度、目标、费用和效益范围划分、计算的基础方面不同，以及评估的内容和方法方面不同。具体区别见表 11-1。

**表 11-1　国民经济效益评估与财务效益评估的区别**

| 类别 | 项目财务效益评估 | 国民经济效益评估 |
|---|---|---|
| 评估角度 | 考察项目的盈利能力 | 考察项目的经济合理性 |
| 评估目标 | 以企业净利润为目标 | 对社会和国家发展的贡献、资源的有效利用和分配情况 |
| 费用和效益范围划分 | 考察项目直接费用和直接效益 | 考察项目直接费用和直接效益及间接费用和间接效益 |
| 计算的基础 | 现行市价、行业基准收益率、官方利率等 | 经济合理性（影子价格）、社会折现率、国家调整汇率（影子汇率） |
| 评估内容和方法 | 企业成本效益分析方法 | 费用效益分析、成本效益分析和多目标综合分析等方法 |

## 第三节　项目经济费用和效益的识别与划分

项目的费用和效益是指国民经济为项目所付出的代价和所获得的经济价值。因此，正确地鉴别和度量项目的费用和效益，是保证国民经济评价正确的重要条件。

划分投资项目的费用和效益，是相对于项目的目标而言的，国民经济评价是从整个国民经济增长的目标出发，以项目对国民经济的净贡献大小考察项目。因此，鉴别费用和效益的基本原则就是：凡国民经济为项目付出的代价，均计为项目的费用；凡项目对国民经济所做出的贡献，均计为项目的效益。在度量项目的费用和效益时，我们应遵循费用和效益计算范围相对应的原则。项目的费用和效益均可分为直接费用和直接效益、间接费用和间接效益。

### 一、项目直接费用和直接效益

#### （一）项目直接费用

项目的直接费用也称内部费用，主要指国家为满足项目投入的需要而付出的代价。这些投入物用影子价格计算的经济价值即为项目的直接费用。项目直接费用的确定可分为以下几种情况：

（1）如果拟建项目的投入物来自国内供应量的增加，即增加国内生产来满足拟建项目的需求，其费用就是增加国内生产所消耗的资源价值。

（2）项目的投入本来用于其他项目，改用于拟建项目将减少对其他项目的供应，其费用为其他项目因此而减少的效益，也就是其他项目对该项投入物的支付意愿。

（3）增加进口或减少出口。当项目投入物来自国外，增加进口就是因为项目存在，国家不得不增加进口以满足项目对投入物的需要。其费用可看作国家为增加进口而支付的外汇。当投入物本来可以出口，减少出口是因为项目使用了国家用来出口的商品作为投入物从而减少了国家的出口量，其费用是国家因减少出口而损失的外汇收入。

#### （二）项目直接效益

项目直接效益也称为内部效益，是由项目本身产生，由其产出物提供，并用影子价格计算的产出物的经济价值，直接效益一般有以下几种情况：

（1）项目投产后增加总的供给量，即增加了国内的最终消费品或中间产品。从理论上讲，这种情况下项目的效益用消费者或用户的原支付价格计算，但在实际工作中，这种原支付价格不易确定，可以用口岸价格加或减运输费用和贸易费用，或用国家统一价格加补贴或用国内市场价格代替。当然，对一些比较容易确定原支付价格的产出物，我们还是要用原支付价格度量。

（2）项目产出物顶替了原有项目的生产，致使其减产或停产的，其效益为原有项目减产或停产向社会释放出来的资源，其价值也就等于对这些资源的支付意愿。

（3）增加出口或减少进口。增加出口就是项目投产以后增加国家出口产品的数量。减少出口是指项目投产以后，其产品可以替代进口产品，减少国家等量产品的进口。在这种情况下，项目的效益都是外汇收入，增加出口是创造的外汇收入，减少进口是节省的外汇。

## 二、间接费用和间接效益



项目的费用和效益不仅体现在它的直接投入物和产出物中，还会在国民经济相邻部门及社会中反映出来。这就是项目的间接费用（外部费用）和间接效益（外部效益），也统称为外部效果。

外部费用指国民经济为项目付出了代价，而项目本身并不实际支付的费用。外部效益指项目对社会做出贡献，而项目本身并未得到的那部分效益。

### （一）间接费用



间接费用是指国民经济为项目付出了代价，而在项目直接费用中未得到反映的那部分费用。例如，项目产生的废水、废气、废渣引起的环境污染及造成的生态平衡破坏所需治理的费用；为新建投资项目的服务配套、附属工程所需的投资支出和其他费用；为新建项目配套的邮政、水、电、气、道路、港口码头等公用基础设施的投资支出和费用。如果这些设施全部是为本项目服务的，则应作为项目的组成部分，其所有费用都应包括在项目总费用之内；如果这些设施不全部是为本项目服务的，即同时为多个项目提供服务，则应根据本项目所享受的服务量、程度进行分摊，并把这部分费用计入项目的总费用中。

在经济费用效益评估中，只有同时符合以下两个条件的费用或效益才能称作间接费用或间接效益：

（1）项目将对与其并无直接关联的其他项目或消费者产生影响（产生费用或效益）；

（2）这种费用或效益在财务报表（如财务现金流量表）中并没有得到反映，或者说没有将其价值量化。

在某些特定条件下，我们需要考虑下面的外部效果：

（1）项目造成的环境污染对生态的破坏，是一种间接费用，一般较难计量，除环卫部门规定征集的排污费计算外，可以参照同类企业所造成的损失计算，至少也应做定性的描述。

（2）技术扩散的效果。一个使用先进技术的项目的建设，由于技术人员的流动，技术得到扩散和推广，整个社会都将受益。不过，这类外部效益常常由于计量的困难，只作定性的说明。

（3）对下游企业的效果。这主要是指生产初级产品的项目对以其产出物为原料的经济部门产生的效果。就项目评估而言，如果能够合理确定这些初级产品影子价格，就能正确计算这类项目的经济效益，这样就不再需要单独考虑向前联的效果了。

（4）对上游企业的效果。这主要是指一个项目的建设会刺激那些为该项目提供原材料或半成品的经济部门的发展，从而引起向后联效果。

（5）计算外部效果时，我们应注意区别其是否已经在项目投入物和产出物的影子价格中得到充分反映。项目使用投入物、提供产出物，引起上、下游企业效益或费用的变化，一般多在投入物、产出物的影子价格中得到反映，不必再计算间接效益或费用。

（6）乘数效果。乘数效果是指新建项目的实施刺激了对项目投入物的国内需求，可以使原来闲置的资源得到利用，从而产生的一种连锁性的外部效果。以劳动力为例，若劳动力严重过剩，项目的实施利用了原来闲散的劳动力，引起劳动力消费的增加，促进了服务行业的发展，从而引起一系列的连锁效果，但是，只有在满足下列条件时才能把这种乘数效果归因于某个具体项目：①资源闲置的原因是国内需求不足，且除实施该项目之外，没有其他办法来提高这种需求；②该项目所使用的资金没有机会用于其他项目；③应考虑整个项目周期内这种闲置资源被利用的情况，一般情况下，我们在项目国民经济评价中不考虑这种乘数效果，只有在评估不发达地区建设项目时，才有必要考虑这种乘数效果。

**（二）间接效益**

间接效益是指项目对社会做出的贡献，而在项目的直接效益中未得到反映的那部分效益。它是由于项目的投资兴建、经营，配套项目和相关部门因增加产量和劳务量而获得的效益。例如，水利工程，除了发电外，还可以为当地农田灌溉、防洪、农产品加工等带来收益；某水泵厂生产了一种新型节能水泵，用户可得到较低的运行费用的好处，但由于种种因素，这部分效益未能在水泵的财务价格中被全部反映出来，因此这部分节能效益未能完全反映在水泵厂的直接效益中。这部分节能效益也就是水泵厂的间接效益。

## 第四节　国民经济评估参数和影子价格

### 一、评估参数

国民经济评估参数是国民经济评估的基础。正确理解和使用评估参数，对正确计算项目的效益、费用和评价指标，以及比选优化方案具有重要作用。国民经济评估参数包括计算、衡量项目的经济费用效益的各类计算参数和判定项目经济合理性的判据参数。它主要可分为两大类：一类是通用参数，如影子汇率（口岸价格综合转换系数）、社会折现率等，由国家行政主管部门统一测定并发布，在各类投资项目的国民经济评估中必须使用。另一类是货物影子价格等一般参数，如影子工资换算系数和土地影子价格等，由行业或者项目评价人员测定，在各类投资项目的国民经济评估中可参考使用。需要说明的是，这些参数仅仅供投资项目评价及决策使用，并不在任何意义上暗示现行价格、汇率及利率的变动趋势，也不作为国家分配投资、企业间进行商品交换的依据。另外，由于在现实经济生活中，各方面的经济情况是在发展变化的，所以从理论上讲，参数具有一定的时效性，我们应根据具体情况随时调整，但是在实践过程中只能做到阶段性调整。

国民经济评估参数是用来计算和衡量项目投入费用和产出效益，并判断项目宏观经济合理性的一系列数值依据。其目的是保证各类项目评价标准的统一性和评价结论的可比性。所以，项目评估工作人员在评价参数的取值时一定要注意其合理性，并能反映、符合客观实际情况。一般地，项目国民经济评估参数主要有以下几种：

### （一）社会折现率

1. 社会折现率的含义

项目的国民经济评估主要采用费用效益分析方法或者费用效果分析方法。在费用效益分析方法中，主要采用动态计算方法，计算经济净现值或者经济内部收益率指标。在计算项目的经济净现值指标时，我们需要使用一个事先确定的折现率，而在使用经济内部收益率指标时，需要用一个事先确定的基准收益率做对比，以判定项目的经济效益是否达到了标准。为此，现实中通常将经济净现值计算中的折现率和经济内部收益率判据的基准收益率统一起来，规定为社会折现率。

社会折现率（social discount rate）是资金的影子价格，也是资金的机会成本，反映国家对资金时间价值的估量和资金稀缺程度，是社会对项目占用资金所要求达到的最低获利标准。它是项目国民经济效益评估的重要通用参数，作为计算经济净现值的折现率，并作为衡量经济内部收益率的基准值，是项目经济可行性和方案比优的主要判据。在宏观上，社会折现率是国家调节控制投资活动的主要手段之一，可以起到控制投资规模、调节投资方向、优化投资结构和提高投资效益等作用。社会折现率低，满足经济要求的项目多，投资规模就会大；社会折现率高，满足经济要求的项目少，投资规模就会小。由于社会折现率的高低会影响整个国家的投资规模，从而影响整个国家的积累与消费比例，影响整个国家的总投资效果。因此，适当的社会折现率有利于正确引导投资，改变整个国家的资源配置情况，达到社会资源的最佳配置，调节资金的供求平衡。

2. 社会折现率的测定

目前公布的社会折现率，是以资本的社会机会成本与费用效益的时间偏好率二者为基础进行测算的结果。

在项目评价中，社会折现率既代表了资金的机会成本，也是不同年份之间费用效益的折算率。理论上，如果社会资源供求在最优状态平衡，资金的机会成本应当等于不同年份之间的折算率，但在现实经济中，社会投资资金总是表现出一定的短缺，资金的机会成本总是高于不同年份之间的费用效率折算率。同时，由于投资风险的存在，资本投资所要求的收益率总是要高于不同年份折算率。因此，按照资金机会成本原则确定的社会折现率总是高于按照费用效益的时间偏好率原则确定的数值。社会折现率的测定主要有以下两种方法：

（1）用投资项目经济内部收益率排队的方法测定。

用投资项目内部收益率排队的方法制定社会折现率的原理是：在一定的时期内，国家和社会可用来投资的资金总额是一定的，而投资项目的数量则是不定的。将可供选择的投资项目按其经济内部收益率高低依次累计并计算项目投资额之和，直到累计投资额等于预计可供筹集的投资总额为止。最后一个投资项目的经济内部收益率即为社会折现率。从这种意义上讲，社会折现率的高低取决于一个国家资金供应总量和社会资源量的多少。一般地，投资资金供应量越多，社会折现率就越低；反之，社会折现率就越高。

但是，需要提出的是，这种方法从理论上讲是成立的，但在实际中却是很难计算的。这是因为：首先，现实中，投资项目的可行性研究、安排及决策是分别进行的，并不具备这样测定社会折现率的条件。其次，若能有效地按这种方式进行投资项目的排队并进行决策，就没有必要再测定社会折现率。现阶段，我国的市场经济还不完善，各行业之间的收益水平也很不平衡，考虑国民经济综合平衡的要求，也不可能按照这种方式安排投资项目并分配投资资金。如果这样的话，投资收益水平较低的基础性投资项目和公益性投资项目的投资资金就得不到保证。

（2）根据现行价格下的投资收益率的统计数据测定。

这是一种根据投资收益率的统计值测定社会折现率的方法，即是利用国家统计局公开公布的有关统计资料，用一种简化的方法测算社会平均投资收益率，从而确定社会折现率取值的方法。它的原理是在考虑资金时间价值的情况下，一定时期内的投资支出与可收回投资的收益额相等时的折现率。其计算公式如下：

$$(B+D)(P/A,i,n)=I/m(F/A,i,m)$$

式中：

$B$——年收益额；

$D$——每年提取的折旧额和无形资产摊销额；

$I$——总投资额；

$m$——所有项目的平均建设期；

$n$——项目的平均计算期；

$i$——平均投资收益率（所求的社会折现率）。

总之，社会折现率应根据国家的社会经济发展目标、发展战略、发展优先顺序、发展水平、宏观调控意图、社会成员的费用效益偏好、社会投资收益水平、资金供给状况、资金机会成本等因素综合测定。根据上述要求，结合当前的实际情况，我国在现阶段的社会折现率的取值为8%。对于受益期长的建设项目，如果远期效益较大，效益实现的风险较小，社会折现率可适当降低，但不应低于6%。

**（二）影子汇率**

1. 影子汇率

影子汇率是外汇的影子价格，是把单位外币换成人民币的真实价值。一般发展中国家都存在外汇短缺情况，政府不同程度地对外汇实施管制，低估外汇价值，外汇市场汇率往往不能反映外汇的真实价值。因此，在进行项目的国民经济效益评估时，我们需要采用影子汇率。外汇是一种稀缺资源，我们应该用机会成本测算其实际价值，影子汇率实际上等于外汇可自由兑换时的市场汇率。它是国民经济效益评估中的重要通用参数，由国家统一测定并定期修正。它体现从国家角度对外汇价值的估量，在国民经济评估中用于外汇与人民币之间的换算。同时，它又是经济换汇成本或经济节汇成本的判据。影子汇率的高低，直接影响项目比选中的进出口决策，影响对产品进口替代型项目和产品出口型项目的决策。当项目需要国外进口投入物时，影子汇率影响进口物成本，从而影响项目的费用。当项目产出物出口时，影子汇率影响项目效益的计算，从而影响项目决策。因此，影子汇率的高低往往对项目的国民经济评估具有决定性的作用。

2. 影子汇率换算系数

影子汇率换算系数是影子汇率与国家外汇牌价的比值系数，可以直观反映外汇影子价格相对于官方汇率的溢价比例，也可以反映国家外汇牌价对于外汇经济价值的低估比率。在项目的经济评价中，常用国家外汇牌价乘以影子汇率换算系数得到影子汇率，即

影子汇率=官方汇率×影子汇率换算系数

影子汇率换算系数在项目国民经济评估中用于计算外汇影子价格，直接或间接地影响项目的进出口货物价值。

**【例 11-1】** 假设我国的影子汇率换算系数取值为 1.07，那么当美国的外汇牌价是 8.09 美元时，美元的影子汇率为多少？

解：

美元的影子汇率=美国的外汇牌价×影子汇率换算系数

=8.09×1.07=8.66（元/美元）

3. 影子汇率的测定

在现有的外汇收支状况下，国家在现有水平上增加一个单位的外汇收入，可以用于增加进口或者减少出口。一般认为，在边际上，这一单位外汇中将有一部分用于增加进口，另一部分用于减少出口。有多少用于增加进口，多少用于减少出口，取决于国家外贸的进出口弹性。用于增加进口，可以增加国内消费或投资，获得社会经济效益；用于减少出口，可以减少国内生产出口产品的资源消耗，减少社会资源消耗费用。一个单位外汇的社会经济价值，取决于其用于增加进口而获得的社会经济效益与减少出口获得的社会资源消耗费用节省两部分之和。增加进口的社会经济效益应当以使用者的支付意愿定价。减少出口节省的社会资源消耗费用由这些社会资源的社会经济价值决定，应当也决定于这些资源的社会使用者的支付意愿。基于这种理论，影子汇率可通过如下公式测算：

$$\mathrm{SER} = \sum_{i=1}^{n} f_i \mathrm{PD}_i / \mathrm{PC}_i + \sum_{i=1}^{m} x_i \mathrm{PD}_i / \mathrm{PF}_i$$

式中：

SER——影子汇率；

$f_i$ ——边际上增加单位外汇时将用于进口 $i$ 货物的那部分外汇；

$x_i$ ——边际上增加单位外汇时将导致减少出口 $i$ 货物的那部分外汇；

$\mathrm{PD}_i$ —— $i$ 货物的国内市场价格（人民币计价）；

$\mathrm{PC}_i$ —— $i$ 货物的进口到岸价格（人民币计价）；

$\mathrm{PF}_i$ —— $i$ 货物的出口离岸价格（人民币计价）。

$f_i$ 与 $x_i$ 代表边际上单位外汇使用与各种进出口货物的分配权重，其总和为 1。

如果外汇的边际成本等于边际贡献，那么国家的外汇收支应当处于可以由市场自动均衡的状态，即外汇收支处于均衡状态，这种可以使外汇收支平衡的汇率称为均衡汇率。影子汇率的一种理论上的确定方法是以均衡汇率为基础的。由于国家的外汇收支并没有被市场自动平衡的状态，国家外汇牌价相对于影子汇率存在差异。外汇牌价与影子汇率之间的差异，一方面来自外汇牌价对均衡汇率的扭曲，另一方面来自进出口关税带来的扭曲。采用均衡汇率理论测定影子汇率的方法的公式如下：

$$W_s + W_d = 1$$

$$W_s = -U_i{}^*(Q_i/Q_0)/\{U_0 - [U_i{}^*(Q_i/Q_0)]\}\text{（外汇需求权重）}$$

$$W_d = U_0/\{U_0 - [U_i{}^*(Q_i/Q_0)]\}\text{（外汇供给权重）}$$

式中：

$T_0$——出口补贴率；

$T_1$——出口税率；

$U_i$——进口价格弹性；

$U_0$——出口价格弹性；

$Q_i$——进口总额；

$Q_0$——出口总额。

均衡汇率需要通过一定的模型进行估算。实践中，影子汇率的测定还存在多种实用的简化方法，如采用进出口平均关税税率确定影子汇率，采用进出口贸易逆差确定影子汇率，以出口换汇成本确定影子汇率等。

### （三）贸易费用率

在国民经济评估中，贸易费用主要是指物资系统、外贸公司和各级商业批发站等部门花费在货物流通过程中以影子价格计算的费用（长途运输费用除外）。贸易费用率是反映这部分费用相对于影子价格的一个综合比率。贸易费用率用以计算货物的贸易费用。

一般地，贸易费用率取值为 6%。对于少数价格高、体积与重量相对较小的货物，我们可适当降低贸易费用率。以贸易费用率计算货物的贸易费用时，我们可以使用以下公式：

进口货物的贸易费用=到岸价×影子汇率×贸易费用率

出口货物的贸易费用=离岸价×影子汇率×贸易费用率

非外贸货物的贸易费用=出厂影子价格×贸易费用率

不经商贸部门流转而由生产厂家直接提供的货物，不计算贸易费用。

## 二、影子价格

### （一）影子价格的含义

影子价格又称最优计划价格或核算价格，是 20 世纪三四十年代由荷兰数理经济学家、计量经济学创始人之一简 · 丁伯根和苏联数学家、经济学家康托洛维奇分别提出来的，影子价格是指当社会经济处于某种最优状态下时，能够反映社会劳动的消耗、资源稀缺程度和对最终产品需求情况的价格。也就是说，影子价格是人为确定的、比交换价格更为合理的价格。这里所说的合理的标志，从定价原则来看，应该能更好地反映产品的价值、市场供求状况、资源稀缺程度；从定价的效果来看，应该能使资源配置向优化的方向发展。

影子价格是进行国民经济评价时使用的价格。经济费用效益（效果）评估目的是考察项目给国民经济做出多大贡献（效益）和国民经济付出多少代价（费用）。所以，价格是否真实，决定了经济费用效益评估的可信度，决定了资源配置是否能趋向优化。如果价格是合理的，或者说对效益和费用的衡量是真实的，那么项目经济评价就能够正确指导投资决策以及有限资源的合理配置，从而使国民经济获得高效率、高速度的增长；如果价格扭曲，对效益和费用的衡量失实，就必须导致错误的投资决策，浪费国家有限的资源，阻碍国民经济的发展。所以，价格是否真实，决定了国民经济评价的可信度，决定了资源配置是否能趋向优化。

**（二）项目影子价格的类型及范围**

从本质上说，影子价格应该是运用线性规划对偶解计算的最优计划价格。从数学上看，影子价格即线性对偶规划的最优解，是物品的边际效用价值。但由于求解线性对偶规划需要大量的参数，有些参数很难获取；再加上我国仍然是发展中国家，整个经济体系还没有完成工业化过程，国际市场和国内市场的完全融合仍然需要一定时间等具体情况。我们将投入物和产出物区分为外贸货物和非外贸货物，并采用不同的思路确定其影子价格。一般符合以下条件的投入物和产出物应该进行价格调整：一是现行价格严重不合理，二是在费用或效益中所占比重较大。

项目的投入物和产出物按其类型可分为外贸货物、非外贸货物、特殊投入物、资金和外汇等。其中资金、外汇均按照国家颁发的影子价格即影子汇率和社会折现率加以确定。国民经济评价价格调整的主要内容是货物的价格调整，即影子价格的确定。要正确确定某种货物的影子价格，首先必须正确区分货物的类型。

根据我国的具体情况，区分外贸货物与非外贸货物的原则一般是：

（1）凡是直接进口的都看作外贸货物。

（2）凡是符合下列情况的、间接影响进出口的货物，按外贸货物处理。

①虽然是供国内使用，但确实可以替代进口，项目投产后，可以减少进口数量；

②虽然不直接出口，但确实能顶替其他产品，使这些产品增加出口。

（3）符合下列情况的货物，应视为非外贸货物。

①天然非外贸货物，如国内运输项目、大部分电力项目、国内电信项目等基础设施所提供的产品或服务；

②由于地理位置所限，国内运费过高，不能进行外贸的货物；

③受国内国际贸易政策的限制，不能进行外贸的货物。

（4）特殊投入物一般指劳务的投入和土地的投入。

（5）资金的影子价格——社会折现率。

（6）外汇的影子价格——影子汇率。

**（三）项目影子价格的确定**

1. 外贸货物的影子价格

如果投入物或产出物是外贸货物，在理论上，如果假设在完全的市场经济条件下，国内市场价格应等于口岸价格，即进口货物为到岸价格（CIF），出口货物为离岸价格（FOB）。但在实际经济生活中，由于关税、进出口限额、补贴等因素，各类货物存在供需矛盾，国内市场价格可能高于或低于口岸价格。因此，在国民经济评价中要以口岸价格为基础确定外贸货物的影子价格。

（1）项目投入物影子价格（到厂价格）确定。

①直接进口产品（国外产品）的影子价格（SP）等于到岸价格乘以影子汇率，加国内运输费用（$T_1$）和贸易费用（$T_{r1}$），其表达式为

$$SP = CIF \times SER + (T_1 + T_{r1})$$

②间接进口产品的影子价格等于到岸价格乘以影子汇率，加口岸到原用户的运输费及贸易费用，减去供应厂到用户（原供应厂和用户难以确定时，可按直接进口考虑）的运输费用及贸易费用，再加上供应厂到拟建项目的运输费用（$T_6$）及贸易费用（$T_{r6}$），其表达式为

$$SP = CIF \times SER + (T_5 + T_{r5}) - (T_3 + T_{r3}) + (T_6 + T_{r6})$$

③减少出口产品的影子价格等于离岸价格乘以影子汇率，减去供应厂（供应厂难以确定时，可按离岸价格计算）到口岸的运输费用及贸易费用，再加上供应厂到拟建项目的运输费用及贸易费用。其表达式为

$$SP = FOB \times SER - (T_2 + T_{r2}) + (T_6 + T_{r6})$$

（2）项目产出物影子价格（出厂价格）的确定。

①直接出口产品（外销产品）的影子价格等于离岸价格（FOB）乘以影子汇率（SER），再减去国内运输费用（$T_1$）和贸易费用（$T_{r_1}$），其表达式为

$$SP = FOB \times SER - (T_1 + T_{r1})$$

②间接出口产品的影子价格等于离岸价格乘以影子汇率，减去原供应厂到口岸的运输费用（$T_2$）及贸易费用（$T_{r_2}$），再加上原供应厂到用户（原供应厂和用户难以确定时，可按直接出口考虑）的运输费用（$T_3$）及贸易费用（$T_{r_3}$），再减去拟建项目到用户的运输费用（$T_4$）及贸易费用（$T_{r_4}$），其表达式为

$$SP = FOB \times SER - (T_1 + T_{r2}) + (T_3 + T_{r3}) - (T_4 + T_{r4})$$

③替代进口产品的影子价格等于原进口货物的到岸价格（CIF）乘以影子汇率，加口岸到用户（具体用户难以确定时，可按到岸价格计算）的运输费用（$T_5$）及贸易费用（$T_{r_5}$）减去拟建项目到用户的运输费用及贸易费用，其表达式为

$$SP = CIF \times SER + (T_5 + T_{r5}) - (T_4 + T_{r4})$$

在计算外贸货物的影子价格时，有一个问题需要注意，这里的运费和贸易费用属非贸易货物，本身如果是财务价格，且占的比重较大时，就要按非贸易货物首先调整为影子价格，再计算贸易货物的影子价格。

外贸货物影子价格的基础是口岸价格。口岸价格可根据海关统计数据对历年的口岸价格进行回归和预测，也可根据国际上一些组织机构编辑的出版物，分析一些重要货物国际市场价格的变动趋势。在确定口岸价格时，我们要注意剔除倾销、暂时紧缺、短期波动等因素，同时还要考虑质量差价。

**【例 11-2】** 假定新建煤矿最近的煤的口岸价格为每吨 50 美元，汇率按 8.40 元计算。新建煤矿项目所在地到最近口岸的距离为 300 千米，铁路运费的影子价格为 5.3 分/吨·千米。贸易费用的影子价格按口岸价格的 6%计算，则出口煤（产出物）的影子价格如下：

$50 \times 8.4 - [(300 \times 0.053) + 50 \times 8.4 \times 6\%] = 378.9$(元／吨)

若上述煤矿生产的煤供应给某地项目作为燃料，煤矿到项目所在地的铁路运距为 500 千米，则项目使用可出口煤的影子价格如下：

$50 \times 8.4 - (300 \times 0.053) + 500 \times 0.053 = 409.4$(元／吨)

2. 非外贸货物的影子价格

从理论上说，非外贸货物的影子价格主要应从供求关系出发，按照机会成本加以确定，具体可参考表 11-2。

表 11-2 非外贸货物的影子价格的确定

| | 情况 | 定价基础 |
|---|---|---|
| 产出物 | 增加国内供应 | 市场价格 |
| | 替代其他企业的产出 | 可变成本分解定价 |
| 投入物 | 挖掘原有企业生产能力 | 可变成本分解定价 |
| | 新增生产能力增加供应 | 全部成本分解定价 |
| | 挤占其他用户 | 市场价格 |





（1）项目投入物影子价格的确定。

①通过挖掘原有企业生产能力增加供应。项目所需某种投入物，只要发挥原有生产能力即可满足供应，不必新增投资。这说明货物原有生产能力过剩，属于长线物资。此时，我们可对它的可变成本进行分解，得到货物出厂的影子价格，加上运输费用和贸易费用，就是货物到项目的影子价格。

②通过新增生产能力增加供应。项目所需的投入物必须通过投资扩大生产规模，从而满足项目需求。这说明货物的生产能力已被充分利用，不属于长线物资。此时，我们可对它的全部成本进行分解，得到货物出厂影子价格，加上运输费用和贸易费用，就是货物到项目的影子价格。

③无法通过扩大生产能力供应。项目需要的某种投入物，原有生产能力无法满足供应，又不可能新增生产能力，只有去挤占其他用户的用量才能得到。这说明货物是极为紧缺的物资。此时，影子价格取计划价格加补贴、市场价格、协议价格这三者之中最高者，再加上贸易费用和运输费用。

（2）项目产出物影子价格的确定。

①增加国内供应数量，满足国内需求者，产出物影子价格从计划价格、计划价格加补贴、市场价格、协议价格、同类企业产品的平均分解成本等价格中选取。选取的依据是供求状况。供求基本均衡，取上述价格中低者；供不应求，取上述价格中高者；无法判断供求关系，取低者。

②替代其他企业的产出，使这些企业减产甚至停产。这说明产出物是长线产品，项目很可能属于盲目投资或重复建设。在这种情况下，如果产出物在质量、花色、品种等方面并无特色，我们应该分解被替代企业相应产品的可变成本作为影子价格；如果质量确有提高，我们可取国内市场价格为影子价格，也可参照国际市场价格定价，但这时该产出物可能已转变成可实现进口替代的外贸货物了。

（3）确定非外贸货物影子价格的基本方法是成本分解法。

成本分解法是确定非外贸货物影子价格的一种重要方法，基本思路是：如果某货物为一项非外贸货物，且找不到现成的影子价格，则可将构成该货物价格的各要素如原料、燃料、动力等进行分解，分别求出其影子价格，加总后即可得到该货物的影子价格。用成本分解法求取影子价格的最重要的调整是将原单位产品成本费用中的折旧及借贷资金利息项目调整为单位货物总投资的资金回收费用。成本分解法原则上是对边际成本而不是平均成本进行分解，如果缺乏资料，也可分解平均成本。必须用新增投资增加所需投入物供应的，应按其全部成本进行分解；可以挖掘原有企业生产能力增加供应的，应按其可变成本进行分解。这种方法的具体步骤为：

①按照费用要素列出某种非外贸货物的财务成本、单位货物的固定资产投资额和流动资金，并列出该货物生产厂的建设期限及建设期各年投资比例。

②剔除上述数据中包括的税金。

③对外购原材料、燃料和动力等投入物的费用进行调整，其中有些可直接使用给定的影子价格或换算系数；对于重要的外贸货物自行测算其影子价格；对于重要的非外贸货物可留待第二轮分解，有条件时，也应对投资中某些占比例大的费用项目进行调整。

④工资及福利费和其他费用原则上不予调整。

⑤计算单位货物总投资（包括固定资产和流动资金）的资金回收费用（$M$），对折旧和流动资金利息进行调整。其计算公式为

$$M=(I-S_V-W)\cdot\frac{i_s(1+i_s)^{n_2}}{(1+i_s)^{n_2}-1}+(W+S_V)i_s$$

$$M=(I-S_V-W)\cdot\frac{i_s(1+i_s)^{n_2}}{(1+i_s)^{n_2}-1}+(W+S_V)i_s$$

因　$I=I_f+W$

故　$M=(I_f-S_v)\dfrac{i_s(1+i_s)^{n_2}}{(1+i_s)^{n_2}-1}+(W+S_V)i_s$

当 $S_V=0$ 时，则　$M=I_f\dfrac{i_s(1+i_s)^{n_2}}{(1+i_s)^{n_2}-1}+Wi_s$

式中：$I$ 为换算为生产期初的全部投资；$I_f$ 为换算为生产期初的固定资产投资，按可变成本分解时 $I_f$ 为 0；$W$ 为流动资金占用额；$S_V$ 为计算期末回收固定资产余值；$i_s$ 为社会折现率；$n_2$ 为生产期。其中 $I_f$ 可由下式求得：

$$I_f=\sum_{t=1}^{n_1}I_t(1+i_s)^{n_2-t}$$

式中：$I_t$ 为建设期第 $t$ 年调整后的固定资产投资，$n_1$、$n_2$ 为建设期。

⑥必要时对上述分解成本中涉及非外贸货物进行第二轮分解。

综合以上各步之后，即可得到该种货物的分解成本。

3. 特殊投入物的影子价格

（1）人力资源的影子工资。

影子工资体现国家和社会为建设项目使用劳动力而付出的代价，劳动力的影子工资应该能够反映该劳动力用于拟建项目而使社会放弃的效益，以及社会为此而增加的资源消耗。因此，影子工资由两部分组成：劳动的边际产出和劳动力就业或转移引起的社会资源消耗。在国民经济评价中，影子工资作为费用计入经营费用。

影子工资可通过财务评价时所用的工资与福利费之和乘以影子工资换算系数求得。影子工资换算系数是项目国民经济评价的重要参数，根据我国劳动力的状况、结构及就业水平，国家拟定一般建设项目的影子工资换算系数为 1，在建设期内使用大量民工的项目，如水利、公路项目，其民工的影子工资换算系数为 0.5。

项目评价可根据项目所在地区劳动力的充裕程度及所用劳动力的技术熟练程度，

适当提高或降低影子工资换算系数，对于就业压力大的地区或占用大量非熟练劳动力的项目，影子工资换算系数可小于1；对于占用大量短缺的专业技术人员的项目，影子工资换算系数可以大于1。

（2）土地的影子费用。

土地是项目的特殊投入物，土地的影子费用应该能够反映该土地用于拟建项目而使社会为此放弃的效益，以及社会为此而增加的资源消耗。在国民经济评价中，土地的影子费用包括拟建项目占用土地而使国民经济为此放弃的效益，即土地的机会成本，以及国民经济为项目占用土地而新增加的资源消耗。

土地机会成本按照拟建项目占用土地而使国民经济为此放弃的该土地最好可行替代用途的净效益测算。评估人员可根据土地的种类，项目计算期内技术、环境、适应性等多方面的约束条件，选择该土地最可行的替代用途2~3种进行比较，以其最大者为计算基础，适当考虑年平均净收益的增长率，求出土地的机会成本，其计算公式为

$$OC = \sum_{t=1}^{n} NB_0 (1 + g)^{t+\beta} (1 + i_s)^{-t}$$

式中：OC为土地机会成本，$n$为项目占用土地期限，$t$为年序数，$NB_0$为基年土地的最好可行替代用途的单位面积年净效益，$\beta$为基年（土地在可行替代用途中的净效益测算年）距项目开工年数，$g$为土地最好可行替代用途的平均净效益增长率。

在进行国民经济评价时，如果土地费用是分年度支付的，则将土地的影子费用按等额回收因数计算每年应支付的影子费用，记入经营成本；如为一次性支付，则将影子费用全部记入固定资产投资。处理方法及范围可与财务评价相一致，如搬迁费，若记入固定资产投资，则在影子费用计算时就不应重复计入经营费用。

4. 其他投入物的影子价格

如果项目的产出效果表现为对人力资本、生命延续或疾病预防等方面的影响，如教育项目、卫生项目、环境改善工程或交通运输项目等，我们应根据项目的具体情况，测算人力资本增值的价值、可能减少死亡的价值，以及对健康影响的价值，并将量化结果纳入项目经济费用效益分析的框架之中。如果货币量化缺乏可靠依据，应采用非货币的方法进行量化。

（1）对于项目的实施能够引起人力资本增值的效果，如教育项目引起的人才培养和素质提高，在劳动力市场发育成熟的情况下，其价值应根据“有项目”和“无项目”两种情况下的税前工资率的差别进行估算。

（2）对于项目的效果表现为增加或减少死亡的价值，应尽可能地分析由于死亡风险的增加或减少的价值，根据社会成员为避免死亡而愿意支付的价格进行计算。在缺乏估算人们对生命的支付意愿的资料时，我们可采用人力资本法，通过分析人员死亡所带来的为社会创造收入的减少评价死亡引起的损失，以测算生命的价值，或者通过分析不同工种的工资差别测算人们对生命价值的支付意愿。

（3）对于项目的效果表现为对人们健康的影响时，一般应通过分析疾病发病率与项目影响之间的关系，测算发病率的变化所导致的收入损失，看病、住院、医药等医疗成本及其他各种相关支出的变化，并综合考虑人们对避免疾病而获得健康生活所愿意付出的代价，测算其经济价值。

## 第五节　国民经济评估指标

### 一、经济净现值（ENPV）

经济净现值是指用社会折现率将项目计算期各年的净效益流量折算到建设期初的现值之和。换言之，是用给定的社会折现率计算的项目全部效益现值减去全部费用现值的差额。其表达式为

$$ENPV = \sum_{t=1}^{n} (CI - CO)_t \cdot (1 + i_s)^{-t}$$

式中：$i_s$ 为社会折现率，CI 为经济现金流入量，CO 为经济现金流出量，$(CI - CO)_t$ 为第 $t$ 年经济净现金流量。

经济净现值可行性判别标准为 ENPV ≥ 0，此时表明项目收益达到或超过了社会折现率的水平，因此，项目是可行的。ENPV > 0 时，也可以表述国家为拟建项目付出代价，除得到符合社会折现率的社会盈余外，还可以得到以现值计算的超额社会盈余；ENPV = 0 时，表明项目投资的净贡献刚好满足社会折现率的要求。

**【例 11-3】**某农场拟于 2006 年年初在某河流上游植树造林 500 公顷，需要初始投资 5 000 万元。预计将于 2012 年年初择伐林后将林地无偿交地方政府。所伐树木的销售净收入为每公顷 12 万元。由于流域水土得到保持，气候环境得以改善，预计流域内 3 万亩农田粮食作物从 2007 年到择伐树木时，每年将净增产 360 万千克，每万千克粮食售价为 1.5 万元。财务基准收益率设定为 6%，社会折现率为 10%，不存在价格扭曲现象，且无须缴纳任何税收。

问题：在考虑资金时间价值的情况下，该林场 2012 年年初所伐树木的销售净收入能否回收初始投资？要求采用净现值予以判断。

为了分析项目的经济合理性，试计算项目的经济净现值，并做出该植树造林项目是否具有经济合理性的判断（不考虑初伐以后的情况）。

解：

2012 年年初所伐树木的净收入 = 12×500 = 6 000（万元）

按 6%折现率计算的净现值为

$FNPV(6\%) = -5\ 000 + 6\ 000 \times (1 + 6\%)^{-6} = -770.24$（万元）

净现值为负，说明 2012 年年初所伐树木的销售净收入不能回收初始投资。从经济分析角度来看，我们应将农作物增产的年净收益流量作为效益流量，该项目的经济效益应包括择伐树木的收入和农作物增产效益两部分。

农作物增产年净收益 = 1.5×360 = 540（万元）

$$\begin{aligned} ENPV &= -5\ 000+6\ 000\times(1+10\%)^{-6}+540\times(1+10\%)^{-2}+540\times(1+10\%)^{-3}+ \\ &\quad 540\times(1+10\%)^{-4}+540\times(1+10\%)^{-5}+540\times(1+10\%)^{-6} \\ &= 247.76 \text{（万元）} \end{aligned}$$

经济现值为正，说明该项目具有经济合理性。

## 二、经济净现值率

经济净现值率是经济净现值与投资现值之比。其表达式为

$$经济净现值率 = \frac{\mathrm{ENPV}}{I_p}$$

式中：$I_p$ 为调整后投资（包括固定资产和流动资金）的现值。

经济净现值率作为经济净现值的补充指标，其可行性判别标准为 $\frac{\mathrm{ENPV}}{I_p} \geqslant 0$，此时方案可被接受。净现值率的最大化有利于实现有限资金的最优利用。

## 三、经济内部收益率（EIRR）

经济内部收益率是项目在计算期内各年经济净效益流量的现值累计等于 0 时的折现率。其表达式为

$$\sum_{t=1}^{n} (\mathrm{CI} - \mathrm{CO})_t \cdot (1 + \mathrm{EIRR})^{-t} = 0$$

经济内部收益率可根据国民经济效益费用流量表，利用试算法求解。为方便国民经济效益费用流量表的编制，我们可将投资调整、销售收入调整及经营费用的调整的结果用表格的形式反映出来，然后根据这些辅助报表直接编制国民经济效益费用流量表。

经济内部收益率可行性判别标准为 $\mathrm{EIRR} \geqslant i_s$。此时表明项目投资对国民经济的净贡献能力达到或超过了要求的水平。

## 四、外汇效果分析

涉及产品出口创汇及替代进口节汇的项目，我们应进行外汇效果分析，计算经济外汇净现值、经济换汇成本或经济节汇成本。

1. 经济外汇净现值（$\mathrm{ENPV_F}$）

它是反映项目实施后对国家外汇收支直接或间接影响的重要指标，用以衡量项目对国家外汇真正的净贡献（创汇）或净消耗（用汇）。其表达式为

$$\mathrm{ENPV_F} = \sum_{t=1}^{n} (\mathrm{FI} - \mathrm{FO})_t \cdot (1 + i)^{-t}$$

式中：FI 为外汇流入量，FO 为外汇流出量，$(\mathrm{FI} - \mathrm{FO})_t$ 为第 $t$ 年的净外汇流量。经济外汇净现值可通过经济外汇流量表计算求得。当有产品替代进口时，我们可按净外汇效果计算经济外汇净现值。

2. 经济换汇成本和经济节汇成本

当有产品直接出口时，我们应计算经济换汇成本。它是用货物影子价格、影子工资和社会折现率计算为生产出口产品而投入的国内资源现值（以人民币表示）与生产出口产品的经济外汇净现值（通常以美元表示）之比，即换取 1 美元外汇所需要的人民币金额。它是分析评价项目实施后在国际上的竞争力，进而判断其产品应否出口的指标。其表达式为

$$经济换汇成本 = \frac{\sum_{t=1}^{n} DR_t\ (1 + i_s)^{-t}}{\sum_{t=1}^{n}\ (FI' - FO')_t\ (1 - i)^{-t}}$$

式中：$DR_t$ 为项目第 $t$ 年为生产出口产品投入的国内资源（包括投资、原材料、工资、其他投入和贸易费用），$(FI' - FO')_t$ 为项目生产出口产品第 $t$ 年的外汇净流量。

当有产品替代进口时，我们应计算经济节汇成本。它等于项目计算期内生产替代进口产品所投入的国内资源的现值与生产替代进口产品的经济外汇净现值之比，即节约1美元外汇所需的人民币金额。其表达式为

$$经济节汇成本 = \frac{\sum_{t=1}^{n} DR_t'\ (1 + i_s)^{-t}}{\sum_{t=1}^{n}\ (FI'' - FO'')_t\ (1 - i)^{-t}}$$

式中：$DR_t'$ 为项目第 $t$ 年为生产替代进口产品投入的国内资源（包括投资、原材料、工资、其他投入和贸易费用），$(FI'' - FO'')_t$ 为项目生产替代产品第 $t$ 年的外汇净流量。

经济换汇成本或经济节汇成本（元/美元）小于或等于影子汇率，表明该项目产品出口或进行替代品进口是有利的，项目是可行的。

## 第六节　项目的环境影响评估

### 一、环境影响与环境影响评估的目的与作用

环境影响是指人类活动（包括经济活动和社会活动）对环境的作用和因此产生的环境变化，以及由此引发的对人类社会和经济发展的影响。投资项目的实施一般会对环境产生影响，且这种影响的后果有时会十分严重。因此，在投资项目实施之前，我们应该进行环境影响评价（EIA），充分调查项目涉及的各种环境因素，据此识别、预测和评价该项目可能对环境带来的影响，并按照社会经济发展与环境保护相协调的原则提出预防或降低不良环境影响的具体措施。对项目实施环境影响评估的目的与作用主要有：

#### （一）保障和促进国家可持续发展战略的实施

当前，实施可持续发展战略是我国国民经济和社会发展的基本指导方针。实施可持续发展战略的一个重要途径，就是把环境保护纳入综合决策，转变传统的经济增长模式。国家制定环境影响评估的法规，建立健全环境影响评估制度，就是为了在建设项目实施前就能够综合考虑环境保护问题，从源头上预防或减轻对环境的污染和对生态的破坏，从而保障和促进可持续发展战略的实施。

#### （二）预防因建设项目实施而对环境造成的不良影响

预防为主是环境保护的一项基本原则。如果等环境被污染后再去治理，我们不但在经济上要付出重大代价，而且更多情况是，环境污染一旦发生，即使花费很大代价，也难以恢复。因此，我们要对建设项目进行环境影响评估，使项目在动工兴建之前，

就能根据环境影响评估的要求，修改和完善建设设计方案，提出相应的环保对策和措施，从而预防和减轻项目实施对环境造成的不良影响。

### （三）促进经济、社会和环境的协调发展

经济的发展和社会的进步要与环境相协调。为了实现经济和社会的可持续发展，我们必须将经济建设、城乡建设，环境建设与资源保护同步规划、同步实施，以达到经济效益、社会效益和环境效益的统一。对建设项目进行环境影响评估在于避免或降低环境问题对经济和社会的发展可能造成的负面影响，促进经济、社会和环境协调发展。

## 二、环境影响评估的内容

### （一）环境条件调查

环境条件主要调查以下几个方面的状况：

（1）自然环境。调查项目所在地的大气、水体、地貌、土壤等自然环境状况。其中，大气环境主要包括风、沉降物、温度、大气质量等方面的内容；水体环境主要包括地表水的来源、总量、结构比例及其与动植物之间的关系，地下水状况和排水形式，以及水体质量等方面的内容；地貌环境主要包括项目所在地的地形、地势等方面的内容；土壤环境主要包括土壤特征、土壤利用状况等方面的内容。

（2）生态环境。调查项目所在地的森林、草地、湿地、动物栖息、水土保持等生态环境状况。

（3）社会经济环境。调查项目所在地居民生活、文化教育卫生、风俗习惯等社会环境状况；调查项目周围地区的城乡分布及发展规划要点，居民人口数量与密度、收入分配、就业与失业情况、人均收入水平与需求水平，项目所在地区的交通运输条件，等等。

（4）特殊环境。调查项目周围地区名胜古迹、风景区、自然保护区等环境状况。

### （二）影响环境因素分析

影响环境因素分析主要是分析项目建设过程中破坏环境、生产运营过程中污染环境，从而导致环境质量恶化的主要因素。

1. 污染环境因素分析

污染环境因素分析主要分析项目在生产过程中产生的各种污染源，计算排放污染物数量及其对环境的污染程度。

（1）废气。分析气体排放点，计算污染物产生量和排放量、有害成分和浓度，研究排放特征及其对环境危害程度并编制废气排放一览表。

（2）废水。分析工业废水（废液）和生活污水的排放点，计算污染物产生量和排放量、有害成分和浓度，研究排放特征及其对环境危害程度并编制废水排放一览表。

（3）固体废弃物。分析计算固体废弃物产生量和排放量、有害成分及其对环境的污染程度并编制固体废弃物排放一览表。

（4）噪声。分析噪声源位置，计算声压等级，研究噪声特征及其对环境危害程度并编制噪声源一览表。

（5）粉尘。调查粉尘排放点分布情况，计算产生量和排放量，研究成分与特征、

排放方式及其对环境造成的危害程度并编制粉尘排放一览表。

（6）其他污染物。分析生产过程中产生的电磁波、放射性物质等污染物发生的位置、特征，计算强度值及其对周围环境的危害程度。

2. 破坏环境因素分析

破坏环境因素分析主要分析项目建设施工和生产运营对环境可能造成的破坏因素，预测其破坏程度，主要包括以下方面：

（1）对地形、地貌等自然环境的破坏。

（2）对森林草地植被的破坏，如引起的土壤退化、水土流失等。

（3）对社会环境、文物古迹、风景名胜区、水源保护区的破坏。

**（三）环境影响因素的确定与影响程度的分析**

在全面分析项目所在地环境信息的基础上，我们就可以根据项目类型、性质分析预测该项目对环境的影响，从中找出主要影响因素，并进行环境影响程度分析。

1. 项目对自然环境的影响

项目对自然环境的影响主要表现为对水、大气、土壤等环境要素的影响。第一，对水的影响，包括对地下水和地表水的影响。许多项目需要大量的水进行生产或冷却，会严重影响水文特征。另外，还需要考虑项目兴建带动的如服务业等产业的发展，特别是人口的增长，会带来水的供求矛盾。第二，对大气环境质量的影响，主要是指排放的气体污染物对人类和动物的健康带来的不利影响。第三，对土壤质量的影响，主要表现在三个方面：一是污染影响，二是可能引起的土壤沙化，三是造成土壤和土地资源破坏。

2. 项目对生态环境的影响

项目对生态环境的影响主要表现为对动植物种类的分布和丰富度的影响。维持生物物种的多样性，应是项目设计及选择项目方案必须考虑的一个重要方面。

3. 项目对美学的影响

这主要是指项目对与美感有关事物的作用与影响。美感是人们对具有审美价值的客体（环境质量），从感官开始，通过想象、情感、道德等多种心理因素的相互作用，综合而成的一种心理感受状态，如项目的建设是否影响了原有清新的空气、美丽的水景及空气的能见度等。

4. 项目对社会经济环境的影响

这种影响主要是指项目建设与运营可能对经济、社会、人类健康和福利等产生的直接影响和通过改变环境因素带来的间接影响。它主要从如下四个方面进行：第一，对人口的影响。由于工人的入住而引起项目所在地区人口大量增加，人口的组成、分布等发生变化，以至于影响劳动力市场，影响本地居民就业。第二，对地区服务设施的影响。项目的投资建设与运营，无疑会加剧项目所在地各种服务设施的供求矛盾。第三，对经济的影响。这种影响主要表现为项目所带来的经济利益是如何进行分配的，社会的受益、受害程度如何。第四，对价值观的影响。这种影响主要表现在对生活方式和生活质量的影响。受项目建设的经济活动影响，项目附近人群的居住习惯、文化水平及生活方式发生改变，生活质量发生变化。

### （四）环境保护措施

在分析环境影响因素及其影响程度的基础上，按照国家有关环境保护法律、法规的要求，我们要提出治理方案。

1. 治理措施方案

我们应根据项目的污染源和排放污染物的性质，采取不同的治理措施。

（1）关于废气污染治理，我们可采用冷凝、吸附、燃烧和催化转化等方法。

（2）关于废水污染治理，我们可采用物理法（如重力分离、离心分离、过滤、蒸发结晶、高磁分离等）、化学法（如中和、化学凝聚、氧化还原等）、物理化学法（如离子交换、电渗析、反渗透等）、生物法（如自然氧池、生物过滤等）等方法。

（3）关于固体废弃物污染治理，有毒废弃物可采用防渗漏池堆存方法；放射性废弃物可采用封闭固化方法；无毒废弃物可采用露天堆存方法；生活垃圾可采用卫生填埋、堆肥、生物降解或者焚烧等方法；无毒害固体废弃物，我们可以将其加工制作为建筑材料，或者作为建材添加物进行综合利用。

（4）关于粉尘污染治理，我们可采用过滤除尘、混式除尘、电除尘等方法。

（5）关于噪声污染治理，我们可采用吸声、隔音、减震、隔震等措施。

（6）关于建设和生产运营引起环境破坏的治理。对于岩体滑坡、植被破坏、地面塌陷、土壤劣化等，我们应提出相应治理方案。

在可行性研究中，我们应在环境治理方案中列出所需的设施、设备和投资。

2. 治理方案比选

我们要对环境治理的各局部方案和总体方案进行技术经济比较，并做出综合评价。比较评价的主要内容有：

（1）技术水平对比。分析对比不同环境保护治理方案所采用的技术和设备的先进性、实用性、可靠性与可得性。

（2）治理效果对比。分析对比不同环境保护治理方案在治理前和治理后环境指标的变化情况，以及能否满足环境保护法律、法规的要求。

（3）管理及监测方式对比。分析对比各环境保护治理方案采用的管理和监测方式的优缺点。

（4）环境效益对比。将环境保护治理所需投资和环境保护运行费用与所获得的收益相比较，效益费用比值较大的方案为优。

经比选治理方案后，我们要提出推荐方案，并编制环境保护治理设施和设备表。

## 第七节　案例分析

铁路作为交通行业的重要枢纽，是推动经济发展的重要行业，铁路的投资和改革是重点项目。在“一带一路”的推动下，铁路建设显得格外重要，尤其是口岸省份，铁路建设推动和加速了我国与周边国家经济的交流和发展。

然而多年来，黑龙江经济的发展始终受到省内交通运输能力的影响。虽然黑龙江省内铁路的绝对长度超过了6 000千米，但结合实际土地面积测算出的路网密度在东北三省中最少。20世纪80年代中期，黑龙江省内铁路呈“一多一少三不足”特点，即“八一五”光复以来扒掉的铁路多，新中国成立后新建的铁路少，原有线路通过能力不足，枢纽、编组站作业能力不足。改革开放以来，随着国民经济的迅速发展，黑龙江省内铁路运能与运量不匹配的问题突出，每年积压待运的物资都在1 500万吨以上。由于路网的不完善，大大制约了地方经济的发展，仅仅依靠国家投资建设铁路已不能满足地方经济的需求，新建成高子—宾西—大成玉米厂铁路（以下简称成宾大铁路）则在这个时期成为解决线路通过能力不足，加快发展哈尔滨西部地方经济的有效办法。

铁路建设项目存在建设期长、投资大、回收期长的特点，因此项目经济评价成为决定项目是否投资、怎样投资的关键。为了优化资源配置，加强项目前期可行性论证，提高建设项目投资效益，确定投资决策，如何提供一套全面的、合理的项目经济评价成为前期工作的重中之重。

哈尔滨东部城市宾县以西的宾西经济开发区于2002年9月经所在省政府批准成为黑龙江省级经济开发区。经济开发区距哈尔滨市28千米。一期规划面积为26.82平方千米，二期建成后开发区总面积将达到50平方千米。自2002年以来，国家投入资金进行纵横道路、供水、排水、通信、电力等基础设施的配套建设，初具规模，并计划继续投入30亿元，为入园企业提供更完善的基础设施，创造更优越的环境。

本工程汇总投资估算总额为41 432.5万元，技术经济指标为1 206万元/铺轨千米；成高子接轨站改扩建工程投资估算总额为4 257.7万元，技术经济指标为946.2万元/铺轨千米；成高子站至宾西站区间工程估算总额为16 436.5万元（含全线正线铺轨费用），技术经济指标为575.5万元/正线千米；宾西站投资估算总额为13 738.3万元，技术经济指标为1 597.5万元/铺轨千米。宾西站至大成玉米厂区间新建铁路工程估算总额为3 759万元、技术经济指标为509.4万元/铺轨千米。大成玉米厂站工程估算总额为3 240.5万元，技术经济指标为946.2万元/铺轨千米。

以上指标均比哈尔滨地区国铁指标低，体现了成宾大铁路“固本简末，先通后备，逐步完善”的方针。征地拆迁中充分体现了“政府重视，村镇支持”方针。工程施工中就地取材，招标纳贤，优质降造。

成宾大铁路建设项目的财务评价是从成宾大铁路沿线的具有铁路运输需求的企业角度出发，根据市场价格和国家现行财税制度、价格体系，计算并分析铁路建设项目在运行中直接发生的财务收益及费用，编制财务情况报表，计算财务评价的各项指标，考察项目的盈利、清偿能力等，借以判断铁路建设项目在财务收益能力方面是否可行。

财务评价的费用主要包括项目投资费用、成本、营业外净支出、贷款利息、税金等，财务评价的效益主要包括客货运输收入。

铁路建设项目产生的国民经济费用如下：项目产生的土建工程费用、机车车辆购置费、项目增加的流动资金、运营成本、其他生态平衡保护费用、环境治理费用等。

铁路建设项目产生的国民经济效益如下：按照影子价格所得运输收入，新建铁路项目因分流公路运量而节省的公路运输费用，因分流既有铁路运量而节省的运输费用，因分流公路货运而节省的在途时间效益，因分流既有铁路货运而节省的在途时间效益，因项目建设而提高的运输安全效益，因项目建设而提高的运输质量效益，因建设项目而产生的周边土地增值的效益。

运价、运量、投资和经营成本对项目影响最大，以上四个因素向不利方向变化20%的时候，内部收益率依然大于6%的行业基准收益率，由此可见，本项目有较强的抗风险能力。

该项目的货运运价率采用0.245元/(吨·千米)时，财务内部收益率为12.41%，高于行业财务基准收益率6%，财务净现值为23 764.2万元，说明项目财务盈利能力较强。贷款偿还期为8.24年，能够满足国内银行还贷的要求。

综上所述，该项目的运量有稳定的增进能力，铁路运输通过能力较大，投资风险小，不存在财务危害性，各方面财务指标良好，属于较为理想的投资项目。

该项目的社会效益如下。

（1）促进宾西经济开发区的经济发展。

开发区大型企业货物运输量大，原材料和产成品面向国内外，运输是基础。开发区内有了铁路，经济、便捷的运输方式可大幅度降低运输成本，提高运输效率，使广大企业受益，从而可以吸引更多的企业来开发区投资，进一步做大、做强开发区。

（2）促进地区新经济增长。

哈尔滨宾西经济开发区属于哈尔滨都市圈生态经济区规划范围，区位优势良好，资源充足，主要发展工业经济和服务经济，发展定位为东北亚区域中心城市之一和哈尔滨东部卫星城。新建成宾大铁路，提供经济、方便、快捷的运输方式，为入园企业创造良好条件，为促进哈尔滨宾西经济开发区发展，打造哈尔滨新经济增长点提供强大的运输基础设施支持。

（3）有利于区域经济可持续发展。

开发区内有众多企业，如果仅仅依靠公路运输，势必造成大量货运汽车穿梭于城区，不仅影响市容，甚至会造成交通拥堵，影响正常的生产、生活秩序。依路货运可以大大减少进入开发区的汽车数量，缓解交通压力，有利于环境保护并实现可持续发展的目标。

通过财务评价分析，该项目在盈利能力、偿还能力、项目生存能力及投资方盈利能力等方面的指标均可行，且具有抗风险能力。各项指标明确，基本能满足政府、银行和投资者对经济评价的深度要求，能作为项目在经济上是否可行的依据。国民经济评价指标也能从国民经济整体的角度反映该项目对国民经济所做的贡献。综合来说，该项目可行，并且具有一定抵抗风险的能力。但在实施过程中，我们一定要注意落实运量及控制投资，以达到最佳投资效果。

## 复习思考题

1. 什么是国民经济效益评估？它的作用是什么？
2. 国民经济效益评估有哪些程序？包括哪些内容？
3. 如何对项目的经济效益和费用进行识别、划分？
4. 项目国民经济评估的参数都有哪些？如何进行测定？
5. 什么是影子价格？它的作用是什么？如何对其进行计算和评估？
6. 请简述经济净现值、经济净现值率和经济内部收益率的主要含义及计算公式。
7. 项目环境影响评估的主要内容和作用是什么？
8. 什么是社会折现率？它对项目的经济评价有什么作用？
9. 土地的影子费用主要包括哪些内容？土地的机会成本是怎样计算的？
10. 在国民经济评估中，如何进行产出物和投入物的价格调整？
11. 你认为在当前工业投资项目的国民经济评价中，主要的困难是什么？
12. 外贸货物、非外贸货物的影子价格是如何调整的？

# 第十二章 投资项目风险分析

随着市场经济体制的推行，全球经济一体化风险管理日益成为投资项目管理的一个重要内容。风险分析是项目风险管理的前提与基础，通过分析项目各个技术经济变量（不确定因素）的变化对投资项目经济效益指标的影响，确定投资项目对各种不确定性因素变化的承受能力及对应可能发生的内外条件变化的投资项目经济效果的概率分布，这个过程作为投资项目财务分析与国民经济分析的必要补充，有助于加强项目风险管理与控制和项目决策的科学化。本章首先对风险进行了定性分析，其次介绍了三种定量分析方法，即盈亏平衡分析、敏感性分析和概率分析。

## 第一节 项目投资风险理论

### 一、项目投资风险的涵义

投资风险是市场经济发展的必然产物。在市场经济条件下项目投资活动十分复杂，从选择项目到项目建成投产及项目产品销售的整个过程中，风险始终存在。因此，研究项目投资风险问题，对于项目评估有着十分重要的意义。

项目投资风险是指为了获得预期投资收益时的不确定性，或者说风险就是一种不确定性。进行一项投资活动，如果只有一种确定的结果，那么，投资就没有风险，如投资购买政府债券或参加储蓄，投资者每年都可以取得固定的利息；如果投资活动有几种可能的结果，风险就会发生。例如，投资项目创办企业，有盈利、盈亏平衡、亏本三种结果，这种结果是不确定的，说明这项投资有风险。投资风险的不确定性有造成风险损失和获得风险报酬两种可能性，即收益和风险同在，收益越大，风险越大。

投资项目评估是在预测基础上进行的，在选择决策方案时，投资行为和过程并未开始，对于描述投资过程特性的各种参数，我们只能靠已有的历史数据和信息进行估计和预测。同时，由于项目本身的特点（如建设的时间性等）和影响因素的多重性，评估人员对于项目未发生的各种变化不可能完全了解和控制。因而项目的预测评估值与未来的实际过程必然会产生偏差。当这种偏差达到一定程度，就会发生风险。这种风险大都可以用数理知识进行描述和度量。

## 二、风险产生的原因

系统地分析产生风险与不确定性的原因有助于强化我们的风险观念。（本章中所讨论的风险不仅仅指某些灾难性事故或经营失败等，而是广义地指预测与实际的偏离情况）。

### （一）从主观上看，风险产生的原因有两个

（1）信息的不完全性与不充分性。信息在质和量两个方面不能完全或充分地满足预测未来的需要，而获取完全或充分的信息要耗费大量金钱与时间，不利于及时地做出决策。信息问题在信息经济学、决策理论中有详尽的分析。

（2）人的有限理性。人的有限理性决定了人不可能准确无误地预测未来的一切。人的能力等主观因素的限制再加上预测工具及工作条件的限制，决定了预测结果与实际情况肯定有或大或小的偏差。

### （二）从客观上看，风险产生的原因有两个

（1）世界是永恒变化与发展的，未来绝不是过去和现在的简单延伸。任何事物都处于变化之中，影响事物变化的因素纷繁复杂。社会、政治、文化、经济等因素的变化会带来不确定性，市场情况的变化会带来不确定性，自然条件与资源的变化会带来不确定性，工艺技术的变化同样也会带来不确定性。

（2）生活在充满随机性的世界中，随机性就不可避免地导致了风险。运用先进的方法与工具固然可以更好地预测未来，但随机性、偶然性却难以被消除，百分之百准确地预测未来是不可能的。总之，风险与不确定性是不可被避免的，我们所要做的是更好地分析风险与不确定性，研究应付风险的办法，做出更优决策。

## 三、风险与收益的关系

依据概率论的观点，收益是一个具有期望值和方差的随机变量，方差可以衡量风险的大小。如果一个项目收益的方差较大（风险较大），我们当然要求其收益的期望值较大。平常所说的风险与收益成正比就是这个意思。在具有相同收益期望值和各个方案中，我们当然会选择收益方差较小的方案。投资的风险决策就在于各个不同收益期望值、不同收益方差的方案中，对期望值与方差的矛盾做一定折中，这当然与决策者对待风险的态度及经营管理风格密切相关，从而就有了各种各样的决策原则。

从风险与收益的关系角度我们可更好地理解一种称为风险报酬率法的经验方法。

风险报酬率是指风险投资应享有的额外报酬率，是根据这样的事实提出来的：对于任何一个投资者来说，除非风险投资能比无风险投资获得更高的盈利率，否则他是不愿去冒险的。故风险投资的最低期望盈利率应高于无风险投资的最低期望盈利率。西方企业一般把购买政府发行的债券视作无风险投资，故政府债券的利率被看作无风险投资最低期望盈利率；而风险报酬率是由企业根据经验和判断按投资项目的风险级别确定的。具体做法是：按风险程度的差别将投资项目分成若干等级，风险大的规定高的风险报酬率，风险小的规定较低的风险报酬率。因此，风险报酬率既反映了投资项目风险程度的相对大小，也反映了风险投资者对额外报酬的要求。此法虽简单明了，

## 二、盈亏分析的基本假设

盈亏分析是基于下列基本假设进行。

（1）价值是统一的。各种产品的销售单价在各个时期、各种产量水平上都相同，销售收入是销售单价、销售总量的线性函数。

（2）销量等于产量。

（3）总成本由固定总成本和变动总成本构成。每批生产量的固定总成本是相等的；可变总成本与生产量成正比，即变动总成本是产量和单位变动成本的线性函数。

（4）产品品种结构稳定。为了便于分析，对于生产多品种产品的项目，我们应把各种产品折合为统一的单位进行分析，或用营销额计算。

以上假设是有条件的。在实际的经济生活中，市场竞争激烈，价格是变量，销售收入与销量既有线性关系，又有非线性关系，可变成本与产量的关系也是如此。

根据以上假定，我们将盈亏平衡分析分成线性盈亏平衡分析和非线性盈亏平衡分析分别予以讨论。

## 三、线性盈亏平衡分析

线性盈亏平衡分析主要是指项目的年总生产成本与产量和年总销售收入与销量都是假定的线性函数，如图 12-1 所示。收入线与成本线的交点称为盈亏平衡点或保本点。

盈亏平衡点可以用销量、销售额、生产能力利用率表示。对于不同的项目可以用不同的因素表示，下面介绍几种盈亏平衡点。

1. 盈亏平衡点销售量（$BFP_X$）

就生产单产品的项目而言，盈亏平衡点的计算比较简单。当销量增加时，销售收入和销售成本均增加，但增加的程度不同，当达到一定销量时，扣除税金的销售收入正好与总收入与总成本相等，这时的销售量就是盈亏平衡点的销量，又称为销量。设固定成本总额为 $F$，销售单价为 $P$，流转税率为 $T_r$，单位成本变动为 $V$，销量为 $X$。

$$\text{销售收入} = PX(1 - T_r)$$

$$\text{总成本} = F + VX$$

当销售收入等于总成本或盈亏平衡时：

$$PX(1 - T_r) = F + VX$$

$$X = \frac{F}{P(1 - T_r) - V}$$

这时的销量 $X$ 为盈亏平衡点销量（$BEP_X$）。对于有技术转让费、营业外净支出及交纳资源税的项目，应从上式分母中扣除后计算。

2. 盈亏平衡点销售额（$BEP_i$）

某一种产品的保本销量乘以单价就是该种产品的保本销售额，即

$$BEP_i = \frac{F}{1 - T_r - \dfrac{V}{P}}$$

盈亏平衡点销售额=设计产量销售额 × 盈亏平衡点生产能力利用率

=年产品销售收入 × 盈亏平衡点生产能力利用率

3. 盈亏平衡点生产能力利用率（$BEP_n$）

盈亏平衡点生产能力利用率=（盈亏平衡点产量/设计年产量）×100%

=年固定成本/（年产品销售收入-年变动成本总额-年销售税金）×100%

盈亏平衡点产销售额=年产品销售收入×盈亏平衡点生产能力利用率

**【例 12-1】**某灯具厂计划建设新型台灯生产线，年生产能力 80 000 只，固定成本 150 000 元，产品销价每只 8 元，单位变动成本每只 5 元，流转税率 4%，计算各种保本点。

解：

盈亏平衡点销量（$BEP_X$）= 150 000/[8 ×（1 - 4%）- 5] =55 970（只）

盈亏平衡点销售额（$BEP_i$）= 55 970 × 8=447 760（元）

盈亏平衡点生产能力利用率($BEP_n$)=[150 000-(640 000-400 000-25 600)] ×100%

=70%

## 四、盈亏平衡点的实际经济内涵

盈亏平稳点的产销量或销售额的大小（在坐标图上表现为位置的高低），是由固定成本、单价、税率和单位变动成本等决定的。固定成本越大，盈亏平衡点的产销量就越大，平衡点的位置就越高；单价扣除单位税金和单位变动成本后的余额（贡献毛益）越大，盈亏平衡点的产销量就越小，平衡点的位置就越低。从平衡点产销的大小，即平衡点位置的高低可以判断项目承受生产或销售水平变化的能力，即承受风险的能力。

（1）以产销量表示的盈亏平衡点，其经济内涵是指项目不发生亏损所必须达到的最低限度的产销总量。如果项目的平衡点产销量比较小，说明项目只要达到较低的产销量就可以保本并盈利，因此，可以承受较大的风险；反之，可以承受的风险就比较小。

（2）以销售额表示的盈亏平衡点，其经济内涵是指项目不发生亏损所必须达到的最低销售收入总额，其数值越小，越能承受较大风险。

（3）以生产能力利用率表示的盈亏平衡点的经济内涵是指项目不发生亏损所必须达到的最低限度的生产能力利用水平。一个项目的平衡点生产能力利用率越低，说明这个项目承受生产能力利用率变化的能力越强。设计产销量、销售额和生产能力利用率超过保本点的部分，称为安全幅度（MS）。

安全幅度（MS）= 设计产销量-保本产销量

安全幅度率（MSR）=（MS÷设计产销量）×100%

安全幅度和安全幅度率越大，说明项目承受风险的能力越强。安全幅度率判别标准如表 12-1 所示。

# 第三节　敏感性分析

## 一、敏感性分析的目标

在影响项目经济效益的诸多不确定性因素中，有的因素稍有变化即可引起某一经济效益指标发生很大变化，人们称其为敏感因素；有的因素虽然变化不小，只能引起某一经济指标微小的变化，人们称其为不敏感因素。敏感性分析是指在诸多的不确定性因素中，确定哪些是敏感性因素，哪些是不敏感因素，并计算各敏感性因素在一定范围内变化时，有关评估指标随之变动的数量和程度，以判断项目的风险程度。因此，敏感性分析的总目标就是提高投资项目经济效益评估的准确性和可靠性。具体内容包括：

（1）通过敏感性分析研究不确定因素的变动对投资项目经济评估指标的影响程度，即引起评估指标的变化幅度。

（2）通过敏感性分析找出投资项目经济效益的敏感因素，并进一步分析与之有关的预测或估算数据可能的变化范围及产生风险的根源。

（3）通过敏感性分析和对不同项目方案中某关键因素的敏感性程度的对比，可区别不同项目方案对某关键因素的敏感性大小，以选取敏感性小的方案，减少项目的风险性。

（4）通过敏感性分析，我们可找出项目的某些经济效果指标变化的最好与最坏情况，并通过深入分析和可能采取的某些有效控制措施，选取最现实的项目方案。一般来说，相关因素的不确定性是项目具有风险的根源。但是，各种因素的不确定性给投资项目带来的风险程度却是不一样的，敏感因素的不确定性，给投资带来的风险更大，故敏感性分析的核心是从诸多的影响因素中，找出敏感因素并设法采取相应的对策和措施对之进行控制，以减少项目的风险。

## 二、敏感性分析的步骤和方法

### （一）确定敏感性分析指标

敏感性分析指标是敏感性分析的具体对象。项目评估中敏感性分析的对象应该是反映项目方案经济效果的指标。而反映项目方案经济效果的评估指标有很多个，每一个评估指标又受多种因素的制约。究竟敏感性分析应选择什么样的具体对象，这是进行敏感性分析首先要解决的问题。

从理论上讲，费用效益分析中讨论的一系列评估经济效益的指标，都可以作为敏感性分析指标，如内部收益率、投资回收期、净现值、净现值率、投资利润率、投资利税率、借款偿还期、投资收益率以及外净现值、换汇成本和节汇成本等指标。这些都可作为敏感性分析指标，分析其对产品产量、价格、成本、固定资产投资、建设工期等因素的敏感性。不过各个指标都有特殊的含义，因而所反映的问题也各不相同。

投资回收期和债款偿还期是两个综合经济指标，是反映项目财务上投资回收能力和固定资产投资贷款偿还能力的重要指标。对这两个指标进行敏感分析，能够了解贷款和资金短缺情况下的投资效果。银行及发放贷款的单位更关心这两个指标的变化情况和贷款的风险性。这两个指标的缺点是没有考虑资金的时间因素，也没有考虑投资偿还期以后项目的盈余情况。

内部收益率和净现值都是考虑了资金时间因素的动态评估指标，建议用作敏感性分析，是常用的敏感性分析指标。

在实际中我们不需要对每个经济评估指标都做敏感性分析，应针对可行性研究的阶段、经济评估的深度和实际需要选择一种或两种财务评估或经济评估指标进行分析就够了。但无论选用哪种指标，都应与最终的财务评估或经济评估指标相一致。

**（二）敏感性因素的选择**

投资项目的整个经济寿命期内，可能发生变化的因素很多，主要有产品的产量（生产负荷）、产品价格、主要原材料和动力价格、可变成本、固定资产投资、建设工期和外汇牌价等。实际工作中我们不需要对全部可变因素逐个进行敏感性分析，通常只选择对项目的经济评估指标影响较大的变化因素，即敏感因素，进行较深入的敏感性分析。依据项目的类型、规模的不同，敏感因素是不同的。例如，在水电站项目中，基建投资变动的影响很大；在港口码头建设项目中，不确定因素可以是吞吐量、泊位占用系数、投资总额变化等。敏感性因素的变化范围，可根据所选因素的预计变化范围或项目分析的要求误差范围取值，一般项目取值为 ±10% 或 ±20%。

**（三）敏感因素的一般性寻找**

我们可以利用不同类型项目的不同特点，在开始计算之前对敏感因素做一般性寻找，以缩小计算范围。进行一般性寻找的方法通常有两种：直观分析法和静态指标试算法。

直观分析法是根据项目的类型分析其主要敏感因素。对于以进口原料为主的化工项目，原材料为主要投入物，化纤产品为主要产出物，主要供给国内市场，而国内化纤产品价格比较稳定并有下降趋势，进口原料受国际市场供求关系影响很大，因而原料价格变化将是影响该项目经济效益的敏感因素；在中外合资并以进口大型设备为骨干的项目中，固定资产在总投资中占比重较大，这些大型设备价格的变化、建设周期的延长都是影响总投资变化的敏感因素。当然，吞吐量本身也可作为一项经济考核指标，受装卸机械化程度、运输能力、仓库储存能力等因素的影响，如有必要我们还须进一步分析。

静态指标试算法是在一时难于判断敏感因素的情况下采用，计算各种可能出现的不确定因素的变化对少数一两个静态经济指标的影响，如对投资回收期、投资利润率的影响，以初选较敏感的因素。

**（四）综合分析后决定方案的取舍**

对所找出的敏感因素，即风险因素，做进一步研究并寻找其存在不确定性的根源，并弄清哪些是主观原因，哪些是客观原因，以便采取相应的措施加以控制。如果不能有效地控制其不确定性，则此方案不可取，应重新考虑替代方案。我们要保证项目达到规定的标准值并注意留有余地。投资项目是各式各样、千差万别的，不可能有统一的评估方法，我们只能根据项目的特点进行具体分析。

### 三、敏感性分析的作用和局限性

通过敏感性分析，我们可以确定影响项目方案经济效益的敏感因素，有利于我们掌握项目建设运作的风险界限，区分哪些因素是敏感的，哪些是不敏感的，并计算出对效益影响程度的定量数值和允许变化的极限，从而做到心中有数。对于那些敏感因素，我们应进一步收集资料，做重点分析研究，并且可以预先采取对策，防止它们的变化给项目经济效益带来不利影响。在多方案项目评估中，敏感性分析也为方案优选提供参考依据。

敏感性分析方法易于运用，便于分析，但我们必须注意它的局限性。

首先，敏感性分析通常是对单个因素进行分析，不能妥善处理两个以上变量同时发生的变化。因此分析人员在应用敏感性分析时，应充分警惕输入的数据之间可能存在的相互依赖关系，如果它们之间并无依赖关系，就必须在输入数据时把这种关系反映出来，即采用多因素敏感性分析。

其次，敏感性分析在一定程度上带有主观性、猜测性。它无法确定某一不确定因素真正的变化范围，以及在这一范围内变化的可能性大小。分析人员为了方便计算，让每一个不确定因素改变几个确定的幅度，如 ±5%、±10%、±20%。这些幅度的大小完全是人为的。实际上可能会出现这一种情况：找出的某一敏感因素，在未来可能发生某幅度变动的概率很小，以致完全不必考虑其变化结果；但另一个不敏感因素，可能发生某幅度变动，以致必须考虑其变化对项目经济效益的影响。这些都表明敏感性分析存在一定的局限性。

对大多数项目来说，敏感性分析能够合理解决估测数据中所包含的可变因素的影响，我们如果应用得当，并能充分认识其局限性，敏感性分析仍是一种有用的项目风险性分析工具。

## 第四节　概率分析

敏感性分析能够说明项目评估指标对各个敏感性因素的敏感程度，但还不能说明各个敏感性因素发生变动的可能性大小，即发生变动的概率，更不能说明在不同概率下对经济效益指标的影响程度。因此，根据项目的特点和实际需要，有条件时我们还应进行概率分析。项目评估中的概率分析主要是运用概率论的方法研究和计算各种影响经济效益指标的不确定因素的变化范围，以及在此范围内出现的概率、期望值与标准偏差的大小，确定各个不确定因素变化对项目经济效益的影响程度和项目的风险性。概率分析一般是针对项目净现值、投资回收期、经济寿命期等指标进行的，也可以通过模拟法测算项目评估指标（如内部收益率）的概率分布，为项目的投资决策提供依据。

### 一、概率分析的步骤与方法

1. 认定一个不确定性因素

在众多不确定因素中我们先找出一个最不确定的因素，而将其余的因素设为已知，以简化分析过程。

2. 估算被认定的不确定因素出现各种可能的概率

概率论认为，随机事件在大量重复中具有某种统计规律性，并把出现某种随机事件次数与各种可能出现随机事件次数总和之比，称为某种随机事件的概率，以 $P$ 表示。其数值大于 0 而小于 1，即 $0<P(X)<1$。概率为 0 的事件称为不可能事件，概率为 1 的事件称为必然事件。项目风险分析中不确定因素出现各种可能性的概率值是评估人员根据过去的统计资料和自己的经验进行估计和推算的。

3. 计算期望值（$E$）

期望值是大量重复试验时随机变量取值的平均值，也是最大可能取值，最接近实际值。对于离散型随机变量的期望值计算公式是

$$E(X) = \sum_{i=1}^{n} X_i P_i = X_1 P_1 + X_2 P_2 + \cdots + X_n P_n$$

式中：$E(X)$ ——随机变量 $X$ 的期望值；

$X_i$ ——随机变量的各种取值；

$P_i = P(X_i)$ ——对应出现 $X$ 的概率。

4. 计算均方差（$D$）

期望值表示对随机取值的平均值，仅从一个角度描述了随机变量的特征，我们还应考虑随机变量取值的离散程度和期望值与实际值的偏离程度，这就引出了均方差概念，也称标准偏差。均方差计算公式为

$$D = \sqrt{\sum_{i=1}^{n} [X_i - E(X)]^2 P_i}$$

式中：$E$ 是期望值为随机变量的取值，$P_i$ 是概率。

## 二、概率分析案例

### （一）投资回收期期望值计算

**【例 12-4】**某建设项目有三种建设方案，A 方案投资额为 80 万元，概率为 30%；年现金净收益为 12 万元，概率为 25%。B 方案投资额为 90 万元，概率为 40%；年现金净收益为 15 万元，概率为 5%。C 方案投资额为 100 万元，概率为 30%；年现金净收益为 20 万元，概率为 25%。根据以上资料计算投资回收期的期望值和相对标准差。

解：

投资额的期望值 $= 80 \times 30\% + 90 \times 40\% + 100 \times 30\% = 90$(万元)

投资额的标准差 $= \sqrt{\sum_{i=1}^{3} [X_i - E(X)]^2 P_i} = 7.75$（万元）

投资额的相对标准差 $= \pm 7.75/90 = \pm 8.6\%$（万元）

年现金净收益的期望值 $= 12 \times 25\% + 15 \times 50\% + 20 \times 25\% = 15.5$（万元）

年净现金收益的标准差 $= \sqrt{(12-15.2)^2 \times 25\% + (15-15.5)^2 \times 50\% + (20-15.5)^2 \times 25\%}$

$= \pm 2.87$

年现金净收益的相对标准差 $= \pm 2.87 \div 15.5 = \pm 18.5\%$

投资回收期的期望值 $= 90 \div 15.5 = 5.8$（年）

投资回收期的相对标准差 $= \sqrt{(8.6\%)^2 + (18.5\%)^2} = \pm 20\%$

投资回报期的标准差 = 5.8 × ( ±20%) = ±1.16（年）

以上计算结果说明该项目的投资回收期为 4.6~7（5.8+1.16）年，而最大可能的投资回收期为 5.8 年，相对偏差为 ±20%。

**（二）净现值期望值的计算**

运用概率分析的方法可以计算项目净现值的期望值，以比较不同的投资方案，估计项目的风险和效益。

**【例 12-5】** 某项目建设期为 2 年，经营期为 12 年，在不确定因素的影响下，其投资的变动、销售收入和经营成本可能发生如表 12-2~表 12-4 所示。

**表 12-2 投资的变动**

| 时间/年 | 1 | | 2 | |
|---|---|---|---|---|
| 发生的情况 | A | B | A | B |
| 概率 | 0.6 | 0.4 | 0.7 | 0.3 |
| 数值/万元 | 1 000 | 1 300 | 1 400 | 1 100 |

**表 12-3 销售收入**

| 时间/年 | 3~14 | | |
|---|---|---|---|
| 发生的情况 | A | B | C |
| 概率 | 0.4 | 0.4 | 0.2 |
| 数值/万元 | 1 800 | 2 100 | 1 650 |

**表 12-4 经营成本**

| 时间/年 | 3~14 | | |
|---|---|---|---|
| 发生的情况 | A | B | C |
| 概率 | 0.4 | 0.3 | 0.3 |
| 数值/万元 | 1 400 | 1 300 | 1 600 |

解：

1. 计算各年净现金流量的期望值

第 1 年：-1 000×0.6-1 300×0.4=-1 120（万元）

第 2 年：-1 400×0.7-1 100×0.3=-1 310（万元）

第 3~14 年：

(1 800×0.4+2 100×0.4+1 650×0.2) -(1 400×0.4+1 300×0.3+1 600×0.3)

=1 890-1 430=460（万元）

2. 按基准收益 15%计算净现值的期望值

$E(NPV) = -1\ 120 \times 0.870 - 1\ 310 \times 0.756 + 460 \times 4.099 = -79.22$（万元）

由期望可以看出，该项目的风险较大，应谨慎决策。

**（三）期望值大于等于零的累计概率的计算**

**【例 12-6】** 某木材加工厂项目总投资 2 000 万元，1 年建成投产。据分析预测，项目在生产期内的年经营利润分三种情况：100 万元、300 万元和 500 万元，出现的概率分别为 0.2、0.3 和 0.5；项目的经营寿命期有 8 年、10 年、13 年三种可能，其可能性的概率分别为 0.2、0.5 和 0.3。项目折现率为 12%，试对项目净现值的期望值进行累计概率分析。

解：

1. 计算项目净现值的期望值

在年收入为 100 万元、寿命期 8 年的情况下，事件的概率为：0. 2×0. 2=0. 04

净现值$=-2\ 000\times(1+0.12)^{-1}+100\times(1+0.12)^{-2}+\cdots+100\times(1+0.12)^{-9}$

$=-2\ 000\times0.982\ 9+100\times4.435$

$=-1\ 324.27$（万元）

加权净现值 $=-\ 1\ 324.27\times0.04=-\ 53.69$(万元)

按上述方法将不同情况分别计算，并把结果列表，净现值期望值表如表 12-5 所示。

表 12-5　净现值期望值表

| 投资/万元 | 年经营利润/万元 | 概率 | 经营年限 | 概率 | 加权概率 | 净现值/万元 | 加权净现值/万元 |
|---|---|---|---|---|---|---|---|
| 2 000 | 100 | 0. 2 | 8 | 0. 2 | 0. 04 | −1 324. 27 | −53. 69 |
| | | | 10 | 0. 5 | 0. 10 | −1 281. 32 | −128. 13 |
| | | | 13 | 0. 3 | 0. 06 | −1 212. 27 | −72. 74 |
| | 300 | 0. 3 | 8 | 0. 2 | 0. 06 | −455. 21 | −27. 31 |
| | | | 10 | 0. 5 | 0. 15 | −272. 36 | −40. 85 |
| | | | 13 | 0. 3 | 0. 09 | −65. 21 | −5. 87 |
| | 500 | 0. 5 | 8 | 0. 2 | 0. 10 | 431. 85 | 43. 19 |
| | | | 10 | 0. 5 | 0. 25 | 736. 60 | 184. 15 |
| | | | 13 | 0. 3 | 0. 15 | 1 081. 85 | 162. 28 |
| 合计 | | | | | 1. 00 | | 61. 03 |

计算结果表明，在年经营利润为 100 万元和 300 万元的情况下，该项目都不能达到基准投资收益水平，只有在年经营利润为 500 万元的情况下，项目才有真正的净现值。

2. 计算净现值期望值的累计概率

我们将表 12-5 列出的加权净现值和相应的加权概率分别累计相加，即可得到净现值的期望值大于等于 0 的累计概率，净现值期望值累计概率如表 12-6 所示。

表 12-6　净现值期望值累计概率

| 加权净现值 | 概率分布 | 累计概率 |
|---|---|---|
| −128. 12 | 0. 10 | 0. 10 |
| −72. 74 | 0. 06 | 0. 16 |
| −53. 69 | 0. 04 | 0. 20 |
| −40. 85 | 0. 15 | 0. 35 |
| −27. 31 | 0. 06 | 0. 41 |
| −5. 87 | 0. 09 | 0. 50 |
| 43. 19 | 0. 10 | 0. 60 |
| 162. 28 | 0. 15 | 0. 75 |
| 184. 15 | 0. 25 | 1. 00 |

净现值大于0的累计概率为：1-0.5=0.5。

这一结果中，项目的净现值期望值为正，说明项目有效益，但净现值大于0的累计概率仅为0.5，说明风险较大。

3. 画出净现值期望值累计概率图

以加权净现值为纵坐标，累计概率为横坐标，绘制净现值期望值累计概率图（见图12-3）。该图较为直观地表明项目获利的机会大小和可能存在的不确定性。

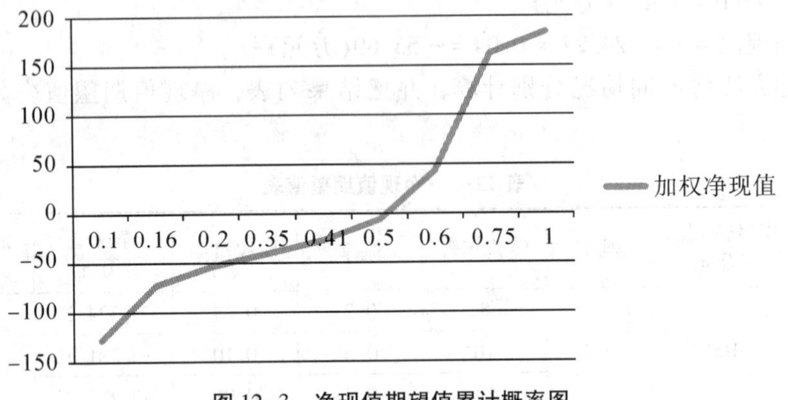


图12-3 净现值期望值累计概率图

NPV>0，累计概率=0.5，风险较大。

# 第五节 案例分析

## 一、案例概述

郑州市航空港区养老院占地面积42 000平方米，项目建设包括居住楼6栋、办公综合楼1栋（包含康复护理中心、门诊部、休闲娱乐文化中心、老年棋牌室、洗衣房）、医疗服务楼3栋，以及道路、活动场地和园林绿化等。项目整体规划合理，功能明确。养老院设计养老床位1 360床、康复床位140床，总计1 500张。由于本项目房屋使用寿命较长，所以本项目总体工程计算期按15年考虑，其中建设期2年，运营期13年。项目总投资36 015.04万元，其中自筹资金11 015.04万元，银行贷款25 000万元（年利率6%）；运营期间年平均经营成本费用为6 311.49万元，其中固定成本3 900.77万元，可变成本2 410.72万元；运营期年平均营业收入11 033.37万元，销售税金及附加606.84万元；期末回收资产11 753.66万元。本项目全部投资财务内部收益率为11.44%（税后），动态投资回收期11.4年（含建设期）。

## 二、项目分析

### （一）项目单因素敏感性分析

我们首先选择需要分析筛选的不确定性因素，并设定其变动范围。在本项目中，建安投资在实际工程中发生变化较小。但是由于金额较高，一旦发生变动，内部收益率将受重大影响。另外，在此方案中，养老院的入住率是根据市场调研预估的，在将来运营期内很有可能发生变化，营业收入也会随之变化，而营业收入对内部收益率的大小起着关键作用；经营成本在年总成本费用中占比大，并且难以预测其变化的幅度。因此，该项目选用建安投资、经营成本和营业收入作为不确定性因素，以财务内部收益率作为分析指标，参考（公式 1），借用 Excel 工具进行敏感性分析。根据养老院建设行业的实际情况，考虑各个变量在实际工程中可能会出现的变化幅度，我们设定不确定性因素的变化率为 ±5% 和 ±10%，分析结果如表 12-7 和图 12-4 所示。

**表 12-7　单因素变化对财务内部收益率的影响**

| 变化率（F） | 项目财务内部收益率 | 经营成本 | | 建安投资 | | 营业收入 | |
|---|---|---|---|---|---|---|---|
| | | 原值 | 比较值 | 原值 | 比较值 | 原值 | 比较值 |
| −10% | 11.44% | 13.14% | 1.7% | 12.56% | 1.12% | 8.21% | −3.23% |
| −5% | 11.44% | 12.26% | 0.82% | 12.00% | 0.56% | 9.85% | −1.59% |
| +5% | 11.44% | 10.67% | −0.77% | 10.86% | −0.58% | 12.96% | 1.52% |
| +10% | 11.44% | 9.96% | −1.48% | 10.28% | −1.16% | 14.44% | 3% |

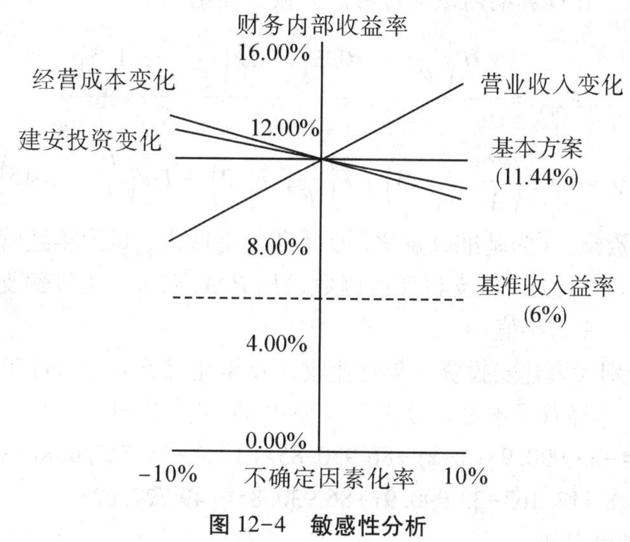


**图 12-4　敏感性分析**

$$\sum_{t=1}^{n}(C_I - C_O)_t(1+\mathrm{IRR})^{-t}=0 \qquad \text{（公式 1）}$$

其中：IRR 为项目财务内部收益率；$C_I$ 为现金流入，$C_O$ 为现金流出；$n$ 为计算期，包括建设期和运营期。

根据相对测定法判断敏感因素，其中敏感度系数的计算公式如下：

$$\beta=\frac{\Delta A}{\Delta F} \qquad \text{（公式 2）}$$

其中：$\beta$ ——经济效果指标 $A$ 对于不确定因素 $F$ 的敏感度系数；

$\Delta F$ ——不确定因素 $F$ 的变化率；

$\Delta A$ ——不确定因素 $F$ 发生 $\Delta F$ 变化率时，财务内部收益率的相应变化率。

$B$ 值越大，不确定性因素对评价指标的影响越大，即敏感因素。根据以上数据计算结果，采用公式计算方案对各因素的敏感度。

$$经营成本平均敏感度 = \frac{|9.96 - 13.14| \div 13.14}{20} = 1.21\%$$

$$建安成本平均敏感度 = \frac{|10.28 - 12.56| \div 12.56}{20} = 0.91\%$$

$$营业收入平均敏感度 = \frac{(14.44 - 8.21) \div 8.21}{20} = 3.79\%$$

由相对测定法测得建安投资、经营成本、营业收入的平均敏感度为 0.91%、1.21%、3.79%。显然，当建安投资、经营成本、营业收入分别变化时，财务内部收益率对营业收入的变化最为敏感，经营成本次之。由临界值计算法可以算出，当营业收入下降 17.46%，财务内部收益率为 6%，表明允许营业收入降低的最大限度为 17.46%。

**（二）项目多因素变化的敏感性分析**

1. 多因素敏感性模型建立

郑州市航空港区养老院项目建设周期为 2 年（项目每年年内进行均衡投资），由净现值相关理论得出，在计算期内该项目可建立数学模型如下：

$$F_{NPV} = -\frac{IF\left(\frac{P}{F},\ i,\ 0.5\right)}{2} - \frac{IF\left(\frac{P}{F},\ i,\ 1.5\right)}{2} + (Q - C)\,F\left(\frac{P}{A},\ i,\ 13\right) \cdot F\left(\frac{P}{F},\ i,\ 2\right) + I_S F\left(\frac{P}{F},\ i,\ 15\right) \qquad (公式 3)$$

其中：$I$ 为建安投资额，$i$ 为基准收益率，$Q$ 为年营业收入，$C$ 为年经营成本，$I_S$ 为期末回收值，$F(P/F, i, n)$ 为一次支付现值函数，$F(P/A, i, n)$ 为等额支付现值函数，$P$ 为现值，$F$ 为终值，$A$ 为年值。

令 $x$、$y$、$z$ 分别代表建安投资、年营业收入及年经营成本变化的百分数，将建安投资、年营业收入、年经营成本等参数代入（公式 3）式，得到：

$$\begin{aligned} F_{NPV}(x,y,z) &= -33\,990.9\times(1+x) + 86\,930.85\times(1+y) - 49\,727.62\times(1+z) + 4\,904.802 \\ &= 8\,117.163 - 33\,990.9x + 86\,930.85y - 49\,727.62z \end{aligned} \qquad (公式 4)$$

2. 双因素敏感性分析

假定在年经营成本不变的情况下，即 $z = 0$，$F_{NPV} = 8\,117.163 - 33\,990.9x + 86\,930.85y$，取 $F_{NPV} = 0$ 的临界值，使 $F_{NPV} = 0$，则有

$$y = 0.391x - 0.093 \qquad (公式 5)$$

根据（公式 4）得到双因素敏感性分析结果，见图 12-5。

即 $y = 0.391x - 0.093$ 为 $F_{NPV} = 0$ 的临界线，在临界线上，$F_{NPV} = 0$，在临界线左上方的区域 $F_{NPV} > 0$，在临界线左上方的区域 $F_{NPV} < 0$。在年经营成本不变的情况下，当建安投资和年营业收入同时变化，只要变动范围始终处于临界线左上方的区域，就有 $F_{NPV} > 0$，方案可以被接受。

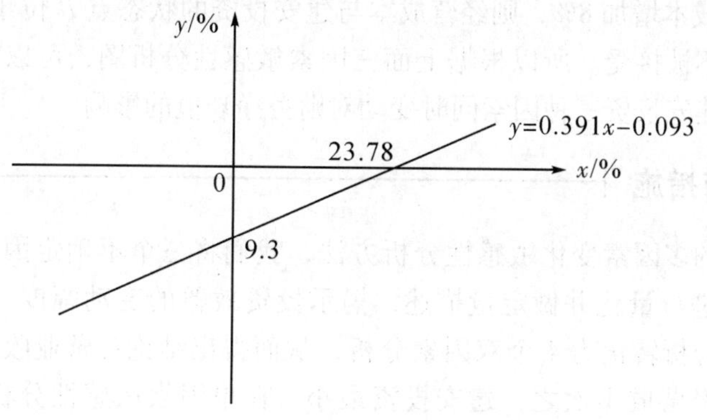


图 12-5　双因素敏感性分析结果

3. 三因素敏感性分析

令 $F_{NPV}(x, y, z) = 8\ 117.163 - 33\ 990.9x + 86\ 930.85y + 49\ 727.6z$ 中 $F_{NPV} = 0$，得到 $z = 0.683\ 54x + 1.748\ 14y + 0.163\ 23$ 方程式。在三维中，该方程表示一个平面。由于很难处理三维以上敏感性的表达，为简化起见，运用降维法进行降维处理，在 $-10\% \leqslant y \leqslant 10\%$ 间隔选取-10%、-5%、5%、10%四个变动值，将其代入平面方程，得到平行临界直线组，即：

$z = -0.683\ 54x + 0.338\ 05y = 10\%$

$z = -0.683\ 54x + 0.250\ 64y = 5\%$

$z = -0.683\ 54x + 0.075\ 83y = -5\%$

$z = -0.683\ 54x - 0.011\ 58y = -10\%$

三因素敏感性分析结果见图 12-6。从图 12-6 可以看出，营业收入增加，临界线往右上方移动，营业收入下降时，临界线往左下方移动。在本项目中，营业收入减少10%，同时建安投资减少 10%，经营成本减少 5%，则经营成本与建安投资的状态点 $A$ 位于临界线 $y=-10\%$ 的左下方，方案仍可以被接受；当营业收入减少 5%时，建安投资

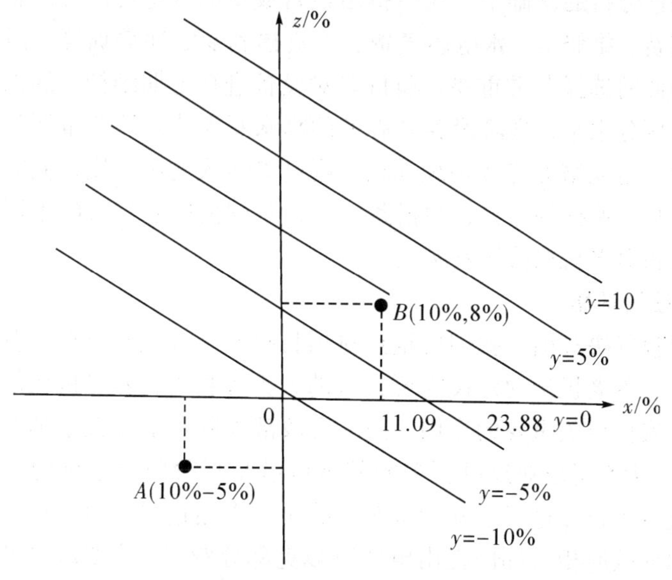


图 12-6　三因素敏感性分析结果

增加 10%，经营成本增加 8%，则经营成本与建安投资的状态点 $B$ 位于临界线 $y=-5\%$ 的右上方，方案不被接受。所以根据上面三因素敏感性分析图，可以直观了解营业收入、经营成本、建安投资三种因索同时变动对财务净现值的影响。



## 三、结论与措施

通过本项目的多因素变化敏感性分析方法，我们将三个不确定因素的变动对方案经济效果的影响进行量化并做定量描述，揭示投资效益的变动幅度。通过降维处理，我们将三维因素分析转化为 4 个双因素分析，从而得出结论：营业收入对方案的经济效果影响最大，经营成本次之，建安投资最小。在单因素敏感性分析中，建安投资、经营成本、营业收入变化幅度为-10%~10%，财务内部收益率大于基准收益率 6%，说明投资方案可行，并具有较好的抗风险能力。从方案决策角度来讲，为了能取得项目利益最大化，投资人应对营业收入、经营成本及建安投资等不确定性因素进行合理的把控，采取有效措施并加以风险防范和重点关注。



### （一）提高营业收入

在进行敏感性分析的基础上，我们得出营业收入为最敏感的因素，因此需要收集影响营业收入的相关原因。一是养老院入住率不足，人工费和取暖费等硬性开支不能得到有效摊薄，导致运营前期甚至更长时间处于运营负荷状态，不能实现资产的良性循环；二是老人属高发意外伤害率和突发死亡率较高的人群，一旦因此产生纠纷，诉讼和调解对养老机构都带来人力和物力上的负担。因此，项目在稳定建安投资和经营成本的基础上，运营期间应扩大养老院的宣传，引进更先进的管理系统，完善医疗护理配套服务，提升服务品质，严格控制收费价格；养老机构应参与综合责任保险，并对入住老人的基本健康预防与体检提供全面系统的服务，以减免发生意外后养老机构的压力。

### （二）管控经营成本

在进行敏感性分析的基础上，我们得出经营成本的敏感度次之。影响经营成本的因素有基础设施费、维修费、水电燃气费、工资福利及定期培训等。因此在基础设施的采购方面供货商的选择非常重要，项目要对设备进行定期维护，加强对人员素质的培养，提高管理服务水平，现阶段养老服务的高水平人才短缺严重制约了养老事业的长远发展。项目要定期培养专业护理人员，提高老年人的满意度，同时建立服务反馈系统，为老年人提供便捷的监督、举报条件，并时刻把握老年人的不同需求，不断完善经营模式，使得养老机构持续发展。

### （三）分析投资环境

在进行项目投资决策前，我们要重点对项目投资环境进行分析。首先要了解各种宏观、微观环境，养老机构的建设需要大量的人力和物力，养老机构的运营基金在养老事业的发展中发挥至关重要的作用。国家民政部等颁发了《关于加快实现社会福利社会化的意见》，为养老事业提供更多的基金以满足现阶段养老机构建设和完善的步伐。另外，养老院项目在进行建安投资时，除了可以通过多渠道筹集建设资金解决资金瓶颈，还可以向政府相关部门提出申请以减免部分费用，享受政策性补贴，达到降低投资成本的目的。

## 复习思考题

1. 什么是投资项目风险？项目风险都有哪些风险形式？

2. 什么是项目盈亏平衡分析？如何计算线性和非线性盈亏平衡点？

3. 什么是项目敏感性分析？请简述敏感性分析的步骤。

4. 概率分析的步骤和方法是什么？

5. 某项目总投资为 2 000 万元，建设期为 1 年。据分析，该项目在生产期内的年净现金流量有三种情况，即 200 万元、300 万元、400 万元，他们出现的概率分别为 0.3、0.3、0.4；项目的经营寿命期有 8 年、10 年、12 年三种可能，其发生的概率分别为 0.2、0.5 和 0.3，$I_C$ 为 10%，试对项目净现值期望值进行累计概率分析。

# 第十三章 项目总评估与后评估

项目总评估与后评估是项目投资建设程序中非常重要的工作阶段，是对项目投资建设成果及一定时期的生产运营情况进行的总结性评价。在目前有关完善我国投资管理体制的相关内容中，就有关于要在有关投资项目中推行并开展项目后评估的意见与建议，这是因为，项目的后评估工作一方面可以反映项目投资实施的实际效果及完成情况，另一方面也为相关项目的投资决策及管理实践活动提供经验教训，故本书仍然将其作为一个独立部分内容加以讲解。在本章中，首先介绍了与投资项目后评估相关的法律文件，接着分项目总评估、项目后评估两部分进行阐述，就其定义、特点、内容及作用等进行详细介绍。

## 第一节 相关政策

### 中央政府投资项目后评价管理办法

#### 第一章 总 则

第一条 为健全政府投资项目后评价制度，规范项目后评价工作，提高政府投资决策水平和投资效益，加强中央政府投资项目全过程管理，根据《国务院关于投资体制改革的决定》要求，制定本办法。

第二条 本办法所称项目后评价，是指在项目竣工验收并投入使用或运营一定时间后，运用规范、科学、系统的评价方法与指标，将项目建成后所达到的实际效果与项目的可行性研究报告、初步设计（含概算）文件及其审批文件的主要内容进行对比分析，找出差距及原因，总结经验教训、提出相应对策建议，并反馈到项目参与各方，形成良性项目决策机制。

根据需要，可以针对项目建设（或运行）的某一问题进行专题评价，可以对同类的多个项目进行综合性、政策性、规划性评价。

第三条 国家发展改革委审批可行性研究报告的中央政府投资项目的后评价工作，

适用本办法。

国际金融组织和外国政府贷款项目后评价管理办法另行制定。

第四条　项目后评价应当遵循独立、客观、科学、公正的原则，保持顺畅的信息沟通和反馈，为建立和完善政府投资监管体系服务。

第五条　国家发展改革委负责项目后评价的组织和管理工作。具体包括：确定后评价项目，督促项目单位按时提交项目自我总结评价报告并进行审查，委托承担后评价任务的工程咨询机构，指导和督促有关方面保障后评价工作顺利开展和解决后评价中发现的问题，建立后评价信息管理系统和后评价成果反馈机制，推广通过后评价总结的成功经验和做法等。

项目行业主管部门负责加强对项目单位的指导、协调、监督，支持承担项目后评价任务的工程咨询机构做好相关工作。

项目所在地的省级发展改革部门负责组织协调本地区有关单位配合承担项目后评价任务的工程咨询机构做好相关工作。

项目单位负责做好自我总结评价并配合承担项目后评价任务的工程咨询机构开展相关工作。

承担项目后评价任务的工程咨询机构负责按照要求开展项目后评价并提交后评价报告。

## 第二章　工作程序

第六条　本办法第三条第一款规定范围内的项目，项目单位应在项目竣工验收并投入使用或运营一年后两年内，将自我总结评价报告报送国家发展改革委。其中，中央本级项目通过项目行业主管部门报送同时抄送项目所在地省级发展改革部门，其他项目通过省级发展改革部门报送同时抄送项目行业主管部门。

第七条　项目单位可委托具有相应资质的工程咨询机构编写自我总结评价报告。项目单位对自我总结评价报告及相关附件的真实性负责。

第八条　项目自我总结评价报告应主要包括以下内容：

（一）项目概况：项目目标、建设内容、投资估算、前期审批情况、资金来源及到位情况、实施进度、批准概算及执行情况等；

（二）项目实施过程总结：前期准备、建设实施、项目运行等；

（三）项目效果评价：技术水平、财务及经济效益、社会效益、资源利用效率、环境影响、可持续能力等；

（四）项目目标评价：目标实现程度、差距及原因等；

（五）项目总结：评价结论、主要经验教训和相关建议。项目自我总结评价报告可参照项目后评价报告编制大纲进行编制。

第九条　项目单位在提交自我总结评价报告时，应同时提供开展项目后评价所需要的以下文件及相关资料清单：

（一）项目审批文件。主要包括项目建议书、可行性研究报告、初步设计和概算、特殊情况下的开工报告、规划选址和土地预审报告、环境影响评价报告、安全预评价报告、节能评估报告、重大项目社会稳定风险评估报告、洪水影响评价报告、水资源论证报告、水土保持报告、金融机构出具的融资承诺文件等相关的资料，以及相关批复文件。

（二）项目实施文件。主要包括项目招投标文件、主要合同文本、年度投资计划、概算调整报告、施工图设计会审及变更资料、监理报告、竣工验收报告等相关资料，以及相关的批复文件。

（三）其他资料。主要包括项目结算和竣工财务决算报告及资料，项目运行和生产经营情况，财务报表以及其他相关资料，与项目有关的审计报告、稽察报告和统计资料等。

第十条　项目自我总结评价报告内容不完整或深度达不到相应要求的，项目行业主管部门或者省级发展改革部门应当要求项目单位限期补充完善。

第十一条　国家发展改革委根据本办法第十二条规定，结合项目单位自我总结评价情况，确定需要开展后评价工作的项目，制定项目后评价年度计划，印送有关项目行业主管部门、省级发展改革部门和项目单位。

第十二条　列入后评价年度计划的项目主要从以下项目中选择：

（一）对行业和地区发展、产业结构调整有重大指导和示范意义的项目；

（二）对节约资源、保护生态环境、促进社会发展、维护国家安全有重大影响的项目；

（三）对优化资源配置、调整投资方向、优化重大布局有重要借鉴作用的项目；

（四）采用新技术、新工艺、新设备、新材料、新型投融资和运营模式，以及其他具有特殊示范意义的项目；

（五）跨地区、跨流域、工期长、投资大、建设条件复杂，以及项目建设过程中发生重大方案调整的项目；

（六）征地拆迁、移民安置规模较大，可能对贫困地区、贫困人口及其他弱势群体影响较大的项目，特别是在项目实施过程中发生过社会稳定事件的；

（七）使用中央预算内投资数额较大且比例较高的项目；

（八）重大社会民生项目；

（九）社会舆论普遍关注的项目。

第十三条　国家发展改革委根据项目后评价年度计划，委托具备相应资质的工程咨询机构承担项目后评价任务。

国家发展改革委不得委托参加过同一项目前期、建设实施工作或编写自我总结评价报告的工程咨询机构承担该项目的后评价任务。

第十四条　承担项目后评价任务的工程咨询机构，在接受委托后，应组建满足专业评价要求的工作组，在现场调查、资料收集和社会访谈的基础上，结合项目自我总结评价报告，对照项目的可行性研究报告、初步设计（概算）文件及其审批文件的相关内容，对项目进行全面系统地分析评价。

第十五条　承担项目后评价任务的工程咨询机构，应当按照国家发展改革委的委托要求和投资管理相关规定，根据业内应遵循的评价方法、工作流程、质量保证要求和执业行为规范，独立开展项目后评价工作，在规定时限内完成项目后评价任务，提出合格的项目后评价报告。

第十六条　国家发展改革委制定项目后评价编制大纲，指导和规范项目后评价报告的编制工作。

第十七条　项目后评价应采用定性和定量相结合的方法，主要包括：逻辑框架法、调查法、对比法、专家打分法、综合指标体系评价法、项目成功度评价法。

具体项目的后评价方法应根据项目特点和后评价的要求，选择一种或多种方法对项目进行综合评价。

第十八条　项目后评价应按照适用性、可操作性、定性和定量相结合原则，制定规范、科学、系统的评价指标。

承担项目后评价任务的工程咨询机构，应根据项目特点和后评价的要求，在充分调查研究的基础上，确定具体项目后评价指标及方案。

第十九条　工程咨询机构在开展项目后评价的过程中，应当采取适当方式听取社会公众和行业专家的意见，并在后评价报告中设立独立篇章予以客观反映。

## 第三章　成果应用

第二十条　国家发展改革委通过项目后评价工作，认真总结同类项目的经验教训，后评价成果应作为规划制定、项目审批、资金安排、项目管理的重要参考依据。

第二十一条　国家发展改革委应及时将后评价成果提供给相关部门、省级发展改革部门和有关机构参考，加强信息沟通。

第二十二条　对于通过项目后评价发现的问题，有关部门、地方和项目单位应认真分析原因，提出改进意见，并报送国家发展改革委。

第二十三条　国家发展改革委会同有关部门，定期以适当方式汇编后评价成果，大力推广通过项目后评价总结出来的成功经验和做法，不断提高投资决策水平和政府投资效益。

## 第四章　监督管理

第二十四条　列入后评价年度计划的项目，项目单位应当根据后评价工作需要，积极配合承担项目后评价任务的工程咨询机构开展相关工作，及时、准确、完整地提供开展后评价工作所需要的相关文件和资料。

第二十五条　工程咨询机构应对项目后评价报告质量及相关结论负责，并承担对国家秘密、商业秘密等的保密责任。

第二十六条　国家发展改革委委托中国工程咨询协会，定期对有关工程咨询机构和人员承担项目后评价任务的情况进行执业检查，并将检查结果作为工程咨询资质管理及工程咨询成果质量评定的重要依据。

第二十七条　国家发展改革委委托的项目后评价所需经费由国家发展改革委支付，取费标准按照《建设项目前期工作咨询收费暂行规定》（计价格〔1999〕1283号）关于编制可行性研究报告的有关规定执行。承担项目后评价任务的工程咨询机构及其人员，不得收取项目单位的任何费用。

项目单位编制自我总结评价报告的费用在投资项目不可预见费中列支。

第二十八条　项目单位存在不按时限提交自我总结评价报告，隐匿、虚报瞒报有关情况和数据资料，或者拒不提交资料、阻挠后评价等行为的，根据情节轻重给予通报批评，在一定期限内暂停安排该单位其他项目的中央投资。

第五章 附 则

第二十九条 各地方、各项目行业主管部门可参照本办法，制定本地区、本部门的政府投资项目后评价办法和实施细则。

第三十条 本办法由国家发展改革委负责解释。

第三十一条 本办法自发布之日起施行，《中央政府投资项目后评价管理办法（试行）》（发改投资〔2008〕2959 号）同时废止。

## 第二节 项目总评估

项目总评估是在项目各局部评估论证的基础上，对拟建项目进行综合分析，并做出总体评估决策，形成项目评估论证报告，提出结论性意见和建设性建议的过程。项目总评估应突出全局性、现实性和决策的科学性。通过本节的学习，读者在弄清楚项目总评估的必要性和具体任务的基础上，可以着重掌握项目总评估中评估报告的编写内容及要求等。

### 一、项目总评估的必要性

#### （一）是综合各分项评估结论，全面评价拟建项目的要求

项目评估是个多环节的系统工程，但目的只有一个，即为投资决策服务。一旦完成产品市场、建设条件、技术、效益等评估，分别得出有关的结论之后，我们必须及时把这些成果加以整理汇总，综合提炼，得出简括而明确的结论，才能使决策者对拟建项目一目了然，便于及时、正确地做出判断与决定。

项目评估的内容是非常丰富的，从总体上讲，这些内容既有经济的又有非经济的，既有宏观的又有微观的，既有定量的又有定性的。从项目评估的具体内容来看，包括了建设必要性的评估、市场与规模的评估、建设条件的评估、技术与方案的评估、财务数据的测算、财务效益的评估、项目经济效益的评估、社会效益的评估和项目风险分析等。这些内容又包含了许多更具体的内容。例如，建设条件评估中就包括了资源、工程与地质、原材料、燃料、动力条件、交通运输、协作配套建设、环境保护、项目选址等方面的要求。前面我们所做的项目评估，虽然对所有的内容都做了分析，但它们都是分散在各个部分中，而且是相互独立的，同时许多内容有很强的专业性。从决策的要求来看，这样的评估论证是很难发挥其原有作用的，因为过于凌乱，且没有形成相互联系的整体性结论，同时专业性过强也使决策者难以理解和接受。因此，作为一份合格的项目评估报告，应当对前面所做的各局部评估内容加以归纳、整理，并提出简单明了的决策结论。

#### （二）对从整体上形成一个正确的评估结论十分重要

项目建设可以带来效益，但建设过程需要各方面的投入。项目从建设到投产，其利弊得失涉及生产发展、国力消长、人民生活、社会福利和自然环境等许多方面。有的项目产品有市场，建设有条件，投入少，产出多，对企业、国家、整个社会的效益都好，无疑该项目是可行的；反之，必不可取。实际上，大多数的情况是项目评估中

各局部评估的结论往往不尽一致，甚至在同一部分内容的不同指标之间，其结果也会有很大不同。这些是从不同角度、不同侧面评估项目的必然结果，是十分正常的现象。作为项目评估人员，有责任从这些互相矛盾的结论中，找到适合于本项目的正确结论，并加以说明。例如，某一能源建设项目，如果从项目财务角度分析，其内部收益率为6.8%，远远低于所规定的10%的财务收益率要求。可是从国民经济角度评估这个项目，我们发现这个项目的经济效益是好的，其内部收益率达到了39.2%，远远高于规定的10%收益率要求。这是一个由国家投资建设，用以解决国民经济能源短缺问题的建设项目，其评估自然应当以国民经济评估为主，所以这个项目完全是值得建设的。有时候各局部评估结论相互矛盾的问题十分突出，在这种情况下我们就需要通过总评估深入分析，统一思想，提出令人信服的意见。

**（三）是进行方案优选的要求**

当项目只有一种方案时，我们要在可行与不可行中做抉择；如果有多个方案，我们必须通过比较选择，挑选最优方案。在实际评估工作中情况往往比较复杂，常常出现甲方案的某些分项评估结果优于乙方案，而乙方案中另一些分项评估结果优于甲方案。以一座水库大坝为例，其防洪、灌溉、发电、航运等多种效益可以组合成许多方案姑且不论，单就其坝高库容一方面说，就有高坝、中坝、低坝几个方案。高坝方面，我们可以充分利用其水资源多发电，但上游淹没区大，移民多，对生态环境影响大；相反，低坝则淹没区小，移民少，对生态环境影响较小，但发电少，单位电力成本较高。可见，方案比选不仅存在于单项评估中，到了总评估阶段，我们更要放开眼界，从更大范围、更加长远的需要方面进行综合比较分析，真正选择最优并最为可行的方案。

**（四）是对分项评估进行拾遗补阙、补充完善的要求**

项目评估的大量工作是在各个分项评估中进行的。分项评估的测算与分析是分散的，各个分项的评估结论有可能出现矛盾。从总体上看，所有分项评估的内容还有不尽完备的地方。最常见的事例是，有的评估人员，只强调项目建设的有利条件，而忽视项目上的不利因素，或者只分析并肯定项目本身建设的必要性及其可获效益，而对影响项目和取得预期效益的客观条件估计不足。在这些情况下，我们通过项目的总评估对前面评估过程中难以完全避免的疏漏，及早加以补充、修正，使整个评估趋于完善，这是非常必要的。

总之，将建设项目的各个单项评估结果加以协调、汇总和完善，并对项目做出总的评价，是直接为项目决策提供依据所必不可少的。

**（五）可以对项目实施计划提出一些建设性的建议**

一个投资项目从总体上来看是必须建设的，可是种种因素使它不具备充分的建设条件或者不能获得较理想的经济效益。在这种情况下通过总评估提出一些合理性意见和建设性建议是十分必要的。例如，某投资项目从国民经济角度看很有必要建设，但是所需原料国内无法保证供应，因而不太具备建设条件。进口该种原料，会产生生产成本过高问题，而且外汇平衡也有问题。在这种情况下，我们可考虑安排该种原料生产项目的同步建设，从而解决建设条件和经济效益问题。又如，一些投资项目的国民经济效益很好，而财务效益不好，为了鼓励地方和项目单位的积极性，建议在税收、贷款利率等方面对项目单位采取优惠政策。有些特大项目的评估可能涉及国民经济空间布局、经济结构等一些重大战略问题。一些合理建议供决策部门参考，将是总评估的目的所在。





## 二、项目总评估的内容

项目总评估的内容是由总评估的性质和总评估的要求决定的。不同的项目规模不同、技术特征不同、建设时间不同，总评估的具体内容也就不同。但是，所有项目的总评估都要按国家政策，对拟建项目技术、经济条件及投资效益进行全面评价，综合反映项目状况，为决策提供依据。因此，项目总评估应包括如下内容：

### （一）项目建设的必要性

项目建设的必要与否是决定项目是否上马的前提条件。项目总评估要着重从以下几个方面进行分析论证。

1. 项目是否符合国民经济长远发展要求

从国民经济和社会发展长远要求看，项目总评估要衡量项目建设是否符合国家产业政策要求，是否符合国民经济长远发展规划、行业规划和地区规划的要求。

2. 项目是否符合国内国外市场要求

从市场要求角度看，项目总评估要衡量项目的产品是否短缺，是否为升级换代产品，品种、性能、质量、规模是否符合国内外市场需求，有无竞争优势。

3. 项目是否符合平衡发展的要求

从国家安全、社会稳定及宏观经济角度看，项目总评估要衡量项目是否有利于提高国民经济的技术装备水平，是否有利于生产力的合理布局，是否有利于提高综合国力，是否有利于少数民族地区的发展，是否有利于巩固国防安全。

### （二）项目规模的恰当性

项目规模是项目取得经济效益的保证。按照获得经济效益的程度，项目规模可以分为亏损规模、起始规模、合理规模和经济规模四类，项目建设应力求经济规模，要考虑以下几个方面确定最恰当的建设规模。

1. 产品需求规模

产品需求规模是买方市场的市场规模，项目只有形成一定的市场规模，才能谈项目建设的经济规模问题。

2. 生产建设条件

技术、工艺和原材料等生产建设条件影响经济规模的大小，因此，项目经济规模的确定必须予以考虑。

3. 产品自身性质

经济规律决定不同产品有不同的经济规模大小，我们要根据产品确定经济规模。

### （三）项目建设与生产条件

项目具备建设与生产条件，是项目顺利建成并正常投产的基本保证。评估项目的建设条件，一般要分析以下几个方面展开。

（1）厂址布局是否符合客观规律。

（2）工程地质、水文地质条件是否清楚，是否符合建设要求。

(3) 施工力量、施工技术、施工物资的供应有无保证。
(4) 设备采购能否落实、是否配套。
(5) 是否有环保部门批准的环境保护方案。
(6) 工程设计、施工方案是否切实可行。

项目生产条件根据行业特点各有不同。比如，一般加工企业的建设，我们要着重分析项目建成投产后所需原材料、燃料、动力、供水、供电、供热和交通运输条件的落实情况，产品方案和资源利用方案是否合理。矿山资源开发项目，我们首先要分析资源储量是否清楚，其品位是否有开采价值，其工程、水文地质状况如何。

**（四）项目是否具有先进、适用、安全、经济的工艺、技术和设备**

项目的工艺技术和设备是项目能否取得预期成效的关键。总评估应着重分析投资项目所采用的工艺技术设备是否符合国家的产业政策、技术发展政策和技术进步装备政策，是否有利于资源的综合利用，是否有利于提高劳动生产率，是否有利于降低能耗、物耗，是否有利于改进产品的质量，以及是否有必要引进技术，技术与国情是否相符，等等。一个生产项目建成投产后要正常发挥作用，将依存于相关协作项目同步配套的建设与发展。因此，总评估阶段我们必须考察关系重大的配套项目是否已有相应安排，能否同步建成。

**（五）项目筹资方案是否合理**

在现代经济生活中，资金的投付是投资发挥其对经济的启动功能和持续推动功能的集中体现，也是先决条件。没有足够的资金，项目无法实施，项目资金来源不合理，项目的实施也会受到影响。在评估时，一方面，我们必须认真地分析投资估算是否落实，所需投资是否充裕，这些是非常重要的评估事项。另一方面，我们还应考察项目投资来源的合理性和可靠程度，其中，特别要考察项目自有资金是否符合法律、政策的规定，所有来源必须有事实依据。比如，银行贷款方面，不能只是一种设想，必须有与银行签订的意向书或协议书等书面凭据，以保证项目资金来源的可靠性。

**（六）项目是否有较高的财务效益和国民经济效益**

经济效益（包括财务效益和国民经济效益）是项目投资建设的目的。前文各项评估最终都会反映在项目经济效益评估上，总评估时我们要着重以投资回收期、财务净现值、预期的财务内部收益率、贷款偿还期等指标分析企业的盈利能力，并通过经济净现值、经济内部收益率、投资净效益率等指标分析国家的有限资源是否得到了合理的配置和充分有效的利用。当企业财务效益与国民经济效益的评估结果不一致时，我们应以国民经济效益作为总评估的依据，同时，提出改进意见，尽可能使项目在财务和国民经济上均有效益。

**（七）项目投资抗风险能力的大小**

风险是项目投资决策的重要影响因素。由于项目在未来实施，影响项目投资成本与效益的技术经济因素多且不确定，对于企业未来技术力量、业务素质和管理人员的经营能力等因素，我们不可能先做出绝对准确的预测；至于影响项目成败的客观环境与条件的变化，更非项目业主所能主宰。所有这些情况都具有较大的不确定性，我们难以做出绝对准确的预测。因而，项目的实施面临很大的风险，于是，项目评估做不确定性分析是必不可少的，项目风险分析是项目总评估的重要组成部分。

**（八）提出最终方案选择的意见及项目决策意见**

投资项目评估为项目投资者提供决策依据和选择方案，特别是在多种技术经济方案中进行选择是项目评估的重要内容。总评估要在认真、细致、切实地比较不同方案的基础上，分析、判断、鉴定所选方案是否可行或相对最优，从而提出有关权力部门是否批准项目和给予贷款的意见。

**（九）提出项目存在的问题及改进建议**

经过综合分析判断，我们选择最后可行的方案或评判项目不可行，无论什么结果，对项目提出存在的问题及改进意见是有必要的。项目可能存在的问题表现在两个方面：一是项目规划、设计、选址等方面的问题，可建议项目建设单位加以改进；二是现行有关制度不合理的问题，可建议有关部门加以修订。

## 三、项目评估报告的撰写要求

项目评估报告是由担当评估任务的单位及其成员根据评估的目的与要求，在评估工作完成后，向决策部门提供项目主要情况和评估结果的综合性技术文件。评估报告是项目评估的最终成果，是决策部门进行投资或贷款决策的技术性文件，因而应按规定的内容格式与要求撰写。一般来说，撰写评估报告的基本要求有以下几个方面。

**（一）应以事实为依据，真实反映项目状况**

评估报告要真实地反映项目状况，就要以事实为依据，从以下几个方面反映项目评估和得出项目评估结论。

1. 如实反映项目的基本情况

评估报告反映的内容必须全面而不夸张，保证资料的真实性、可靠性和充分性是其根本。评估报告要对资料进行“去粗取精，去伪存真”的筛选，进行“由表及里，由此及彼”的分析，从而具体、生动地反映项目的真实面貌。

2. 如实反映评估工作的过程

评估工作的过程一定程度上反映了项目评估的真实性，所以，项目评估报告应如实反映评估工作的过程，包括评估人员结构、评估活动方式与过程、分歧意见、使用的评估方法等。

3. 如实反映利弊

项目评估既不能站在建设单位的角度，只讲项目有利的一面；也不能直接站在投资决策者角度，尽找项目的弊端。而应从更大的范围客观地评估项目，既讲项目的优点，也讲项目的弊端，使评估报告真正体现科学性、公正性和客观性。

**（二）评估报告要进行比较研究**

对可行性研究报告与项目评估进行比较是项目评估报告的特点之一，比较研究是项目评估的重点。评估报告应在以下几个方面反映比较研究的过程和成果。

1. 评估资料来源的比较研究

可行性研究要收集资料，项目评估也要收集资料，只是项目评估是在可行性研究的基础上进行的。所以，项目评估除了使用可行性研究提供的资料之外，还有其他来源的资料，应比较这些资料，确定影响项目评估与可行性研究不同结论的决定性资料。

2. 数据的比较研究

评估报告是反映评估过程和结论的，因而数据是最具说服力的。评估人员要运用数据说明问题，最好的方式是进行数据的比较。这既说明了可行性研究报告的说服力，又说明了项目评估的深度和可信性。

3. 方案的比较研究

项目评估实际上是方案的比较，因而，比较不同方案的优劣是项目评估的关键。对可行性研究报告的方案与项目评估报告方案进行比较，也是得出项目评估结论的依据。

### （三）结论要科学可靠

项目评估人员应该坚持科学、公正的态度，实事求是地评估项目，在此基础上进行总评估，提出科学的结论。科学的结论，主要表现为评估的结论应该与项目进展的结果保持一个较小的偏差。

### （四）建议要切实可行

项目评估人员提出的建议对项目的发展要有一定的价值，并且在实际中能够操作，不会流于形式。

### （五）对关键问题要重点分析

在进行项目评估时，某些关键性内容的正常实施与投产运营具有十分关键的作用。对于这些内容，评估人员要特别注意，进行重点分析，并分析其变化对项目的影响程度。

### （六）评估报告要注意层次、态度、逻辑、文字

评估报告是一种论说性应用文体，重在反映情况、说明问题，因此，项目评估报告应做到以下几点。

（1）报告的层次应清晰。项目评估报告在叙述情况时，必须条理清楚，简明扼要，使决策者一目了然；切忌堆砌材料，令人不得要领。

（2）报告的态度应鲜明。项目结论应明朗，理由应清晰，不可含含糊糊、模棱两可。

（3）报告的逻辑要强。报告要有严密的内在逻辑，前后分析应有可比性，分析应尽可能保持一致性，特别要防止相互矛盾的说法。

（4）报告的文字要精练。报告应在文字表达上达意、精练，避免不必要的重复和冗长，从而保持报告的可读性。

正式的评估报告要由承担评估任务的单位领导、专家和评估小组成员签名盖章后报有关决策部门，并将报告副本连同评估过程收集整理的资料和计算表等一并立卷存档，供以后参考。

## 四、我国项目评估报告的格式

### （一）项目评估报告的正文

评估报告正文之前应该有一个提要，简要说明评估报告的要点，包括企业和项目概况、项目建设必要性、主要建设内容、生产规模、总投资和贷款额、财务效益、经济效益、项目建议书的批复时间和文号等，以300~500字为宜。在提要之后，评估人

员一般应该按照如下顺序编写报告：

（1）企业概况。企业概况包括企业基本情况（在项目所处行业中的地位与信誉、地理环境条件、管理功能、现有主要产品、人员结构）、近三年的经营业绩与财务状况、企业中长期规划和拟建项目的关系等。

（2）项目概况。项目概况内容包括项目提出的背景、投资建设的必要性、项目基本内容、产品与生产方案、规模、建设性质、前期准备工作已经进行到的阶段。

（3）市场环境。市场环境内容包括国内外市场需求与供给的预测、国内现有工厂生产能力的估计、产品竞争能力分析、市场范围分析、进入国际市场的前景与外销主要对象国、企业实现预期国际市场份额的策略等。

（4）生产技术与设备。生产技术与设备内容包括产品名称与种类、工艺流程、技术设备、进口设备价格、进口设备与国内配套设备的协调。

（5）工厂设计。工厂设计内容包括厂址选定、厂房建筑设计、环境影响与污染治理。

（6）投入物。投入物内容包括项目主要投入物的名称、耗用量、价格、来源与供应的保证程度。

（7）人员与培训。人员与培训内容包括工人与技术人员的基本构成比例、培训计划等。

（8）投资计划。投资计划内容包括总投资额与投资构成、投资分年使用计划、投资总额的来源与筹措。

（9）项目财务数据预测。项目财务数据预测内容包括产品销售收入、销售税金、经营成本的预测，对可行性研究报告中的财务数据进行修正的理由。

（10）财务效益分析。静态财务效益指标包括投资利润率、投资利税率、贷款偿还期等，动态财务效益指标包括财务净现值、财务内部收益率、财务净现值率等。

（11）经济效益分析。经济效益分析是指对项目的国民经济评价进行分析，计算项目的经济净现值等国民经济指标。

（12）不确定性分析。不确定性分析是指进行盈亏平衡分析、敏感性分析与概率分析，明确项目的主要影响因素，指出项目风险管理应该主要防范的方向。

（13）总结与建议。总结与建议是指提出项目能否批准、能否贷款等意见及对项目正常进行有益的一些建议。

**（二）详细项目评估报告的主要附表**

（1）财务数据估算预测表。财务数据估算预测表包括投资成本与来源表、销售收入与税金预测表、销售成本预测表、利润及利润分配表、贷款还本付息表等。

（2）项目财务、经济效益分析表。项目财务、经济效益分析表包括项目（自有资金、全部投资）现金流量表、经济现金流量表、敏感性分析表等。

**（三）详细项目评估报告的附图**

详细项目评估报告的附图主要包括工厂平面布置图、项目实施进展计划图等。

**（四）详细项目评估报告的附件**

详细项目评估报告的附件主要包括项目建议书批准文件（影印件）、可行性研究报告批准文件（影印件）、与外贸部门签订的工贸协议书（影印件）及偿还贷款担保函

（影印件）等。

对于小型项目评估人员可以编制简要项目评估报告，内容较为简单，包括项目评估简表、项目简要说明与附件。

## 第三节　项目后评估

### 一、项目后评估的概念

项目后评估又称事后评估。它是指在投资项目建成投产并运行一段时间后，对项目立项、准备、决策、实施，直到投产、运营全过程的投资活动进行总结评估，对投资项目取得的经济效益、社会效益和环境效益进行综合评估，从而作为判别项目投资目标实现程度的一种方法。

投资项目的后评估通过对整个投资项目建设过程和运行过程各阶段工作进行回顾，对项目投资全过程的实际情况与预计情况进行比较研究，衡量和分析实际情况与预测情况发生偏离的程度，说明项目成功或失败的原因，全面总结投资项目管理的经验教训，再反馈到将来的项目中去，供其参考和借鉴，为改善项目管理工作和制订科学合理的投资计划及各项规定提供重要的信息依据和改进措施，以达到提高项目投资决策水平、管理水平和提高投资效益的目的。项目后评估既是投资项目建设程序中的一个重要工作阶段，又是项目投资管理工作中不可缺少的组成部分和重要一环。

### 二、项目后评估的特点

项目后评估不同于项目投资决策前的可行性研究和评估（前评估）。由于评估时点的不同，与前评估相比，项目后评估具有如下特点。

#### （一）现实性

投资项目后评估分析研究的是项目的实际情况，是在项目投产的一定时期内，根据企业的实际经营结果，或根据实际情况重新预测数据，总结的是现实存在的经验教训，提出的是实际可行的对策措施。项目后评估的现实性决定了其评估结论的客观可靠性。项目前评估分析研究的是项目的预测情况，所用的数据都是预测数据。

#### （二）全面性

项目后评估的内容具有全面性，即不仅要分析项目的投资过程，还要分析其生产经营过程；不仅要分析项目的投资经济效益，还要分析其社会效益、环境效益等。另外，它还要分析项目经营管理水平和项目发展的后劲和潜力。

#### （三）反馈性

项目后评估的目的是对现有情况进行总结和回顾，并为有关部门反馈信息，以提高投资项目决策和管理水平，为以后的宏观决策、微观决策和项目建设提供依据和借鉴。项目前评估的目的则是为有关部门对项目的投资决策提供依据。

#### （四）独立公开性

投资项目的后评估工作主要是以投资运行的监督管理机构或单设的后评估机构或

决策的上一级机构为主，组织主管部门会同计划、财政、审计、银行、设计、质量等有关部门进行的，摆脱了项目利益的束缚和局限，可以更为公正地做出评估结论。

**（五）探索性**

投资项目后评估要在分析企业现状的基础上，及时发现问题，研究问题，以探索企业未来的发展方向和发展趋势。

**（六）合作性**

项目后评估涉及面广，人员多，难度较大，因此需要各方面组织和有关人员的通力合作。

## 三、项目后评估的作用

从项目后评估的定义、特点及其与前评估的对比中可以看出，项目的后评估对于提高项目决策的科学化水平、改进项目管理水平、监督项目的正常生产经营、降低投资项目的风险和提高投资效益水平等方面发挥非常重要的作用。具体地说，项目后评估的作用主要表现在以下几个方面。

**（一）总结投资建设项目管理的经验教训，提高项目管理水平**

投资项目管理是一项十分复杂的综合性的工作活动，涉及计划和主管部门、银行、物资供应部门、勘察设计部门、施工单位、有关地方行政管理部门等较多单位。项目能否顺利完成并取得预期的投资经济效果，不仅取决于项目自身因素，而且还取决于这些部门能否相互协调、密切合作、保质保量地完成各项任务和工作。项目后评估通过对已建成项目的分析研究和论证，较全面地总结项目管理各个环节的经验教训，指导未来项目的管理活动。不仅如此，通过投资项目后评估，评估人员可以针对项目实际效果所反映出来的项目建设全过程（从项目的立项、准备、决策、设计实施和投产经营）各阶段存在的问题提出切实可行的、相应的改进措施和建议，可以促使项目运营状况正常化，使项目尽快实现预期的效益和效果目标，更好地发挥其效益。同时，对于一些因决策失误，或投产后经营管理不善，或环境变化造成生产、技术或经济状况处于困境的项目，也可通过后评估为其找出生存和发展的途径，这也会对现有投资项目起到一定的监督作用。

**（二）提高项目决策的科学化水平**

项目前评估是项目投资决策的依据，前评估所用的预测是否准确，需要后评估来检验。建立完善的项目后评估制度和科学的方法体系，一方面可以增强前评估人员的责任感，促使评估人员努力做好前评估工作，提高项目评估的准确性；另一方面可以通过项目后评估的反馈信息，及时纠正项目决策存在的问题，从而提高未来项目决策的科学化水平，并对相同类型或相似的投资项目决策起到参考和示范作用。

**（三）为国家制订投资计划、产业政策和技术经济参数提供重要依据**

项目后评估对国家建设项目的投资管理工作起着强化和完善作用，能够发现宏观投资管理中存在的某些问题，从而使国家及时地修正某些不适合经济发展的技术经济政策，修订某些已经过时的指标参数。同时，国家还可以根据项目后评估所反馈的信息，合理确定投资规模和投资流向，协调各产业、各部门之间及其内部的各种比例关系。此外，国家还可以充分运用法律、经济和行政的手段，建立必要的制度和机构，促进投资管理的良性循环。

**（四）为银行部门及时调整信贷政策提供重要依据**

我国的银行部门除自身作为投资主体外，还是国家投资资金的供应部门和投资的监管部门，担负回收国家投资的职责。通过开展项目后评估，及时发现项目建设资金在使用过程中存在的问题，分析贷款项目成功或者失败的原因，从而为银行部门调整信贷政策提供依据，并确保投资资金的按期回收。

**（五）对项目自身改进有重要意义，促使项目运营状态正常化**

项目后评估是在运营阶段进行的，因而可以分析和研究项目投产初期和达产时期的实际情况，比较实际情况与预测状况的偏离程度，探索产生偏差的原因，提出切实可行的措施，从而促使项目运营状态的正常化，提高项目的经济效益和社会效益。建设项目竣工投产、交付使用后，通过进行项目后评估，评估人员针对项目实际效果反映的从项目的决策、设计、实施到生产经营各个阶段存在的问题，提出相应的改进措施的意见，使项目尽快实现预期目标，更好地发挥效益。对于决策失误或者环境改变致使生产、技术或者经济等方面处于严重困境的项目，通过进行后评估，评估人员可以为其找到生存和发展的途径，并为主管部门重新制订或优选方案提供决策的依据。此外，把项目后评估纳入基本建设程序，决策者和执行者预先知道自己行为和后果要受到日后的评估和审查，就会意识到责任的重大，将促使决策者和执行者在主观上认真努力地做好工作。从这一点上说，后评估对项目建设也有监督和检查作用。

## 四、项目后评估的必要性

开展项目后评估对项目决策科学化、管理现代化及对提高项目投资效益有着重要作用。其必要性如下。

**（一）建立和完善项目评估体系**

目前，我国投资项目的评估工作，主要侧重项目前评估，对保证项目决策的正确性及搞好项目前期工作起到了非常重要的作用。但我们只凭前评估，还远远不能把项目搞好。一些项目在建设实施和投产后均会发生问题，足以说明仅有前评估还是不够的，还必须有后评估，以建立和完善项目评估体系。项目评估体系应有前、中、后三个评估，才能对项目实行全过程的控制，保证项目达到预期的效果。

**（二）建立和完善项目工作责任制度**

项目投资效益的好坏是项目管理各阶段、各环节、各相关单位和部门综合作用的结果。其中任何一个环节失误都会给整体带来损失。后评估、整体控制和审评可以加强各环节的工作联系，有利于建立和完善项目工作责任制。

**（三）实现项目运行过程最优控制**

从理论角度看，项目后评估是经济控制论在项目管理上的具体应用，即对项目运行全过程及其实施结果进行跟踪、反馈、监测、评估和调控，使项目的运行过程处于优化状态。任何一个项目在决策、实施建设和生产经营过程中，必然受到各种因素的制约，各种因素的不确定性将影响预测数据和实施结果。例如，投入物或产出物价格变化、贷款利率变动、技术进步及市场需求的变化等必然会使项目运行偏离预定目标。我们通过后评估不断地、及时地反馈和调控信息，就会使项目按预定目标运行，从而实现最优控制。

**（四）适应市场经济发展需要**

我国市场经济体制的建立及投资体制和金融体制的深化改革，使银行贷款管理工作由过去侧重前评估，向生产领域延伸，随后加强后评估，重视企业的偿还能力，从而保证银行贷款被及时偿还，同时也提高了银行资金的效益性、安全性和流动性。影响市场经济变化和因素多而繁，从而影响项目预测数据和实施结果。例如，价格变化、利率浮动、技术进步和市场供需关系的变化等必然会使得预测情况和实际情况产生偏差。因此，只有进行后评估，根据市场的变化预测目标的程度，我们才能调整方案，促进企业生产合理有序进行。

## 五、项目后评估的程序

根据投资项目的内在规律和项目后评估工作的实践，以及国家有关的项目后评估工作的法规、文件规定，项目后评估工作应做到如下要求：首先，应从国家的整体利益出发，结合项目的产业和行业特点进行后评估工作。其次，项目后评估工作应科学、全面、细致、认真地进行。最后，项目后评估报告中既要有定性分析，又要有定量分析，所采用的资料必须完整，依据必须准确，分析必须客观，方法必须正确，结论必须公正，并具有权威性、适用性和科学性。各个项目的投资额、建设内容、建设规模等不同，其后评估的程序也有所差异，但大致要经过以下几个步骤。

**（一）制订后评估的计划**

制订必要的计划是项目后评估的首要工作。项目后评估的提出单位可以是国家有关部门、银行，也可以是项目投资者。项目后评估机构应当根据项目的特点，确定项目后评估的具体对象、范围、目标，据此制订必要的后评估计划。项目后评估计划的主要内容包括组织后评估小组、配备有关人员、安排时间进度、确定后评估的内容和范围、选择后评估所采用的方法等。

**（二）收集与整理资料**

根据制订的计划，后评估人员应该制订详细的调查提纲，确定调查的对象和调查所采用的方法，收集有关资料。这一阶段所要收集的资料如下。

（1）项目建设的有关资料。这方面的资料主要包括项目简要介绍、可行性研究报告、项目评估报告、工程预算和决算报告、项目竣工验收报告及有关合同文件等。

（2）项目运行的有关资料。这方面的资料主要有项目投产后的销售收入情况、生产或者经营情况、利润状况、交纳税金的状况和贷款本息偿还状况等。这类资料可从资产负债表、损益表等有关会计报表中得到。

（3）国家有关经济政策与规定等资料。这方面的资料主要包括与项目有关的国家宏观经济政策、产业政策、金融政策、投资政策、税收政策及相关规定等。

（4）项目所在行业的有关资料。这方面的资料主要由国内外同行业项目的劳动生产率水平、技术水平、经济规模与经营状况等。

（5）有关部门制定的后评估方法。各部门规定的项目后评估的方法包括的内容略有差异，项目后评估人员应该根据委托方的意见选择后评估的方法。

（6）其他有关资料。根据项目的具体特点与后评估的有关要求，评估人员还要收集其他有关的资料，如项目的技术资料、设备运行资料等。

**（三）分析论证**

在充分占有资料的基础之上，项目后评估人员应该根据国家有关部门制定的后评估方法，对项目建设与生产过程进行全面的定量与定性分析论证。

**（四）编制项目后评估报告**

项目后评估报告是项目后评估的最终成果。项目后评估人员应当根据国家有关部门制定的后评估报告格式，将分析论证的结果汇总，编制项目后评估报告，并提交给委托单位与被评估单位。项目后评估的报告编制必须坚持客观、公正和科学的原则。

**（五）行业或地方主管部门对项目后评估报告进行初步审查**

这一阶段主要由主管部门对项目后评估报告和项目建设的实际情况进行深入考察，结合行业或地方建设反映出来的共性问题和特点、经验，站在国家的立场，从行业或地方的角度，提出针对项目后评估报告的初步审查意见。主管部门一方面对具体项目的后评估工作进行评价，另一方面也为改进行业部门或地方有关工作做一个简单的经验总结。最后由主管部门完成项目后评估审查报告并报送国家计委，再抄送有关部门和单位。

**（六）项目后评估报告的复审阶段**

国家有关机构组织有关部门，或聘请有关专家学者，对主管部门的项目后评估审查报告和项目单位的项目后评估报告进行复核审查。其要求是要站在国家整体利益的立场上，从微观与宏观相结合的角度提出项目后评估复审报告，并报国家相关主管机构和发至有关部门和单位。

上述阶段的后评估工作程序，满足国家重点建设项目后评估工作的广泛性、全面性和公开性要求，有利于落实评估结论的公正性、科学性和可靠性的原则。

## 六、项目后评估的内容

**（一）世界银行贷款项目后评估简介**

在介绍投资项目后评估基本内容之前，本教材有必要先对世界银行的后评估体系做一个简单的介绍。在世界各国、各种经济组织的投资项目后评估工作和体系中，世界银行的后评估体系无疑是最完善的，其后评估工作也开展得相当成功。我国的投资项目后评估工作是在世界银行的帮助下逐渐开展的。我国的项目后评估工作主要是从20世纪90年代在国家重点建设项目中开始进行的（由国家计委所属的重点建设部门主持）。其中，第一部有关投资项目后评估工作的文件是国家计委于1990年1月24日颁布的《关于开展1990年国家重点建设项目后评估工作的通知》。在项目后评估方面，世界银行及亚洲开发银行对我国的帮助较多，因此，我国的项目后评估体系与世界银行的体系有一定程度的相承性。

世界银行在20世纪70年代初就开始了贷款项目的后评估工作，到现在已经形成一整套完整的评估制度和方法。世界银行的项目后评估工作一般分两个阶段进行：第一阶段是由贷款项目的银行主管人员在贷款发放完毕后的6~12个月内编制一份“项目完成报告（PCR）”，第二阶段是由执行董事会主席指定专职董事负责的“业务评价局”（Operation Evaluation Department，OED，成立于1973年）对项目进行比较全面深刻的总结评价。其中，第一阶段的“项目完成报告”的内容一般应包括以下几个方面。

（1）项目背景。它是指项目的提出、项目的准备和项目进行的依据、项目目标的范围和内容等。

（2）项目管理机构的设置、咨询专家的聘用及其实绩。

（3）项目实施的时间进度、实际进度与预测进度的偏差及其产生的原因。

（4）在物资、财务管理等方面存在的问题及其产生的原因，为了解决这些问题或减轻其造成的影响而采取的措施及其实际效果。

（5）对项目做出重大修改的内容及修改的原因。

（6）发放贷款过程中出现的不正常情况及其与贷款条件、贷款协议或贷款程序有何联系。

（7）双方在培训工作人员过程中可总结的经验教训。

（8）违约事件的发生情况及其所采取的措施，如未采取任何措施，要写明原因。

（9）关于采购、供应商和承包商的情况分析。

（10）财务评估，包括财务收益率、财务成果（包括流动资金分析）、财务实绩与财务目标的比较分析。

（11）经济评价，包括国民经济效益、社会效益的分析与评价及与预期效益的比较分析。

（12）机构体制方面的实绩，包括组织方面的成绩、组织管理措施及其经验教训。

（13）结论。结论包括项目总评估和可作为类似项目参考和借鉴的经验教训。

项目后评估工作人员在审阅“项目完成报告”的基础上，通过查阅档案、实地调查等多种评价方法，独立地对项目进行全面、系统的评估，写出“项目执行情况审核备忘录”，连同“项目完成报告”一起提交执行董事会和银行行长。“项目执行情况审核备忘录”一般应包括如下几个方面的内容。

（1）对项目的背景、目标、实施过程和结果做一个简单描述。

（2）对项目目标完成情况做出评估，重点回答项目目标是否正确合理，目标是否达到，如没有达到，其原因是什么。

（3）在项目选定和准备阶段预测的不利条件是否被改变。如果没有，要说明其原因。

（4）列出主要结论、主要经验教训和有特殊意义的问题，包括改动建议和补救措施。

（5）说明审核单位在多大程度上接受“项目完成报告”的观点和结论，并提出审核报告与完成报告的不同之处。

（6）重点阐述“项目完成报告”中未提及或含糊敷衍的有关项目的某些方面存在的问题。

另外，亚洲开发银行也较早地开展了项目的后评估工作，且在开展项目的后评估工作方面有其独到的特点（亚洲开发银行的项目后评估工作主要由其后评估局进行。后评估局简称 PED，成立于 1978 年）。在 1997 年，亚洲开发银行向我国政府提供了技术援助项目——“增强中国后评估能力”（期限为 1997—1998 年，这是由于我国从 20 世纪 80 年代中后期开始，由国家计委开展了对一些国家重点建设项目的后评估工作，并且总结出我国在"八五"期间进行的重点建设项目中约有20%部分的效益不理想，为此，我国向亚洲开发银行提出了此技术援助项目），并与我国有关单位（国家计委、国家开发银行、中国国际工程咨询公司等）开展了较有成效的后评估研究、培训工作。世界银行与亚洲开发银行的项目后评估工作在某些方面有相似之处，也有不同之处，在此不再详述。

不同类型的项目及不同时点的项目的后评估，在评估内容和深度上是有差别的。从项目后评估的作用来看，项目后评估就是把项目实施的结果与当初决策的目标进行比较，对项目执行过程进行检查，重点评估其财务效益、经济效益，系统总结经验教训，以便迅速、有效地反馈到新的决策活动中去。因此，项目后评估的基本内容是从可比性原则出发，注重分析项目决策的评估依据的变化，从结果中揭示原因，找出带有规律性的东西。项目后评估绝不是对项目前评估指标的重复计算，而必须依据国家经济和社会发展长期计划、产业政策、地区发展政策和相关法律、制度，对投资项目的决策正误程度和项目实施过程中的是非功过进行严格的评估。我们可以通过评估总结成功的经验和失败的教训。

**（二）我国项目后评估的内容**

我国项目后评估体系是在参照世界银行后评估体系的基础上，结合我国的实际情况而确定的。就内容而言，不同类型的投资项目，后评估的内容应相应地有所侧重。我国的项目后评估一般要着重评估分析以下基本内容。

（1）项目概况，即后评估时国内外市场的供求状况和项目产品的实际销售能力，验证项目前评估时所做的市场需求预测是否正确，包括分析产品销售量、产品的市场占有率、产品销售价格和市场竞争能力等变化情况，并对未来产品销售做出新的趋势预测。如果项目的实施结果偏离预测结论太远，则应提出有针对性的措施和建议。

（2）项目立项决策的后评估。其内容如下：根据国民经济发展规划和国家制定的产业政策及区域经济优势，结合项目的投资方向、发展规划、自然环境、生产消耗、产品销售和项目的实际效益进行比较，检验项目建议书、可行性研究报告和项目评估报告的编制是否坚持了实事求是的原则，是否采取了科学的评估方法，是否具有准确的信息资料和可靠的立项依据，是否具备经济上的合理性、技术上的先进性。

（3）生产建设条件及相关配套的变化。该部分着重分析项目实施过程的建设条件、建成投产后的生产条件及其相关配套设施与当初项目评估决策时主要条件的变动，进行定性定量分析，解剖产生重要差别的原因，并提出诊断建议。

（4）项目技术方案的后评估，即对工程设计方案、项目实施方案的再评估。工程设计方案的后评估的内容包括：项目构成范围的再评估，项目土建工程量的再评估，技术来源、主要技术工艺及设备选型和工艺流程的再评估，引进技术、设备或与外商合作制造方案的再评估。项目实施方案再评估的内容主要包括：项目施工方式和技术方案的再评估，项目实施进度、成本、质量的再评估等。

（5）项目经济后评估。它包括项目财务效益后评估和项目国民经济效益后评估两个部分。项目财务效益后评估是从企业（项目）角度对项目投产后的实际财务效益的再评估，要根据现行的财务规定及项目建成投产后投放物和产出物的实际价格水平，重点分析实际总投资、产品成本、企业收益率、贷款偿还期与当初项目预测的企业效益的重大变化，解剖原因，做出新的预测。国民经济效益后评估是从宏观国民经济角度出发，对项目投产后的国民经济效益进行的再评估，重点分析项目的实际成本效益与预测成本效益的差别及原因，包括投资的国民收入分析、直接外汇效益分析、项目的经济效益分析、社会效益分析和环境效益评估等。从项目运行过程的角度看，我国项目后评估的内容主要包括以下几个方面：

（1）项目前期工作的后评估。其内容包括项目立项条件再评估、项目决策程序和方法的再评估、项目勘察设计的再评估、项目前期工作管理的再评估等。

（2）项目实施的后评估。项目实施阶段主要是指从项目开工到竣工验收的一段时期。它是项目周期中延续时间较长的一个时期，也是投资资金集中发生和使用的时期，主要包括项目实施管理后评估、项目施工准备工作后评估、项目施工方式及项目施工管理的后评估、项目竣工验收和试生产后评估、项目生产准备后评估等。具体内容应包括项目变更情况、施工管理、建设资金的供应和使用、建设工期、建设成本、项目工程质量和安全情况、项目竣工验收、配套项目和辅助设施项目的建设、项目生产能力和单位生产能力投资等的评价，重点应放在对在项目目标实现过程中发生的如超工期、超概算、工程质量差、效益低等原因的查找和说明上。

（3）项目运营的后评估。项目运营阶段是项目投资建设阶段的延续，是实现项目投资经济效益和项目投资回收的关键时期。它包括从项目竣工投产到项目进行后评估时的一段时期。通过进行项目运营的后评估，我们可以综合项目的实际投资效益，系统地总结项目投资的经验教训，以指导未来项目的投资活动，并可以提出一些补救措施和对策方法，以提高项目运营的实际效果。因此，项目运营的后评估体现了项目后评估的目的，是项目后评估的关键部分。其主要包括项目生产经营管理的后评估、项目生产条件后评估、项目达产情况后评估、项目投产对环境影响情况的后评估、项目投产引起的社会效果情况后评估、项目的可持续发展情况后评估、项目资源投入和产出情况后评估、项目经济后评估等。其中，项目经济后评估是项目运营后评估的核心。这是因为项目效益的好坏是评估项目成败的关键标志。项目效益状况的后评估，主要应评估生产经营和市场情况及产品品种、质量和数量与项目前评估所做的预测是否一致，项目的财务效益、经济效益与项目前评估所做结论是否一致。此外，我们还应重新提出对项目前景的预测和提出进一步提高项目经济效益的具体建议和切实可行的措施。另外，对于利用外资的项目，我们还应适当增加对引进技术、设备的使用、消化和吸收情况的后评估。

## 第四节　案例分析

项目后评估是电力科技项目落实的关键，我们要将这种综合性评估手段应用到电力项目中并发挥重要作用。在推进电力科技项目逐渐完善的前提下，我们需要为项目落实提供准确的数据，提升其创新性。此案例以电力科技项目评估要点为基础，对项目的落实情况进行分析。

电力事业的运行和发展是现代化企业进步的主要动力，我们要努力实现电力事业的整体高效运行和进步。在合理性分析过程中，我们要结合项目后评估的实施过程，掌握项目科技类型，不断推动电力企业的发展。

## 一、实施电力科技项目后评估的基本流程

根据电力科技项目评估形式的具体要求，在整个落实阶段，评估人员要根据具体要求实施，保证其合理性。以下内容为基本流程。

### （一）提出评估问题

对电力科技项目进行后评估，评估人员要对已完成的电力科技项目做出相应处理，在实际应用过程中考虑具体应用情况，需将电力科技当成主导内容，将其中的数据作为主要数据，通过这种方式明确电力科技项目实施过程中存在的问题。例如，在运行指导阶段，电力输送系统的检测直接影响整体效果，在分析项目具体运行过程中，我们需要投入的经济成本和人才等方面的内容，并且为电力科技项目后评估目标做出一定指导。

### （二）进行电力科技系统的准备

从电力科技项目角度出发，在具体落实过程中，相应工作人员要建立一定电力科技项目后评估数据模型，将完善电力项目体系作为基础性内容，进而形成一种比较准确的分析数据，对电力科技项目人才应用和项目管理等进行落实。此外，工作人员要以数据模型为前提，采用统计预测模式，实现对电力科技项目的合理化处理。依据电力科技项目的整体运行规模，根据层次化数据，评估要凸显电力科技项目的人才资源应用情况。考虑到项目自检管理方面的内容，我们需要进一步落实之前的目标具体实施过程，对运行具体方向进行明确，从而明确电力科技项目的具体运行数据结构。

### （三）对电力科技项目进行后评估

电力科技项目后评估形式的分析直接影响效果，在实施阶段，我们需要以电力科技项目的实施目标作为依据进行落实，同时将项目成效对比作为前提条件。为了实现对于项目处理的合理化评估，我们需要适当扩大应用范围，获得相应效益之后，对其做出科学分析。此外，工作人员将项目后评估模型进行逻辑性分析，充分了解项目的主要模式，只有做好具体总结工作，才能提升整体运行水平，为科技系统的完善提供参考数据。

### （四）电力科技项目后评估报告

科技项目的后评估报告形式对现有系统有一定的影响，在科技项目落实阶段，我们需要做好书面总结工作。依据电力科技项目报告内容及具体要求，在项目实施中，我们要做好过程处理工作，以运行系统处理作为前提，对项目进行综合性分析后，总结项目实施存在的问题，完善电力科技项目评估。

## 二、电力科技项目后评估的作用

电力科技项目后评估管理系统在整体管理中起到重要作用，根据项目管理具体要求，在落实过程中要兼顾具体内容，如果没有按照评估格局实施，则会产生不良影响。其具体作用如下。

### （一）电力科技项目后评估保证经济效益

根据电力科技项目后评估效益及模式，在整个落实阶段，我们要突出其重点和关键，只有使其满足项目落实要求，才能促进其整体进步。对电力科技项目进行分析，涉及项目成本管理、项目形式落实等，施工单位需要结合电力科技的施工成本建立完善的经济运行模式，以系统处理机制作为前提，逐步引导电力科技项目的运行和管理等。这样才能同步实现经济效益和社会效益。

### （二）电力科技项目后评估对项目进行总结和监督

电力科技项目后评估的实施对整个科技模式有一定的影响，根据项目总结类型，在优化处理中，我们要兼顾不同项目施工因素的具体变化，需要按照协调性处理要求进行，推进电力科技项目结构的合理优化，凸显项目具体要求。我们要对电力科技项目的运行情况进行总结，促进电力系统的优化完善，形成公开和透明的运行体系。项目后评估在一定程度上对项目进行监督，有助于保证电力科技项目实施的质量，保证电力系统的稳定发展。

### （三）发挥组织管理形式最大化作用

根据前期安排及项目后评估机制，在整个组织管理阶段，我们要形成完善的组织管理形式，包括前期工作、经费管理及运行和维护等，只有明确具体管理职责，才能突出章程要求。在项目实施阶段，运维管理是关键，我们要提前了解规章制度，只有保证资料符合要求，才能提升经济效益。

## 三、结论

项目后评估从项目运行的目标、实施过程及项目资源管理等方面入手，考虑人才分配及整个系统的要求，满足项目实施质量要求之后，为项目后期工程奠定坚实的基础，从而提供相应参考。对于项目后评估而言，我们将其应用到电力科技项目的具体运行过程中，后评估起到较为明显的引导作用。项目后评估能进一步完善电力系统，能够在一定程度上促使电力实业获得相对稳定和准确的数据。本案例从电力科技项目后评估保证经济效益、电力科技项目后评估对项目进行总结和监督、发挥组织管理形式最大化作用方面入手，凸显项目后评估的具体作用，进而促进电力实业进步。

## 复习思考题

1. 请简述项目总评估的必要性和主要内容。
2. 项目评估报告的撰写要求有哪些？其主要附表包括什么？
3. 什么是项目后评估？它的主要内容及作用是什么？
4. 项目后评估都包括哪些程序？各部分要注意哪些内容？
5. 项目评估与资产评估有什么区别？

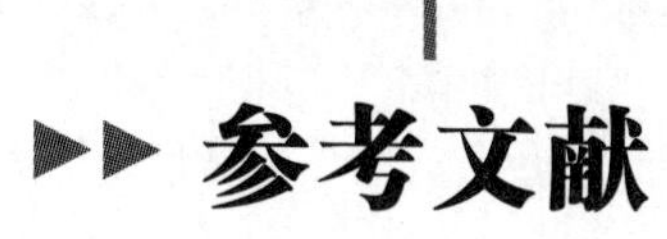

# 参考文献


[1] 龙海明. 投资项目评估学 [M]. 北京：高等教育出版社，2020.

[2] 李桂君. 投资项目评估 [M]. 3 版. 北京：中国金融出版社，2021.

[3] 简德三. 投资项目评估 [M]. 3 版. 上海：上海财经大学出版社，2016.

[4] 苏益. 投资项目评估 [M]. 3 版. 北京：清华大学出版社，2017.

[5] 王力，邓雪莉. 投资项目评估 [M]. 3 版. 大连：东北财经大学出版社，2018.

[6] 宋蕊. 重大投资项目社会稳定风险评估研究与实践 [M]. 北京：中国电力出版社，2017.

[7] 谭朝辉. 上海迪士尼融资模式浅析与创新建议 [J]. 现代商业，2020.

[8] 陶金. 上海迪士尼融资模式问题分析及创新探究 [J]. 财会月刊，2017.

[9] 孙养学. 试论投资项目评估的理论基础 [J]. 西北农林科技大学学报（自然科学版），1996（6）：94-98.

[10] 李宏. 投资项目评估中的财务分析问题研究 [J]. 中国外资，2014（3）：25-26.

[11] 王晶香，张雪梅. 建设项目财务评价指标：投资回收期浅析 [J]. 建筑管理现代化，2004（2）：15-18.